AF831847

Berlin-Brandenburger Beiträge zur Bildungsforschung 2017

Jurik Stiller / Christin Laschke (Hrsg.)

Berlin-Brandenburger Beiträge zur Bildungsforschung 2017

Herausforderungen, Befunde und Perspektiven interdisziplinärer Bildungsforschung

PETER LANG
EDITION

Bibliografische Information der Deutschen Nationalbibliothek
Die Deutsche Nationalbibliothek verzeichnet diese Publikation in der Deutschen Nationalbibliografie; detaillierte bibliografische Daten sind im Internet über http://dnb.d-nb.de abrufbar.

Gedruckt mit finanzieller Unterstützung durch das Interdisziplinäre Zentrum für Bildungsforschung der Humboldt-Universität zu Berlin.

Umschlagabbildung: © Jurik Stiller

ISBN 978-3-631-67472-7 (Print)
E-ISBN 978-3-631-71840-7 (E-PDF)
E-ISBN 978-3-631-71841-4 (EPUB)
E-ISBN 978-3-631-71842-1 (MOBI)
DOI 10.3726/b10878

© Peter Lang GmbH
Internationaler Verlag der Wissenschaften
Frankfurt am Main 2017
Alle Rechte vorbehalten.
Peter Lang Edition ist ein Imprint der Peter Lang GmbH.

Peter Lang – Frankfurt am Main · Bern · Bruxelles · New York · Oxford · Warszawa · Wien

Das Werk einschließlich aller seiner Teile ist urheberrechtlich geschützt. Jede Verwertung außerhalb der engen Grenzen des Urheberrechtsgesetzes ist ohne Zustimmung des Verlages unzulässig und strafbar. Das gilt insbesondere für Vervielfältigungen, Übersetzungen, Mikroverfilmungen und die Einspeicherung und Verarbeitung in elektronischen Systemen.

Diese Publikation wurde begutachtet.

www.peterlang.com

Vorwort zur Reihe

Interdisziplinarität ist ein häufig und zunehmend für die Bearbeitung komplexer Problemstellungen gewählter Zugang. Anhand der durch verschiedene Fächer, Disziplinen, Paradigmen, Wissensformen und Akteure möglichen Einsichten und Einblicke kann man – so die Annahme – anders akzentuierte, weitreichende Erkenntnisse generieren. Für komplexe gesellschaftliche Fragestellungen tendieren Forscherinnen und Forscher gar zur Annahme, dass trans- bzw. interdisziplinäre Zugänge besonders erfolgversprechend seien (Bergmann, Jahn, Lux, Nagy & Schäfer, 2016).

Diese Entwicklungen kristallisieren sich auch und gerade in der Erziehungswissenschaft heraus. Die Disziplin, die Forschung über Sozialisation, Erziehung und Bildung verkörpert, ist durch Orientierung an zahlreichen benachbarten Disziplinen geprägt. Mit Wurzeln in der Philosophie, wurde die Pädagogik universitär schon früh gelehrt, jedoch zunächst durch Theologen und Philosophen. An der Berliner Universität folgte 1920 durch die Berufung Eduard Sprangers ein Pädagogisches Seminar (Blömeke, Stiller, Salaschek, Reh & Caruso, 2016).

Die Humboldt-Universität zu Berlin, das „moderne Original", verkörpert wie keine andere Universität neben der Einheit von Lehre und Forschung und der Freiheit der Wissenschaft auch das Leitbild der allseitigen Bildung der Studierenden. Damit waren Wilhelm von Humboldts Ideen nicht nur Leitbild für Preußens neue Alma Mater, sondern weltweit. Eine neue Ära von Universität und Wissenschaft begann.

Folgerichtig haben die Erziehungswissenschaft und zunehmend die Bildungsforschung eine große Tradition an der Humboldt-Universität zu Berlin. In der Anfangszeit der Universität lehrten Friedrich Schleiermacher und Wilhelm Dilthey, später hat – wie erläutert – Eduard Spranger von der Humboldt-Universität aus die theoretische Gestalt und öffentliche Wahrnehmung der Pädagogik geprägt.

Seither arbeiten hier diverse Fächer und Disziplinen in interdisziplinärer erziehungswissenschaftlicher Forschung zusammen, u. a. die Sozialwissenschaften, Kulturwissenschaften, Politikwissenschaften oder auch die Pädagogische Psychologie. Hier ist mithin eine Abkehr von Interdisziplinarität kaum noch vorstellbar.

Seit 2007 trägt die Humboldt-Universität der Bedeutung der interdisziplinären Bildungsforschung institutionell Rechnung. 26 Professorinnen und Professoren zeichneten als Gründungsmitglieder des Interdisziplinären Zentrums für Bildungsforschung (IZBF) der Humboldt-Universität zu Berlin verantwortlich – allesamt ausgewiesene Expertinnen und Experten für Bildungsforschung. Neben

Dietrich Benner, Sigrid Blömeke, Hans-Peter Füssel, Olaf Köller, Rainer Lehmann, Jürgen Schriewer, Heinz-Elmar Tenorth und Oliver Wilhelm aus den Erziehungswissenschaften waren Rehabilitationswissenschaftler, Sportwissenschaftlicher, Sozialwissenschaftlicher (z. B. Hans Bertram), Theologen und Fachdidaktiker verschiedener Institute beteiligt.

Aufgabe des IZBF ist es, Fragestellungen der Bildungsforschung im interdisziplinären Zusammenhang theoretisch und empirisch zu bearbeiten und die Ergebnisse der Forschung anschlussfähig für die Bemühungen um eine Verbesserung von Bildungssystemen, -prozessen und -angeboten sowohl in Deutschland als auch im Rahmen internationaler Kooperationsprogramme oder Organisationen zu präsentieren.

Unter dieser Zielsetzung entwickeln und verbessern Wissenschaftlerinnen und Wissenschaftler geistes-, sozial- und naturwissenschaftlicher Disziplinen in sich ergänzender theoretischer und methodischer Orientierung neue, methodisch anspruchsvolle interdisziplinäre Formen der Kooperation.

Das Zentrum fördert die Qualifizierung des wissenschaftlichen Nachwuchses im Bereich der Bildungsforschung, z. B. durch die Organisation von Summer Schools, Schreibwochen, Workshops und Stammtisch-Abenden sowie durch Beratung und Vernetzung. Das IZBF bestand, neben der Förderung interdisziplinärer Projekte innerhalb der Humboldt-Universität, seit jeher in der intensiven Vernetzung und Qualifikation des wissenschaftlichen Nachwuchses.

Eines der zentralen Formate der Vernetzung und Qualifikation des wissenschaftlichen Nachwuchses ist die Nachwuchstagung, die seit 2013 unter dem Namen Berlin-Brandenburger Beiträge zur Bildungsforschung an der Humboldt-Universität zu Berlin organisiert durch Jurik Stiller und Christin Laschke durchgeführt wird.

Die Veranstaltungsreihe ermöglicht Promovierenden aus allen Bereichen der Bildungswissenschaften in Berlin und Brandenburg, das eigene (Dissertations) Projekt einem interdisziplinären Publikum vorzustellen und zu diskutieren sowie anschließend in der gleichnamigen Reihe[1] mit Review zu publizieren.

In Impulsvorträgen referieren ausgewiesene Expertinnen und Experten der Erziehungswissenschaft, Lehr-/Lernforschung, Fachdidaktik bzw. Bildungsforschung zu aktuellen Themen und künftigen Herausforderungen der Bildungswissenschaften.

---

1 Bisher erschienen: Stiller, J. & Laschke, C. (2015). Berlin-Brandenburger Beiträge zur Bildungsforschung 2015. Frankfurt am Main: Peter Lang. http://dx.doi.org/10.3726/978-3-653-04961-9

Berlin-Brandenburger Beiträge zur Bildungsforschung 2013
Prof. Dr. Ursula Kessels (Freie Universität Berlin): „Geschlechtsunterschiede in der Schule: Wie Identitätsentwicklung und schulisches Engagement interagieren"
Prof. Dr. Ewald Terhart (Westfälische Wilhelms-Universität Münster): „Wirkungsannahmen in Konzepten der Qualitätsverbesserung des Bildungssystems: Hoffen, Bangen, Trauern."

Berlin-Brandenburger Beiträge zur Bildungsforschung 2015
Prof. Dr. Heinz-Elmar Tenorth[2] (Humboldt-Universität zu Berlin): „Forschung in der Praxis der Erziehungswissenschaft – Disziplinäre und forschungspraktische Erwartungen und Probleme."
Prof. Dr. Michael Eid (Freie Universität Berlin): „G-Faktor-Modelle in der empirischen Bildungsforschung: Probleme und Alternativen"

Berlin-Brandenburger Beiträge zur Bildungsforschung 2017
Die Impulsvorträge werden durch Prof. Dr. Olaf Köller[2] (Leibniz-Institut für die Pädagogik der Naturwissenschaften und Mathematik, IPN; Christian-Albrechts-Universität zu Kiel) und Prof. Dr. Joachim Wirth (Ruhr-Universität Bochum) gehalten.

2 Gründungsmitglied des Interdisziplinären Zentrums für Bildungsforschung der Humboldt-Universität zu Berlin.

Vorwort

Mit dem vorliegenden Tagungsband „Berlin-Brandenburger Beiträge zur Bildungsforschung 2017"[1] erhalten Forscherinnen und Forscher, die einen Beitrag im Rahmen der IZBF-Nachwuchstagung „Berlin-Brandenburger Beiträge für Bildungsforschung 2015" leisteten, Gelegenheit, sich und ihr Thema über den Rahmen der Tagung hinaus einem breiten Publikum zu präsentieren.

Der Tagungsband liefert Einblicke in aktuelle Projekte der unterschiedlichen, mit der Bildungsforschung assoziierten Disziplinen. Entsprechend zeichnet sich der Band durch eine thematische Vielfalt aus und verschafft einen Eindruck über die unterschiedlichsten methodischen Vorgehensweisen.

Wir danken allen Autorinnen und Autoren für die Mitwirkung am vorliegenden Tagungsband und die sehr produktive Zusammenarbeit.

Die 11 Beiträge in diesem Band sind alle von Gutachterinnen bzw. Gutachtern unabhängig (doppelt-blind) begutachtet worden.

Ein besonderer Dank gilt daher den Gutachterinnen und Gutachtern. Mit ihrer Mühe haben sie einen wichtigen Beitrag zur Qualität des Tagungsbandes geleistet.

Zudem danken wir allen Vortragenden und Teilnehmenden der Tagung für die interessanten Präsentationen und die Diskussionsbeiträge, mit denen sie wesentlich zum Erfolg der Veranstaltung beigetragen haben.

Bei Herr Prof. Dr. Heinz-Elmar Tenorth (Humboldt-Universität zu Berlin) und Herrn Prof. Dr. Michael Eid (Freie Universität Berlin) bedanken wir uns für die interessanten und anregenden Impulsvorträge, bei Herrn Prof. Dr. Heinz-Elmar Tenorth zudem für die Bereitschaft, ein einführendes Kapitel zu verfassen.

Ein großer Dank geht an alle, die in die Vorbereitung und Durchführung der Tagung, sowie alle, die in die Vorbereitung des vorliegenden Tagungsbandes involviert waren, für ihr Engagement und die tatkräftigte Unterstützung. Besonders hervorheben wollen wir dabei Franziska Röhr.

Schließlich danken wir dem im Herbst 2015 amtierenden Direktorium des Interdisziplinären Zentrums für Bildungsforschung der Humboldt-Universität (Prof. Dr. Annette Upmeier zu Belzen, Prof. Dr. Matthias Ziegler und Prof. Dr. Florian Waldow) für die Unterstützung bei der Vor- und unmittelbaren Nachbereitung und bei der Herausgabe dieses Sammelbandes und dem uns entgegengebrachten Vertrauen. Dem ehemaligen Direktorium (Prof. Dr. Sigrid

---

1 Vorgeschlagene Zitation Stiller, J. & Laschke, C. (2017). Berlin-Brandenburger Beiträge zur Bildungsforschung 2017. Frankfurt am Main: Peter Lang.

Blömeke, Prof. Dr. Annette Upmeier zu Belzen und Prof. Dr. Ernst von Kardorff) wollen wir hiermit erneut danken, dass sie uns dabei unterstützt haben, die Idee einer Nachwuchstagung tatsächlich in die Tat umzusetzen.

Berlin, im Januar 2017 Jurik Stiller & Christin Laschke

Aus dem Inhalt
Für ein einführendes Kapitel konnte Prof. Dr. Heinz-Elmar Tenorth gewonnen werden. Er erörtert die Forschung in der Praxis der Erziehungswissenschaft: *Konstante Irritationen, historische präsente Lösungen.*

Die folgenden Beiträge, die auf den im Rahmen der Tagung gehaltenen Vorträgen basieren, spiegeln die große Varianz der erziehungswissenschaftlichen Forschung wider. Im ersten Beitrag analysiert Marcel Kabaum die *Gestaltung und Herstellung westdeutscher Schülerzeitungen* zwischen 1950 und 1970. Es folgt eine explorative Studie zur *(Nicht-)Teilnahme von Frauen mit Hochschulabschluss an betrieblicher Aufstiegsweiterbildung* durch Luise Berger. Tilman Drope beschreibt *Institutionelle Selbstentwürfe und Wettbewerbspositionierungen weiterführender Schulen in einem von Armut geprägten Berliner Bezirk.* Einen Beitrag über *Zugänge zur spezifischen Lernkultur Science Slam* hat Maria Stimm verfasst. Es folgt die Konzeption einer Studie zur *Professionellen Sprachkompetenz für den Unterricht aus der Sicht (angehender) DaF-Lehrender*, verfasst von Sara Vicente. Charlott Rubach und Rebecca Lazarides haben *Kooperative Beziehungen zwischen Eltern und Lehrkräften an Berliner Schulen* untersucht und berichten von Ihren Ergebnissen. Ein Block naturwissenschaftsdidaktischer Arbeiten wird eingeleitet durch den von Alexandra Moormann und Charlène Bélanger verantworteten Beitrag *Entwicklung von Schülervorstellungen zu Modellen im Kontext eines Schulbesuchs im Museum für Naturkunde.* Es folgen zwei Beiträge aus der Physikdidaktik, zunächst präsentieren Daniel Rehfeldt, Tobias Mühlenbruch und Volkhard Nordmeier Ergebnisse einer Validierungsstudie *Praktikumsqualität messen.* Nachfolgend analysiert Nikola Schild zusammen mit Daniel Rehfeldt und wiederum Volkhard Nordmeier *Mögliche affektiv-motivationale Prädiktoren für den Studienerfolg im Lehramt und im Fach Physik.* Im einzigen Beitrag aus der Chemiedidaktik widmet sich Marvin Rost zusammen mit Rüdiger Tiemann auch dem Bereich der Modelle. Er fokussiert *Modelle als Mittel der Erkenntnisgewinnung im Chemieunterricht* und präsentiert einen systematischen Überblick ausgewählter, empirischer Studien. Den Abschluss macht Jana Buschmann mit Ihrem Beitrag *Mit Kompetenz und Freude das Singen lehren – singfördernde Lehrerfortbildung für grundschulunterrichtende LehrerInnen.*

Literatur

Bergmann, M., Jahn, T., Lux, A., Nagy, E. & Schäfer, M. (2016). Wirkungsvolle transdisziplinäre Forschung. *GAIA 25* (1): 59–60.

Blömeke, S., Stiller, J., Salaschek, U., Reh, S. & Caruso, M. (2016). Traditionen und Zukünfte - 50 Jahre Deutsche Gesellschaft für Erziehungswissenschaft. In S. Blömeke, M. Caruso, S. Reh, U. Salaschek & Stiller, J. (Hrsg.), Traditionen und Zukünfte. Beiträge zum 24. Kongress der Deutschen Gesellschaft für Erziehungswissenschaft, S. 13–16. Opladen, Berlin & Toronto: Budrich.

Inhaltsverzeichnis

Forschung in der Praxis der Erziehungswissenschaft. Konstante Irritationen, historische präsente Lösungen.[1]

Heinz-Elmar Tenorth

Humboldt-Universität zu Berlin

Zusammenfassung

Gegen das wiederkehrende Vorurteil, dass Forschung in der Erziehungswissenschaft keinen anerkannten Platz habe, erinnert der Beitrag an frühe Exempel erfahrungswissenschaftlicher pädagogischer Forschung, wie sie aus dem späten 18., frühen 19. Jahrhundert vorliegen, und zwar in der Forschungspraxis, nicht nur metatheoretisch oder programmatisch. Orientiert an der für pädagogische Empirie zentralen, bereits von Kant metatheoretisch bekräftigten Frage, „wie ist Erziehung möglich?", wird eine Sequenz von Praktiken vorgestellt, die sich durchaus als Progreß im Prozess verstehen lassen, also auch den Erkenntnisfortschritt im Fach zeigen. Am Anfang steht das Modell der „Erfahrungsseelenkunde" von Karl-Philipp Moritz, danach theoretisch-methodische Orientierungen, wie sie z. B. aus der Physiognomie entlehnt wurden oder, und als deren Kritik, aus der „Zeichenlehre" von Schwarz oder aus der Phrenologie im Anschluss an Gall. Deren scharfe Kritik in der Intelligenzforschung von Binet eröffnet dann im späten 19. Jahrhundert den Übergang in die noch aktuell bedeutsame pädagogisch-psychologische Forschungstradition.

Abstract

In contrast to the recurring thesis of a lack of empirical research in the Educational Sciences in Germany the paper remembers the tradition of this practice, esp. in the late 18th and the early 19th century. According to the central theoretical problem of Pedadogy – given in Kant's question „How is education possible?" – the paper presents examples of empirical pedagogical research as parts of the advance of knowledge in this domain at the same time. Karl-Philipp Moritz' „Erfahrungsseelenkunde" and the practice of scientific observation in the humanities are interpreted as the first example; the second is Physiognomy, used as a theoretical-methodical orientation

1 Verschriftlichte und um Literaturnachweise und Anmerkungen erweiterte Fassung des Vortrags, den ich am 5.10.2015 bei der Nachwuchstagung in Berlin gehalten habe.

for observations in classrooms; its critique and improvement by the „Zeichenlehre" of Schwarz is the third; the phrenology according to Gall the fourth and also the most criticized in the following time. Its incisive criticism, e.g. by Binet, prepared the ground for the transition of the early concepts of empirical research in education towards the pedagogical-psychological research in the late 19th century, which prevails until now.

Das Thema: Kontinuierende Probleme – empirische Forschung in der Erziehungswissenschaft

Forschung ist in der Erziehungswissenschaft ein Thema und Problem, seit die Disziplin existiert. In Deutschland – auf das ich mich im Folgenden beschränke[2] – gilt das also seit etwa 250 Jahren; denn 1776 findet man im deutschen Sprachgebiet erstmals das Wort „Erziehungswissenschaft".[3] Dabei ist die Diskussion von Forschungsfragen und -modalitäten, die antizipierende Konstruktion und tatschliche Realisierung einer konkreten Forschungspraxis, nicht gleichzusetzen mit der metatheoretischen Debatte über den Status der Pädagogik als Wissenschaft (Tenorth 2004). Während diese Diskussion weitgehend programmatisch verläuft und sich in Konstruktionen über den besonderen, z. B. „praktischen" oder „philosophischen", Status der Pädagogik als Wissenschaft bis heute relativ ergebnislos verliert, hat die Praxis der Forschung ihre eigene Geschichte, ablösbar von den programmatischen Kontroversen, themengebunden und mit eigenen Konjunkturen und Akteuren, Theorien und Methoden.

Die folgenden Überlegungen gelten dieser Praxis der Forschung, nicht den metatheoretischen Kontroversen. Ich wähle als Ausschnitt ein kleines, erwartbar – denn das ist mein Arbeitsgebiet – disziplinhistorisch relevantes Exempel, nämlich die im späten 18. Jahrhundert entstehende und, wie ich zeigen will, auch forschend relevante Frage, welches das zentrale theoretische Thema und Problem der Erziehungswissenschaft ist und wie man es in der Forschung bearbeiten kann. Dabei stellen sich u. a. zwei Fragen, die auch in aktuellen Kontroversen der Erziehungswissenschaft thematisch und kontrovers sind und die auch meine Rekonstruktion der Forschungspraxis leiten (ich rekonstruiere also selektiv und nicht vollständig): Das ist erstens die Frage, ob und wenn ja welchen legitimen Platz „empirische" Forschung in der Erziehungswissenschaft hat. Das wird aktuell

2 Aber erziehungswissenschaftliche Forschung als Problem existiert auch außerhalb Deutschlands, vgl. für die USA nur Lagemann (2000).

3 Der erste Fundort ist das „Magazin für Schulen und die Erziehung überhaupt", Frankfurt/Leipzig, 1(1766)1, Vorbericht.

bekanntlich in den Auseinandersetzungen über „empirische Bildungsforschung" (u. a. in der Nachfolge der PISA-Studien) kontrovers und konflikthaft auch für die Forschungspraxis behandelt.[4] Die zweite Frage lautet, ob sich in der empirischen Forschung über Prozesse der Erziehung und des Lehrens und Lernens auch disziplinäre Besonderheiten erkennen lassen, vielleicht sogar so weit, dass man von einer spezifischen Forschungspraxis der Erziehungswissenschaft sprechen kann.

Die These und das Ergebnis meiner Überlegungen sind, lapidar gesagt, dass man beides schon für den Ursprung zeigen kann: empirische Forschung über Erziehung und zugleich ein disziplinäres Profil in dieser Forschung, also eine Forschungspraxis der Erziehungswissenschaft, wenigstens dann, wenn man die Forschungspraxis studiert und nicht institutionelle Referenzen sucht, also primär den Platz der Erziehungswissenschaft in der Universität zum Maßstab ihres Wissenschaftscharakters macht, oder allein metatheoretische Kontroversen betrachtet. Die wiederkehrenden metatheoretischen Kontroversen verstellen dagegen, auch aktuell, diese Situation, weil sich in ihnen disziplinpolitische Kämpfe[5] und Forschungsprobleme meist verwirrend überlagern und auch Metatheoriekonflikte bereits ihre eigene Tradition und spezifische, inzwischen verselbständigte Formen der Codierung[6] gewonnen haben. Hier und im Folgenden geht es aber nur um die Forschungspraxis und deren Leistungen und Probleme, auch nur an einem ausgewählten Thema und für eine relativ kurze Zeit.

---

4 Gelegentlich wird dieser Konflikt, methodenbezogen, auf die Frage zugespitzt, ob allein eine quantifizierende und / oder experimentelle Forschung heute als „empirische" Forschung anerkannt werden kann oder ob auch andere Zugänge zur Erziehungswirklichkeit, qualitative, ethnographische oder andere Methoden, z. B. phänomenologische, ebenfalls – oder allein – dem theoretischen Thema der Erziehungswissenschaft angemessen sind. Ich diskutiere das hier nicht generell, verweise aber für die Diskussion auf ein demnächst erscheinendes Beiheft der Zeitschrift für Erziehungswissenschaft, das diese Fragen aktuell behandelt (Baumert/Tillmann 2016) und auch die grundlagentheoretisch bedeutsame Frage, wie (klassische) Bildungstheorie und (empirische) Bildungsforschung zueinander stehen.

5 Inzwischen gibt es ja auch zwei wissenschaftliche Gesellschaften, die Deutsche Gesellschaft für Erziehungswissenschaft und die Gesellschaft für Empirische Bildungsforschung.

6 Da existieren etwa binäre Codierungen, wenn z. B. „Pädagogik" und „Erziehungswissenschaft" miteinander konfrontiert werden (besonders prominent und folgenreich bei Wolfgang Brezinka), oder empirisch orientierte Lösungsvorschläge, wenn man z. B. eine „Vielfalt von Wissensformen" über das Pädagogische als Referenz annimmt, und kontinuierende Kritik, wenn man diese Vielfalt als ungeordnetes „Sammelsurium" bezeichnet. Solche Kontroversen lasse ich hier auf sich beruhen.

Forschung in der Praxis der Erziehungswissenschaft – ein historisches Exempel erziehungswissenschaftlicher Forschung

Konstitutiv für Wissenschaften, also ihre systematisch erste Frage, ist die Konstruktion eines Themas, auf das hin die wissenschaftliche Praxis als Praxis der Konstruktion von Erkenntnis organisiert wird. Ohne ein theoretisch fixiertes Thema gibt es weder Disziplinen noch Wissenschaften noch eine Forschungspraxis. Die Fixierung eines Themas ist dabei weder naturgegeben noch durch eine Referenz in der Wirklichkeit reguliert, z. B. durch die Realität der Erziehung schon hinreichend bestimmt, die ja ohne Zweifel stattfindet, wenn Menschen auf die Welt kommen und in ihr aufwachsen. Erziehung kann man aber in ganz unterschiedlicher Weise zum Gegenstand der Erkenntnis machen, als moralisches und ethisches Problem z. B., und dann die Leitfrage formulieren, ob Erziehung sittlich erlaubt ist, oder als Thema von „Bildung", d. h. als Selbstkonstruktion des Subjekts, in und jenseits der gesellschaftlichen Praxis, in der berufsmäßige Erzieher und Lehrer Kinder und Jugendliche traktieren, und dann die Frage stellen, „was ist richtige Bildung?", oder als Problem von Lernen oder Disziplinierung, also in sehr vielfältiger Begrifflichkeit – und Erziehungswissenschaft hat man dann noch nicht, sondern häufig nur praktische Philosophie der Bildung oder die Vielfalt sozial- und humanwissenschaftlicher Forschung über das Aufwachsen in Gesellschaft.

Man kann aber auch eine Frage stellen, die Erziehung zum spezifischen Thema von Erkenntnis macht, und – zum Glück für meine Überlegungen – wird in der Zeit vor und um 1800, wenn sich der Begriff Erziehungswissenschaft findet, auch eine solche Frage in der Gesellschaft formuliert, und dann auch im Kontext der Frage nach einer eigenständigen Wissenschaft von der Erziehung. Diese Frage lautet „Wie ist Erziehung möglich?" (Ruberg 2002), sie lässt erkennen, dass die Erziehungswissenschaften in der Form der Frage – „wie ist x möglich?" – zu einer Pointierung finden, die auch die zentralen theoretischen Probleme der modernen Humanwissenschaften charakterisiert (Luhmann 1981 b). Auch dort sind, zeitgleich, solche Fragen formuliert werden, z. B. „Wie ist soziale Ordnung möglich?" oder „Wie ist Wirtschaften angesichts der Knappheit von Ressourcen möglich", und Soziologie und Ökonomie arbeiten sich bis heute an diesen Problemen ab. Sie entstehen in zwei Formen, als praktische Schwierigkeit und als theoretisches Problem (Tenorth 1994), weil alte Antworten nicht mehr selbstverständlich sind und das scheinbar Vertraute und Alltägliche fremd und fragwürdig geworden ist. Die entstehende theoretische Reflexion der Erziehung gehört in diesen Kontext der Problematisierung des scheinbar Bekannten, und sie beantwortet diese Frage in ganz unterschiedlicher Weise, ethisch oder empirisch, auch in historisch varianten Formulierungen. Bei Kant findet sich z. B. die Version „Wie kultiviere ich die Freiheit bei dem Zwange?“ (Kant 1803/1966, S. 710), und man sieht, dass die Frage nach der Möglichkeit der Erziehung Zuschreibungen an die spezifische Natur des Menschen, z. B. „Freiheit“, mit Überlegungen zu den Praktiken im Umgang mit den Individuen ebenso einschließt wie Legitimationsfragen und auch, dass Kant diese Referenzen in einer eigentümlich paradoxen Frage bündelt. Eine Lösung für diese Frage gibt es für Kant nicht etwa transzendentaltheoretisch, sondern nur in einer Wissenschaft von der Erziehung, die empirisch und experimentell arbeitet, sowie in einer pragmatischen Anthropologie und in einer Praxis, die sich als Entparadoxierung des Problems versteht, also z. B. in Schulen.

Paradox und schwierig ist das damit bezeichnete Problem aber in mehrfacher Hinsicht geblieben, ethisch z. B. in der Frage, wie sich Kausalität und Freiheit im Umgang mit dem Individuum vertragen, so dass praktisch-philosophische Fragen ihre eigene Kontinuität gewinnen, und zwar bis heute.[7] Aber das paradoxe Problem gewinnt auch operativ seine eigenen Stabilität und Brisanz, und das wird für die empirische Forschung zentral. Operativ gesehen entsteht das Problem aus der Absicht der Pädagogen und der Pädagogik als sozialem System, dass sie in das Innerste des Menschen eingreifen wollen, seine „Persönlichkeit“ (Kant) konstruieren, also den Menschen erziehen, zivilisieren, moralisieren, kultivieren und bilden wollen, aber in das Innerste des Menschen weder unmittelbar eingreifen noch in das Innerste selbst schauen können. Das Problem der Pädagogik ist deshalb zweifach, in der Praxis der Erziehung, handelnd also, kann sie auf ihren Adressaten nicht direkt, zielgenau und themenpräzise einwirken, und in der Praxis der Forschung kann sie, theoretisch also, weder in das Innere schauen noch es unmittelbar erkennen.

In der Praxis wie in der Theorie der Erziehung besteht also gleichermaßen Wissensbedarf, den man im ausgehenden 18. Jahrhundert auch nicht mehr ignoriert, sondern in der Problematisierung der Welt immer neu sieht und selbst erzeugt. Dieser Wissensbedarf wird auch nicht nur handelnd bearbeitet, z. B. in der Schule und in der spezifischen Praxis von Unterricht und Erziehung, er wird im 18. Jahrhundert auch als Forschungsproblem definiert, und zwar als ein in Prozessen und Praktiken der Entparadoxierung lösbares und bearbeitbares Problem, ohne Angst vor einem systematischen „Technologiedefizit“.[8] Das Problem wird also nicht nur moralisiert, so dass etwa das „Einwirken“ verboten wird, wie z. B.

---

7 Für dieses Thema z. B. Vogel (1990) – und bezeichnenderweise wird in dieser erziehungsphilosophischen Studie dabei aus dem Paradox eine Antinomie, d. h. auch aus prozedierbaren Aufgaben ein unlösbares Problem.

8 Ein solches Defizit unterstellt Luhmann (1979; 1987) für die Pädagogik und sieht in den Praktiken der Entparadoxierung allenfalls professionelle „Notbehelfe“, aber keine systematischen Lösungen; zur Kritik dieser These Tenorth (1999).

bei den Fichteanern oder in anderen bildungstheoretischen Schriften[9], oder als unlösbar erklärt wird, wie im *de magistro* des Thomas von Aquin, für den nur Gott erziehen kann, weil allein er in das Innere sehen und eingreifen kann, sondern als bearbeitbar und erforschbar gedacht. Bei einigen Akteuren nämlich, und die allein interessieren hier, wird die Schwierigkeit im Handeln und in der Theorie als systematisches Forschungsproblem anerkannt, generell für die Humanwissenschaften und speziell für die Erziehungswissenschaft.

Forschung in den Humanwissenschaften – „Erfarungsseelenkunde" und andere Erfindungen

Für Deutschland liefert der Berliner Gymnasiallehrer, zugleich Mitglied der Akademie der schönen Künste und der Akademie der Wissenschaft, Ästhetik-Professor und Romanautor Karl Philipp Moritz[10] (1756–1793) die schönsten Exempel der Forschungsarbeiten, die dann versucht werden (aber das Thema und zahlreiche Lösungsversuche gibt es z. B. auch in Frankreich oder in England[11]). Moritz macht 1782 den „Vorschlag zu einem Magazin einer Erfarungs-Seelenkunde"[12] um das Defizit an Forschung zu beheben, das er diagnostiziert: „Unter allen übrigen Dingen hat der Mensch sich selber seiner eignen Aufmerksamkeit vielleicht noch am allerwenigsten werth gehalten", vor allem nicht bei „Krankheiten der Seele". Es fehle deshalb eine „Seelenkrankheitslehre" (2), generell aber eine „Erfahrungsseelenkunde" für „alle Beobachter des menschlichen Herzens" (Moritz 1782, 1). Bedarf daran hätten die „moralischen Aerzte"[13], denn

9 In der Perspektive des von ihm unterstellten Technologiedefizits ist das, wie Luhmann distanziert-amüsiert notiert, das Verbot eines Könnens, das man sowieso nicht können kann (Luhmann 1981 a).

10 In der kommentierten Edition seines „Anton Reiser" (1785) – den er als „psychologischen Roman" bezeichnet – wird der historische und wissenschaftshistorische Kontext ausführlich entfaltet (Moritz 2007).

11 Erneut kann ich nur verweisen, u. a. auf die in Frankreich entstehende Societé des Observateurs de l' homme (Moravia 1970/1973), oder für England auf die Anfänge empirischer Erziehungsforschung (Rössner 1983 ff.), für den deutschen Kontext erinnere ich aber auch an die Pionierstudie von Christa Kersting (1992).

12 Moritz (1782), daraus Seitenangaben im Folgenden im Text. Im Übrigen: In den Zitaten wird die Schreibweise der Quellen beibehalten und nicht orthographisch modernisiert.

13 Das schließt die Pädagogen ein, und im französischen Kontext spricht man von der frühen „Medico-Pädagogik", wenn man z. B. die Praxis und Forschung in der Gehörlosenbildung oder für Geistigbehinderte diskutiert.

sie könnten sonst nicht arbeiten, und drohten allenfalls den „Grundriß eines Gebäudes im Sande [zu] errichten, den ein kleines Lüftchen zerstört". Deshalb hätten sie Bedarf an diesem neuen Wissen, „eben so wie alle Pädagogik, die sich nicht auf eigne specielle Beobachtungen und Erfarungen gründet" (3).

„Erfahrungsseelenkunde" wird also zu einer spezifischen Wissensform erklärt, die für die Kenntnis des Menschen und im Umgang mit ihm auf eine empirische Basis setzt und die alten, z. B. theologischen oder nur normativen, Wissensformen ersetzt und eine empirische Anthropologie begründet. Moritz markiert die Erwartungen an die neue Wissensform auch scharf und deutlich: „Was mich darüber beruhiget, daß ich die gegenwärtige Sündfluth von Büchern noch mit einem neue Buche vermehren will, ist dieses, dass ich Fakta und kein moralisches Geschwätz, keinen Roman, und keine Komödie, liefere, auch keine anderen Bücher ausschreibe." (Moritz 1783, Vorr. S. 2) Die Differenz zur tradierten Beobachtung des Menschen wird klar und eindeutig, ja scharf gezogen: „kein moralisches Geschwätz", aber auch keine immer neue Exegese alter Bücher, z. B. der heiligen Schriften oder der (philosophischen) Tradition. Statt „Bücher ausschreiben" ist die Generierung neuen Wissens die Aufgabe, Forschung also.

Moritz erläutert gleich zu Beginn auch die Praktiken, von denen er sich Gewinn verspricht, d. h. er klärt seine spezifische Methode der Forschung, zunächst im Allgemeinen und für alle Humanwissenschaften. Seine bevorzugte Methode ist die der Beobachtung, und nicht nur der Introspektion, sondern eine spezifische Form der Beobachtung: „Vorzüglich aber Beobachtungen aus der wirklichen Welt, deren eine einzige oft mehr praktischen Werth hat, als tausend aus Büchern geschöpfte", mit der Erwartung, dass auch „nicht eher Reflexionen angestelt [werden], bis eine hinlängliche Anzal Fakta da sind und am Ende dies alles einmal zu einem zweckmäßigen Ganzen geordnet [wird]." Das ist für Moritz „noch der einzige Weg, wie das menschliche Geschlecht durch sich selber mit sich selber bekanter werden, und sich zu einem höheren Grade der Volkommenheit empor schwingen könnte" (Moritz 1782, S. 4)

So wünschenswert solche Beobachtung ist, die zeitgenössischen Naturwissenschaften zeigen ja, wie man von diesen Forschungspraktiken profitieren kann (Daston/Galison 2007)[14], Moritz weiß auch schon, dass sie ihre eigenen Probleme

---

14 Lorraine Daston und Peter Galison diskutieren die methodische Entwicklung der auf die Natur bezogenen „Beobachtungswissenschaften". Sie zeigen dabei, wie in den „Wissenschaften, für die das Auge wichtig ist, von der Anatomie bis zur Physik, von der Meteorologie bis zur Embryologie" (S. 22) – also ohne die Erfahrungsseelenkunde –, die dabei erzeugten unterschiedlichen „Wahrheiten" sich unterschiedlichen Formen der Beobachtung, mit und ohne Instrumente, verdanken. Aber für die Beobachtung in den Humanwissenschaften fehlt schon eine „Erkenntnistheorie des Auges", wie sie

aufwirft. Methodenkritik wird deshalb schon im Ursprung mit der Erfindung der Methode verbunden.

Dabei konzentriert sich Moritz auf den natürlichen Beobachter und seine Rolle. Zu dessen Kontrolle formuliert er scharfe Bedingungen an sein Verhalten und seine Beobachtungspraxis. Einerseits, und intuitiv wahrscheinlich auch naheliegend, erwartet er: „Wer sich zum eigentlichen Beobachter des Menschen machen wollte, der müßte von sich selber ausgehen … sich selber zum Gegenstande seiner anhaltenden Beobachtungen zu machen". Gleichzeitig sieht Moritz diese Risiken einer Beobachtung, die vom Beobachter selbst ausgeht und auch noch auf den Beobachter selbst zielt. Zwar räumt er ein, „ohne alle heftige Leidenschaften müßte er nicht sein," gleichzeitig erwartet er Distanz, denn er müsste „doch die Kunst verstehn, in manchen Augenblicken seines Leben sich plözlich aus dem Wirbel seiner Begierden herauszuziehen, um eine Zeitlang den kalten Beobachter zu / spielen, ohne sich im mindesten für sich selber zu interessieren." (Moritz 1782, S. 6 r-l) Das wird dann sein Beobachtungsideal, „ein ruhiger, kalter Beobachter" soll es sein, fähig, „mich als einen Gegenstand meiner eignen Beobachtung (zu betrachten), als ob ich ein Fremder wäre …" (Moritz, 1782, 7) Aber Moritz weiß auch schon, dass das, was er als Erwartung an den Beobachter formuliert, nicht leicht einzulösen ist: „Aber wer gibt dem Beobachter des Menschen immer Kälte und Heiterkeit der Seele dazu, alles was geschieht, so wie ein Schauspiel zu beobachten", das gelänge leichter, „wenn er nur nicht selber mit im Spiele begriffen wäre". Dann wäre es möglich, dass ich „mich vor die Bühne (stelle), und bin ein ruhiger, kalter Beobachter", sogar so, dass ich „mich als einen Gegenstand meiner eignen Beobachtung (betrachte), als ob ich ein Fremder wäre" (Moritz, 1782, 7).

So gut sich solche Erwartungen formulieren lassen, Moritz sind die Risiken der Methode durchaus bewusst, und sie liegen zuerst beim Beobachter:

> „Freilich hat der Menschenbeobachter noch viele Hindernisse zu überwinden, … den Vorhang der sogenannten guten Lebensart, … den Vorhang der Lebensklugheit, …den Vorhang der Selbstgefälligkeit oder Gefälligmachung seiner selbst bei andern durchblicken, ehe er in das Innerste des Herzens dringen kan." (Moritz 1782, S. 8)

In diesen Hinweisen auf die Risiken und Gefahren einer Beobachtung, die sich im Wesentlichen auf einen natürlichen Beobachter verlässt und auch die Risiken der Selbstbeobachtung nicht grundsätzlich zu vermeiden sucht, wird man an schon ältere Analysen der Irrwege der Erkenntnis erinnert. In seiner Lehre von den „Idola", d.h. den Bildern, die wir uns von der Wirklichkeit machen – Götzen-

---

in der zentralen Quelle von Daston & Galison, in den Atlanten, dokumentiert ist, in denen sich „die Bildergeschichte der Objektivität" manifestiert.

bilder noch in der Antike[15] darf man sie hier als Trugbilder oder Vorurteile übersetzen oder als Stereotypen der Wahrnehmung charakterisieren –, hatte ja Francis Bacon bereits 1620 mehrere Klassen solcher Stereotype unterschieden: die *idola tribus*, d. h. die im *Stamm*, also in sozialen Systemen existenten Deutungen, vor allem die Interpretation der Welt in Analogie zum Menschen; ferner die *idola specus*, d. h. die Vorurteile in Ausübung der in der Erziehung erworbenen eigenen Wahrnehmungsmuster; dann die *idola fori*, die mit der Sprache vermittelten Vorurteile, und schließlich die *idola theatri*, die traditionellen Lehrmeinungen aus Philosophie und Theologie (Bacon 1620; Reckermann 1976, S. 189 f.). Methodenlehre und -kritik hat eines ihrer Hauptthemen seither in der Aufgabe gefunden, begründete Urteile und damit ausweisbare Erkenntnis zu erzeugen, und die Kritik der Schwächen, die ein natürlicher Beobachter in die Praxis der Forschung einbringt, sind dabei eine zentrale Schwierigkeit, die zu bearbeiten ist.

Methode und Theorie – erziehungswissenschaftliche Rezeption des empirischen Programms

Diese Problematik wird nicht nur generell und für die Humanwissenschaften insgesamt gesehen, sondern früh auch revierspezifisch, z. B. auch in den Anstrengungen, eine eigenständige Erziehungswissenschaft zu begründen. Ernst Christian Trapp, dessen „Versuch einer Pädagogik" von 1780 man als das prominenteste deutschsprachige Exempel in diesem Kontext bezeichnen kann, diskutiert deshalb ausführlich die Methodenprobleme der neuen Disziplin, auch hier sehr stark von den Möglichkeiten und Risiken der Beobachtung aus. Zunächst erinnern seine Programmsätze an die bei Moritz schon gehörten Fragen: „Aber was gehört dazu, um richtige Beobachtungen, zuverlässige Erfahrungen anzustellen?" Auch Trapp zielt auf den natürlichen Beobachter und die Risiken, die man mit ihm eingeht, so dass man zunächst kriterial vorbauen muss, in dem was zu wünschen ist. „Ein Geist von Vorurtheilen und Partheilichkeit frei; ein geübtes Auge; ein durchdringender Blick; eine weiche Seele, die alle Eindrücke annimmt, welche die beobachteten Gegenstände auf sie machen", sogar die Sensibilität für die eigenen drohenden Fehler, also „eine lebhafte Vorstellung, von der Möglichkeit sich zu irren, die zur Behutsamkeit" mahnen. Aber dann erweitert Trapp den Verweis auf die Risiken mit Hinweisen, wie man die Risiken selbst kontrollieren kann, nämlich z. B. durch „Wiederholung der angestellten Versuche".

15 Im Lateinischen wurden idola als „Götzenbilder" verstanden (Reckermann 1976, Sp. 188).

Trapp macht gleichzeitig eine Unterscheidung, die belegt, dass für ihn das Vorwissen vom Thema der Forschung nicht nur für eine unvoreingenommene Beobachtung hinderlich sein kann, sondern auch notwendig ist. „Der Beobachter muß seinen Gegenstand vorläufig kennen, und ihn nahe genug haben, um deutlich zu sehen." (Trapp 1780, § 27). Man kann erkennen, welche Funktion solches Vorwissen als beobachtungsleitende Hypothese haben kann, und sieht den Forschungsprozess selbst als eine Form, die eigenen Vorannahmen über die Realität kontrolliert zu prüfen. Schon bei Trapp, explizit noch deutlicher bei einigen seiner philanthropischen Zeitgenossen, wird dabei der Status des Vorwissens als eine theoretisch bereits verfestigte Anschauung von der Wirklichkeit expliziert und sichtbar. Die Theorieabhängigkeit der Beobachtung dokumentiert z. B. ein Beobachtungsprotokoll, das bei einem Schulbesuch entstand und in der einschlägigen Zeitschrift der Philanthropen publiziert wurde: „'Betrachten Sie', sagte mir P* ins Ohr, die Phisiognomie der Kinder." (NN 1782) Konzentriert auf die Physiognomie, wie hier, nutzen die Philanthropen eine der wirksamsten und auch angesehensten, seit der Antike kultivierten Theorien, die über die Erkenntnis des Menschen noch im ausgehenden 18., frühen 19. Jahrhundert präsent und anerkannt sind, nicht nur bei Lavater, und trotz gelegentlich scharfer Kritik, z. B. bei Lichtenberg, im Allgemeinen (Lichtenberg 1778)[16] und auch gegen Lavater (Lichtenberg, o. J./1972)[17], auch lange, in manchen Varianten der Ausdruckspsychologie bis weit ins 20. Jahrhundert, praktiziert werden (u. a. Schmölders 1996; 2007).

Man erkennt sofort, dass diese Theorie für das theoretische Zentralproblem der Pädagogik, das Innere am Äußereren zu erkennen, geradezu ideal scheint, jedenfalls verführerisch naheliegend ist und professionsintern bis ins ausgehende 19. Jahrhundert praktiziert wird (Tenorth 1986). Entsprechend eindeutig sind auch die Beobachtungsdokumente:

> „Das hatte ich schon getan; aber noch einmal durchlief mein Blik die Reihen, wärend die Knaben eine Menge der gewönlichen Tischgebete hersagten. Mein Auge fand nicht was es suchte. Die Meisten hatten gar keinen Ausdruk auf ihrem Gesichte. Nur bei ganz Wenigen

16 Lichtenberg entfaltet seine Kritik (1778, zusammenfassend S. 290 f.), als Kritik des „Beobachtungsgeistes", und als Mahnung zur „Behutsamkeit bei Untersuchung eines Gegenstandes …, bei welchem Irrtum leichter ist und lebensgefährlicher werden kann, als bei irgendeinem andern, Religion ausgenommen" (257), insgesamt: „Physiognomik ist also äußerst trüglich." (293).

17 In diesem nicht publizierten, im Nachlass überlieferten Text (Lichtenberg o. J./1972) findet sich auch der vielfach zitierte Satz Lichtenbergs, jetzt gegen Lavater: „Wenn ein Kopf und ein Buch zusammenstoßen und es klingt hohl, ist das allemal im Buch?" (S. 559).

ein Zug irgend eines Gedankens, oder ein freieres Auge, oder ein verschlagner, kühner, schelmischer Kopf; Alles übrige war stumpf, one Gefühl, one Seele. ...“ (NN 1782).

Aber dann wird der Beobachter doch fündig, erst über die Stimme, dann über den „Ausdruk“, den er als Indiz „einer unschuldigen Seele“ lesen kann: „Indes zog eine Stimme meine Aufmerksamkeit auf sich, und ich wandte meinen Blik von jenen traurigen Gemälden dahin, wo sie herkam. Ein kleiner, etwa achtjäriger Knabe von einer feinen und schmachtenden Bildung betete das Vater-Unser mit einer so sanften, zärtlichen und bigsamen Stimme, und mit so viel Ausdruk einer unschuldigen Seele. Dass ich mich nicht besinne, so was Rührendes bei einem Kinde gesehn zu haben. Das war für mein Herz das erste und das einzige Angeneme bei disem Schulbesuch.“ (ebd.) Theorie lehrt sehen und sie formiert das Sehen, so könnte man diesen Effekt beschreiben. Aber es sind im Wesentlichen konfirmatorische Effekte, die man dabei beobachten kann oder, wie man aus der Distanz sagen muss, eine theorieinduzierte Bestätigung fester Wahrnehmungsmuster und Vorurteile.

Neben der Theorieabhängigkeit gibt es aber auch eine Präformierung der Beobachtung, die man als Revierabhängigkeit bezeichnen könnte. Offenbar sind die Möglichkeiten und Grenzen der Beobachtung, aber auch die Erwartungen an sie, vom spezifischen Handlungsfeld abhängig, in dem der Beobachter agiert und die Beobachtung genutzt wird. Auch dafür ist bereits Karl Ph. Moritz sehr sensibel, wenn er ausführt, welche Privilegien der Beobachtung sich aus der Arbeitssituation des „Schulmannes“ ergeben und sie, nebenher noch einmal mit der zentralen Berufsaufgabe verbindet, wenn er als Ziel markiert „unmittelbar auf den Verstand und das Herz (zu) wirken“. Moritz hält dann zunächst fest: „Wie viel Gelegenheit hat aber ... ein Schulmann, Beobachtungen über den Menschen anzustellen. Er, welcher unmittelbar auf den Verstand und das Herz wirken, und nicht eher ruhen sol, bis er die Frucht seiner Wirkungen siehet!“ Aber es ist nicht nur die Vielfalt der Beobachtungschancen, die Moritz sieht, sondern er sieht auch die Differenz zwischen dem schulisch praktizierenden Lehrer und dem lebensweltlich agierenden Erzieher. Der wiederum hat den Vorteil, „dass er seine Subjekte beständig beobachten kann, da dem Schulmann dieses nur wenige Stunden lang möglich ist. Aber der Schulmann hat wiederum den Vorteil, der Mannigfaltigkeit der Subjekte.“ (Moritz 1782, S. 9)

Bei Ernst Christian Trapp werden die besonderen Bedingungen schulischer Beobachtung ebenfalls thematisiert, aber gleich schon in Gütekriterien der Beobachtung umgedeutet, jetzt als die Notwendigkeit und Möglichkeit, die Adressaten seiner Praxis – hier dann ungeschieden nach Lehrer oder Erzieher – in der großen Varianz zu sehen, die für seine Arbeit bedeutsam ist:

> „Aber nun der Pädagog. Dieser muß viel mit Kindern jedes Alters umgegangen sein, als Lehrer und als Gesellschafter. Er muß die gewöhnlichen und die ungewöhnlichen Meinungen von ihrer Natur und der Art sie zu behandeln, kennen, bald diese, bald jene bei seinen Versuchen zum Grunde gelegt, aber nie eine so fest angenommen haben, dass er nicht bereit wäre, sie fahren zu lassen, wenn eine andere, sollte es auch die gerade entgegengesetzte sein, mehr Wahrscheinlichkeit, dass sie besser sei, bekömmt. Er muß schlechtere und bessere Schulen, neue und alte gesehn und in denselben gearbeitet haben."(Trapp 1780, § 27)

Bemerkenswert ist an diesen Hinweisen Trapps, dass er nicht nur die Varianz der Adressaten betont, sondern auch ausdrücklich von „Versuchen" spricht, in deren Kontext die Beobachtungen angestellt werden müssen, und dass er weiter auch den Status der Befunde kennt, die er dabei gewinnt. Es sind Befunde im Status von „Wahrscheinlichkeit", keine eindeutigen Kausalitäten, die er erwartet.

Die Notwendigkeit von Experimenten, die ja auch Kant befürwortet hat, führt bei Trapp schließlich dazu, dass er über Kriterien der Variation von Versuchsanordnungen nachdenkt und diese Variation als Gütekriterium und Kontrollstandard zugleich interpretieren kann: „was für Beobachtungen und Erfahrungen", so fragt er, soll man anstellen, und seine Antwort ist durchaus treatment-bewusst, aber er plädiert auch für Beobachtungen relativ zum Alter der Lernenden oder der Gruppengröße, mit einem Argument, dass man die Notwendigkeit der Kontrollgruppe schon hier sieht.

> „Man gebe unseren Kindern von einerlei Art verschiedene Gegenstände, Spielzeug, Bücher, Modelle, Gemälde sc und lasse sie damit nach Belieben schalten und walten. Nun gebe man acht auf die Verschiedenheit ihrer Aeusserungen, Empfindungen, Handlungen, Erfindungen u.s.w. … Man mache dis Experiment mit Kindern von zwei bis sechszehn Jahren oder noch weiter. Man gebe auf die Verschiedenheit der Wirkungen Acht, wenn … die Zahl der Kinder von zwei bis zwanzig … ist … oder wenn beides Zahl und Alter verschieden sind … alle mögliche Combinationen …" (Trapp 1780 § 29).

Es überrascht bei dieser bewussten Diskussion methodischer Standards schon nicht mehr, dass Trapp auch über Kontroll- und Auswertungspraktiken nachdenkt, Beobachtungsprotokolle erwartet und Quantifizierung für notwendig und sinnvoll hält – und bei den Phänomenen, die der Beobachtung bedürfen, trotz aller Modernität im Wissenschaftsprogramm, gleichzeitig die wahre Angst des Pädagogen sichtbar werden lässt, die unkontrollierte Sexualität, präsent in der zeitgenössisch vor allem thematisierten Masturbation (Rutschky 1972, 299 ff.).

> „Dieser Beobachter müßte nun auf jede auch die allerkleinste Bewegung der Kinder, auf ihre Ursachen und Folgen Acht geben, und sie alle gezählt in ihr Protokoll tragen … In dieses Protokoll würde nun eingetragen, welche und wie Viele onanitische Ausschweifungen begehen und Andere diese Kunst lehren; welche und wie Viele ihre Hände,

> Füsse, Zunge, Augen, Ohren, auf andere Weise beschäftigen und auf welche Art und wie oft sie es thun; welche gähnen, welche schlafen, welche in den Tisch schneiden, und was sie hineinschneiden, welche malen, und was sie malen, usw." (Trapp 1780 § 29)

Beobachtung als Methode, Physiognomie als leitende Theorie, Diskussion von Gütekriterien und Praktiken der Forschung, Verständnis für den Status der Aussagen in der empirischen Forschung und Bindung an zeitgenössische Vorurteile finden sich also gleichzeitig in diesen frühen Programmen einer empirischen Forschung und den Dokumenten, die sie aus der Forschungspraxis publiziert hat, und zwar gleichermaßen in der Erziehungswissenschaft wie in den Humanwissenschaften insgesamt. Sie zeigen, wie diese Disziplinen mit dem allgemeinen Problem umgehen, den Menschen empirisch zu erforschen, und wie die Erziehungswissenschaft mit ihrem speziellen Problem umgeht, zur Behebung des Wissensbedarfs ihrer Praxis das grundlegende Problem zu lösen, wie man etwas über das Innere des Menschen erfahren kann, ohne in dieses Innere schauen zu können.

Varianten der Theorie – Alternativen der Erziehungswissenschaft

Zu den Indizien der grundlegenden Theoretisierung dieses Problems gehört schließlich, dass es neben der Physiognomie auch historisch schon Theoriealternativen gibt, innerhalb der Pädagogik und im weiteren Kontext der Humanwissenschaften. Dabei ist es charakteristisch, dass das disziplinäre Problem erhalten bleibt, aber die theoretischen Prämissen der Beobachtung variiert werden. Zwei Programme sollen deshalb hier noch kurz erwähnt werden, die Zeichenlehre von Schwarz und die Karriere der Phrenologie, vor allem zum Beweis der These, dass grundlegende theoretische Probleme – „wie ist Erziehung möglich?" – nicht nur nicht verschleißen, sondern auch die Konstruktion von mehr als einer theoretischen Form der Bearbeitung erlauben, Theorienkonkurrenz also, die auch die Frage nach dem Fortschritt der Erkenntnis theorievergleichend diskutierbar macht.

Die „Grundlinien einer pädagogischen Zeichenlehre", die der Heidelberger Philologe und Erziehungswissenschaftler Friedrich Heinrich Christian Schwarz (Lenhart 1968) in seinem „Lehrbuch der Erziehungs- und Unterrichtslehre" 1805 erstmals präsentiert, verdienen vor diesem Hintergrund besondere Beachtung. Schwarz versteht die Pädagogik als „strenge Wissenschaft" (Schwarz 1805, S. VII), grenzt sie von philosophischen Denkformen ab und nimmt nicht nur die Methode der Beobachtung in sein Programm auf, er versucht sich auch an einer theoretischen Präzisierung und Operationalisierung dessen, was er am Äußeren erkennen kann und als Indizien für das Innere lesen will. Seine Grundthese ist. „Das Innere eines Naturwesens und insbesondere auch des Menschen kündigt sich im Äußeren an, sowohl das Gewordene als das Werdende, durch bemerkbare Zeichen." (Schwarz 1805 § 68) Schwarz akzeptiert auch die praktische Referenz – „Der Erzieher soll den Zögling kennen, er muß sich also auf die Zeichen verstehen ...", theoretisch ist aber vor allem von Bedeutung, dass Schwarz die äußerlich sichtbaren „Zeichen" als Indikatoren für spezifische Zustände des beobachteten Adressaten interpretiert und nach drei Dimensionen klassifiziert: „ die pädagogische Zeichenlehre hat zum Gegenstand 1) die Naturart, 2) die Gemüthsart, 3) den Entwicklungsgang." (Schwarz 1805 § 68) Für jede dieser Dimensionen führt er dann weitere Unterscheidungen ein, für die Naturart z. B. die zu seiner Zeit noch durchaus anerkannte antike Temperamentenlehre, mit dem dann typischen Befund „so gibt es die Unterabtheilung in die lebhaften festen (cholerischen, hitzigen) und in die festen lebhaften (energischen, heftigen) Naturen." (Schwarz 1805 § 70)

Die theoretischen Probleme dieser Unterscheidungen liegen damit natürlich auch schon auf dem Tisch. Das bedeutet vor allem, dass die Zuschreibung auf „Natur" immer eine distinkte Abgrenzung von solchen Faktoren fordert, mit denen das beobachtete Phänomen anders, z. B. auf die Kultur oder die soziale Lage und die situativen Umstände zugrechnet werden könnte. Das Problem ist der frühen pädagogischen Forschung durchaus vertraut, zumal im Kontext eines für sie zentralen Begriffs wie dem der Bildsamkeit. Dort hatte die Pädagogik, jetzt international, ja gelernt, dass die Behauptungen über die Bildsamkeit, und damit über die Natur des Adressaten, sich ohne pädagogische Praxis, Intervention und Experiment, gar nicht diskutieren lassen. Deshalb gibt es innerhalb der frühen Erziehungswissenschaften eine isolierte Rede von „Natur" jenseits einer Generalprämisse der Kompetenzerwerbskompetenz gar nicht, sondern im Gang der Entwicklung – auch des „Gemüts" – immer nur das Zusammenspiel von Natur und Kultur, hier der pädagogischen Ambition als Ausdruck kulturell organisierter Praxis.[18]

Bezogen auf den Entwicklungsgang und die zeitgenössisch ja auch zu hörende weitere und ausgreifende These – „Der Mensch ist nichts, als was die Erziehung aus ihm macht." – stellt sich andererseits die Frage nach den Grenzen der Erziehung. Die wird theoretisch sehr unterschiedlich behandelt, im Kontext der An-

18 Details dazu haben wir im Kontext eines von der DFG- geförderten Projekts über „Bildsamkeit und Behinderung" analysiert (u. a. Ellger-Rüttgardt/ Tenorth 1998; Tenorth 2006).

nahmen über Bildsamkeit sieht Herbart z. B. die Psychologie als Instanz, die solche Grenzen aufzeigt. Jedenfalls formuliert er so in § 4 des „Umriß pädagogischer Vorlesungen", wenn er unterstellt, dass die Bildsamkeit des Zöglings, „beschränkt (sei) durch dessen Individualität" – also doch durch die Natur – sowie, als Ergänzung, „durch Umstände der Lage und der Zeit."[19] Aber damit räumt Herbart ein, dass Grenzen eher variabel denn fest sind, abhängig von der Praxis und der weiteren Forschung, von Experimenten und ihrer Beobachtung. Allein von der Zeichenlehre kann er dann nicht mehr ausgehen.

Schließlich, konzentriert auf das Ausgangsproblem, dass die Pädagogik das Innere des Menschen am Äußeren zu erkennen sucht, erweist sich auch schon um 1800, dass neben der Zeichenlehre von Schwarz oder der traditionellen Physiognomie auch andere Konkurrenten, durchaus massenwirksam auf den Plan treten. Es ist vor allem die von Gall entwickelte Phrenologie, die man hier nennen muss, und die zugleich zeigt, dass Theorieabhängigkeit auch für manche Irrwege der Forschung verantwortlich ist. Die Phrenologie, von dem Arzt Franz Joseph Gall (1758–1828) entwickelt, der erst in Wien, dann in Paris prominent tätig war, beruhte auf der Annahme, dass die Schädelform geistige Eigenschaften und Zustände spiegelt, die wiederum bestimmten Hirnarealen zugeordnete werden können. Innen und Außen wurden hier also über die Schädel- und Gehirnform vermittelt. Gall unterstellte dabei zunächst 27, in späteren Texten noch mehr Gehirnregionen und ihnen zugeordnete Geistesgaben (vgl. die Abb. unten, die eine der zahlreich kursierenden Gallschen Schädelmodelle zeigt und dokumentiert, welche Fähigkeiten etc. er platziert und unterstellt). In der Einfachheit, mit der hier das pädagogische Grundproblem scheinbar grundlegend gelöst wurde, war Gall durchaus attraktiv für die Humanwissenschaften seiner Zeit. Noch im 19. Jahrhundert hatte er Gefolgsleute unter den Pädagogen, schon wegen der naturwissenschaftlich vermeintlich stark beglaubigten physiologischen Argumentation (Oelkers 1998). Seine hirntopologische Denkweise erlebt im Übrigen aktuell in der Neurowissenschaften eine Renaissance und die findet, natürlich, wenn das dort angebotene Wissen so einfach nutzbar scheint, auch aktuell wieder engagierte und, wie nicht selten, unkritische Nutzer in der Pädagogik – und angemessene Kritik (Becker 2005).

19 Der § 4 lautet vollständig: „Die Pädagogik darf jedoch auch keine unbegränzte Bildsamkeit voraussetzen; *und die Psychologie wird diesen Irrtum verhüten.* Die Unbestimmtheit des Kindes ist beschränkt durch dessen Individualität. Die Bestimmbarkeit durch Erziehung wird überdies beschränkt durch Umstände der Lage und der Zeit. Die Vestigkeit des Erwachsenen bildet sich innerlich fort, und wird dem Erzieher unerreichbar." (Herbart 1835, § 1, S. 1 ff.; Einschübe in **, 2. Aufl. 1841).

Abbildung 1: Hirntopologie nach Bilz, 1894

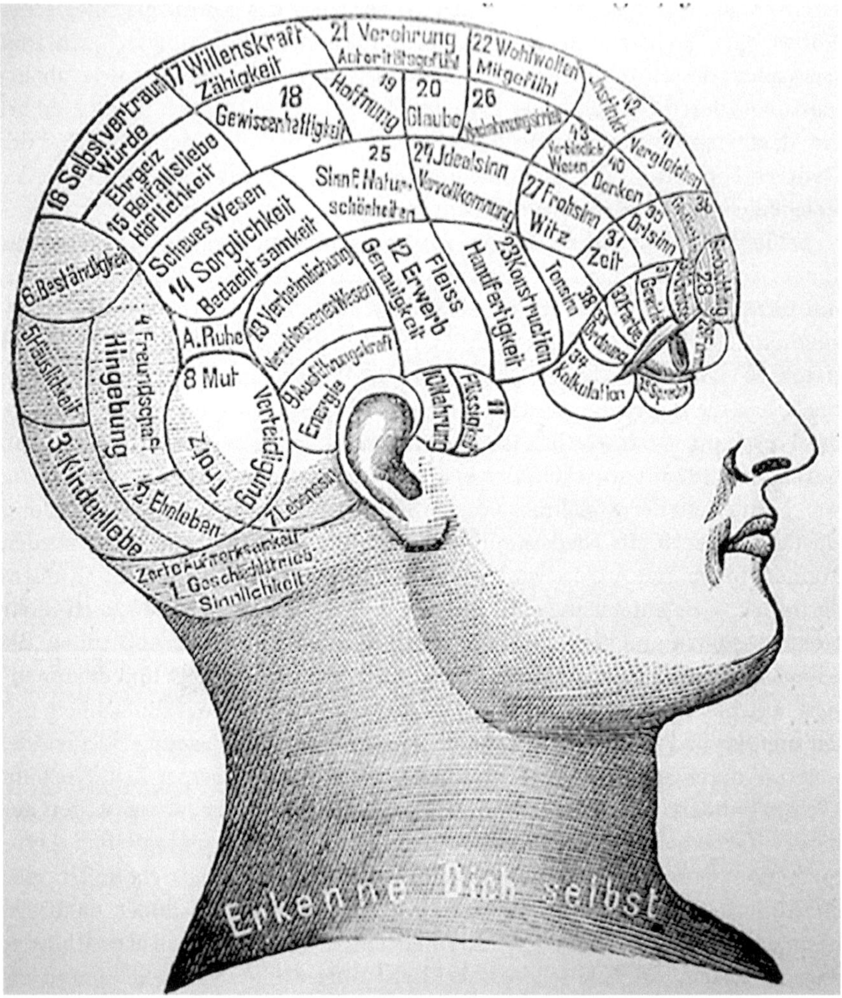

Im 19. Jahrhundert zeichnete sich allerdings für die Phrenologie schon ab, dass die Annahme der eindeutig bestimmten Regionen wie die Entsprechung von Schädelform und Geistgaben höchst spekulativ war. Den theoretischen Todesstoß und die endgültige Charakterisierung als Pseudowissenschaft erhielt die Phrenologie dann im Kontext der empirischen Psychologie. In seinen bahnbrechenden Arbeiten über die Möglichkeiten der Messung von Intelligenz hat Alfred Binet

nicht nur die grundlegenden Irrtümer der Phrenologie aufgezeigt, sondern auch das theoretische und methodische Grundproblem – der Verbindung von Innen und Außen – radikal verabschiedet. Statt sich auf die „Beobachtung" des Inneren am Äußeren zu konzentrieren, gehen die Psychologen seit Binet radikal anders vor: Sie beobachten zwar immer noch die Entwicklung des Menschen, auch sein Verhalten in Situationen, sogar experimentell, aber für Aufschlüsse über sein Inneres konfrontieren sie ihre Versuchspersonen mit Aufgaben und interpretieren die dabei im Test erzeugten Befunde über die Praxis und die Varianz der Lösung von Aufgaben als Indikator für die – hier intellektuelle – Leistungsfähigkeit. Messen wird jetzt die Grundlage des Wissens, die Entwicklung von Skalen und Tests – oder von pädagogischen Aufgaben – für solche Messungen die zentrale Forschungsmethode auch der Pädagogik und der pädagogischen Psychologie.

In gewisser Weise nimmt die humanwissenschaftliche Forschung damit eine theoretische Alternative auf, die in den Bildungstheorien um 1800 auch schon diskutiert und befolgt worden war, die Prämisse nämlich, den Menschen nicht in seiner Natur und Erscheinung zu beobachten, sondern an seinen Taten, in der Praxis, in der er sich artikuliert. Erziehung wird in dieser Theorietradition dadurch möglich, dass man den Heranwachsenden mit Aufgaben konfrontiert, die ihn zwanglos-zwingend nötigen, seine Möglichkeiten zu erproben und sich selbst weiter zu entwickeln.[20] Im Begriff des Lernens und der Erfahrung, die allein vom Subjekt selbst geleistet werden können, ist diese Prämisse festgehalten, eingeschlossen die Annahme, dass die Erziehung des Menschen nicht primär von außen geschieht, sondern durch seine eigene Tätigkeit. Die Rolle des Pädagogen besteht dann primär darin, Lerngelegenheiten zu konstruieren, Lernprozesse zu betreuen und in ihren Ergebnissen zu validieren. Das „Einwirken" gewinnt dabei einen anderen, produktiven neuen Sinn und die Erforschung orientiert sich an Modellen, die den Prozess des Lernens in institutionellen, pädagogisch konstruierten Settings abbilden und in den unterschiedlichen Etappen analysierbar machen.

Aber das führt schon zur Gegenwart. Die Verbindung zum Ursprung ist aber trotz radikaler theoretischer Zäsuren nicht verloren gegangen; denn nach wie vor bleibt die Erforschung der Erziehung theorieabhängig und auf Erfahrung angewiesen, immer noch bedarf sie zur Prüfung ihrer Befunde der theorie- und methodenkritischen Reflexion und der Gütekriterien, an denen sie die Geltung ihrer Aussage prüfen kann.

---

20 Im Anschluss an Fichte kann man insofern Erziehung – ganz paradox – als „Aufforderung zur Selbsttätigkeit" interpretieren (Benner 1987).

Erziehungswissenschaft und Bildungsforschung müssen also in diesem Sinne ‚empirisch' sein, oder sie existieren als Wissenschaft nicht. Immer noch geht es um „Fakta", nicht um „moralisches Geschwätz", es gibt bei aller Varianz also auch Kontinuität. Mein kleines Nachwort, im Rückblick auf den aktuellen, gelegentlich als krisenhaft codierten Ausgangspunkt, kann deshalb angesichts dessen, was die Disziplin schon historisch kann und bewiesen hat, auch ganz kurz ausfallen: Die Krisen der Theoretiker sind nicht die Krisen der Theorie!

Quellen und Literatur

Bacon, F. (1620): Novum Organon. (Dt.: Neues Organon. Hamburg 1990).

Baumert, J./Tillmann, K.-J. (Hrsg.) (2016): Empirische Bildungsforschung. Der kritische Blick und die Antwort auf die Kritiker. Wiesbaden: VS Verlag.

Becker, N. (2005): Die neurowissenschaftliche Herausforderung der Pädagogik. Bad Heilbrunn: Klinkhardt.

Benner, D. (1987 u. ö.): Allgemeine Pädagogik. Weinheim/München: Juventa.

Daston, L./ Galison, P. (2007): Objektivität. Frankfurt am Main: Suhrkamp.

Ellger-Rüttgardt, S./Tenorth, H.-E. (1998): Die Erweiterung von Idee und Praxis der Bildsamkeit durch die Entdeckung der Bildbarkeit Behinderter. In: Zeitschrift für Heilpädagogik 49, S. 438–441

Friedrich Eduard Bilz (1894): Das neue Naturheilverfahren. Lehr- und Nachschlagebuch der naturgemäßen Heilweise und Gesundheitspflege. Dresden/ Radebeul: Verlag F. E. Bilz, 20. Auflage.

Herbart, J. F. (1835): Umriss pädagogischer Vorlesungen. Göttingen, 2. Aufl. 1841.

Kant, I.: Über Pädagogik. (1803) In: Kant-Werke, Ed. Weischedel, Darmstadt 1966, Bd. 10.

Kersting, C. (1992): Die Genese der Pädagogik im 18. Jahrhundert. Weinheim: Deutscher Studien Verlag.

Lagemann, E. C. (2000): An Elusive Science. The Troubling History of Education Research. Chicago/London: Univ.of Chicago Pr.

Lenhart, V. (1968): Die Heidelberger Universitätspädagogik im 19. Jahrhundert. Ms., Diss. Phil., Univ. Heidelberg.

Lichtenberg, G.C. (^{2}1778): Über Physiognomik; wider die Physiognomen. Zu Beförderung der Menschenliebe und Menschenkenntnis. In: G.C. Lichtenberg: Schriften und Briefe. Hrsg. von Wolfgang Promies, 3. Band (1972), S. 256–295.

Lichtenberg, G.C. (o. J.): Wider Physiognostik. Eine Apologie von G.C.L. In: G.C. Lichtenberg: Schriften und Briefe. Hrsg. von Wolfgang Promies, 3. Band (1972), S. 553–562.

Luhmann, N. (1981 a): Theoriesubstitution in der Erziehungswissenschaft: Von der Philanthropie zum Neukantianismus. In: Gesellschaftstruktur und Semantik. Bd. 2, Frankfurt a. M.: Suhrkamp 1993, S. 105–194.

Luhmann, N. (1981 b): Wie ist soziale Ordnung möglich? In: N.L.: Gesellschaftsstruktur und Semantik. Studien zur Wissenssoziologie der modernen Gesellschaft. Bd. 2, Frankfurt a. M. 1993, S. 195–285.

Luhmann, N. (1987): Strukturelle Defizite. Bemerkungen zur systemtheoretischen Analyse des Erziehungswesens. In: J.Oelkers/H.-E.Tenorth (Hrsg.): Pädagogik, Erziehungswissenschaft und Systemtheorie. Weinheim / Basel: Beltz.

Luhmann, N. / Schorr, K.-E. (1979): Reflexionsprobleme im Erziehungssystem. Stuttgart: Klett; 2. Aufl. 1988.

Moravia, S. (1970): Beobachtende Vernunft. Philosophie und Anthropologie in der Aufklärung. (1970). dt.: München: Hanser 1973.

Moritz, C.P. (1782): Vorschlag zu einem Magazin einer Erfarungs-Seelenkunde. Aus: Deutsches Museum, Bd. 1, 1782, S. 485-503, in: Moritz 1783, Bd.1, o.S.

Moritz, C.P. (1783): Magazin zur Erfahrungsseelenkunde. 1. Bdes, 1. Stück, Berlin 1783.

Moritz, C.P. (2007): Sämtliche Werke. Kritische und kommentierte Ausgabe. Band 1, Tübingen 2007.

NN: Ein Schulbesuch in B. im Januar 1782. In: Bernhard Basedow/Joachim Heinrich Campe (Hrsg.). Pädagogische Unterhandlungen 5(1782)1.Quartal, S. 93–101.

Oelkers, J. (1998): Physiologie, Pädagogik und Schulreform im 19. Jahrhundert. In: P.Sarasin/J.Tanner (Hrsg.). Physiologie und industrielle Gesellschaft. Studien zur Verwissenschaftlichung des Körpers im 19. und 20. Jahrhundert. Frankfurt a. M.: Suhrkamp, S. 245–285

Reckermann, A. (1976): Idol, Ido(lo)latrie. In: Historisches Wörterbuchder Philosophie, Bd. 4, Darmstadt: Wissenschaftliche Buchgesellschaft, S. 188–192.

Rössner, L. (1983 ff.): Philosophische Studien zur Geschichte der empirischen Pädagogik. 3 Teile. Frankfurt a. M.: Lang.

Ruberg, C. (2002): Wie ist Erziehung möglich? Moralerziehung bei den frühen pädagogischen Kantianern. Bad Heilbrunn: Klinkhardt.

Rutschky, K. (Hrsg.) (1972): Schwarze Pädagogik. Quellen zur Naturgeschichte der bürgerlichen Erziehung. Frankfurt a. M./Berlin: Ullstein.

Schmölders, C. (1995): Das Vorurteil im Leibe. Eine Einführung in die Physiognomik. Berlin ^{3}2007.

Schmölders, C. (Hrsg.) (1996): Der exzentrische Blick. Gespräch über Physiognomik, Berlin 1996.

Schwarz, F.H.C. (1805): Lehrbuch der Erziehungs- und Unterrichtslehre. ND Paderborn 1968.

Tenorth, H.-E. (1986): ‚Lehrerberuf s. Dilettantismus' – Wie die Lehrprofession ihr Geschäft verstand. In: N. Luhmann / K.E. Schorr (Hrsg.): Zwischen Intransparenz und Verstehen. Fragen an die Pädagogik. Frankfurt a. M.: Suhrkamp, S. 275–322.

Tenorth, H.-E. (1994): Die Konstruktion pädagogischer Probleme – oder: Das Alltägliche an der Tätigkeit der Erziehungswissenschaft. In: K.-P.Horn/L.Wigger (Hrsg.): Systematiken und Klassifikationen in der Erziehungswissenschaft. Weinheim: Deuitscher StudienVerlag, S. 35–46.

Tenorth, H.-E. (1999): Technologiedefizit in der Pädagogik? Zur Kritik eines Missverständnisses. In: T.Fuhr/K.Schultheis (Hrsg.): Zur Sache der Pädagogik. Untersuchungen zum Gegenstand der allgemeinen Erziehungswissenschaft. Bad Heilbrunn: Klinkhardt, S. 252–266.

Tenorth, H.-E. (2004): Erziehungswissenschaft. In: D. Benner/J. Oelkers (Hrsg.): Historisches Wörterbuch der Pädagogik. Weinheim/Basel: Beltz, S. 341–382.

Tenorth, H.-E. (2006): Bildsamkeit und Behinderung – Anspruch, Wirksamkeit und Selbstdestruktion einer Idee. In: L. Raphael/H.-E. Tenorth (Hrsg.): Ideen als gesellschaftliche Gestaltungskraft im Europa der Neuzeit. Beiträge für eine erneuerte Geistesgeschichte. München: Oldenbourg, S. 497–520.

Trapp, E.C. (1780): Versuch einer Pädagogik. Berlin.

Vogel, P. (1990): Kausalität und Freiheit in der Pädagogik. Studien im Anschluß an die Freiheitsantinomie bei Kant. Frankfurt (usw.): Lang.

Schulische Artefakte zwischen 1950 und 1970 Die Gestaltung und Herstellung westdeutscher Schülerzeitungen

Marcel Kabaum

Bibliothek für Bildungsgeschichtliche Forschung des Deutschen Instituts für Internationale Pädagogische Forschung
Freie Universität Berlin

Zusammenfassung

Schülerzeitungen sind jugendkulturelle Ausdrucksformen innerhalb der Möglichkeiten und Begrenzungen einer innerschulischen Aktivität. Nach dem Zweiten Weltkrieg erobern sie die höheren Schulen der Bundesrepublik im Sturm und gestalten die jeweilige Schulkultur mit. Dieser kulturhistorische Beitrag stellt die gestalterischen und materiellen Veränderungen des Artefakts Schülerzeitung zwischen 1950 und 1970 dar. Dazu wird in einer interdisziplinär angelegten Artefaktanalyse der Chronologie der Materialität von Schülerzeitungen nachgegangen – ihrer Charakteristika und ihrer technisch-ökonomischen sowie institutionellen Rahmenbedingungen. Anschließend werden in einer qualitativen Stichprobenanalyse Titelblätter als Träger symbolischer Kommunikation untersucht. Im Beitrag wird nachvollzogen, wie der schulische Kontext und konventionelle Praktiken der Gestaltung einen schwindenden Einfluss auf die Bedingungen der Herstellung der Schülerzeitungen haben. Bundesweit zeigt sich dabei eine ungewöhnlich einheitliche Entwicklung zu einem ‚jugendeigenen' Erscheinungsbild. In der Perspektiventriangulierung von Rahmenbedingungen, Herstellung und Gestaltungspraxen sowie in der Analyse der Symbolik von Titelblättern wird die Veränderung der Verhältnisse zwischen Schule und Schülerschaft, der Schulkultur und dem Selbstverständnis der Akteure voneinander zusammengeführt. Darin zeigen sich eine schrittweise vollzogene Distanzierung der jugendlichen Redakteure zur Schule und die Etablierung der Schülerzeitungen als ‚peer culture' innerhalb der Schulkultur.

Abstract

School newspapers are an expression of youth culture within the possibilities and limitations of school activity. After World War II, the increasing number of school newspapers steadily shaped school culture. As a contribution to cultural studies, this article focuses on the changing material and design of these artefacts from the years 1950 to 1970. Following an interdisciplinary artefact analysis, the article first describes the main characteristics of West German school newspapers. Then it discusses the conditions of the cultural practices of the young editors. The article thereafter describes the journalistic, technical-economic, and school-related parameters in order to discuss the design and production of school newspapers. Case studies of the title pages of school newspapers are analyzed as representations of the artefact. The analysis shows that title pages serve at once as a cultural symbol and an indicator of how students engage with school. Looking at the title pages of school newspapers, the degree apparent to which an unexpected standard of youth cultural appearance and manufacturing was established across West German schools. The analysis identifies the decreasing influence of the school as well as the evolving production and design processes among the school newspapers. The production and symbolism of the title pages furthermore show that students became more and more distant toward their schools. School newspapers in West Germany became established as a peer culture within the school culture.

Der Siegeszug der Schülerzeitungen

Man mag sich heute kaum vorstellen, welche öffentliche Brisanz und auch Skandale Schülerzeitungen in der jungen Bundesrepublik erzeugen konnten und wie Schülerzeitungen gleichzeitig als bedeutender Teil der Schulkultur sowie als Medium politischer Bildung große Unterstützung erfuhren. Schülerzeitungen haben sich dabei rasch einen festen Platz an den westdeutschen höheren Schulen, vor allem an den Gymnasien, erobert. Viel seltener finden sie sich an Berufsschulen sowie an Volks- oder Realschulen; außerhalb der Schule erscheinen Schülerzeitungen auch, aber in unbedeutender Zahl. Sie sind unter den Schülerinnen[1] ob der eigenen Gestaltungsmöglichkeiten sehr beliebt, auch wegen der Möglichkeit ein jugendliches Sprachrohr zu sein. An ihnen kristallisieren sich sowohl jugendkulturelle Ausdrücke als auch eine sich verändernde Auseinandersetzung der Jugendlichen mit ihrer Schule heraus.

Ungeachtet der besonderen Rechtslage[2] an den westdeutschen Schulen bis in die frühen 1970er Jahre, bei der Schülerinnen u. a. in ihren Meinungsäußerungen

1 Im Folgenden wird dabei für alle Geschlechter die weibliche Form genutzt. Formulierungen mit Gendergap o. Ä. erzeugen zu viele typographische Probleme.

2 Für die rechtlichen Auseinandersetzungen mit Schülerzeitungen ist die Frage nach ihrer Einbettung in die Institution Schule prägend, ob Schülerzeitungen eine schu-

beschnitten wurden, können Schülerzeitungen eine unerwünschte Öffnung des Schullebens hin zur Öffentlichkeit erzeugen. Das Infragestellen der Autorität von Lehrerinnen, die Veröffentlichung pikanter Details aus dem schulischen Alltag sowie das Aufzeigen möglicher Missstände – zumindest in den Augen der Schülerinnen – im Schulbau oder in den Klassenräumen können, etwa von Eltern und Ehemaligen gelesen, dem guten Ruf der Schule abträglich sein. Schließlich gelten Schülerzeitungen vielerorts als „Visitenkarte der Schule" (Sewerin, 1956, S. 106).[3] Parallel zu dem medialen Phänomen der sog. Halbstarken 1956/57 zeigen sich in den Schülerzeitungen bereits ein wachsendes, ungeahnt selbstbewusster werdendes Auftreten und eine zunehmend freizügigere Darstellung jugendlichen Freizeitverhaltens seitens der Schülerinnen (vgl. ausführlich dazu Kabaum, 2017). Dies wird mit dem Siegeszug der Beatmusik und der Identifikation der Gymnasiastinnen mit US-amerikanisch geprägter Populärkultur in den 1960er Jahren noch verstärkt.

Bedeutung erlangen die Schülerzeitungen in Diskursen der pädagogischen Wissenschaftlerinnen, der Schulverwaltung sowie der Lehrkräfte vor allem wegen der ihnen nachgesagten förderlichen Wirkung auf die Schulgemeinschaft, bestehend aus Schülerschaft, Lehrerinnen, Eltern sowie Ehemaligen (vgl. bspw. Ascher, 1955, S. 103). Bundesweit tragfähig wird dieser Gedanke durch die US-amerikanische Besatzung: Im Zuge der *re-education* finden die Schülerzeitungen neben der Schülermitverantwortung (SMV) als erzieherische Mittel Einzug in westdeutsche Schulerlasse für höhere Schulen (vgl. Ritzi, 2009, S. 35) – wenngleich sich die Schulen mit der praktischen Umsetzung zumeist schwer tun, denn eigenverantwortliche Beiträge seitens der Schülerinnen passen nicht in das hierarchisch-autoritär geprägte Schulleben. SMV und Schülerzeitungen sollen – beeinflusst von Ideen aus der Pädagogik John Deweys (vgl. Tent, 2001, S. 602 f.) – die Bereitschaft der Kinder und Jugendlichen fördern, sich später als Erwachsene in der demokratischen Gesellschaft zu engagieren.[4] Unter dieser bis Mitte der

---

lische Veranstaltung darstellen oder eine Freizeitaktivität der Schülerinnen und damit als eine freie Meinungsäußerung zu verstehen sind. Nach dem Fall des besonderen Gewaltverhältnisses an Schulen in den frühen 1970er Jahren gilt sie zunächst als schulische Veranstaltung, seit den 1990ern dann als außerschulische Veranstaltung, die vom Werbeverbot an Schulen ausgenommen ist.

3 Nach Perschel (1963, S. 231) werden Schülerzeitungen genau dann am häufigsten zensiert, „wenn es um Artikel zu schulischen Problemen geht". Das konstatieren auch noch Knoche, Krüger & Lindgens (1979, S. 117).

4 Diesen Ansatz kann man auch als politisch-demokratische Variante eines bereits in der ersten Hälfte des 20. Jahrhunderts lokal vorhandenen Gedankens verstehen.

1960er Jahre gängigen Erwartung einer Demokratisierung an den Schulen (vgl. Rendtel, 1983, S. 552) behaupten sich die Schülerzeitungen innerhalb der Schulkultur – bei weitem besser als die SMV, die mitunter als „Schülermilchtütenverteilung" verschrien ist (Schildt, 2003, S. 238; vgl. Bartels, 1987, S. 19) und schnell die Grenzen ihrer Handlungsspielräume bei der Organisation von Schulfesten und Spendensammlungen sieht.[5] Schülerzeitungen hingegen sind deutlich beliebter: Ihre Zahl steigt seit den frühen 1950er Jahren rasant an, Ende der 1960er Jahre hat fast jedes zweite Gymnasium eine Schülerzeitung. Unterstützt werden die Schülerzeitungsredakteurinnen von der *Jungen Presse*, einer Vereinigung aus Schülerinnen und Studentinnen. Die *Junge Presse* nimmt die Idee der *re-education* für ihre Zwecke auf. Unterschiedlich engagiert und regional verschieden stark vertreten, versteht sie sich als politische Vermittlungsinstanz zur Demokratisierung der Jugend auf Landes- sowie zwischen 1952 und 1967 auch auf Bundesebene (vgl. dazu Bartels, 1987). Sie bietet den jungen Redakteurinnen ein Forum zum organisierten Austausch und macht Fortbildungsangebote. Die Arbeit wird vom Bund finanziert und als politische (Jugend-)Arbeit begriffen (vgl. Hussong, 1993, S. 558). Ab Mitte der 1960er Jahre erkämpft die *Junge Presse* unter Berufung auf den demokratischen Anspruch, der für Schülerzeitungen reklamiert wird, sogar bei vielen Kultusministerinnen die (schulrechtlich letztlich gar nicht umsetzbare) Pressefreiheit für Schülerzeitungen (vgl. Hartmann, 1969, S. 363).

Schülerzeitungen als historische Quellen

Schülerzeitungen sind Bestandteil der jeweiligen Schulkultur, prägen nicht zuletzt wegen der konflikthaften Aushandlungsprozesse das Schüler-Lehrer-Verhältnis und tragen zu dessen Liberalisierung bei (vgl. Gass-Bolm, 2005, S. 215–224). Die Mitwirkung der Schülerzeitungen am Wandel von Schulkulturen wird in Fallbeispielen im DFG-Projekt „Schülerzeitungen der 1950er und 1960er Jahre in der Bundesrepublik Deutschland: Artefakte gymnasialer Schulkulturen und ihr Bedeutungswandel" erarbeitet, in dessen Kontext dieser Forschungsbeitrag steht. Im Projekt wird mit einem umfassenden Bestand von über 7.500 Schülerzeitungen (bei knapp 1.100 Titeln) gearbeitet, die in der Bibliothek für Bildungsgeschichtliche Forschung (BBF) in Berlin archiviert sind und größtenteils aus dem ehemaligen Archiv der *Jungen Presse* stammen. Mit diesem für die 1950er und 1960er

5 Die geringe Wertschätzung und Bedeutungszuschreibung findet sich in allen Klassenstufen und auch unter den Lehrkräften wieder, vgl. Schäfer, Lemberg & Klaus-Roeder, 1965, S. 144–148. Zur Bedeutungslosigkeit der SMV unter den Bedingungen des besonderen Gewaltverhältnisses vgl. Helsper & Lingkost, 2004.

Jahre repräsentativen Bestand kann erstmals im Längsschnitt die ‚jugendeigene Presse' – so das Selbstverständnis – dargestellt und ihren Veränderungen nachgegangen werden (vgl. dazu die Darstellung bei Kabaum & Gippert, 2015). Der für diesen Beitrag gewählte Zeitraum folgt der Entwicklung der Jugend- und Schülerpresse (vgl. Hussong, 1993; Kaul, 1965, S. 12; Stefen, 1973): Eckpfeiler bilden die Gründungen der meisten Schülerzeitungen und die Etablierung der *Jungen Presse* Anfang der 1950er Jahre sowie die Schüler- und Studentenbewegung mit einer plötzlichen Welle neuer, zumeist kurzlebiger und politisierter Schülerzeitungen um 1970 (vgl. Liedtke, 1997, S. 310 f.).

Detaillierte Forschungsarbeiten zu Schülerzeitungen liegen bislang vor allem für die späten 1960er Jahre und die 1970er Jahre vor, bei denen mit (den damaligen) Methoden der empirischen Sozialforschung dieses kulturell-literarische Feld untersucht wurde (vgl. Hintz & Lange, 1969; Knoche et al., 1979 ff.; Rendtel, 1971). Abgesehen von einem Überblick über wesentliche Züge der Entwicklung bei Ritzi (2009) hat sich die Forschung zu Schülerzeitungen der Nachkriegszeit bislang nur auf einzelne Fragen konzentriert – etwa die spezifische schulrechtliche Lage – oder die Forschung ist ohne umfängliche Quellenbasis vorgenommen worden, zumal jener Quellenbestand der BBF lange Zeit wissenschaftlich nicht genutzt worden ist (vgl. Kaul, 1965, S. 12 f.; Liedtke, 1997, S. 300; Ritzi, 2009, S. 41). Allerdings sind die (forschenden) Einblicke in die jugendeigene Presse bereits präfiguriert: Eine zentrale Sammelstelle für Schülerzeitungen, wie das *Centre de Liaison de l'Enseignement et des Médias d'Information* in Frankreich, gibt es in Westdeutschland nicht bzw. Versuche dazu bestehen nicht auf Dauer (vgl. Adamietz, 1949; Kaul, 1965, S. 1; Lokk, 1987, S. 14–16).[6] Der forschende Zugang zum Feld der jugendeigenen Presse erfolgt bislang stets über die Dachorganisation der *Jungen Presse*: Der Bestand in der BBF stammt aus ihrem Archiv und auch ältere Forschungsarbeiten basieren auf dem Wissen, den Beständen oder den Adresskarteien dieser Organisation. Sogar die Organisation *Junge Presse* selbst ist bislang nur von ihren ehemaligen Mitgliederinnen untersucht worden (vgl. Bartels, 1987; Jourdan, 2013).

Die Schülerzeitungen sind auch von ihrem institutionellen Kontext geprägt: Sie sind Teil der Schulkultur und unterliegen damit auf der einen Seite der Zensur durch die Schulleitung bzw. einer Form der Selbstzensur aus Furcht vor Repressalien (vgl. bspw. Hussong, 1993, S. 558; Rendtel, 1971, S. 106), auf der anderen

6 Es ist nach wie vor schwierig, Medieninformationen zu den Schüler- und Studentenzeitschriften zu ermitteln, da sie immer noch unregelmäßig erscheinen und nicht gelistet sind (vgl. Wiesmann, 1997).

Seite sind sie Träger mitunter schulkulturell codierter Kommunikation, die nur bestimmten Gruppen oder Schülerinnen der jeweiligen Schule zugänglich ist.

Als Untersuchungsgegenstand sind Schülerzeitungen nichtsdestoweniger interessant, weil sie einen Teil der jugendlichen Aktivitäten außerhalb des Unterrichts darstellen und zugleich innerhalb der Schule angesiedelt sind. Sie sind als Artefakte zu verstehen, d. h. als Resultat menschlicher Aktivität, die als synchrone Protokolle „Objektivationen sozialer Beziehungen" verkörpern (Lueger, 2000, S. 141, Hervorhebung nicht übernommen). Die Schülerzeitungen werden an dieser Stelle also nicht als Medium begriffen. Während Medium ein „Beziehungs- und Funktionsbegriff" ist (Mock, 2006, S. 184), kennzeichnet der Begriff Artefakt das Interesse an menschlichen Aktivitäten, an der Rekonstruktion von „Produktion und Entstehungsbedingungen, Aneignung und alltagsgeschichtliche[m] Umgang" (Reh & Scholz, 2012, S. 106).[7] Aufgrund „ihrer Integration in einen Handlungskontext" entäußern Artefakte, wie Schülerzeitungen es sind, „kollektive Sinnstrukturen" und sind zugleich durch ihre Produktion „sinnliche Ausdrucksgestalten", die in kulturelle Praktiken der Produktion, Gestaltung und Rezeption eingebunden sind (Lueger, 2000, S. 147). Dies lässt sich für den BBF-Bestand im Zuge intensiver Beschäftigung zeigen: Die archivierten Schülerzeitungen aus allen Winkeln Westdeutschlands – inklusive Westberlins – weisen unverkennbare Ähnlichkeiten in Bezug auf Format, Layout, Gestaltung und Produktionsverfahren auf. Diese Materialität der Quelle Schülerzeitung entwickelt sich über die 1950er und 1960er Jahre hinweg in ganz Westdeutschland sogar in ähnlicher Weise. Offenbar besteht ein bestimmtes Wissen zu dieser Zeit, wie Schülerzeitungen ‚aussehen sollen', das in Praktiken der Gestaltung und Produktion routiniert angewendet bzw. bei Fehlversuchen oder mit Eröffnung neuer Möglichkeiten modifiziert wird. Diese „Logik der Praxis" (Reckwitz, 2003, S. 294; vgl. Hörning, 2004, S. 145) zeigt sich in der Materialität der Schülerzeitung.

Dieser Beitrag analysiert die Schülerzeitungen mit Blick auf ihre Materialität und die ihr inne liegenden Praktiken und fragt – in Anlehnung an eine Artefaktanalyse (vgl. Lueger, 2000, S. 140–186; Reh & Scholz, 2012) – was die Schülerzeitungen über „jenes soziale Umfeld aussagen", in dem sie in Erscheinung treten (Lueger, 2000, S. 161, Hervorhebung nicht übernommen). Artefaktanalysen, die über die „Interpretation der Artefakte als visuelle Zeichen und

---

7 Eine Übersicht über die verschiedenen begrifflichen Bestimmungen von ‚Medium' bietet Mock (2006), der u. a. herausstellt, dass das Verständnis von Medium und Artefakt nach dem *cultural turn* mitunter fließend ineinander übergeht.

über ihre Textualität hinaus die Materialität als Hinweis auf historisch spezifische Produktions- und Distributionsverfahren" nutzen (Reh & Scholz, 2012, S. 108), sind bislang in den sozialwissenschaftlichen Disziplinen selten. Insofern versteht sich der Beitrag als ein erster Vorschlag zu einer interdisziplinär ausgerichteten Bildungsforschung zur Quellengattung Zeitschrift; interdisziplinär wie sie Stöber (2002, S. 43 f.) für die Zeitschriftenforschung vorschlägt und wie sie in der anglo-amerikanischen Forschung bereits verfolgt wird (vgl. Endres, 2015). Hierzu werden zwei Zugänge der Analyse gewählt: zum einen die Chronologie der Materialität, bei der (i) auf deskriptiver Ebene die Materialität beschrieben wird, die strukturell mit (ii) den technischen Möglichkeiten und (iii) der Finanzierung im Zusammenhang steht. Sie rahmen und ermöglichen die Praktiken der Produktion.[8] Diese Perspektive wird durch eine alltagskontextuelle Sinneinbettung ergänzt, die bei den Schülerzeitungen neben (iv) der *Jungen Presse* und der kommerziellen Presse von (v) der Schule geprägt ist. Ein zweiter Zugang der Analyse erfolgt durch eine qualitative Stichprobenanalyse: Entlang von Zeitschnitten zu den Jahren 1953, 1960 und 1967 wird anhand von Titelblättern der Schülerzeitungen nach der Bedeutung der einzelnen Komponenten gefragt, womit „die in die Symbolik eingegangenen sozialen Strukturen", die „Funktion der Symbolik" (Lueger, 2000, S. 162) analysiert werden. Titelblätter bilden gemeinhin das Identifikationsmerkmal einer Zeitschrift (vgl. Johnson, 2002; in Bezug zu Schülerzeitungen vgl. Brenner, 1966, S. 26 f.).

Allgemeine Charakteristika der Materialität von Schülerzeitungen

In den 1950er Jahren haben die Schülerzeitungen zum allergrößten Teil das DIN A4-Format und sind in vielen Fällen nur 8 bis 12 Seiten, zumeist aber zwischen 12 und 20 Seiten stark (vgl. Gransow, 1955, S. 152); gegen Ende der 1950er sind es eher 20 bis 28 Seiten. Die Qualität des Papiers hängt eng mit den Produktionsweisen zusammen, bei denen bis in das letzte Drittel der 1950er Jahre Buchdruck und Vervielfältigung (Hektographie) dominierend sind. Beim

8 Hierzu wird sowohl auf Forschungsliteratur als auch auf eigene Erhebungen aus der Projektarbeit mit dem repräsentativen Bestand der BBF rekurriert. Eine Dimension der Analyse wird an dieser Stelle zurückgestellt: die personellen Bedingungen, d. h. wer überhaupt in welcher Weise Interesse hatte, daran mitzuwirken. Da die einzelnen Redaktionen sehr kurzlebig sind und meist nach ein, zwei Jahren wechseln, scheint die individuelle Ebene für die zu beobachtende einheitliche Entwicklung in Herstellung und Gestaltung nachrangig.

Buchdruck ist der Text gesetzt und für die Werbeanzeigen werden Klischees[9] benutzt (die von den Werbenden für den Druck jeweils bereitgestellt werden). Der Druck erfolgt auf festem, teils auch gutem Buchpapier. Bei der Hektographie wird Umdruckpapier bzw. saugfähiges Werkspapier, zumeist Saugpostpapier verwendet. Hektographierte Schülerzeitungen existieren häufiger, so dass man eher eine schlechte Papierqualität vorfindet (vgl. Loch, 1957, S. 123). Der Mengentext ist beim Vervielfältigungsverfahren mit der Schreibmaschine geschrieben, die Überschriften sind in aller Regel mit der Hand gezeichnet –, wie auch die Werbeanzeigen. Lediglich beim Titelkopf (auf der Titelseite) wird auch auf Druckereien zurückgegriffen, die – ähnlich wie bei Geschäftsbriefen – Vorlagen des Titelzuges in größerer Menge als Logotype bereitstellen (vgl. Abb. 2). Insofern sind gemischte Druckverfahren vorhanden; teilweise liegen auch separat gedruckte Werbebeilagen bei – etwa ab 1957/58 von der Bundeswehr (vgl. Döring, 1965, S. 46). Häufiger findet man in den 1950er Jahren auch Linolschnitte zur Gestaltung der Titelblätter (vgl. Abb. 1) oder zur Illustration des Innenteils. Fotografien sind selten, Farben ebenso, und der Text ist zumeist in zwei- bis dreispaltigem Mengentext gehalten. Dabei ist der Text fast immer in Kolumnen im Schriftsatz eines Zeitungsformats gesetzt: beim Buchdruck stärker im horizontal orientierten Umbruch, bei den Matrizen im Treppenumbruch. Die Schülerzeitungen sind an den Seiten geheftet, äußerst selten finden sich Leimbindungen. Einen Umschlag gibt es in der Regel nicht; das Titelblatt erinnert auch hier an eine Zeitung, da für gewöhnlich nur eine Unterteilung zwischen Titelkopf und dem Mengentext mit seinen Überschriften vorliegt. Die Auflagen schwanken je nach Herstellungsart zwischen 150/200 bis zu 4.000 Exemplaren.[10] Die Erscheinungsweise sowie die Archivierung erfolgt bei kaum einer Schülerzeitung regelmäßig, so dass man für die 1950er Jahre nur schätzen kann, dass es in den meisten Fällen ca. fünf Zeitungen im Jahr sein dürften. Etwa jede zehnte Schülerzeitung erscheint in einem Verbund, also in Zusammenarbeit mehrerer Schulen, zumeist in dreien. Diese Zahl bleibt relativ konstant über die 1950er und 1960er Jahre hinweg.[11]

---

9 Klischees sind Druckvorlagen für den Buch- und Zeitungsdruck, so dass die Anzeigen nicht wie Texte separat gesetzt werden brauchen.

10 Die Größe der Schule bzw. die Zahl der Abnehmerinnen ist für die Auflage bei der Hektographie und im Buchdruck eher nebensächlich, weil hier die Faktoren Unkosten und Zeitaufwand bedeutsamer sind.

11 Eine detaillierte Kartierung der Verbünde könnte dabei lokale Differenzen in der Ausprägung deutlich machen, zumal der Staat Bayern solche Verbünde verbot (vgl. Liedtke, 1997, S. 307).

In den 1960er Jahren sind die Schülerzeitungen in der Regel eine DIN-Größe kleiner und erscheinen im DIN A5-Format, mitunter im Querformat (selten dauerhaft wie bspw. *Der Gefährte*, 1965–1970). Die Zeitungen werden zunehmend umfangreicher: Anfang der 1960er sind sie im Schnitt ca. 32 Seiten (vgl. Döring 1961, S. 14), Mitte der 1960er tendenziell 38 bis 44 Seiten stark und um 1970 haben sie im Schnitt 54 Seiten (Rendtel 1971, S. 74) – bei einer starken Streuung zwischen 12 und etwa 100 Seiten für eine Ausgabe (vgl. Hintz & Lange, 1969, S. 113).[12] Mit der steigenden Seitenzahl während der 1960er Jahre wird der gewonnene Platz genutzt, um mit dem Mengentext nicht den ganzen Satzspiegel ausschöpfen zu müssen. Der Mengentext ist mit viel freier Fläche, meist nur noch einzeilig und mit Verzierungen, Illustrationen oder Fotografien ergänzt, auf den Seiten platziert. Von den Titelblättern verschwindet der Mengentext bereits um 1960 zunehmend. Von Druckereien hergestellte Logotypen werden ebenfalls bereits Anfang der 1960er seltener und verschwinden dann Mitte der 1960er von den Titelblättern ganz. Auch hier zeigt sich eine mehr graphische Gestaltung, zuweilen auch mit Fotografien. Die Titelei löst sich – teilweise bereits im letzten Drittel der 1950er Jahre – von dem ehemals festen Platz am Kopf der Seite. In der Regel findet sich nach wie vor kein separater Umschlag, das Titelblatt ist oft aus derselben Papierqualität bzw. demselben Papierbogen wie die anderen Seiten der Zeitung – die Schülerzeitungen im DIN A5-Format sind gefalzt. Die selten existierenden Umschläge sind dann aus (teils farbigem) Karton. Abgedruckte Linolschnitte werden selten, Farben hingegen häufiger, allerdings eher auf Titelblättern als im Innenteil. Die Qualität des genutzten Papiers wird in den 1960ern besser: Das billige und raue Papier findet sich – ebenso wie das Abzugsverfahren – kaum noch; mitunter lassen sich auch auf Hochglanzpapier gedruckte Exemplare finden (z. B. *junges echo*, 1961). In den 1960er Jahren wird das Herstellungsverfahren vom Kleinoffsetverfahren dominiert, das sich bereits im letzten Drittel der 1950er Jahre durchzusetzen beginnt. Dabei skalieren die Schülerinnen die weiterhin mit Schreibmaschine beschriebenen Seiten beim Druck in das DIN A5-Format. Die Überschriften sind in den 1960er Jahren nun seltener gemalt, sondern mithilfe typographischer Buchstabensets ‚gesetzt'. Nach wie vor sind die Schülerzeitungen fast ausschließlich geheftet. Die Auflagen steigen in den 1960er Jahren auf 300/400 bis zu 10.000 Stück an, wobei die immens hohen Auflagen von einmaligen Sonderausgaben (bspw. *Die Weisse Rose*, 1961) oder von

12 Hintz & Lange (1969, S. 113) identifizieren urban bedingte Unterschiede: In Großstädten sind die Schülerzeitungen weniger umfangreich als in Mittel- und Kleinstädten. Allerdings lässt sich diese Aussage mit der Darstellung ihres Datensatzes nicht nachvollziehen.

besonders engagierten Schülerzeitungen erreicht werden, die früh auch in den lokalen Handel eingehen (etwa *Der Transistor*, 1961 ff.). Zugleich erscheinen im Laufe der 1960er Jahre die Schülerzeitungen seltener, das kann man mit Blick auf die einsetzenden Dokumentationen und empirischen Datenerhebungen sagen: Mitte der 1960er erscheinen die Schülerzeitungen zumeist vier- bis sechsmal im Jahr (vgl. Kaul, 1965, S. 8), gegen Ende der 1960er sind es ein- bis viermal im Jahr bei einem Mittel von 3,44 (Hintz & Lange, 1969, S. 98; Rendtel, 1971, S. 70 f.).[13]

Allgemein werden die Schülerzeitungen in den 1950er und 1960er Jahren zunehmend professioneller in Gestaltung und Produktion, höher in der Auflage, seltener in der Erscheinungsweise, teurer, illustrierter, umfangreicher und bunter. Eine auf schlechtem Papier über Matrizen abgezogene Schülerzeitung mit gezeichneten Überschriften im DIN A4-Format ist Ende der 1960er Jahre kaum mehr zu finden, allenfalls an Grund- oder Hauptschulen (bspw. *Evolution*, 1969).[14] Mit Blick auf die umfangreiche empirische Erhebung zehn Jahre später durch Knoche et al. (1979 ff.) zeigt sich, dass sich die Materialität in den darauf folgenden Jahren wenig verändert. Die Veränderung mit Einzug des PCs ab den 1990ern ist bislang nicht untersucht worden.

Die technischen Bedingungen

Die Materialität schreibt sich in den technischen Bedingungen fort. Der Buchdruck ist einerseits attraktiv, weil die Auflage – ob 200 oder 800 Exemplare – für die Produktionskosten nachrangig ist, denn die Vorlagen (der Satz) verursachen hierbei die größten Kosten. Die beim Buchdruck genutzten Klischees der Kunden sehen professioneller aus und machen die Schülerzeitungen als Werbeträger auch attraktiver. Da die Schülerzeitungen allerdings zunächst im Bleisatz gesetzt werden, ist der Buchdruck erheblich teurer und nur durch die stärkere Rekrutierung von Werbeanzeigen finanzierbar. Ein erheblicher Mehraufwand, den viele Schülerinnen in ihrer Freizeit nicht leisten können oder wollen bzw. sie von der

13 Dieser Trend bestätigt sich bei der Befragung von Knoche et al. in den Jahren 1979/80: Zu diesem Zeitpunkt erscheinen maximal vier Exemplare im Jahr (vgl. Knoche & Lindgens, 1983, S. 57).

14 Man könnte beinahe im Gegenteil sagen, dass man *gerade* an den ‚Insignien' der ersten Hälfte der 1950er Jahre erkennt, wenn eine Zeitung in den späten 1960er Jahren *nicht* von Schülerinnen stammt. So ähnelt die vom Förderverein für die SMV in Hannover „Wir Schüler" [!], einer von Erwachsenen herausgegebenen Zeitung, frappierend vom Titel bis zur Gestaltung (abgesehen vom DIN A3-Format) Schülerzeitungen der frühen 1950er Jahre.

Finanzierungs- oder Mithilfe der Schule, von Ehemaligen oder Eltern tendenziell abhängig macht.[15]

Deutlich günstiger ist das Abzugsverfahren mit Wachs- oder Spiritusmatrizen (Hektographie). Dabei wird mit einer Schreibmaschine eine Matrize ‚beschrieben', von der mithilfe eines Mimeographen Abzüge hergestellt werden. Das Saugpapier bei Wachs- und das Umdruckpapier bei Spiritusmatrizen ist günstig zu erwerben, verfügt aber über eine schlechtere Qualität. Das Hektographieren bietet sich nicht nur wegen des geringen finanziellen Aufwandes an, sondern vor allem deswegen, weil Schreibmaschinen und Abzugsmaschinen in erreichbarer Nähe für die Schülerinnen sind: Schreibmaschinen und Vervielfältigungsapparate sind in den Schulen vorhanden, später finden sich Schreibmaschinen auch immer häufiger in den Familien. Auf dem Markt sind auch Drucksets vorhanden – die Firma *Greif* bspw. bietet solche an –, mit denen Schülerinnen in ihrer redaktionellen Arbeit theoretisch ortsunabhängig sind, die für sie aber mit knapp 70 DM kaum erschwinglich sind (vgl. Adamietz, 1951, S. 11 f.).[16] Das Abzugsverfahren kann nur für kleinere Auflagen genutzt werden und bedeutet für die Schülerinnen in der Herstellung (Schreiben, Korrektur, Anordnung der Texte, Umbruch) und in der Vervielfältigung eine Menge Arbeit (vgl. bspw. *Der Rüssel*, 1958, S. 9; *Rheingauspiegel*, 1957b, S. 2).[17] Überschriften und Werbeanzeigen, wie auch Bilder und Illustrationen müssen mit der Hand selbst gezeichnet werden. Dieser Mehraufwand erklärt, dass die meisten hektographierten Zeitungen nur einen Umfang von 12 bis 20 Seiten oder weniger haben; ein weiterer Grund dürfte für die frühen 1950er Jahre im Papierpreis liegen, der erst nach dem Koreakrieg wieder moderater ausfiel (vgl. Koszyk, 1993, S. 454). Aus den technischen Bedingungen des Hektographierens heraus wird die Schülerzeitung im DIN A4-Format her-

---

15 Vor allem in den 1950er Jahren erscheinen Zeitungen, an denen Schülerinnen zwar mitgearbeitet haben und die sich selbst Schülerzeitung nennen, die aber von der Schule und/oder Ehemaligen herausgegeben werden. Sie sind in der Regel im Buchdruck hergestellt. Diese Titel machen im Bestand der BBF nur einen Anteil von weniger als 4 % aus.

16 Auf die Dauer gesehen, so rechnet Adamietz (1951) vor, ist die Anschaffung eines solchen Gerätes ökonomisch sinnvoll; aber bei den kurzlebigen, im Wechsel schlecht koordinierten Redaktionen – so die immer wieder zu lesende Selbstbeschreibung in den Schülerzeitungen – erscheint die Amortisation einer solche Anschaffung über ‚Generationen' an Redaktionen unrealistisch.

17 Dieser Mehraufwand wird in Schülerzeitungs-Wettbewerben honoriert, in denen hektographierte Zeitungen bessere Chancen haben als jene, die im Offset- oder Buchdruck hergestellt werden (vgl. Liedtke, 1997, S. 314).

gestellt. Das Format gibt auch das typische, an Tageszeitungen erinnernde Layout der frühen 1950er Jahre vor.

Im letzten Drittel der 1950er Jahre beginnt sich das fotomechanische Kleinoffsetverfahren bei den Schülerzeitungen durchzusetzen, das in der Folge zu *dem* Herstellungsverfahren für Schülerzeitungen wird (Rendtel, 1971, S. 72; Knoche & Lindgens, 1983, S. 80). Kopierer bzw. Xerox-Verfahren (vgl. dazu Landwehr, 2014, S. 118) etablieren sich in der jugendeigenen Presse erst ab den 1980er Jahren. Das bereits 1904 erfundene Offsetverfahren wird in den 1950er Jahren immer günstiger in der Anschaffung sowie in den Produktionskosten und findet zunehmend in der Herstellung von literarischen Arbeiten Verbreitung (vgl. dazu Reske, 2005).[18] Die *Junge Presse* wirbt zu dieser Zeit für diese Herstellungsart bei ihren Mitgliedern (vgl. Bartels, 1987, S. 114) und bietet sogar selbst die Möglichkeit zur fotomechanischen Vervielfältigung an (vgl. etwa *Die Oase*, 1956, S. 2). Auf Schülerzeitungen spezialisierte Druckereien, besonders populär ist *Mikrokopie München*, inserieren auch in den Handreichungen der *Jungen Presse* (etwa in Haungs, 1961, S. 18; N. N., 1957, S. 23 und U3).[19] Das (Klein-)Offsetverfahren bietet (nicht nur) in der Gestaltung und beim Umbruch ungeahnte Möglichkeiten (vgl. Meissner, 2007, S. 168; Spiekermann, 1999, S. 118). Während der Schriftsatz bspw. zuvor errechnet werden musste – wie viele Anschläge für eine Zeile genutzt werden können und bei welchem Wort der Umbruch zu erfolgen hatte –, kann er nun über den sog. Klebesatz zusammengesetzt werden. Auch Tippfehler sind auf diese Weise leicht zu korrigieren. Weiterhin können nun Farben integriert werden, die wegen der etwaigen Mehrkosten aber eher für das Titelblatt als für den Innenteil verwendet werden. Illustrationen, Bilder, Fotografien, aber auch typographische Vielfalt in den Kapitelüberschriften bspw. über Abreibe- bzw. Rubbelbuchstaben, wie sie relativ kostengünstig von *Letraset*, *Alfac* oder *Mecanorma* angeboten werden, lassen sich nun leicht einfügen (vgl. etwa *esa-press*, 1958, S. 8; Hagenguth, 1979, S. 296). Den immensen Vorteilen des (Klein-)Offsetverfahrens stehen im Vergleich zum Abzugsverfahren mit Wachsmatrizen erheblich höhere Unkosten gegenüber (vgl. Leth 1960; N. N., 1957,

---

18 Schülerzeitungen benutzen das Kleinoffsetverfahren, weil es bei einer kleineren Auflage günstiger ist und die Qualitätseinbußen nur gering sind. Das Offsetverfahren ist in der Herstellung von kommerziellen Magazinen nach wie vor dominant.

19 Da eine umfassende Untersuchung der französischen jugendeigenen Presse noch aussteht, kann nur vermutet werden, dass das dortige Fehlen einer zentralen Organisationsinstanz wie der *Jungen Presse* mit Blick auf die Materialität in Frankreich zu einer viel stärkeren Heterogenität (vgl. Elhardt, [1969], S. 6) geführt hat als in Westdeutschland.

S. 26–28). Zumal der Abdruck von Bildern und Fotografien auf dem billigen Papier, das bei der Hektographie genutzt wird, wegen seiner rauen Struktur nicht möglich ist und stattdessen (im optimalen Fall) Barytpapier genutzt wird. Dessen ungeachtet ist der geringere Aufwand beim (Klein-)Offset manifest. Erstaunlicherweise schrecken die Schülerinnen für die Nutzung dieser Vorzüge auch nicht davor zurück, weit entfernte Druckereien zu beauftragen, zu denen kein persönlicher Kontakt besteht (vgl. Hintz & Lange, 1969, S. 112). Der schnelle „Wechsel des ›Personals‹" und die Produktionsbedingungen erfordern „höchstes Engagement der ehrenamtlichen Redakteure" (Ritzi, 2009, S. 31) – darin mag der Grund liegen. Die Rekrutierung von Ehrenamtlichen gelingt auf Dauer nur in der Schule, denn – das zeigt sich beim eigenen Aggregieren der ausführlichen Datensätze von Knoche, Lindgens & Meissner (1979, S. 153–260) – besteht die jugendeigene Presse außerhalb von Schulen nicht lang.

Das fotomechanische Reproduktionsverfahren bietet noch weitere große Vorteile. Durch die Verkleinerung werden bei einem gleichen Mengentext nur drei Viertel der ursprünglichen Seite benötigt (vgl. Hagenguth, 1979, S. 257); auf diese Weise können die Schülerzeitungen ohne zusätzliche Kosten mehr Inhalt – etwa mithilfe des Klebesatzes – auf die Seiten setzen. Ein weiterer Vorteil ist die im Vergleich zur Hektographie erheblich geringere Produktionszeit (vgl. Knoche & Lindgens, 1983, S. 81). Durch die Skalierung wirkt die Gestaltung professioneller, weil der Schreibmaschinensatz durch die Verkleinerung „etwas von seiner Plumpheit" verliert (Hagenguth, 1979, S. 257) oder besser: Der Satz ähnelt stärker dem professionellen Buchdruck und den dort meist verwendeten Antiqua-Schriften (vgl. Loch, 1957, S. 121), stellt also eine Alternative zum Buchdruck dar. Zudem können Fotografien und Bilder sehr viel einfacher bzw. überhaupt zur Illustration genutzt werden, als auch Farbe und vorgefertigte Werbeanzeigen. Vor allem aber die Möglichkeit zur leichten Korrektur bei Fehlern und die deutlich einfachere Gestaltung über den Klebesatz sind schlagende Argumente für diese Technik. Die sich mit dem Fotosatz ergebenden Freiheiten – so zeigt sich im Laufe der 1960er Jahre – führen auch zu avantgardistischen typographischen Arbeiten unter den Schülerzeitungen, die mitunter unlesbar ausfallen, wie bspw. die Redaktion vom *Pulsschlag* (1966, S. 4) in einer Ausgabe einräumen muss.

Die Etablierung des Fotosatzes verdeutlicht zwei zentrale Faktoren bei der Produktion jugendeigener Presse: verringerte Komplexität – und dadurch auch weniger Zeitaufwand – sowie Steigerung der attraktiven Gestaltung des Produktes. In der Summe dieser Faktoren zeigt sich der Grund für die Durchsetzung des DIN A5-Formates parallel zur Durchsetzung des Kleinoffsetdrucks als *die*

Produktionsweise jugendeigener Presse: DIN A4-Seiten, die im Handel dominierende Größe bei Papier, werden mit Schreibmaschinen beschrieben, weil diese jedem Redakteur Zuhause oder in der Schule zur Verfügung stehen (vgl. Knoche, Krüger & Lindgens, 1979, S. 92–94), und werden dann bei der Produktion auf DIN A5 skaliert, damit sie ästhetisch ansprechender und platzsparender sind. Zwar wäre es technisch ohne weiteres möglich, auch Sonderformate einzuführen – was bei Schülerzeitungen von Buchdrucker- und Schriftsetzerlehrlingen quasi erwartet und auch erfüllt wird (vgl. etwa *Parade 2*, 1956 ff.) –, aber der Zuschnitt würde zusätzliche Zeit in der Produktion einnehmen, was offenbar vermieden wird. Der Grund für das kaum über mehrere Ausgaben hinweg beibehaltene DIN A5 im Querformat bei Schülerzeitungen ist hingegen typographischer Natur: Die Textzeilen werden auf einer (ursprünglich) quer beschriebenen DIN A4-Seite viel zu lang für ein angenehmes Lesen (vgl. Spiekermann, 1999, S. 79–83) bzw. eine leserfreundliche Gestaltung mit einem ausgewogenen Satz erfordert in diesem Format deutlich mehr Arbeit.

Die Etablierung des Fotosatzes bei den Schülerzeitungen erklärt die steigenden Auflagen in den 1960er Jahren;[20] die Produktion größerer Mengen ist damit leichter als im Hektographie-Verfahren. Dennoch bleiben die Auflagen mit Blick auf die Verdopplung der Schülerschaft an den Gymnasien hinter den Erwartungen zurück. Ob sich hier die stärkere Konkurrenz zu den kommerziellen Jugendzeitschriften niederschlägt oder sich aber der Rezipientinnenkreis verändert hat, bleibt ungeklärt. Es ist bspw. denkbar, dass die Schülerzeitung in den 1950er Jahren in größerer Stückzahl von Eltern und Ehemaligen – von Teilen der Schulgemeinde – gekauft wird. Dies könnte dann mit der Durchsetzung jugendkultureller Themen (vgl. Kabaum, 2017) nachlassen; schließlich wird Schülerzeitungen ab Mitte der 1960er Jahre nicht mehr die Aufgabe zugesprochen, die „Integration in die Schulgemeinde" zu fördern (vgl. Rendtel, 1983, S. 552).

Für Lokk (1987, S. 18) liegt die Ursache für den raschen Anstieg der Schülerzeitungen Ende der 1950er Jahre im Offsetdruck, weil die erheblich niedrigeren Druckkosten zur Gründung einer Schülerzeitung animieren. Das Argument erscheint unpassend für die späten 1950er Jahre, da das leicht verfügbare Hektographie-Verfahren noch günstiger ist. Viel mehr spricht dieses Phänomen der florierenden jugendeigenen Presse für die gestiegene Attraktivität des ‚Zeitungmachens' durch weniger Aufwand und ansprechende Produkte mit-

20 An dieser Stelle muss eine frühere Aussage (vgl. Kabaum & Gippert, 2015, S. 105) korrigiert werden, die nur den Mittelwert beachtete: In Einbeziehung des Modalwertes und der Streuung der Auflagenstärken zeigt sich insgesamt eine Erhöhung der Auflagen in den 1960er Jahren.

hilfe des Fotosatzes. Das Argument von Lokk (ebd.) wirft aber ein anderes Licht auf die Erhöhung der Zahl an Schülerzeitungen im Zuge der Studenten- und Schülerbewegung, die auch aus Initiativen politischer Gruppen entstehen, wie dem Sozialistischen Deutschen Studentenbund oder dem Unabhängigen Sozialistischen Schülerbund in Göttingen (vgl. Liedtke, 1997, S. 310 f.). Sie versuchen sich als ‚Konkurrenzblätter' an den Schulen zu etablieren (vgl. Rendtel, 1971, S. 71). Es liegt nahe, dass der (Klein-)Offsetdruck für das Phänomen neu gegründeter, vermehrt linkspolitischer Schülerzeitungen relevant ist, da die Produktionstechnik des Offsets unter linkspolitischen Aktivisten bereits seit Mitte der 1960er Jahre zum Raubkopieren kritischer (‚Frankfurter Schule'), marxistischer und psychoanalytischer Literatur genutzt wird und hier etablierte Praktiken vorhanden gewesen sind (vgl. Olenhusen, 1972; Saldern, 2004, S. 154). Innerhalb linker Gruppierungen dürften die Druckkosten auch noch günstiger ausfallen.

Die Finanzierung

Die Finanzierung gibt die Möglichkeiten der Nutzung von Technik vor. Schülerzeitungen finanzieren sich ab dem letzten Drittel der 1950er Jahre nur mit einem kleinen Teil über den Verkauf und sind von Anzeigen abhängig, die hauptsächlich von lokalen Geschäften und Firmen gestellt werden (vgl. Endruweit 1963; Gubalke, 1959; Rendtel, 1971, S. 67–78). Die lokale Situierung des Werbegeschäfts hat mehrere Gründe: Die Jugendpresse wird allgemein bis in die erste Hälfte der 1960er Jahre nicht vom Werbegeschäft beachtet, da die meisten Zeitschriften von Verbänden und Organisationen getragen werden und die Kaufkraft der Jugend als zu gering erachtet wird (vgl. Döring, 1965; Münster, 1961, S. 107–115 und 173). Örtliche Geschäfte für den Schulbedarf, Bäcker oder Fleischer sind eher für die Schaltung von Werbeanzeigen zu gewinnen, zumal eine Kundenbindung mit den Schülerinnen und deren Eltern vorhanden ist. Anzeigen sind in den Schülerzeitungen im Verhältnis zu Werbeinseraten in der auflagenstarken, kommerziellen Presse teurer, da die Auflage bei den Schülerinnen deutlich geringer ist (vgl. Rendtel, 1971, S. 78) – so kosten im Jahr 1958 bspw. Werbeanzeigen in Schülerzeitungen das Fünffache dessen, was vergleichbare Inserate in Zeitungen/ Zeitschriften kosten (vgl. N. N., 1963, S. 17). Der Nutzen einer Anzeige muss also potentiell höher ausfallen. Das ist bei einem lokalen, im Ort oder der Nachbarschaft bekannten Geschäft wahrscheinlicher. Sie lassen sich als Anzeigenkunden eher gewinnen als bspw. eine große Kette oder ein überregionaler Markenhersteller. Schließlich kann das lokale Geschäft darauf spekulieren, dass es einen positiven Effekt auf das Kaufverhalten der Eltern hat, wenn in den Zeitungen ihrer Kinder inseriert wird.

Von diesen Werbeinseraten heben sich Anzeigen der Bundeswehr ab 1957/58 ab, die über einen Werbeverteiler der *Jungen Presse* an die Redakteurinnen vermittelt werden und an die sich ab Mitte der 1960er, mit dem Durchbruch der Jugend als potente Kaufkraft (vgl. Döring, 1965, S. 44; Siegfried, 2000, S. 588 f.), auch Werbung von *Kaufhof* anschließt oder an der sich Hersteller von Produkten des täglichen schulischen Bedarfs wie *Pelikan* und *UHU* beteiligen. Die Anzeigen überregionaler Werber sind in der Regel ganzseitig, teils auch mehrseitig und damit besonders lukrativ. Dennoch bleiben die regionalen Werber federführend bei den Anzeigen – sowohl in der nominalen Menge als auch im Budget (vgl. Rendtel, 1971, S. 77).

Zuweilen wird die geringere Zahl von Schülerzeitungen an reinen Mädchenschulen – das ist etwa nur jede zehnte (vgl. Kabaum & Gippert, 2015, S. 105; Kaul, 1965, S. 54) – mit der größeren Schwierigkeit der Einwerbung von Werbeanzeigen kausal in Verbindung gesetzt (so Nistl, 1967; Steinhausen, 1968). Das erscheint mit Blick auf die lokale Bindung der Werbenden allerdings unwahrscheinlich. Die im Vergleich weniger vorhandenen Schülerzeitungen aus reinen Mädchenschulen kann mit der geringeren Zahl an Mädchenschulen erklärt werden (so schon Gransow, 1955, S. 152).

In finanzieller Hinsicht sind die Schülerzeitungen in der Regel gegenüber ihrer Schule unabhängig, weil sie durch Werbeeinnahmen nicht unmittelbar auf Mittel der Schule angewiesen sind. Zugleich besteht aber auch eine ständige Sorge um die Weiterfinanzierung, weil Anzeigen immer wieder eingeworben werden müssen. Schülerzeitungen stehen so in der Regel an der „Schwelle des finanziellen Hungertodes" (Nistl, 1967; vgl. Rendtel, 1971, S. 67 und 81). Der finanzielle Engpass wird nicht dauerhaft über den Verkaufspreis kompensiert: Der Preis liegt in den 1950er Jahren in der Regel bei 0,10 bis 0,20 DM,[21] ab dem letzten Drittel der 1950er Jahre zumeist bei 0,30 DM. Er steigt dann aber Mitte der 1960er Jahre im Verhältnis zu den gestiegenen Druckkosten im Kleinoffsetverfahren nur unerheblich auf 0,50 DM. Während der Verkaufspreis für Schülerzeitungen Mitte der 1950er Jahre noch genauso hoch lag wie bei anderen (kommerziellen) Jugendzeitschriften (vgl. Loch, 1957, S. 123), werden die Schülerzeitungen in den 1960er Jahren im Vergleich zur kommerziellen Presse günstiger. Offensichtlich ist der

---

21 Diese Verkaufspreise decken sich mit den Empfehlungen der *Jungen Presse*, wenn die dortige Kalkulation für Hefte mit mehr als acht Seiten hochgerechnet wird, vgl. Rothermund & Stiff, 1954, S. 32–34.

Kaufanreiz durch eine adäquate Erhöhung aus Sicht der jugendlichen Redakteurinnen gefährdet, schließlich verkaufen sich Ende der 1960er Jahre immerhin ein Viertel der Schülerzeitungen auch im freien Handel (vgl. Hintz & Lange, 1969, S. 122 f.).[22] Die Unkosten werden im Laufe der 1950er und 1960er Jahre immer mehr über Werbeanzeigen gedeckt. Die Verschiebung der Finanzierung von Verkaufs- zu Anzeigenerlösen ist generell innerhalb dieses Zeitraums in der westdeutschen Presse festzustellen (vgl. Koszyk, 1993, S. 454); die Jugendzeitschrift *twen* sticht mit einem Verhältnis zwischen Text und Anzeigenteil von 1:1 deutlich heraus (vgl. Münster, 1961, S. 164). Mit einem niedrigen Verkaufspreis bei gleichzeitiger Ausschöpfung der technischen Möglichkeiten begehen die Schülerzeitungen den Weg des Erfolgs – auf gleiche Weise, wie historisch das Presseerzeugnis Zeitschrift ihn seit der zweiten Hälfte des 19. Jahrhunderts gegangen ist (vgl. Stöber, 2002, S. 51 f.). Auf dem freien Markt allein bestehen die Schülerzeitungen aber dennoch nicht.

Mit Blick auf die Materialität der jugendeigenen Presse und die technischen sowie finanziellen Möglichkeiten und Begrenzungen zeigt sich eine Entwicklungsphase zwischen 1957 und 1963, die charakterisiert ist von der Durchsetzung des Kleinoffsetverfahrens.

Die *Junge Presse* und der Zeitgeist

Die Schülerzeitungen wirken bis Mitte der 1950er Jahre in ihrer Gestaltung bedingt durch ihre Materialität wenig jugendeigen, weil sie in der Aufmachung von Setzerinnen gestaltet worden sind, sofern sie im Buchdruck erscheinen, oder sie sich deutlich am konventionellen Layout einer Zeitung mit Titelkopf und Kolumnen orientieren, wenn sie hektographiert sind. Die *Junge Presse* favorisiert offenbar zu dieser Zeit die unauffällige, weil gängige Zeitungsgestaltung: Bis ins letzte Drittel der 1950er Jahre wird auf ihren Informationsveranstaltungen, auf denen Erfahrungen sowie Tricks und Tipps u. a. für die Gestaltung, Herstellung oder zum inhaltlichen Aufbau ausgetauscht werden (vgl. Bartels, 1987, S. 110), eine fiktive Schülerzeitung gemeinsam gestaltet und hektographiert. Die dort erschaffene *Eintagsfliege* (u. a. 1956), so der passende Titel, dient der praktischen Übung. Sie adaptiert das Zeitungslayout und ähnelt frappierend der Schülerzeitung in Abb. 2. Die Handreichungen der *Jungen Presse* zeigen ebenfalls solche Layoutvorschläge, die als kleinster gemeinsamer Nenner interpretiert werden können: Ein Layout, das sowohl leicht zu vermit-

22 Zum Vergleich: 1965 besaß eine Schülerin etwa zwischen zehn und vierzig DM Taschengeld im Monat (vgl. Siegfried, 2008, S. 46).

teln und zu erlernen, platzsparend und nützlich ist, obendrein wirkt es seriös. Möglicherweise hat dieses Zeitungslayout auch eine gewisse kulturelle Persistenz, denn auch die ersten Schülerzeitungen nach dem 2. Weltkrieg sind ähnlich in den *German Youth Activities* der US-amerikanischen Besatzer hergestellt worden (vgl. Burschka, 1987, S. 24) – die US-amerikanischen Schülerzeitungen sind im Zeitungslayout gestaltet. Dieses Layout wird zudem unterstützt von der starken Präsenz des Zeitungswesens in Westdeutschland (vgl. Frei, 1989), an dem sich die Schülerinnen orientieren bzw. deren Stil und Aufmachung sie imitieren (vgl. Strasser, 1950, S. 70; Weigelt, 1956, S. 189). Über Produktionsübungen im Fotosatz ist nichts bekannt.

Erst mit der Durchsetzung neuer Gestaltungsmöglichkeiten durch das fotomechanische Verfahren greifen die Jugendlichen die graphische Gestaltung der Illustrierten und Zeitschriften an den Kiosken auf. Prägend ist die Zeitschrift *twen* (1959–1971), die allgemein „die visuelle Kultur im Deutschland der 60er Jahre verändert" hat (Koetzle, 1997, S. 42). So adaptieren Schülerzeitungen bspw. in den 1960ern die Idee der *twen*, Texte mit kleinen Icons zu versehen, etwa mit dem *twen*-typischen typographischen, ‚befiederten' Pfeil oder der Jazztrompete.[23] Der Übergang zu mehr graphischer Gestaltung bei den Schülerzeitungen hat zwei Gründe: Sie ist mit dem fotomechanischen Verfahren deutlich einfacher und vielfältiger als zuvor. Vor allem aber treten die Schülerzeitungen mit der Etablierung kommerzieller Jugendkultur seit dem letzten Drittel der 1950er Jahre (vgl. Schildt, 1993, S. 348) auch in Konkurrenz zu den attraktiven Jugendmagazinen. In diesem Vergleich ist die eindeutige Identifikation als Schülerzeitung – so scheint es ganz offenbar mit Blick auf die Zeitschnitte (s. u.) – zunehmend unerwünscht, was sich im Wegfall des Untertitels ‚Schülerzeitung des x-Gymnasiums' wie auch von Linolschnitten und Graphiken aus dem Kunstunterricht für die visuelle Gestaltung zeigt. Solch direkte Bezüge zur Schule scheinen nun offenbar deplatziert.[24]

23 Eine detailliertere Untersuchung, wie die Gestaltung der kommerziellen Presse in ihrem Layout und ihrer Symbolik die Schülerzeitungen prägte, muss an dieser Stelle ausbleiben. Obwohl Zeitschriften „genaue Sensoren des Zeitgeistes" sind, an denen man auch „Werte- und soziale[n] Wandel" ablesen kann, besteht in der Forschung ein „nachgeordnetes Interesse" an diesem Genre (Stöber, 2002, S. 46 und 44).

24 Damit entfällt mit Blick auf die schulrechtliche Lage der Schülerzeitungen ein wichtiges Charakteristikum als eine schulische Veranstaltung (vgl. Brenner, 1966, S. 26 f.; Perschel, 1966, S. 72).

Möglichkeiten und Begrenzungen durch die Schule

Die Schule bietet den Schülerredakteurinnen wie erwähnt die Möglichkeit, ihre Schreibmaschine(n) und den Vervielfältigungsapparat zu nutzen. Die im Kunstunterricht hergestellten Linolschnitte können praktischerweise für die Gestaltung der Schülerzeitungen Verwendung finden, was bis Anfang der 1960er Jahre auch geschieht. Je nach Möglichkeit – mit Blick auf den lokal mitunter lang andauernden Schulbaumangel oder hinsichtlich der Einstellung der Schulleitung zur Schülerzeitung – wird den Jugendlichen auch ein eigener Raum für die Redaktionssitzungen und das Drucken angeboten. Überhaupt bietet sich die Schule als ein Ort für diese freizeitlichen Aktivitäten der Schülerinnen an, zumal bis in das letzte Drittel der 1950er Jahre die Jugendlichen Zuhause in der Regel nicht über eigene Zimmer verfügen und auch der Ausbau von Jugendkulturzentren u. ä. noch aussteht (vgl. Schildt, 1993, S. 346 f.). Die Notwendigkeiten des Rückgriffs auf Schreibmaschine, Vervielfältigungsapparat und ggf. auf eigene Räumlichkeiten in der Schule nehmen ab Ende der 1950er Jahre ab: einmal durch die technische Entwicklung (fotomechanische Reproduktion), wodurch das Drucken der zuvor hektographierten Exemplare nicht mehr in der Schule stattfindet, und andererseits mit dem neuen Wohlstand, der den Besitz von Schreibmaschinen und die Verbreitung von Jugendzimmern fördert.[25]

Ungeklärt ist die geschlechtsspezifische Rolle, die Mädchen seitens der Schule und der Eltern im Kontext der Schülerzeitungen zukommt. Obwohl die Impressen der Schülerzeitungen nicht durchgehend Klarnamen bereitstellen und generell nicht sehr zuverlässig geführt sind, lässt sich dennoch deutlich erkennen, dass Mädchen selten in den Redaktionen vertreten sind bzw. außerhalb von Tätigkeiten an der Schreibmaschine kaum verantwortungsvolle Positionen einnehmen, obwohl der Anteil der Mädchen an den Gymnasien bzw. den ehemaligen Jungenschulen steigt (vgl. Helsper, 1993, S. 360; Zymek & Neghabian, 2010, S. 298). Das erscheint auch insofern bemerkenswert, als dass Mädchen in den folgenden Jahrzehnten „oftmals die ‚Sozialarbeit' in der Klassengemeinschaft übernehmen" (Helsper & Böhme, 2010, S. 627) und vermutlich dann in den Schülerzeitungsredaktionen überrepräsentiert sind.

---

25 Knoche, Krüger & Lindgens (1979, S. 94) vermuten außerdem einen Zusammenhang zwischen der Nutzung von Fotos in Schülerzeitungen zu Illustrationszwecken und den in Schulen vorhandenen Fotolaboren. Hier bietet sich eine weiterführende Forschung zum Einzug technischer Geräte in die Schule an und zu dessen Niederschlag in die Beziehung zwischen Schule und Schülerschaft.

Innerhalb des schulischen Lebens finden die Schülerzeitungen in den 1960er Jahren eine neue Position. Während sie Ende der 1940er Jahre in den Schulerlassen als eine Aufgabe der SMV eingeführt wurden, stellen sich die Redakteurinnen in den Schülerzeitungen bereits Mitte der 1950er immer mehr in Distanz zur SMV und mit ihnen auch die *Junge Presse* (vgl. bspw. Bender, 1956, S. 44). Sie profilieren die Schülerzeitungen als ‚eigenständige' Kommunikationsorgane, auch wenn sie zugleich beschränkt sind. Denn gegenüber der Schulleitung und den benotenden Lehrerinnen wie auch den Eltern als möglichen Rezipienten sind besonders in den 1950er Jahren diplomatische Formulierungen ratsam.

Die Schulen tuen sich anfangs (von Schule zu Schule unterschiedlich) schwer mit der Implementierung der Schülerzeitung (und der SMV) in das Schulleben (vgl. etwa Mickel, 1963, S. 105). Sie sind – auch schulrechtlich – nur unter dem Vorbehalt der Persönlichkeitsbildung und der pädagogischen Beihilfe zum Erziehungsauftrag (vgl. Strasser, 1950, S. 69 f.; Puhle, 1959) oder als „›Betreuer des guten Geistes‹ der Schule" (Kaul, 1965, S. 7) geduldet. Ab etwa dem letzten Drittel der 1950er Jahre zieht sukzessiv eine Liberalität ein, die sich in der Artikulation jugendkultureller Themen, der Kritik an Lehrkräften und ihrer Autorität sowie einer nachlassenden Zensurpraxis erkennen lässt. Ende der 1960er Jahre wird seitens der Schülerinnen eine prägende Behinderung der Meinungsäußerung seitens der Schule kaum (mehr) wahrgenommen,[26] auch wenn die *Junge Presse* und ihre Nachfolgeinstitution *Jungendpresse Deutschland* nicht müde werden, die herrschende Zensur anzuprangern (vgl. etwa Maleike, 2014), die innerhalb der Institution Schule mit ihrem Erziehungs- und Bildungsauftrag schließlich kaum vermeidbar ist.

Die Abgrenzungsbemühungen der Jugendlichen und deren Legitimität verstärken sich in den 1960ern immer mehr, was in der Öffentlichkeit als Protestkultur auch an den Schulen wahrgenommen wird (vgl. Greiner, 1997, S. 13–18; Siegfried, 2000, S. 620). In Anbetracht jedoch, dass bis in die 1970er Jahre hinein es der jeweiligen Schulleitung obliegt, wie stark die Kontrolle über Veröffentlichungen an der Schule ausgeübt wird, äußert sich mit Blick auf die 1960er Jahre in der ‚grassierenden' Protestkultur eine Liberalisierung der Verhältnisse (vgl. Helsper, 2000). Gleichwohl diese Liberalisierung nicht umhin kommt, etwaige Skandale um Schulverweise, Vertriebsverbote oder öffentliche Verbrennungen von Schülerzeitungen zu erzeugen – die Grenzen des Möglichen werden immer wieder neu ausgelotet. Es kann natürlich auch als ein Hinweis auf die Abnutzung des Skandals interpretiert werden.

---

26 In einer deutschlandweiten Befragung der Redakteurinnen zeigte sich keine signifikante Benachteiligung oder Förderung, trotz der in den Bundesländern verschiedentlich eingeräumten Pressefreiheit an den Schulen, so Rendtel (1971, S. 100 f.).

Die Loslösung von der Schule - materiell und ideell - sowie die stärkere Orientierung an der Gestaltung kommerzieller Presse lässt sich an den verwendeten Symboliken auf Titelblättern der Schülerzeitungen darstellen.

Das Titelblatt als Repräsentant in drei Zeitschnitten

Titelblätter gelten als Blickfang und Repräsentation einer Zeitschrift (vgl. Spiker, 2015, S. 377), sprich als Werbung eines Werkes. Darin liegt der Ursprung des Titelblatts im frühen 16. Jahrhundert begründet (vgl. Rautenberg, 2008). Titelblätter wie auch Buchumschläge sind von jeher also ‚Reklame', nicht erst in der modernen Marktwirtschaft (so meinte noch Adorno, 1981). Sie werden als „marketing tool" diskutiert, evaluiert und erforscht (Summer, 2002, S. 2; vgl. Johnson, 2002). Gleichzeitig stellen sie „cultural symbols" dar (Pompper, Lee & Lerner, 2009, S. 274), an denen sich Bedeutungen und Werte einer Gruppe oder einer Gesellschaft herauskristallisieren. An ihnen werden sowohl Herstellungsmöglichkeiten in Form der verwendeten Materialien als auch populäre Kultur in Form der Gestaltung sichtbar. In bestimmten Praktiken und in bestimmten Konditionen der dafür verwendeten Mittel, die damit Teil der symbolischen Lebenswirklichkeit der Menschen werden, liegt ein solches „Grundmoment der Realisierung kulturellen Sinns" (Hüting, 2010, S. 116). So werden Titelblätter zwar gern zur Darstellung von Epochen und Zeitgeist genutzt (vgl. bspw. Crowley, 2003; Dupperay & Vidaling, 2003), jedoch selten zur Erforschung von Diskursen und kulturellen Praktiken. Vielmehr ist die Forschungsliteratur dazu erstaunlich dünn (vgl. Johnson, 2002; Spiker, 2015, S. 379 f.),[27] so dass an dieser Stelle an keine methodische Herangehensweise angeknüpft werden kann.

Im Folgenden wird an Titelblättern der Schülerzeitungen dargestellt, wie die jeweilige Schülerredaktion um Leserinnen wirbt, wie sie also mit ihrer Gestaltung um Attraktivität buhlt - demnach auch ‚zeitgemäß' sein muss. Dabei wird deutlich, welche Möglichkeiten und Grenzen jugendlicher Gestaltung innerhalb der Schule vorhanden sind. Die Analyse erfolgt anhand dreier Zeitschnitte, der Jahre 1953, 1960 und 1967.[28] Das sind mit Blick auf die Entwicklung der Schülerzeitungen und der gestalterisch-technischen Bedingungen ‚unspektakuläre' Jahre, so dass eher

---

27 Hingegen ist die Magazinforschung zur „content analysis" stark ausgeprägt (vgl. Endres, 2015, S. 60).

28 Handschriftliche Anmerkungen auf den Titelblättern, Stempel und Perforationen sind durch die spätere Archivierung hinzugefügt worden und werden in der dargestellten Analyse ignoriert.

übliche und typische Verhältnisse vorzufinden sind (vgl. Häntzschel, 2002, S. 221). Aus dem umfassenden Bestand der BBF wurden dazu jeweils zwei Titelblätter zufällig entnommen, die mit dreißig weiteren zufälligen Titelblättern pro Zeitschnitt verglichen wurden, um mögliche spezifische Besonderheiten zu bemerken.

Titelblätter als Träger symbolischer Kommunikation: 1953

Abb. 1: Von Uns – Für Uns, Ratsschule Peine (1953)

Abb. 2: Der Herold, Friedrich-Engels-Schule West-Berlin (1953)

Der Herold

SCHÜLERZEITSCHRIFT DER FRIEDRICH ENGELS-SCHULE

Nr.30/III. Jahrgang Bln.-Rehdf., d.17. 6. 53 Bezugspreis 10 Dpf

SCHULNEUBAUTEN IM 20. BEZIRK

Landschulheim in Heiligensee – Renovierung der FES

Im Bezirk Reinickendorf ist die Schulraumnot größer als in den anderen westberliner Bezirken. Das ist weniger auf die Zerstörungen von Schulen als auf die große Zuwanderung aus der zerbombten Innenstadt nach dem Kriege zurückzuführen. Der Schichtunterricht muß auch vorläufig noch beibehalten werden. Das Bezirksamt hat, um diesem Übel abzuhelfen, mehrere Schulneubauten geplant und zum Teil schon in Angriff genommen. Am 6. Juni dieses Jahres wurde eine neue, modern eingerichtete Schule in Tegelort eingeweiht. Außerdem wird in diesem Jahre noch ein Schulneubau in Tegel-Süd vollendet werden, als Ersatz für die dort in baufälligen Baracken untergebrachte Schule. Ferner sind der Ausbau der ehemaligen Freiherr von Stein-Schule und der Neubau eines Landschulheimes in Heiligensee geplant. Erst an fünfter Stelle steht das Vorhaben, unsere Schule um einen Querflügel mit ca. 18 Klassenräumen zu erweitern. Danach dürfte frühestens 1955 der Schichtunterricht für die Friedrich Engels-Schule und die Bertha von Suttner-Schule fortfallen.
Aber Renovierungen werden an der FES laufend vorgenommen. So werden wahrscheinlich über die großen Ferien die Türen erneuert und die Heizungsanlagen überholt. Anschließend sollen die restlichen Putzarbeiten ausgeführt werden. Die Maler werden allerdings erst im nächsten Jahr unser Gebäude verschönen, da in diesem Jahr die Geldmittel für dringende Arbeiten an den sanitären Anlagen in anderen Schulen gebraucht werden. WH

NEUES aus der FES

(DH) Die Schülerbücherei der FES ist jetzt wieder jeden Montag, Mittwoch und Freitag in der großen Pause geöffnet.
(DH) Unsere Schule hat kürzlich ein neues Telefunken Schulfunkgerät erhalten.
(DH) Der nächste Wandertag für die FES ist Montag, der 22. Juni.
(DH) Die SMV hat D. Ho[illegible] (12c) in den Vorstand gewählt. Er übernahm die Verteilung der Karten für das Haus der Jugend und das Theater der Schulen.

Keine Haftung

(JP) Bln.- Das Berliner Verwaltungsgericht hat in einem Urteil vom 9. April grundsätzlich entschieden, daß die Schulbehörde nicht für die auf ihren Grundstücken abgestellten Fahrräder der Lehrer und Schüler haftet.

Ohne Zensuren

(DH) Das Hauptschulamt teilte dem RSP mit, daß die Arbeitsgemeinschaften der 13. Klassen voraussichtlich nicht zensiert werden.

JUGENDLAGER

(JP) Berlin – In diesem Jahre werden in Berlin 4 internationale Jugendlager errichtet. Interessenten aus Berlin können sich beim Internationalen Jugendgemeinschaftsdienst, Berlin – Charlottenburg 9 [illegible]str. 85, melden. Unterkunft und Verpflegung sind frei. Lediglich eine Anmeldegebühr ist zu zahlen.

Die nächste Nummer des HEROLD erscheint nach den Sommerferien am 19. August.

Das Titelblatt bei „Von Uns – Für Uns“ (Abb. 1) ist in einem gemischten Druckverfahren hergestellt worden: Der Satz im unteren Teil entstammt einem Buchdruck, der Titelkopf und das Bild sind zwei Linolschnitte, der gemeinsam mit dem Text gedruckt wurde. Der Mengentext ist dreispaltig vertikal orientiert gesetzt. Auf dem Titelblatt vom „Herold“ (Abb. 2) stammt der in dunklem Grün gehaltene Titelkopf von der Druckerei, während der ansonsten schwarz gehaltene Text von den Schülerinnen mit einer Schreibmaschine geschrieben und mit einer Wachsmatrize vervielfältigt wurde. Die Titel sind gemalt. Das Papier in Abb. 2 ist Saugpostpapier mit geringer Qualität. Der Mengentext ist horizontal orientiert gesetzt. Das Format ist in beiden Fällen DIN A4.

In Abb. 1 hat die Überschrift die Form eines Bogens mit darüber und darunter gemalten Hüten in verschiedenen Positionen. Das greift das Titelthema ‚Schülermütze' auf und erzeugt Dynamik in dem sonst symmetrischen Satz, wie er ebenfalls in Abb. 2 vorliegt. Beim „Herold" werden die Spalten mit kleinen Linien voneinander getrennt, wie es bei einer Zeitung üblich war. Die akkuraten Buchstaben in den Überschriften stammen zumindest in Teilen („Schulneubauten", „20. Bezirk", „Neues", „FES") von einem Lineal mit Buchstabenschablonen, was ihren handschriftlichen Charakter offenbar so gut wie möglich verleugnen soll. Beide Titel haben einen in Teilen festen Titelkopf, der seriell als Logotype hergestellt sein dürfte. Dafür spricht in Abb. 1, dass der Titelkopf ein sehr feiner Linolschnitt ist, der für eine dreimonatig[29] erscheinende Schülerzeitung zu aufwendig wäre, um ihn jedes Mal neu zu schneiden. Vielmehr dürften Heft- und Jahresangabe separat hergestellt und in den Druck integriert worden sein. In Abb. 2 ist es ein gedruckter Titelkopf mit einem auffallenden Zeitschriftentitel in einer sauber gezeichneten und verzierten Schrift. Die Gestaltung verleiht der Schülerzeitung den Charakter eines Berichtes bzw. einer Zeitung mit Informationsfunktion.

Auffällig ist der mehrfache Bezug zur Schule in Abb. 1. Mit dem Linolschnitt wird ein direkter Bezug zum Unterricht vorgenommen und mit dem Thema ‚Schülermütze' einer zur Identifikation mit der Schule bzw. als Schülerin. Im Titelkopf wird ein gemeinschaftsbildendes Moment angesprochen („Von Uns"), auf eine Schulgemeinschaft, der sich die Schülerzeitung offenbar verpflichtet fühlt. Zugleich rekurriert sie mit dem Titel auf ein bereits vorhandenes Bild einer Gemeinschaft aus deren Mitte sie für alle ihre Stimme erhebt („Für Uns"). Der häufige Bezug zur Schule zeigt sich in den Titelblättern bis ins letzte Drittel der 1950er Jahre vor allem im Titelkopf, der die „Identität" (Wachsmuth & Gläser, 2014, S. 37) der Zeitschrift bildet: durch den Titel (bspw. „Stimme der Schwelmer Oberschulen"; „Wir"; „Unser Echo"; „Unser Kreis"; „Unsere Stimme") oder durch Abbildungen (Erlenmeyerkolben für ein naturwissenschaftliches oder lateinische Titel für humanistische Gymnasien; Abbildung des Schulgebäudes). Das spricht für eine hohe Bedeutung der Schulgemeinschaft und der Identifikation mit der Schule. Dies verläuft parallel zum Diskurs der Jugendforschung und Schulpädagogik, in denen von der Schule verlangt wird, in ihren Aufgaben und Funktionen der Familie zu ähneln (vgl. Reh & Schelle 2000, S. 166), was sich mitunter passgenau in den Texten der Schülerinnen wieder findet.[30]

---

29 Die Schülerzeitung *Von Uns – Für Uns* erscheint ab 1954 dann alle vier Monate mit derselben Logotype.

30 Bspw. schreibt der Chefredakteur im *Rheingauspiegel* (1957a, S. 3), dass Familie *und* Schule „Anfänge des Lebens in der Gemeinschaft" sind.

Den Charakter des Berichterstatters bietet das Titelblatt in Abb. 2 in anderer Form: Schulneubauten im Bezirk sowie Neuigkeiten innerhalb der Schule („FES“ ist die Abkürzung für Friedrich-Engels-Schule) sind die prominenten Themen, außerdem Kurznachrichten über schulrechtliche Angelegenheiten, lokal organisierte Jugendfreizeiten sowie der Erscheinungstermin der nächsten Ausgabe. Die Wahl der Schrift für den Titelzug ist ungewöhnlich: Die historische Schrifttype *Gutenberg* könnte ein Hinweis auf ein neuhumanistisches Gymnasium sein – das ist die FES aber nicht. Hier könnte sich der Geschmack des 1945 bis 1956 amtierenden Schulleiters Werner Büngel ausdrücken, der Historiker ist und u. a. zur Reformation und zum Dreißigjährigen Krieg publiziert hat. Jedenfalls stellt das Titelblatt in Abb. 2 ebenfalls einen mehrfachen Bezug zur Schule her: zum ‚Geschehen in der Schulgemeinschaft‘ und abstrakt zur Institution Schule mit dem Leitartikel über Schulneubauten im Bezirk, möglicherweise zusätzlich zum Schulleiter. Auch hier zeigt sich die Schülerzeitung als ein Berichterstatter *aus der Schule.*

Titelblätter als Träger symbolischer Kommunikation: 1960

Abb. 3: Penelupe, Städtisches Mädchengymnasium Leverkusen (1960)

Abb. 4: Der Staubsauger, Staatliches Karlsgymnasium Bad Reichenhall (1960)

Abb. 3 und 4 zeigen deutlich die bereits zur Materialität angesprochene Veränderung: Auf den Titelseiten ist der Mengentext verschwunden, deutlich graphischer ist die Aufmachung, Farben finden sich nun öfter (das Titelblatt der *Penelupe* ist in Signalgelb, Schwarz und Weiß gehalten). Der zuvor feste Titelkopf ist in Abb. 3 ‚flügge' geworden und findet sich nun am unteren Rand. Dieses Titelblatt ist bereits in dem später gängigen DIN A5-Format; beide Titelblätter sind fotomechanisch vervielfältigt worden. Die Papierqualität ist besser. Der Titelkopf in Abb. 4 stammt, wie schon in Abb. 2, von einem Drucker, dem die wechselnden Daten zu Jahrgang, Heft und Preis separat hinzugefügt werden (Heftnummer und Datum sind nur in dieser Ausgabe des *Staubsaugers* gesetzt). Das Titelblatt in Abb. 3 ist ebenfalls wie Abb. 1 mit einem Linolschnitt gestaltet worden.

In Abb. 3 wird mit dem kalligraphischen Schriftzug ‚Penelupe' ein doppelter Bezug zur Schule dargeboten: Einmal könnte es eine Abwandlung von Penelope sein, der Frau Odysseus', und damit ein Verweis auf ein altsprachliches Gymnasium oder aber – das trifft in diesem Beispiel zu – ein weiblicher Name als Verweis auf ein Gymnasium für Mädchen. Penelupe kann auch als Wortspiel für die Kombination von ‚Penne' und ‚Lupe' verstanden werden; die runden Formen der Lupe werden dabei im Farbwechsel von Gelb und Weiß wiederholt. Zusammen mit der abstrakten Zeichnung eines Gebäudes, das durch eine Lupe vergrößert wird, ist die symbolische Darstellung eines ‚die Schule unter die Lupe nehmen' augenfällig. Der Bezug zur Schule ist in Abb. 4 ebenso greifbar. Die Osterwünsche der Redaktion an ihre Leserinnen, die sich am unteren Bildrand der Zeichnung finden, werden zum Anlass einer Karikatur genommen: Mit markanten Gesichtszügen und Accessoires (Brille, Zigarette bzw. Pfeife) werden die Lehrkräfte der Schule als Osterhasen dargestellt. Neben den Gesichtszügen zeigen die Inschriften von dreien der vier in den Händen gehaltenen Ostereiern Unterrichtsinhalte, die auf Mathematik- und Englischlehrkräfte verweisen. Bei der über allen thronenden ‚Osterhasen-Sonne' wird es sich um den Direktor der Schule handeln, wobei diese symbolhafte Darstellung einerseits positiv konnotiert als leuchtender Mittelpunkt (der Schule) verstanden werden könnte oder andererseits als eine (hierarchisch) höher stehende Person, die von der Arbeit der anderen – in der verwendeten Symbolsprache sind das hier das Bemalen und Tragen der Eier – entlastet ist, und die Kolleginnen vielleicht auch beaufsichtigt.

Der Bezug zur jeweiligen Schule ist in beiden Beispielen deutlich zu erkennen. Im Zeitschnitt 1960 zeigt sich aber eine andere Auseinandersetzung mit der Schule: Abb. 3 suggeriert, dass die Schülerzeitung einen eigenständigen, prüfenden oder genaueren Blick (durch die Lupe) auf die Schule wirft. Mit der mühevollen Gestaltung eines Linolschnitts, einer dezenten und ‚weichen' Grafik ohne Ecken erweckt es eher den Eindruck einer wohlwollenden Kritik als einer argwöhnischen Opposition. Mit den Mitteln des Unterrichts (Linolschnitt) auf eine harsche Kritik an der Schule hinzuweisen erscheint wenig sinnvoll. Dennoch lässt sich der fehlende Schriftzug ‚Schülerzeitung', wie er noch in Abb. 1, 2 und 4 zu sehen ist, also der Wegfall eines identifizierenden Untertitels wie ‚Schülerzeitung des Städtischen Mädchengymnasiums Leverkusen' als eine Distanzierung zur Schule interpretieren. Die *Penelupe* will sich nicht institutionell gebunden als ‚Schülerzeitung der Schule' verstanden wissen, sondern unabhängiger: als ‚Schülerzeitung in einer Schule', die die Schule unter die Lupe nimmt, also in gewisser Weise Distanz übt und Eigenständigkeit reklamiert. Eine oppositionelle Haltung, eine „Distanz und Kritik gegenüber der Schule" ist (in jüngerer Zeit) auch typisch für das Gymnasium (Helsper & Böhme, 2010, S. 641).

In Abb. 4 nimmt sich die Redaktion die Freiheit heraus, das Lehrerkollegium zu karikieren und zeigt augenfällig den Ausdruck einer schleichenden bzw. „stille[n] Liberalisierung des Schüler-Lehrer-Verhältnisses" (Gass-Bolm, 2005, S. 215; vgl. Helsper, 2000). Darin drückt sich ebenfalls die allgemeine Etablierung der Schülerzeitungen als selbstbewusste Institution an westdeutschen Gymnasien aus (vgl. Ritzi, 2009, S. 38). Beide Titelblätter lassen die Schülerzeitung zwar weiterhin als eine Stimme erkennen, die sich von Schülerinnen an die Schülerschaft einer Schule richtet; diese verliert allerdings in gewisser Weise zunehmend den Charakter einer ‚schulischen Veranstaltung'. In den Titelblättern der *Penelupe* und des *Staubsaugers* präsentieren sich die Schülerinnen mit einem ‚eigenständigeren', *nach innen* gerichteten Blick auf die Schule. Während im Zeitschnitt von 1953 die beiden Schülerzeitungen als ein Bericht oder eine Stimme aus der Schulgemeinschaft, also *aus dem Inneren* heraus erscheinen, präsentieren sich diese nun als Zeitungen für die Schülerschaft, von peers für peers, die einen Blick *nach innen*, auf die Institution Schule werfen.

Titelblätter als Träger symbolischer Kommunikation: 1967

Abb. 5: Neue Augustanerpost [NAP], Erich-Hoepner-Gymnasium West-Berlin (1967)

Abb. 6: Die Glocke, Gymnasium für Jungen und Mädchen Hamburg-Harburg zusammen mit dem Gymnasium für Mädchen Hamburg-Harburg (1967)

Die graphische Gestaltung der Titelblätter ist 1967 deutlich vielfältiger. Während Abb. 5 eine Kollage mit gemaltem Titelkopf, fotomechanisch reproduziertem Bild und der aus Schnipseln zusammengesetzten Schlagzeile „besuch // aus // israel" zeigt, handelt es sich in Abb. 6 um eine Fotografie, die mit Hilfe eines typographischen Buchstabensets mit einem Titelkopf und einer Schlagzeile in roter Schrift beschriftet wurde. Am linken Rand schließt ein roter Balken an. Beiden Titelblättern ist neben dem DIN A5-Format gemein, dass sie aus einer Grafik bestehen, die um einen Titelkopf und eine Schlagzeile ergänzt wird, was erkennbare Anleihen an kommerzielle Zeitschriften darstellt (vgl. die Darstellung bei Grow, 2002). Auffällig ist gegenüber den vorherigen Zeitschnitten das unbeholfene oder bewusst mit gestalterischen Konventionen brechende Layout. So überlappt sich in Abb. 5 die Jahrgangsangabe mit dem Titel; die Textteile „besuch // aus // israel" sind sowohl zueinander als auch im Bezug zum Hintergrund asymmetrisch angeordnet. Nur mit der hebräischen Schrift wird die Schlagzeile symbolisch wieder aufgegriffen. Die Mischung verschiedener Schriftarten in Titelkopf und Schlagzeile zusammen mit den hebräischen Schriftzeichen ergeben insgesamt ein uneinheitliches Bild.

Ebenso unkonventionell ist das Titelblatt in Abb. 6. Die Fotografie ist zerschnitten worden und stellt somit nur einen Ausschnitt dar – das lassen die Proportionen erkennen. Der dadurch frei gewordene Platz wurde durch einen roten Balken ersetzt, der aber keiner gestalterischen Form folgt; er wirkt unweigerlich wie ein Platzhalter, wie ein unpassendes Gestaltungselement. Das wäre anders, wenn Titel und Schlagzeile in den Balken (und in anderer Schriftfarbe) integriert worden wären, also vom Balken aus ins Foto übergegangen wären. Die ungewöhnliche Gestaltung setzt sich in Titel und Schlagzeile fort. Durch die leicht transparent gehaltene dunkelrote Farbe sind beide Schriftzüge kaum auf dem schwarz dominierten Foto lesbar und die Buchstaben liegen nicht auf einer Grundlinie. Die Fotografie zeigt sechs Polizisten und einen Mann im Vordergrund, der abgeführt oder verhaftet wird, während eine ungenaue Anzahl an Personen im Hintergrund zu erkennen sind. In der Fotografie ist die Menge an Personen im Hintergrund kaum sichtbar, umso deutlicher die Polizisten, leicht an ihren Mützen zu identifizieren. Mit den dünn beschriebenen Blättern in der Hand dürfte es sich bei dem Mann im Vordergrund um einen Redner und bei der abgelichteten Situation aller Wahrscheinlichkeit nach um eine Straßendemonstration der Schüler- und Studentenbewegung halten. Die Kombination der Farben Schwarz und Rot mit der Fotografie kann damit als Verweis auf die linkspolitische Gesinnung der Redakteurinnen gelesen werden. Die Farben Rot und Schwarz – mit der historischen Verbindung zur Arbeiterbewegung und zum Anarchismus – waren auch zu dieser Zeit zur Identifikation geläufig. Die Frage „Freund und Helfer?" auf der Fotografie zielt auf die Rolle der abgebildeten Polizisten ab. Seit der Weimarer Republik ist die Polizei mit diesem Slogan besetzt. So ist die Assoziation zwischen dem Slogan der Schlagzeile und der Fotografie offenkundig sowie die Infragestellung der Polizei als positiv konnotierte gesellschaftliche Institution.

Auf beiden Titelblättern findet sich kein Bezug zur Schule. Namensgebungen wie „Von uns – Für uns" oder Hinweise auf die Schule (bspw. ‚Schülerzeitung des Hittorf-Gymnasiums') sind weggefallen. Symbolische Verweise auf das Schulgebäude, zum Schulleben (Fotografien von der Schulpause oder aus dem Klassenzimmer) bzw. zum Unterricht, wie etwa der Linolschnitt, finden sich nicht. Umso deutlicher wird in dem Zeitschnitt eine jugendeigene Gestaltung, die sich vor allem in dem unbeholfen wirkenden oder bewusst unkonventionell entworfenen Layout ausdrückt. Man kann diese bewusst unkonventionelle Gestaltung des Layouts als den Wunsch nach jugendlichem bzw. jugendeigenem Ausdruck sehen, als Kontrast (im Sinne von Herrmann, 2015) zum etablierten, legitimen Layout der kommerziellen Presse. Auch die Themen sind hier außerschulisch (nämlich politisch) akzentuiert und dürften stärker als zuvor die Interessen der jungen Redakteurinnen als Träger einer Jugendkultur und weniger als Schülerinnen einer Schule spiegeln. Die Titelblätter der Schülerzeitungen zeigen in diesen Beispielen einen Blick, der auf das *außerhalb* der Schule Liegende gerichtet ist. Dieser nach außen gerichtete Blick paart sich durch die Schlagzeilen mit einem *selbstbezüglichen Verweis auf das Innere*, nämlich auf die Zeitung selbst, auf ihren Inhalt.

Zusammenfassung

Die Schülerzeitungen als Artefakte wurden nach den „Objektivationen sozialer Beziehungen", die sie verkörpern, und nach ihren „sinnlichen Ausdrucksgestalten" befragt, die in die kulturellen Praktiken der Produktion, Gestaltung und Rezeption eingebunden sind (Lueger, 2000, S. 141 und 147, Hervorhebung nicht übernommen). Die Praktiken der Produktion werden von den Möglichkeiten der Finanzierung und der Technik gerahmt. Auf der Ebene der Finanzierung zeigt sich die Selbstständigkeit gegenüber der Schule, die Schülerzeitungen von früh an verbindet und der sie trotz großer Finanzierungsschwierigkeiten treu bleiben – obwohl eine Finanzierungshilfe seitens der Schule möglich gewesen wäre. Die dominierenden Geldgeber (nominal wie im Budget) sind lokale Geschäfte. Schülerzeitungen verdeutlichen auf diese Weise die starken sozialen Beziehungen zwischen Schule/Schülerschaft und lokalem Umfeld. Man kann das Anzeigengeschäft der Schülerinnen auch als einen Einzug von Marktstrukturen in die Institution Schule verstehen. Die finanzielle Unabhängigkeit geht in Teilen auf die *Junge Presse* zurück, die mit ihrem Verteiler lukrative ganzseitige Anzeigen einwirbt. Der Verkaufspreis verliert ab den späten 1950er Jahren für die Finanzierung an Bedeutung, womit sich die Schülerzeitungen den damaligen Entwicklungen der Presse angleichen. Schülerzeitungen schlagen den (historisch) erfolgreichen Weg der Magazine ein: günstiger Verkaufspreis bei Nutzung des technischen Fortschritts. Dies bedeutet im Falle der Schülerzeitungen – wie auch bei der kommerziellen Presse – die Umstellung auf das fotomechanische Produktionsverfahren. Diese Umstellung erscheint zunächst mit Blick auf die Finanzierungsschwierigkeiten paradox, da das zuvor praktizierte Abzugsverfahren mit Wachs- oder Spiritusmatrize erheblich günstiger, wenngleich auch nicht sehr ansprechend war. Hier obsiegen aber das komplexitätsreduzierende Produktionsverfahren Kleinoffset und die Möglichkeiten freierer Gestaltung. Während das Layout sich zuvor stark am Zeitungssatz orientiert, ermöglicht der Kleinoffsetdruck große Individualität. Mit den Produktionsbedingungen verweisen die Schülerzeitungen als Artefakte auf die Materialität anderer kultureller Praktiken: Im Buchdruck und in der Hektographie ist die Orientierung an typographische Regeln feststellbar, die im Kleinoffsetdruck zunehmend vernachlässigt werden; das im Handel dominante DIN-Format lässt die Schülerzeitungen fast ausschließlich zunächst in DIN A4-, dann im DIN A5-Format erscheinen; die ‚Allgegenwart' der Schreibmaschine lässt sie zu *dem* Schreibgerät der Redakteurinnen werden bzw. genau in dieser ‚Allgegenwart' darf man den Versuch der Schülerinnen verstehen, durch Skalierung der Schreibmaschinenschrift ihren Ursprung zu verbergen. Der einsetzende Zeitschriftenmarkt, insbesondere die Zeitschrift *twen* kann als verantwortlich gelten – ob nun in Konkurrenz oder als Ideal –, dass die Schülerinnen dann versuchen ihrer Zeitschrift ein individuelles und attraktives Aussehen zu verleihen. Der Grund für die Welle an linkspolitischen Schülerzeitungen Ende der 1960er und Anfang der 1970er Jahre könnte mit diesen Praktiken der Gestaltung zusammenhängen. Denn die linkspolitischen Akteure nutzen das (Klein-)Offsetverfahren, um kritische und linkspolitische Literatur illegal zu kopieren.[31]

Die *Junge Presse* mit ihren Landesarbeitsgemeinschaften vermittelt nicht nur Anzeigen, sondern gibt auch über Handreichungen und Tagungen Einblicke in Praktiken der Gestaltung, der Produktion sowie in Praktiken des Umgangs mit Zensur. Sie verhilft dem Kleinoffsetverfahren zu seiner breiten Bekanntheit. Die Schule bildet anfangs den zentralen Ort der Schülerzeitungsarbeit: Hier finden sich Schreibmaschine, Vervielfältigungsapparat und auch Räume, all das, was die meisten Jugendlichen Zuhause nicht haben. Die Schule bildet sozusagen die ‚Keimzelle' für die Redaktionsarbeit, denen die Schülerzeitungen mindestens bis in die späten 1970er Jahre hinein treu bleiben – außerhalb der Schule besteht die jugendeigene Presse nicht dauerhaft. Werden Schülerzeitungen Anfang der 1950er Jahre noch als Organ der SMV, als Visitenkarte der Schule oder als ‚guter Geist' der Schulgemeinschaft verstanden, etablieren sie sich wenig später als selbständiges Periodikum. Die relativ frühe Loslösung von der SMV ist dabei behilflich, denn die SMV löst ihr Versprechen auf Mitgestaltung nicht ein und wird von der Lehrerschaft nicht ernst genommen, in dessen Folge sich die Schülerschaft dieser Einschätzung anschließt. Der Elan der Nachkriegszeit, für die Schulgemeinschaft mitverantwortlich zu sein, erlischt und jugendliche Mitgestaltung in der Schule wird als gescheitert angesehen (vgl. Heider, 1984, S. 83 f.) – „die faktischen Par-

31 Mit Blick auf die ursprüngliche Ausrichtung der Schülerzeitungen an der kommerziellen Presse birgt es dann eine gewisse Ironie, wenn in den Praktiken dadurch eine Parallelität zur Raubpresse besteht.

tizipationsmöglichkeiten“ geben nach wie vor „eher Anlass zur Enttäuschung“ (Helsper & Böhme, 2010, S. 639). Den Schülerzeitungen gelingt die Legitimation der Mitgestaltung besser, was eigentlich verwundert, da sie anders als die SMV als Objekte über Raum und Zeit wirken können und so immer eine gewisse Unberechenbarkeit (für die Schulleitung) haben. Die Legitimation der Schülerzeitung innerhalb der Schulkultur ist eher darauf zurückzuführen, dass sie als Sinnbild für Partizipation institutionelle Idealstrukturen – Mitgestaltung als frühe Übung in demokratischem Handeln – reproduziert, was aber immer stärker invers als jugendkultureller, also eigentlich illegitimer Ausdruck vorgenommen wird (in Anlehnung an Herrmann, 2015). Man kann die Schülerzeitungen als ‚peerculture‘ verstehen, die von der Schule befördert wird, um der Forderung nach Partizipation nachzukommen, die der SMV eigentlich zustände. Die Schülerzeitungen stellen aber – gegenüber der SMV – keinen Eingriff in organisatorische Strukturen und Praktiken der Schule dar. Sie lassen sich als ‚peer culture‘ deutlich leichter in die bestehende Schulkultur integrieren.

Die Distanzierung von der Schule bei gleichzeitiger Einbettung in dieselbe ließ sich an den Titelblättern in den Zeitschnitten zeigen. Noch 1953 stellt sich ein enger Bezug zur Schule dar, sowohl auf der Ebene der Produktion (Buchdruck bzw. Abzugsverfahren), als auch auf der Ebene der Gestaltung. Die Titelblätter zeigen eine symbolische Verbindung auf eine geschlossene Schulgemeinschaft mit der Schülerzeitung als ihr Berichterstatter. Durch den Linolschnitt besteht eine symbolische Verbindung zum Unterricht. 1960 zeigt sich bereits eine zunehmend distanzierende Haltung zur Schule mit einem kritischen und humoresk-ironischen Blick auf die Schule. Eine außerschulische Orientierung an Zeitschriften des Pressemarktes ließ sich in der graphischen Gestaltung des Titelblattes und in dem teilweisen Wegfall des Untertitels ‚Schülerzeitung des x-Gymnasiums‘ erkennen, gleichwohl in der Gestaltung eine Verbindung zu Schule und Unterricht immer noch gegeben ist. 1967 zeigen die Titelblätter in der Produktion (Kleinoffset) als auch in der Gestaltung keine Bezüge mehr zu ihrem ‚sozialen Hintergrund‘. Auf die Schule wird nicht referiert, vielmehr zeigt sich in der Gestaltung eine thematische Referenz auf das außerhalb der Schule Liegende. Titelkopf, Bild und Schlagzeile greifen die symbolische Kommunikation der kommerziellen Zeitschriften auf. Die Schülerzeitungen erscheinen hier am deutlichsten als Artefakte *von* Jugendlichen *für* Jugendliche, nicht als Artefakt von Schülerinnen für Schülerinnen (einer Schule). Das ‚Verschwinden‘ der Schule von den Titelblättern und die Orientierung an Themen, die – offenbar – stärker die jugendlichen Interessen oder den jugendkulturellen Zeitgeist treffen, kann als ein Zeichen für eine etablierte „eigene soziale Realität der peerculture im schulischen Rahmen jenseits sozialisatorischer Funktionen und pädagogischer Absichten“ (Helsper & Böhme, 2010, S. 622) interpretiert werden. Das Abwenden von einem Verständnis der Schule als gemeinsamen Raum von Schüler- und Lehrerschaft, der sich in den Titelblättern von 1960 andeutet und 1967 manifest äußert, erscheint insofern folgerichtig. In der symbolischen Kommunikation der Titelblätter lässt sich ein Wandel der Beziehung zwischen Schülerschaft und ihrer Schule nachzeichnen: Von einer Art Berichterstatter mit Nachrichten *aus der Schule* über einen ‚eigenständigen Blick‘ *auf die Schule*, vielleicht auch ein zaghafter Versuch in Kritik, zu einem Blick auf das *außerhalb der Schule* Liegende. Die Schule verschwindet schrittweise aus dem Blickfeld der Jugendlichen – und die Schülerzeitung wird als peer culture zugleich etablierter Teil der jeweiligen Schulkultur.

Quellenverzeichnis

Der Gefährte (1965–1970). *Schülerzeitschrift am Gymnasium Schwenningen, [15]* (3) bis *[20]* (o. Nr.).

Der Rüssel (1958). *Schülerzeitung des Immanuel-Kant-Gymnasiums in Rüsselsheim,* (23).

Die Oase (1956). *Zeitschrift der Höheren Schulen von Wanne-Eickel, [4]* (5/6).

Die Oase (1961). *Zeitschrift der Höheren Schulen von Wanne-Eickel, 9* (1) und *9* (2/3).

Die Weisse Rose (1961). *Schülerzeitung der Sophie-Scholl-Schule, 3* (Sonderausgabe).

esa-press (1958). *Information Service of European Schoolmagazine Association, 2.*

Evolution (1969). *Schülerzeitung an der Schule Osdorfer Weg [Hamburg],* (1).

junges echo (1961). *Schülerzeitung der Berufs- und Berufsfachschulen Bad Homburg, 2* (Juli/August).

Parade 2 (1956 ff.). *Schülerzeitung Gewerbeschule Lübeck: Stimme der Schülermitverwaltung, [4 ff.].*

Pulsschlag (1966). *Schülerzeitung an der Gabriele-von-Bülow-Schule [Berlin], 10* (4).

Rheingauspiegel (1957a). *Schülerzeitung der Rheingauschule Berlin-Friedenau, 2* (3).

Rheingauspiegel (1957b). *Schülerzeitung der Rheingauschule Berlin-Friedenau, 3* (7).

Transistor (1961 ff.). *Jugendzeitschrift Mannheimer Berufs- und Fachschulen, [2 ff.].*

Literatur

Adamietz, H. (1949). Das Jugend-Presse-Institut. *Die Deutsche Zeitung: Organ der deutschen Presse, 3* (5), 12–16.

Adamietz, H. (1951). *Die Schulzeitschrift: Aufgaben, Bedeutung und techn. Voraussetzungen.* Goslar: o. V.

Adorno, T. W. (1981). Bibliographische Grillen. In T. W. Adorno, *Gesammelte Schriften, Bd. 11: Noten zur Literatur*, Frankfurt a. M.: Suhrkamp, 345–357.

Ascher, P. (1955). Schülerzeitungen. In Deutsches Institut für wissenschaftliche Pädagogik, Münster & Institut für Vergleichende Erziehungswissenschaft, Salzburg (Hrsg.), *Lexikon der Pädagogik, Bd. IV: Schlaf - Zynismus.* Freiburg: Herder, 101–105.

Bartels, H.-P. (1987). *Junge Presse: Geschichte eines jugendeigenen Verbandes 1952–1967.* Marburg: Schüren.

Bender, W. (1956). Die Stimme der Jugend über die Schülerzeitungen. In F. Rust (Hrsg.), *Die Schülermitverwaltung (SMV).* Bühl-Baden: Konkordia, 40–48.

Brenner, G. (1966). *Pressefreiheit und Schülerzeitungen.* 2. Auflage. Mainz: Haase & Koehler.

Burschka, M. H. (1987). *Re-education und Jugendöffentlichkeit - Orientierung und Selbstverständnis deutscher Nachkriegsjugend in der Jugendpresse 1945–1948: Ein Beitrag zur politischen Kultur der Nachkriegszeit.* Phil. Diss., Universität Göttingen.

Crowley, D. (2003). *Magazine Covers.* London: Ocotopus.

Döring, A. (1961). Politik in Schülerzeitungen eine Modeerscheinung? *m + z; Junge Presse: Meinungen und Zeitungen, 1*, 14–16.

Döring, A. (1965). Anzeigenwerbung in der jugendeigenen Presse. *Die Anzeige - The Advertisement - L'Annonce, 41* (7), 44–50.

Dupperay, S. & Vidaling, R. (2003). *Frontpage: Covers of the Twentieth Century.* London: Weidenfeld & Nicolson.

Elhardt, R. [1969]. *Schülerzeitung in Frankreich.* Bad Honnef-Rhöndorf: Deutsch-Französisches Jugendwerk.

Endres, K. L. (2015). Methodogical Studies: Interdisciplinary Is the Key. In D. Abrahamson & M. R. Prior-Miller (Hrsg.), *The Routledge Handbook of Magazine Research: The Future of Magazine Form.* New York: Routledge, 51–64.

Endruweit, G. (1963). *Werbung in der Jugendzeitschrift.* 2. Auflage. Itzehoe: Reim.

Frei, N. (1989). Die Presse. In W. Benz (Hrsg.), *Die Geschichte der Bundesrepublik Deutschland, Bd. 4: Kultur.* Frankfurt a. M.: Fischer, 370–416.

Gass-Bolm, T. (2005). *Das Gymnasium 1945–1980: Bildungsreform und gesellschaftlicher Wandel in Westdeutschland.* Göttingen: Wallstein.

Gerhardt, U. (1999). Re-Education als Demokratisierung der Gesellschaft Deutschlands durch das amerikanische Besatzungsregime. Ein historischer Bericht. *Leviathan, 27* (3), 355–385.

Gransow, H. (1955). Schülerzeitungen. *Die Höhere Schule, 8,* 150–155.

Greiner, B. (1997). „Test the West": Über die ‚Amerikanisierung' der Bundesrepublik Deutschland. *Mittelweg 36: Zeitschrift des Hamburger Instituts für Sozialforschung, 6* (Oktober/November), 5–40.

Grow, G. (2002). Magazine Covers and Cover Lines. *Journal of Magazine & New Media Research, 5* (1), [1–19].

Gubalke, W. 1959. Mehr Mut zum Eigenen ... Schülerzeitungen als jüngster Werbeträger – Im Schatten der Erwachsenen und der ‚Rentabilität'. *Der Journalist, 9* (10), 8–9.

Hagenguth, J. (1979). Das Layout. In K. Farin & H.-J. Zwingmann (Hrsg.), *Die Jugendpresse: Handbuch nicht nur für Jugend- und Schülerzeitungsredakteure.* Ettlingen: Doku, 245–338.

Häntzschel, G. (2002). Literatur und Buchkultur in den fünfziger Jahren. In W. Faulstich (Hrsg.), *Die Kultur der fünfziger Jahre.* München: Fink, 217–229.

Hartmann, H. E. O. (1969). Schülerpresse contra Zensur: Volle Pressefreiheit für Schülerzeitungen setzt sich mehr und mehr durch. *Recht der Jugend und des Bildungswesens: Zeitschrift für Jugenderziehung und Jugendförderung, für Recht und Verwaltung, Soziologie und Wirtschaft des Bildungs- und Unterrichtswesens, 17* (12), 362–367.

Haungs, P., Hrsg. (1961). *Junge Presse: ein Handbuch für junge Redakteure; Rückblick und Bestandsaufnahme.* 2., erweiterte Auflage. Itzehoe: Reim.

Heider, U. (1984). *Schülerprotest in der Bundesrepublik Deutschland.* Frankfurt a. M.: Suhrkamp.

Helsper, W. (1993). Jugend und Schule. In H.-H. Krüger (Hrsg.), *Handbuch der Jugendforschung.* 2., erweiterte und aktualisierte Auflage. Opladen: Leske + Budrich, 351–382.

Helsper, W. (2000). Wandel der Schulkultur. *Zeitschrift für Erziehungswissenschaft, 3* (1), 35–60.

Helsper, W., & Lingkost, A. (2004). Schülerpartizipation in den Antinomien modernisierter Schulkultur. In W. Helsper, M. Kamp & B. Stelmaszyk (Hrsg.), *Schule und Jugendforschung zum 20. Jahrhundert: Festschrift für Wilfried Breyvogel.* Wiesbaden: VS Verlag, 198–229.

Helsper, W. & Böhme, J. (2010). Jugend und Schule. In H.-H. Krüger & C. Grundert (Hrsg.), *Handbuch Kindheits- und Jugendforschung*. 2., aktualisierte und erweiterte Auflage. Wiesbaden: VS, 619–659.

Herrmann, I. (2015). Bilder des Widerstands – Räume der Anpassung? Informelle Bildung Jugendlicher zwischen Ästhetik und Opposition. *Diskurs Kindheits- und Jugendforschung, 10* (3), 307–322.

Hintz, J.-P., & Lange, D. (Hrsg.) (1969). *Schüler und ihre Presse*. Berlin: Junge Presse Berlin.

Hörning, K. H. (2004). Handlung. In F. Jaeger und B. Liebsch (Hrsg.), *Handbuch der Kulturwissenschaften, Bd. 1: Grundlagen und Schlüsselbegriffe*. Stuttgart: Metzler, 139–151.

Hussong, M. (1993). Jugendzeitschriften von 1945 bis 1960: Phasen, Typen, Tendenzen. In K. Doderer (Hrsg.), *Jugendliteratur zwischen Trümmern und Wohlstand 1945–1960*. Weinheim: Beltz, 521–585.

Hüting, A. (2010). Dimensionen des Kulturbegriffs. In J. Kusber, M. Dreyer, J. Rogge & A. Hütig (Hrsg.), *Historische Kulturwissenschaften: Positionen, Praktiken und Perspektiven*. Bielefeld: transcript, 105–124.

Johnson, S. (2002). The Art and Science of Magazine Cover Research. *Journal of Magazine & New Media Research, 5* (1), [1–10].

Jourdan, H.-P. (2013). *Junge Presse Hessen: jugendeigener Verband zwischen Anpassung und Widerstand in der Zeit von 1952–1998*. Frankfurt a. M.: Selbstverlag.

Kabaum, M. (2017). Der Blick westdeutscher Schüler und Schülerinnen in den 1950er und 1960er Jahren auf Jugendkultur und die USA: Ein Vergleich ihrer Darstellungen in Schülerzeitungen. In D. Hüser (Hrsg.), *Populärkultur transnational: Lesen, Hören, Sehen, Erleben im Europa der langen 1960er Jahre*. Bielefeld: transcript, 47–74.

Kabaum, M., & Gippert, M. (2015). „Die Schülerzeitung geht alle an!" Aus der Arbeit eines Forschungsprojektes der Bibliothek für Bildungsgeschichtliche Forschung. *Zeitschrift für Museum und Bildung, 79*, 99–113.

Kaul, H.(1965). *Wesen und Aufgaben der Schülerzeitungen*. München: Deutsches Jugendinstitut.

Knoche, M. et al. (1979 ff.). *Beiträge zur Analyse der Jugendpresse, Bd. 1–4*. Berlin: Spiess; Frankfurt a. M.: R. G. Fischer.

Knoche, M., Krüger, Th., & Lindgens, M. (1979). *Redakteure der Jugendpresse: Arbeitsbedingungen und Zielsetzungen*. Berlin: Spiess.

Knoche, M., & Lindgens, M. (1983). *Erscheinungsbild und Inhaltsstruktur von Jugendzeitschriften: Ergebnisse einer systematischen Inhaltsanalyse*. Frankfurt a. M.: R. G. Fischer.

Koetzle, M. (1997). Die Zeitschrift twen: Revision einer Legende. In M. Koetzle (Hrsg.), *twen: Revision einer Legende*. München: Klinkhardt & Biermann, 12–73.

Koszyk, K. (1993). Presse und Pressekonzentration in den 50er Jahren. In A. Schildt & A. Sywottek (Hrsg.), *Modernisierung im Wiederaufbau: Die westdeutsche Gesellschaft der 50er Jahre*. Bonn: Dietz, 439–57.

Landwehr, D. (2014). Zur Kulturgeschichte der Fotokopie: Die Kopie als große Schwester des Plagiats. Oder: Vom langsamen Verblassen der Bilder. *Kodex: Jahrbuch der Internationalen Buchwissenschaftlichen Gesellschaft, 4*, 111–126.

Leth, A. (1960). Von der Idee bis zum Vertrieb: Praktische Überlegungen bei der Gründung einer Schülerzeitschrift. *Berufspädagogische Zeitschrift (BPZ), 9* (6), 114–115.

Liedtke, M. (1997). Schülerzeitungen. In M. Liedtke (Hrsg.), *Handbuch der Geschichte des Bayerischen Bildungswesens, Vierter Band*. Bad Heilbrunn: Klinkhardt, 300–317.

Loch, U. (1957). Die Schüler- und Jugendzeitschriften. In W. Hagemann (Hrsg.), *Die deutsche Zeitschrift der Gegenwart: Eine Untersuchung des Instituts für Publizistik der Westfälischen Wilhelms-Universität Münster*. Münster: Fahle, 100–126.

Lokk, P. (1987). *Die Ära Adenauer im Spiegel der jugendeigenen Presse der Jahre 1949 bis 1963 in Bayern*. Magisterarbeit, Philosophische Fakultät I, Friedrich-Alexander-Universität Erlangen-Nürnberg.

Lueger, M. (2000). *Grundlagen qualitativer Feldforschung*. Wien: WUV.

Maleike, K. (2014). Pressefreiheit: Schülerzeitungen unter Druck. Kai Mungenast im Gespräch mit Kate Maleike. *Deutschlandfunk, 19.02.2014*, 14:43 Uhr.

Meissner, M. (2007). *Zeitungsgestaltung: Typographie, Satz und Druck, Layout und Umbruch*. 3., aktualisierte Auflage. Berlin: Econ.

Mickel, W. (1963). Schülerzeitschriften. *Rundgespräch über Wirklichkeit und Wandel der Schule und die Erziehungsaufgabe unserer Zeit: Mitteilungs- und Diskussionsblatt der hessischen Lehrerschaft, 2*, 105–107.

Mock, Th. (2006). Was ist ein Medium? Eine Untersuchung kommunikations- und medienwissenschaftlicher Grundverständnisse eines zentralen Begriffs. *Publizistik, 51* (2), 183–200.

Münster, R. (1961). *Geld in Nietenhosen: Jugendliche als Verbraucher*. Stuttgart: Forkel.

Nistl, R. (1967). Schulausflug in den Blätterwald. *Süddeutsche Zeitung, 24./25. Mai*, 13–14.

N. N. (1957). *Schülerzeitung – aber wie? Handbuch für Schülerredakteure.* [Dortmund-Mengede]: Verlag Junge Presse.

N. N. (1963). Der Werbeträger Schülerzeitung. *m + z; Junge Presse: Meinungen und Zeitungen, 1*, 16–18.

v. Olenhusen, A. G. (1972). Schwarze Kunst und Rote Bücher: Zur Produktion von Raubdrucken in der Bundesrepublik. *Gutenberg-Jahrbuch, 1972*, 279–284.

Perschel, W. (1963). Schülerzeitung und Zensurverbot. *Recht und Wirtschaft der Schule: Zeitschrift für Recht, Verwaltung und Ökonomie des Schulwesens, 4* (8), 225–234.

Perschel, W. (1966). *Die Rechtslage der Schülermitverwaltung.* Berlin: Luchterhand.

Pompper, D., Lee, S., & Lerner, S. (2009). Gauging Outcomes of the 1960s Social Equality Movements: Nearly Four Decades of Gender and Ethnicity on the Cover of the Rolling Stone Magazine. *The Journal of Popular Culture, 42* (2), 273–290.

Puhle, H.-J. (1959). Die „junge presse" und ihr Feld. *Das Parlament, 7. Oktober*, 5.

Rautenberg, U. (2008). Die Entstehung und Entwicklung des Buchtitelblatts in der Inkunabelzeit in Deutschland, den Niederlanden und Venedig – Quantitative und qualitative Studien. *Archiv für Geschichte des Buchwesens, 62*, 1–105.

Reckwitz, A. (2003). Grundelemente einer Theorie sozialer Praktiken. Eine sozialtheoretische Perspektive. *Zeitschrift für Soziologie, 32* (4), 282–301.

Reh, S., & Schelle, C. (2000). Schule als Lebensbereich der Jugend. In U. Sanders & R. Vollbrecht (Hrsg.), *Jugend im 20. Jahrhundert: Sichtweisen – Orientierungen – Risiken.* Neuwied: Luchterhand, 158–175.

Reh, S., & Scholz, J. (2012). Schülerzeitungen als Artefakte: Schulkulturen in den 1950er und 1960er Jahren. *Zeitschrift für Pädagogik, 58* (Beiheft), 105–123.

Rendtel, F. (1971). *Zur Schülerpresse in der Bundesrepublik: Eine erziehungswissenschaftlich-empirische Untersuchung.* Hannover: Schroedel.

Rendtel, F. (1983). Schüler-/Jugendpresse. In E.-G. Skiba, C. Wulf & K. Wünsche (Hrsg.), *Enzyklopädie Erziehungswissenschaft, Bd. 8: Erziehung im Alter – Sekundarstufe I.* Stuttgart: Klett, 551–553.

Reske, Ch. (2005). Die Ablösung des Bleisatzes durch den Fotosatz – Das Ende eine Ära. *Leipziger Jahrbuch zur Buchgeschichte, 14*, 79–108.

Ritzi, Ch. (2009). Zu Wort kommen! Schülerzeitungen im 20. Jahrhundert. *Zeitschrift für pädagogische Historiographie, 15* (1), 31–43.

Rothermund, D., & Stiff, G. (1954). *Taschenbuch Junge Presse 1954/55.* Münster (Westf.): Deutscher-Jugend-Verlag.

Sadtler, G. (1959). Themen und Probleme einer Schülerzeitung. *Das Parlament, 7. Oktober*, 5–6.

v. Saldern, A. (2004). Markt für Marx: Literaturbetrieb und Lesebewegung in der Bundesrepublik in den Sechziger- und Siebzigerjahren. *Archiv für Sozialgeschichte, 44*, 149–180.

Schäfer, O., Lemberg, E. & Klaus-Roeder, R. (1965). *Studien zur Soziologie der Gymnasialjugend*. Heidelberg: Quelle & Meyer.

Schildt, A. (1993). Von der Not der Jugend zur Teenager-Kultur: Aufwachsen in den 50er Jahren. In A. Schildt & A. Sywottek (Hrsg.), *Modernisierung im Wiederaufbau: Die westdeutsche Gesellschaft der 50er Jahre*. Bonn: Dietz, 335–348.

Schildt, A. (2003). Nachwuchs für die Rebellion – die Schülerbewegung der späten 60er Jahre. In J. Reulecke (Hrsg.), *Generationalität und Lebensgeschichte im 20. Jahrhundert*. München: Oldenbourg, 229–251.

Sewerin, W. (1956). Rechtsfragen bei Schülerzeitungen. *Recht der Jugend: Zeitschrift für Jugenderziehung, Jugendpflege und Jugendschutz, für Jugendfürsorge und Jugendstrafrecht, 4* (7), 105–106.

Siegfried, D. (2000). Vom Teenager zur Pop-Revolution: Politisierungstendenzen in der westdeutschen Jugendkultur 1949 bis 1968. In A. Schildt, D. Siegfried & Ch. Lammers (Hrsg.), *Dynamische Zeiten: Die 60er in beiden deutschen Gesellschaften*. Hamburg: Hans Christians, 582–623.

Siegfried, D. (2008). *Time is on my side: Konsum und Politik in der westdeutschen Jugendkultur der 60er Jahre*. Göttingen: Wallstein.

Spiekermann, E. (1999). *Ursache & Wirkung: Ein typographischer Roman*. Faksimilierter Nachdruck der Originalausgabe von 1986. Mainz: Schmidt.

Spiker, T. (2015). The Magazine Cover. The Craft of Identity and Impact. In D. Abrahamson & M. R. Prior-Miller, *The Routledge Handbook of Magazine Research: The Future of the Magazine Form*. New York: Routledge, 377–391.

Stefen, R. (1973). Entwicklungstendenzen der Jugendzeitschriften in der BRD. *Medien- und Sexualpädagogik, 1* (4), 7–22.

Steinhausen, G. (1968). Von Iphigenie zur „Pille“: Über die deutschen Schülerzeitungen. *Das Handelsblatt, 23* (107), 36.

Stöber, R. (2002). Historische Zeitschriftenforschung heute. In A. Vogel & Ch. Holtz-Bacha, *Zeitschriften und Zeitschriftenforschung; Sonderheft der Publizistik: Vierteljahreshefte für Kommunikationsforschung*. Wiesbaden: Westdeutscher Verlag, 42–59.

Strasser, H. (1950). *Zur Psychologie des jugendlichen Zeitungslesers*. München: Pohl.

Summer, D. E. (2002). Sixty-Four Years of *Life*: What Did Its 2,128 Covers Cover? *Journal of Magazine & New Media Research, 5* (1), 1–19.

Tent, J. F. (2001). Der amerikanische Einfluß auf das deutsche Bildungswesen. In D. Junker (Hrsg.), *Die USA und Deutschland im Zeitalter des Kalten Krieges 1945–1990: Ein Handbuch, Bd. 1*. Stuttgart: Deutsche Verlags-Anstalt, 601–611.

Wachsmuth, N., & Gläser, H. (2014). *Editorial Design – Magazingestaltung: Der Leitfaden für Grafiker und Journalisten*. München: Stiebner.

Weigelt, F. (1956). Schülermitverwaltung in Berlin. *Recht der Jugend: Zeitschrift für Jugenderziehung, Jugendpflege und Jugendschutz, für Jugendfürsorge und Jugendstrafrecht, 4* (12), 188–190.

Wiesmann, St.-S. (1997). Wie zählt man eine Handvoll Sand? Schwierige Mediaforschung für ein dynamisches Print-Medium. *Media-Spectrum*, (10), 20–22.

Zymek, B., & Neghabian, G. (2010). Langfristige Schulentwicklung und politischer Systemwechsel: Expansion und Differenzierung der höheren und mittleren Schulen in Westfalen 1928–1969. *Westfälische Forschungen: Zeitschrift des LWL-Instituts für westfälische Regionalgeschichte, 60*, 281–311.

(Nicht-)Teilnahme von Frauen mit Hochschulabschluss an betrieblicher Aufstiegsweiterbildung. Eine explorative Studie in drei Großunternehmen

Luise B. Berger

Freie Universität Berlin

Zusammenfassung

Bisherige Ergebnisse der Weiterbildungsforschung identifizieren tätigkeitsbezogene und soziodemografische Merkmale, die die Teilnahme an betrieblicher Weiterbildung beeinflussen. Vor dem Hintergrund der Geschlechtersegregation auf dem Arbeitsmarkt und in Hinblick auf den weiteren Bildungsverlauf der Zielgruppe „Frauen mit Hochschulabschluss" zeigt sich weiterer Forschungsbedarf im betrieblichen Kontext. Hier setzt das Promotionsvorhaben an: Mittels Fallstudien soll die (Nicht-)Teilnahme von Hochschulabsolventinnen an betrieblicher Aufstiegsweiterbildung explorativ rekonstruiert werden. Dabei stehen die daran beteiligten Akteur*innen in drei ausgewählten Großunternehmen im Mittelpunkt der Analyse. Der vorliegende Beitrag skizziert den bisherigen Forschungsstand und stellt das Promotionsvorhaben mit seinem Ziel, seinen Fragestellungen, seinen Methoden und seinem Fallstudienplan vor. Der Beitrag endet mit Überlegungen zum weiteren Forschungsprozess.

Abstract

Previous results of research on futher education identify job-related and sociodemographic characteristics that influence participation in formal on-the-job-training. Gender-based segregation in the labor market as well as further education processes of the target group "female higher education graduates" require more research activities on the operational context. Thus that doctoral research project focusses on the (non)participation of the target group in formal on-the-job-training regarding career advancement. Therefore three case studies in companies are planned that focus on crucial actors. This article presents the doctoral research project with its state of research, aim, methods, case study design and ends with reflections concerning the further research process.

Ausgangslage

Gleichwohl die heutige Frauengeneration zu der bestausgebildeten Generation zählt (Wiechmann, 2014, S. 437), kommt die Studie von Leuze & Rusconi (2009, S. 20) zu dem Ergebnis, dass sich deren exzellente Bildung nicht zwingend auf dem Arbeitsmarkt auszahlt, was mit der Geschlechtersegregation auf dem Arbeitsmarkt begründet wird[1]: Die Wahl eines männer- oder frauendominierten Studienfachs sowie die Tätigkeit in einem frauen- oder männerdominierten Beruf und/oder Branche haben demnach Auswirkungen auf die Arbeitsbedingungen und damit einhergehender Vor- und Nachteile, wie z.B. bei der Entlohnung und der Teilnahme an betrieblicher Weiterbildung. Eine 1990 veröffentlichte Expertise zum Forschungsstand und zu Forschungsperspektiven betrieblicher Weiterbildung setzt sich u.a. mit der niedrigeren Beteiligung von Frauen im Vergleich zu Männern auseinander (Soziologisches Forschungsinstitut Göttingen, 1990, S. 490). Zeuner & Faulstich (2009, S. 129) stellen fest, dass eine Benachteiligung von Frauen in der beruflichen und damit auch betrieblichen Weiterbildungsteilnahme auf strukturelle Ungleichheiten bei der beruflichen Einbindung und bei den Aufstiegschancen zurückzuführen ist. Ein Blick in die betriebliche Praxis zeigt: Beschäftigte, die an betrieblicher Weiterbildung teilgenommen haben, können im Idealfall Erträge, wie z.B. einen beruflichen Aufstieg und/oder neue/erweiterte Einsatzfelder und/oder Einkommenssteigerungen, erzielen (Autorengruppe Bildungsberichterstattung, 2014, S. 152 f.), was begrifflich als Aufstiegsweiterbildung gefasst wird (Lipsmeier, 1991, S. 44). Differenziert nach Geschlecht wird ersichtlich, dass Männer öfter an Aufstiegsweiterbildungen teilnehmen und Frauen öfter an Anpassungsweiterbildungen (Nader, 2007, S. 35). Auch Hochschulabsolventen profitieren eher von betrieblicher Aufstiegsweiterbildung als Hochschulabsolventinnen[2]. So fand eine Untersuchung von Briedis & Rehn (2011) heraus, dass betriebliche Weiterbildung vor allem bei männlichen Hochschulabsolventen längerfristig zu Aufstiegen in Führungspositionen beiträgt (Leuze, 2010; Leuze & Strauß, 2011; Strauß & Leuze, 2013).

---

1 Die Geschlechtersegregation auf dem Arbeitsmarkt umfasst die unterschiedliche Verteilung von Frauen und Männern a) über die Berufe (horizontale Segregation) und b) auf Hierarchieebenen (vertikale Segregation) (Dressel, 2005, S. 133).

2 Hochschulabsolventinnen, Frauen mit Hochschulabschluss sowie Akademikerinnen werden in diesem Beitrag synonym verwendet.

Forschungsinteresse und leitende Fragestellung

Anknüpfend an die skizzierte Ausgangslage leitet sich das Forschungsinteresse ab, die (Nicht-)Teilnahme von Hochschulabsolventinnen an betrieblicher Aufstiegsweiterbildung genauer zu analysieren. Im Fokus steht dabei die Erforschung betrieblicher Aufstiegsweiterbildungsstrukturen, die Auskunft über Entscheidungs- und Begründungsstrukturen der (Nicht-)Teilnahme von Hochschulabsolventinnen liefern können. Dementsprechend lautet die leitende Fragestellung der Untersuchung: Welchen Einfluss haben betriebliche Aufstiegsweiterbildungsstrukturen auf die (Nicht-)Teilnahme von Hochschulabsolventinnen und welchen Einfluss hat die (Nicht-)Teilnahme von Hochschulabsolventinnen auf betriebliche Aufstiegsweiterbildungsstrukturen?

Dass grundlegend weiterer Forschungsbedarf bzgl. Weiterbildungsentscheidungen im betrieblichen Kontext besteht, bekräftigt Käpplinger (2013; in Vorbereitung), was im weiteren Verlauf des Beitrags herausgearbeitet wird. So steht im Fokus des Beitrags die Aufarbeitung des bisherigen Forschungsstandes zur betrieblichen Weiterbildungsteilnahme nach Geschlecht und Hochschulabschluss mit dem Ziel, sich dem Untersuchungsgegenstand anzunähern. Auf Basis dieser Literaturrecherche entwickelt die Autorin dazu eigene Synopsen (Tabelle 1 und Tabelle 2). Diese Ausarbeitung ist Voraussetzung, um auf die geplante Untersuchung hinzuleiten.

Um den Untersuchungsgegenstand besser einordnen zu können, findet zuerst eine Annäherung an die Begriffe betriebliche Weiterbildung und Aufstiegsweiterbildung statt.

Betriebliche Weiterbildung und Aufstiegsweiterbildung

Eine allgemeingültige Definition betrieblicher Weiterbildung existiert nicht (Käpplinger, Kulmus & Haberzeth, 2013, S. 14). Chronologisch interpretiert, sind unter betrieblicher Weiterbildung generell Lernprozesse zu fassen, die nach der dualen oder hochschulischen Ausbildung stattfinden (Käpplinger, in Vorbereitung). Der Fokus dieses Promotionsvorhabens liegt auf der betrieblichen Aufstiegsweiterbildungsteilnahme von Frauen mit Hochschulabschluss. Damit konzentriert sich das Forschungsvorhaben auf die Zeit nach der hochschulischen Ausbildung und verweist auf den betrieblichen Kontext.

Eine Begriffsbestimmung, die oft in Wissenschaft und Politik herangezogen wird, ist die des Adult Education Survey (AES) (Käpplinger, Kulmus & Haberzeth, 2013, S. 16). Demnach umfassen betriebliche Weiterbildung Aktivitäten für Bildungszwecke. Diese Aktivitäten erfolgen vollständig oder überwiegend während der bezahlten Arbeitszeit oder einer bezahlten Freistellung (Zeitinvestition). Zudem zeichnen sich die Aktivitäten dadurch aus, dass deren direkte Kosten ganz oder anteilig durch die/den Arbeitgeber*in übernommen werden (Geldinvestition) (Bilger, Gnahs, Hartmann, & Kuper, 2013, S. 38). Das bedeutet, dass eine Operationalisierung betrieblicher Weiterbildung durch die Kombination der Kriterien Zeit- und Geldinvestition im Sinne von indirekten und direkten Investitionen erfolgt. Damit stellt das zentrale Unterscheidungskriterium die Weiterbildungsfinanzierung dar (Kaufmann & Widany, 2013, S. 39 f.). Mit dem Wörtern „überwiegend" und „anteilig" können auch mischfinanzierte Modelle der Weiterbildungsfinanzierung im betrieblichen Kontext abgedeckt werden, was bedeutet, dass Beschäftigte mitunter indirekte und/oder direkte Kosten für eine Weiterbildungsteilnahme aufbringen müssen (ebd.).

Was kann unter Aktivitäten für Bildungszwecke verstanden werden? Der Zweck betrieblicher Weiterbildung kann als explizite Qualifizierung der Beschäftigten gefasst werden (Auer & Welte, 2011, S. 284), um auch zukünftig wettbewerbsfähig zu sein (Wittwer, 2010, S. 39). Hier spiegelt sich die Ertragserwartung betrieblicher Weiterbildung aus Unternehmenssicht wider. Aus einer management- und strategieorientierten Perspektive fungiert betriebliche Weiterbildung daher als Instrument, den Fachkräftebedarf zu sichern und den zukünftigen Fachkräftebedarf im Unternehmen zu decken (Bechmann, Dahms, Tschersich, Frei, Leber & Schwengler, 2013, S. 53; Harney, 1998). Daher lassen sich betriebliche Weiterbildungsaktivitäten aus Konzepten der Personal- und Organisationsentwicklung ableiten (Arnold, 2010, S. 237 f.).

Als Teil betrieblicher Personalpolitik zählt ebenso die Aufstiegsweiterbildung, die systematische und planvolle Züge offenbart. Zugangskriterien und Selektionsverfahren regulieren dabei den Einstieg in die Aufstiegsweiterbildung, die in Großunternehmen häufig im Rahmen von Führungskräfteentwicklung stattfindet. Aus einer individuellen Perspektive lassen sich dementsprechend unter betrieblicher Aufstiegsweiterbildung Aktivitäten subsumieren, die beruflichen Entwicklungsmöglichkeiten dienen (Goltz, 1999, S. 56–59). Ziele können z. B. sein, eine höhere berufliche Position zu erlangen oder generell die Ausgangssituation für berufliche Aufstiegsmöglichkeiten zu verbessern (Lispmeier, 1991, S. 44).

Im Folgenden wird der Forschungsstand zur betrieblichen Weiterbildungsteilnahme von Frauen mit Hochschulabschluss dargelegt, veranschaulicht durch entwickelte Synopsen der Autorin (Tabelle 1 und Tabelle 2). Ziel der Ausführungen ist eine weitere Annäherung an den Untersuchungsgegenstand.

Betriebliche Weiterbildungsteilnahme: Frauen mit Hochschulabschluss

Betriebliche Weiterbildung ist ein komplexes Forschungsfeld (Behringer, Kampmann & Käpplinger, 2009, S. 35). Dieses ist stark interdisziplinär gestaltet (z. B. Erwachsenenpädagogik, Soziologie, Volkswirtschaft) und es gibt eine Vielzahl an Merkmalen, die eine betriebliche Weiterbildungsteilnahme beeinflussen.

Mit Blick auf die Zielgruppe „Frauen mit Hochschulabschluss" kann in einem ersten Schritt auf die Befunde vor allem aus der quantitativen Weiterbildungsforschung[3] zurückgegriffen werden: neben den soziodemografischen Merkmalen[4] „Geschlecht" (hier in Verbindung mit „Elternschaft bei Frauen") und „formaler Abschluss" werden wiederholt tätigkeitsbezogene Merkmale, wie „Beschäftigungsumfang, -dauer", „Aufgabenprofil", „berufliche Position", „Unternehmensgröße", „Branche", „Existenz eines Betriebsrats identifiziert, die die betriebliche Weiterbildungsteilnahme unterschiedlich beeinflussen. Diese empirischen Befunde beruhen entweder auf repräsentativen Personenbefragungen, wie dem Adult Education Survey, dem Sozioökonomischen Panel, dem mikrozensus und dem BIBB/IAB– bzw. BIBB/BAuA-Erwerbstätigenbefragung, oder auf Arbeitgeber*innen-Befragungen, wie dem IAB-Betriebspanel, dem Continuing Vocational Training und der IW-Weiterbildungserhebung (Schiener, Wolter & Rudolphi, 2013, S. 556).

Es lassen sich auf Grundlage verschiedener Studien folgende Wirkungsverhältnisse zwischen Merkmal und betrieblicher Weiterbildungsteilnahme am Beispiel der Zielgruppe „Frauen mit Hochschulabschluss" feststellen:

---

3 Für einen Überblick und Einblicke in die geschlechtsspezifische Weiterbildungsteilnahme eignen sich quantitative Erhebungen, wie bspw. der Adult Education Survey (Käpplinger, Kulmus & Haberzeth, 2013, S. 16). Für eine differenzierte(re) Analyse muss allerdings berücksichtigt werden, dass die publizierten Zahlen Ausdruck verschiedener Einflussfaktoren sind, wie in diesem Teil des Beitrags dargelegt wird.

4 Die soziodemografischen Merkmale „Geschlecht" (hier in Verbindung mit „Elternschaft bei Frauen") und „formaler Abschluss" werden als Charakteristika der Zielgruppe „Frauen mit Hochschulabschluss" betrachtet.

Tab. 1 Merkmale und deren Einfluss auf die betriebliche Weiterbildungsteilnahme am Beispiel der Zielgruppe „Frauen mit Hochschulabschluss“

<table>
<tr><th>Tätigkeitsbezogene Merkmale</th><th>Soziodemografische Merkmale</th></tr>
<tr><td rowspan="2">Förderlicher Einfluss
(u. a. Kaufmann & Widany, 2013; Schiener, Wolter & Rudolphi, 2013; Wotschack & Solga, 2013):
- Vollzeit
- unbefristet
- höhere berufliche Position
- qualifizierende Tätigkeiten
- Großunternehmen
- Unternehmen mit Betriebsrat
- Branchen mit hohem Innovationsgrad und/ oder Tarifbindung</td><td>Uneindeutiger bis nicht-förderlicher Einfluss
(u. a. Leber & Möller, 2008)
- weibliches Geschlecht
(hier in Verbindung mit Elternschaft bei Frauen:
Nicht-förderlicher Einfluss (Friebel, 2008[5]))</td></tr>
<tr><td>Abnehmender Einfluss (u. a. Kaufmann & Widany, 2013; Salas-Velasco, 2009)
- formaler Abschluss</td></tr>
</table>

Die Tabelle 1 zeigt die Dominanz tätigkeitsbezogener Merkmale für eine betriebliche Weiterbildungsteilnahme. Das weist daraufhin, dass Weiterbildungsentscheidungen in Unternehmen generell eher betrieblichen Selektionslogiken unterliegen (Kaufmann & Widany, 2013, S. 31 f.). Die angeführten Merkmale sind in der Tabelle analytisch dargestellt, in der Praxis befinden sie sich in komplexen Wirkungszusammenhängen, die es weiter zu erforschen gilt.

Mit Blick auf die Zielgruppe „Frauen mit Hochschulabschluss“ sei an dieser Stelle detaillierter auf den Forschungsstand der Merkmale „Geschlecht“ (hier in Verbindung mit „Elternschaft bei Frauen“) und „formaler Abschluss“ eingegangen.

Geschlecht

Quantitative Studien, die den Einfluss der Kategorie „Geschlecht“ auf die Weiterbildungsbeteiligung untersuchen (dazu Schiener, Wolter & Rudolphi, 2013), liefern uneinheitliche Befunde (Leber & Möller, 2008): Neuere Forschungen zeigen im Vergleich zu älteren oft keine signifikanten geschlechtsspezifischen Differenzen (u. a. Hall & Krekel, 2008; Schiener, 2006). Wo aber Unterschiede identifiziert werden können, gehen diese häufig zu Lasten von Frauen (u. a. Kuckulenz, 2006; Öztürk & Kaufmann, 2009). Das zeigt sich auch für die betriebliche Weiterbildung (u. a. Bundesministerium für Bildung und Forschung, 2015, S. 36; Vollmar, 2013, S. 283).

5 Quantitativ-qualitatives Untersuchungsdesign

Elternschaft bei Frauen

Auf Grundlage quantitativer und vertiefender qualitativer Forschung stellt Friebel (2008, S. 91 ff.) fest, dass Frauen, die Mütter werden, bedeutsam seltener an Weiterbildung teilnehmen als Männer, die Väter werden. Es wird damit deutlich, dass gleiche Lebenslagen und familiäre Situationen unterschiedlich die Weiterbildungsteilnahme von Frauen und Männern beeinflussen (Nader, 2007, S. 34). So fungiert „Elternschaft" für Frauen als Ausschlussmechanismus und für Männer als Katalysator auf dem (betrieblichen) Weiterbildungsmarkt (ebd.).

Formaler Abschluss

Formale Abschlüsse verlieren an Bedeutung, wenn primär arbeitgeberfinanzierte Weiterbildung betrachtet wird und zudem weitere tätigkeitsbezogene Merkmale in der Datenanalyse berücksichtigt werden (Kaufmann & Widany, 2013, S. 36). Diesen Befund bestätigt auch die quantitative Untersuchung von Salas-Velasco (2009) über europäische Hochschulabsolventinnen und -absolventen, indem er auf Basis der Daten von CHEERS (Careers after Higher Education: a European Research Study) deren Teilnahme an betrieblicher Weiterbildung untersuchte. Die Absolvent*innen-Forschung zeigt auf, dass der formale Abschluss für die Einstiegsposition und dadurch für die Teilnahmechancen an betrieblicher Weiterbildung relevant ist: je höher die Berufsposition, desto höher die betrieblichen Weiterbildungschancen, wovon insbesondere männliche Hochschulabsolventen profitieren (Briedis & Rehn, 2011; Leuze, 2010; Leuze & Strauß, 2011; Strauß & Leuze, 2013).

Im Folgenden werden prominente Erklärungsansätze aus der betrieblichen Weiterbildungsforschung angeführt, die die empirischen Befunde erläutern können.

Betriebliche Weiterbildungsteilnahme: Prominente Erklärungsansätze

Die folgend angeführten Ansätze werden häufig in der quantitativen Weiterbildungsforschung (Kaufmann & Widany, 2013, S. 31) und punktuell in der Absolvent*innenforschung (Leuze, 2010; Leuze & Strauß, 2009) für die Erklärung der immer wieder identifizierten Merkmale, die die betriebliche Weiterbildungsteilnahme beeinflussen (s. o.), verwendet.

Tabelle 2 gibt einen Überblick zu prominenten Erklärungsansätzen[6] und für welche Merkmale diese herangezogen werden (können). Sie können grundlegend differenziert werden nach Entscheidungsstrukturen einzelner Akteur*innen (z. B. Beschäftigte*r, Vorgesetzte*r) und nach strukturell determinierten Rahmenbedingungen (Arbeitsmarktsegmente) (Kaufmann, 2012, S. 102).

Tab. 2 Prominente Erklärungsansätze betrieblicher Weiterbildungsentscheidungen

Entscheidungsstrukturen einzelner Akteur*innen		**Strukturell determinierte Rahmenbedingungen**	
Erklärungsansatz	**Merkmal(e)**	**Erklärungsansatz**	**Merkmal(e)**
Humankapitalansatz (Becker, 1964)	z. B. Vollzeit, unbefristet, Großunternehmen	*Segmentationstheoretische Ansätze* (u. a. Lutz & Sengenberger, 1974; Sengenberger, 1987, für Deutschland)	z. B. höhere berufliche Positionen, qualifizierende Tätigkeiten, Branchen mit hohem Innovationsgrad, mittelbar formaler Abschluss
Transaktionskostenansatz (Williamson, 1985)	z. B. Unternehmen mit Betriebsrat (Betriebsvereinbarung), Branchen mit Tarifbindung (Tarifvertrag)		
Theorie der statistischen Diskriminierung (Arrow, 1972; Phelps, 1972)	z. B. Elternschaft bei Frauen, Geschlecht		
Signal- und Filtertheorie (Arrow, 1973; Spence 1973)	z. B. formaler Abschluss		

Humankapitalansatz

Die Annahme ist, dass die individuelle Anhäufung von Humankapital auch zu einer Steigerung der individuellen Arbeitsproduktivität führt (Becker, 1964)[7]. Mit anderen Worten: Individuelle Bildungs- und Qualifikationsprozesse bewir-

6 Die folgenden Ausführungen zu den Erklärungsansätzen werden an dieser Stelle kurz vorgestellt und fokussieren auf die in der Tabelle 1 genannten Merkmale. Eine ausführliche Übersicht zu Erklärungsansätzen findet sich z. B. bei Becker & Hecken (2009), Kaufmann (2012) und Widany (2014).

7 Dabei geht der aus der Neoklassik stammende Ansatz von vollkommenen Informationen aller Akteur*innen aus, was zugleich ein wesentlicher Kritikpunkt an diesem Ansatz ist und u. a. im Transaktionskostenansatz aufgegriffen und weiter entwickelt wurde.

ken demnach individuelle Produktivitätszuwächse (Kaufmann, 2012, S. 104). Arbeitsgeber*innen treffen nach diesem Ansatz betriebliche Weiterbildungsentscheidungen rational auf Basis von Kosten-Nutzen-Relationen (Behringer, Käpplinger & Pätzold, 2009, S. 39). Der erwarte Nutzen muss dabei höher sein als die Kosten der entsprechenden Maßnahme[8]. Die Höhe der Weiterbildungserträge wird dabei wesentlich durch die Länge der Auszahlungsperiode und durch die Dauer der Produktivitätssteigerung bestimmt (Bellmann, Grunau, Leber & Noack, 2013). Damit kann der förderliche Einfluss der Merkmale „Vollzeit", „unbefristet" und „Großunternehmen" (Skaleneffekte) erklärt werden, aber auch der nicht-förderliche Einfluss von z. B. Erwerbsunterbrechungen. Der Ansatz wird ebenso herangezogen, um Weiterbildungsentscheidungen z. B. Erwerbstätiger im Sinne individueller bzw. persönlicher Weiterbildungsentscheidungen zu erklären.

Transaktionskostenansatz

Dieser Ansatz ist eine Weiterentwicklung des Humankapitalansatzes, indem Informationsasymmetrien und Unsicherheiten berücksichtigt werden. Nach diesem Ansatz müssen Unternehmen neben Produktions- auch Transaktionskosten, wie z. B. Anbahnungs-, Vereinbarungs-, Kontrollkosten (Rodehuth, 1999), einplanen (Behringer, Käpplinger & Pätzold, 2009, S. 40). Diese gründen auf den Annahmen a) der begrenzten Rationalität, nicht alle Informationen und möglichen Konsequenzen zu wissen und b) dem opportunistischen Verhalten von Menschen (Williamson, 1985). Im Fokus des Ansatzes steht der Vergleich zwischen Kosten, die durch Austauschbeziehungen am Markt anfallen und Kosten, die durch Austauschbeziehungen innerhalb eines Unternehmens entstehen (Picot, 1982, S. 267 ff.), kurz „Make oder Buy"-Entscheidungen bzw. Einstellungskosten versus Weiterbildungskosten. Betriebsvereinbarungen (dazu z. B. Wotschack & Solga, 2013) und Tarifverträge zu betrieblicher Weiterbildung/Qualifizierung können Unsicherheiten abbauen, damit für mehr Sicherheit bei Arbeitgeber*innen als auch bei den Beschäftigten und für erhöhte Investitionen in Weiterbildung beitragen.

Theorie der statistischen Diskriminierung

Der Annahme folgend, dass Einstellungs- und Beförderungsentscheidungen unter Unsicherheiten und Informationsasymmetrien erfolgen, entscheiden Arbeitgeber*innen auf Grundlage von Erfahrungswerten (siehe dazu Arrow, 1972;

---

8 Studien zeigen, dass Arbeitgeber*innen nicht nur in betriebsspezifisches (specific training), sondern auch in allgemeines Humankapital (general training) investieren (Widany, 2014, S. 81 ff.).

Phelps, 1972). Das bedeutet, dass einzelne Personen sozialen Gruppen zugeordnet werden, denen eine spezifische Produktivität zugerechnet wird (Widany, 2014, S. 87). Bezogen auf das Geschlecht kann es in der Art interpretiert werden, dass der bzw. die Arbeitgeber*in mit einer Frau diskontinuierliche Erwerbsverläufe, z. B. durch Elternschaft, verbindet. In Hinblick auf mögliche Weiterbildungsinvestitionen bestünde die „Gefahr", dass sich diese Investitionen ob Erwerbsunterbrechungen nicht amortisieren könnten (Nader, 2007, S. 52). Mit diesem Ansatz kann ein nicht-förderlicher Einfluss von Elternschaft auf die betriebliche Weiterbildungsteilnahme erklärt werden, ebenso für das Geschlecht.

Signal- und Filtertheorie

Die Weiterentwicklung des Humankapitalansatzes besteht darin, dass die Anhäufung von Humankapital nicht mit höherer Produktivität gleichgesetzt, sondern antizipiert wird (siehe dazu Arrow, 1973; Spence 1973). Bildungszertifikate dienen damit als Signal für die Produktivität und als Mittel für die Selektion von Arbeitskräften (Becker & Hecken, 2009, S. 367 f.). Hinsichtlich der Einstiegspositionen in betriebliche Arbeitsmärkte wird argumentiert, dass Arbeitgeber*innen diejenigen auswählen, bei denen Investitionen in (betriebsspezifische) Qualifikationen rentabel erscheinen (Kaufmann, 2012, S. 115). Personen mit hohen formalen Qualifikationen werden eher Zugang zu internen Arbeitsmärkten[9] erhalten (u. a. Blossfeld & Mayer, 1988). Zukünftige Beschäftigte werden daher mit Blick auf eine bestimmte Karriereleiter ausgewählt, die auf der ersten Position aufbaut. Die Karrieremobilität hängt dann weniger von formalen Bildungsabschlüssen ab, sondern vielmehr z. B. von betrieblicher Weiterbildung als personalpolitisches Instrument (Leuze, 2010, S. 26). Dieser Ansatz kann für den Befund, dass mit der Länge der Beschäftigungsdauer der formale Abschluss an Relevanz verliert, als Erklärungsgrundlage herangezogen werden.

Segmentationstheoretische Ansätze

Die aus der Arbeitsmarkttheorie stammenden Ansätze zur Segmentation (u. a. Doeringer & Piore, 1971) gehen von einer Aufteilung des Arbeitsmarkts in ein internes und externes Segment aus. Der interne Arbeitsmarkt ist im Vergleich zum externen Arbeitsmarkt durch gute Arbeitsbedingungen charakterisiert. Das sind z. B. stabile Beschäftigungsbedingungen und Aufstiegschancen (Rodehuth, 1999, S. 73). Beide Arbeitsmarktsegmente verfügen über Zugangsbarrieren

---

9 Verweis auf segmentationstheoretische Ansätze

(Doeringer & Piore, 1971, S. 2). So hängt die Zugehörigkeit zu einem Arbeitsmarktsegment vom Grad der Spezifität der Tätigkeiten bzw. der Kenntnisse der Arbeitskräfte ab (Kaufmann, 2012, S. 110). Der interne Arbeitsmarkt zeichnet sich z. B. durch spezifische Fertigkeiten aus (Behringer, Kampmann & Käpplinger, 2009, S. 43). Dabei richtet sich die Entscheidung, in betriebliche Weiterbildung zu investieren, nach folgender Logik: je höher die Spezifität der erforderlichen Kompetenzen, desto höher die Stabilität interner Arbeitsmärkte, desto höher die Weiterbildungsbereitschaft von Unternehmen (u. a. ebd., S. 44; Lutz, 1987; Sengenberger, 1987). Die Aufrechterhaltung der Stabilität interner Arbeitsmärkte ist dabei das zentrale Ziel. Das wird durch eine enge Kopplung von Prozessen betrieblicher Weiterbildung, innerbetrieblicher Mobilität und Lohnentwicklung sichergestellt, wodurch eine enge Bindung zwischen Arbeitgeber*innen und Beschäftigten entsteht (Schiener, Wolter & Rudolphi, 2013, S. 561). Das bedeutet, dass benötigte bzw. betriebsspezifische Qualifikationen überwiegend aus dem betriebsinternen Bereich rekrutiert und darin vertikale Karriereverläufe ermöglicht werden (Kaufmann, 2012, S. 115). Die Weiterbearbeitung dieses Ansatzes für den deutschen Arbeitsmarkt erfolgte durch Lutz & Sengenberger (1974) und Sengenberger (1987). So wurden u. a. die für Deutschland spezifischen handwerklichen und berufsfachlichen Arbeitsmärkte berücksichtigt (Widany, 2014, S. 99). Mit diesem Ansatz lässt sich der förderliche Einfluss auf die betriebliche Weiterbildungsteilnahme von höheren beruflichen Positionen, qualifizierenden Tätigkeiten und Branchen mit hohem Innovationsgrad erklären, aber auch mittelbar für den abnehmenden Einfluss des formalen Abschlusses.

Zwischenfazit und weiterer Forschungsbedarf

Der angeführte Forschungsstand liefert tätigkeitsbezogene und soziodemografische Merkmale, die einen spezifischen Einfluss auf die betriebliche Weiterbildungsteilnahme von Frauen mit Hochschulabschluss haben. Diese Merkmale sind sehr gut dokumentiert. Aus Sicht der quantitativen Weiterbildungsforschung besteht allerdings nach wie vor weiterer Forschungsbedarf hinsichtlich der Verknüpfung von Beschäftigtendaten mit betrieblichen Daten (Schiener, Wolter & Rudolphi, 2013; S. 569). Ebenfalls unterstreichen Käpplinger (2013; in Vorbereitung) und Widany (2014, S. 235 f.) weiteren Untersuchungsbedarf von Weiterbildungentscheidungen im betrieblichen Kontext, auch für Akademikerinnen (ebd.). So plädiert Friebel (2014) dafür, handelndes Individuum und strukturellen Kontext in einem Zusammenhang zu betrachten. Letzteres lässt sich dadurch erklären, dass bildungsökonomische und segmentationstheoretische Erklärungsansätze an ihre Grenzen kommen, gleichwohl sie hilfreich sind, um Weiterbildungsentscheidungen nachvollziehbar(er) zu machen. So existieren vielfältige Beweggründe betriebliche Weiterbildungsaktivitäten auszubauen, wie z. B. die Absicherung von Hierarchien durch Aufstiegsweiterbildung, was auf Machtaspekte verweist. Daran wird ersichtlich, dass es in Unternehmen ebenso politische Spielfelder gibt (Goltz, 1999, S. 40 ff.). Auch in Bezug auf Geschlecht: Ergebnisse aus der Geschlechterforschung legen dar, dass durchaus formal fixierte Qualifikationsanforderungen bestehen, die als gute Rahmenbedingungen für den Aufstieg von Frauen angesehen werden können. Dennoch können diese durch eine subjektive Förderung durch männliche Vorgesetzte und deren Netzwerke wiederum geschwächt werden (Nickel, 2009, 128 f.). Demnach verfügen Erwerbsorganisationen über Handlungsspielräume und bilden zugleich den Kontext, in dem Geschlechterunterschiede und -ungleichheiten erzeugt und legitimiert, aber auch relativiert werden können (Achatz, 2008, S. 121 f.).[10] Die betriebliche Realität gestaltet sich damit weitaus komplexer als es in den bisherigen Erklärungsansätzen erkennbar ist (Goltz, 1999, S. 40 ff.), was auf die Relevanz der Analyse betrieblicher Weiterbildungsstrukturen verweist.

Anknüpfend an die skizzierte Ausgangslage analysiert das Promotionsvorhaben daher explorativ betriebliche Aufstiegsweiterbildungsstrukturen, die Auskunft über Entscheidungs- und Begründungsstrukturen für die (Nicht-)Teilnahme von Hochschulabsolventinnen liefern können. Für diese Untersuchung eignet sich als Rahmung die Strukturationstheorie (Giddens, 1997), da sie einen Bezugsrahmen für ein dynamisches Organisationsmodell anbietet, mit dem die Organisationswirklichkeit bzw. die Komplexität adäquater erfasst werden kann (Miebach, 2014, S. 376). Die Leitidee der Strukturationstheorie, die Dualität von Struktur, erfährt daher besondere Beliebtheit in der Organisationsforschung[11] (ebd.). Der von Giddens entwickelte Strukturbegriff, auf den noch eingegangen wird, ermöglicht es, die betriebliche Praxis und damit auch die betriebliche Aufstiegs-/Weiterbildungspraxis als mögliche Untersuchungsgegenstände angemessen(er) zu analysieren (Goltz, 1999, S. 72). Betriebliche Akteur*innen können damit als Handelnde verstanden werden, die ihre Wirklichkeit im Kontext strukturaler Rahmenbedingungen (re)konstruieren; sie sind demnach keine Objekte, die nur funktionieren (Hanft, 1998, S. 15).

Im Folgenden wird die Strukturationstheorie skizziert und auf deren Rezeption in der betrieblichen Weiterbildungsforschung eingegangen, um sich dem Untersuchungsgegenstand weiter anzunähern.

10 Siehe dazu u. a. auch die Publikationen von Krell, Rastetter & Reichel (2012) und der Hans-Böckler-Stiftung (2010).

11 Siehe dazu z. B. die Forschungsarbeiten von Ortmann/Sydow/Windeler (2000).

Strukturationstheorie

Nach Giddens (1997) ist die Strukturationstheorie eine Sozialtheorie im Sinne einer Meta- bzw. eine allgemeine Theorie, die auf menschliches Handeln und soziale Institutionen fokussiert (ebd., S. 30). Die Hauptaufgabe der Strukturationstheorie gefasst als Sozialtheorie ist es daher, soziale Prozesse zu analysieren (ebd., S. 31). Das umfasst die Konzeptualisierung von Interaktion und der Beziehung von Interaktion zu Institutionen. Die Strukturationstheorie eignet sich hierbei als konzeptueller Rahmen, um Handlung(en) von und in Organisationen zu verstehen und zu erklären (Walgenbach, 2006, 403 f.). Damit wird betont, dass das Handeln von Akteur*innen im Fokus des Interesses steht. Dementsprechend wird die Strukturationstheorie als Handlungstheorie betrachtet. Bereits dem Begriff „Strukturation" wohnt ein Handlungsmoment inne, betont durch die Endung „ation", die gegenüber dem eher statisch anmutenden Begriff „Struktur" für Tun, Handeln steht. Im Begriff „Strukturation" werden so der Struktur- *und* Handlungsaspekt aufeinander bezogen (Miebach, 2014, S. 376 ff.). Dieser konstitutive, rekursive Zusammenhang drückt sich in Giddens (1997, S. 77) Auffassung von Struktur aus, in der Dualität von Struktur. Die Dualität von Struktur meint, dass Strukturen sowohl Produkt als auch Medium des Handelns sozialer Akteur*innen darstellen. Struktur als regulierendes Moment sozialen Handelns begrenzt dieses nicht nur, sondern ermöglicht es auch (ebd., S. 78). Giddens überwindet damit die Trennung zwischen struktur- und handlungstheoretischen Erklärungen des Sozialen und führt beide Erklärungsansätze zusammen (Zimmer & Ortmann, 2001, 30 f.). Das dynamische Verhältnis zwischen Handlung und Struktur schließt sowohl Verstetigung als auch Veränderung mit ein: So werden existierende Strukturen im Handeln sowohl reproduziert aber auch verändert. Das bedeutet, dass soziale Realität durch Handeln sowohl restrukturiert als auch strukturiert werden kann (Goltz, 1999, 73 ff.).

Der Strukturbegriff setzt sich zusammen aus Regeln und Ressourcen, die an der (Re-)Produktion sozialen Handelns rekursiv mitwirken.

Tab. 3 Strukturbegriff nach Giddens (1997)

Struktur			
Regeln		Ressourcen	
Normative Elemente	Signifikationscodes	Autorative	Allokative

Regeln bestehen dabei aus normativen Elementen und Signifikationscodes (Giddens, 1997, S. 45, 70). Normative Elemente der Regeln beziehen sich auf normative Handlungsvorschriften und Verhaltenserwartungen. An solche Vorschriften und Erwartungen sind entweder gesetzlich/vertraglich festgehaltene Sanktionen geknüpft oder sie besitzen durch soziale Kontrolle Verbindlichkeit. Deshalb umfassen normative Regeln sowohl rechtliche bzw. formale Handlungsvorschriften als auch nicht formalisierte bzw. kulturell etablierte Verhaltensnormen. Dabei sind formale Regelungen als fixierte Handlungsvorschriften relevante Handlungsbezugspunkte. Signifikationscodes sind definiert als handlungsleitende Deutungs- und Interpretationsschemata. Damit soll verdeutlicht werden, dass das Handeln von Akteur*innen einerseits an gesellschaftlichen Normen und andererseits an Sinn- und Bedeutungszuweisungen orientiert ist. Letzteres ermöglicht erst wechselseitige Verständigung und soziale Interaktion. In realen Interaktionen stellen normative Regeln einen Orientierungshorizont dar. Auf diesen beziehen sich die Akteur*innen deutend-interpretativ. Das kann bewusst oder unbewusst, das kann reflektiert oder unreflektiert, das kann routinemäßig oder interessengeleitet erfolgen. Ressourcen werden differenziert nach autorativen und allokativen Ressourcen. Autorative Ressourcen meint die Herrschaft über Personen. Allokative Ressourcen meint die Herrschaft über Materielles. Mit diesem Ressourcenbegriff berücksichtigt Giddens den Aspekt von Herrschaft im Strukturbegriff, womit Machtausübung in konkreten Interaktionen fassbar wird. Ressourcen gründen daher auf autorisierten und legitimierten Entscheidungskompetenzen, über die Akteur*innen durch juristisch fixierte und kulturelle etablierte Normen verfügen (bspw. Geschäftsführung, Personalverantwortliche, Betriebsrat etc.). Zudem stellen Ressourcen materielle Mittel dar, auf die Akteur*innen bei der der Verfolgung ihrer Interessen zurückgreifen können (bspw. Wissen, Netzwerke, Vermögen) (Goltz, 1999, S. 83 ff.). Regeln in Verbindung mit Ressourcen können die Realisierung spezifischer Handlungsoptionen und die Ausübung von Macht durch soziale Akteur*innen ermöglichen und/oder beschränken (ebd., S. 76). Ortmann, Sydow & Windeler (2000) haben die Rekursivität der Dimensionen des Sozialen in Anlehnung an Giddens (1997, S. 81) wie folgt adaptiert, wobei es zu beachten gilt, dass es sich hierbei um eine analytische Trennung handelt:

Abb. 1 Rekursivität zwischen den Dimensionen des Sozialen (Ortmann, Sydow & Windeler, 2000, S. 325)

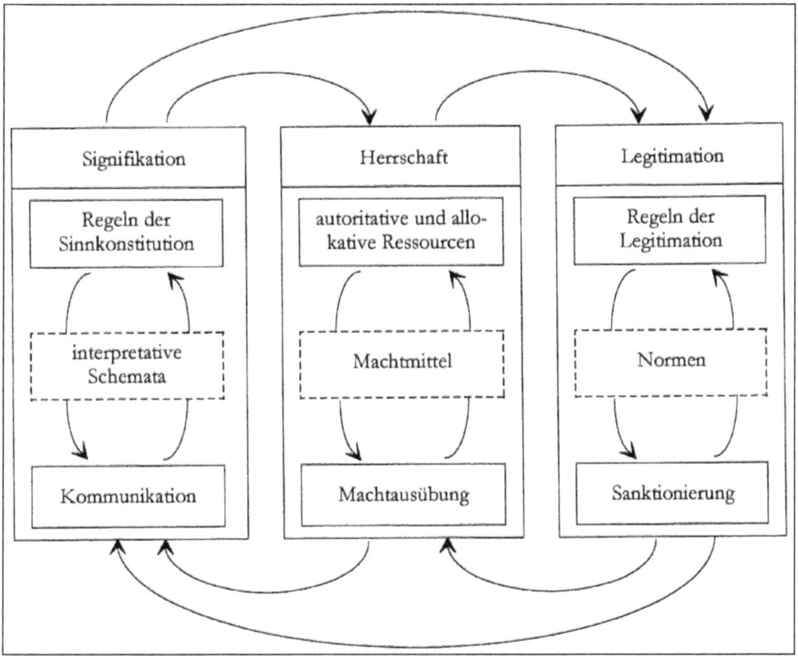

Die Abbildung verdeutlicht, dass die Strukturationstheorie eine analytische Perspektive auf soziale Praxis einnimmt, die dadurch reflektiert und ggf. weiterentwickelt werden kann (Wirth 2014, S. 262).

Rezeption der Strukturationstheorie in der betrieblichen Weiterbildungsforschung

In der qualitativen Weiterbildungsforschung wird auf zentrale Analysekategorien der Strukturationstheorie, wie dem Struktur- und Handlungsbegriff (siehe u. a. Goltz, 1999, S. 73), zurückgegriffen, sobald betriebliche Weiterbildungsstrukturen und damit betriebliches Weiterbildungshandeln (und umgekehrt) interessieren, wie für dieses Promotionsvorhaben vorgesehen ist. Grundlegend bedeutet das: ohne handelnde Akteur*innen keine Weiterbildungsstruktur(en) und ohne Weiterbildungsstruktur(en) keine handelnden Akteur*innen (Berger, 2013, S. 3). Ergebnisse aus der qualitativen Weiterbildungsforschung verdeutlichen, dass es für betriebliche Weiterbildung a) einen Ablaufplan mit sogenannten organisatorischen Knotenpunkten im Unternehmen gibt, dass b) das Wissen darüber, wie Regeln, Positionen und Erwartungen, grundlegende Voraussetzung für das Weiterbildungshandeln von Akteur*innen ist und dass c) verantwortliche Akteur*innen über Handlungsaufträge und Spielräume verfügen[12]. Mittels Fallstudien werden erfolgskritische Akteur*innen identifiziert, wie z. B. Geschäftsleiter*innen, Personalleiter*innen, Personalentwickler*innen, Abteilungsleiter*innen, Stellenleiter*innen und/oder Gremien der Beschäftigten (Heuer, 2010, S. 20 ff.). Solch eine Ausdifferenzierung ist abhängig von dem Formalisierungsgrad der Weiterbildungsstrukturen, was insbesondere für Großunternehmen der Fall ist (Käpplinger, 2010, S. 11 f.). So wird erkennbar, dass tätigkeitsbezogene Merkmale eine Relevanz für Weiterbildungsstrukturen besitzen, wie hier bspw. die Unternehmensgröße. Berger (2013) greift u. a. auf strukturationstheoretische Überlegungen zurück, um den Einfluss des betrieblichen Akteurs Betriebsrat auf Weiterbildungsentscheidungen anhand von Fallstudien darzustellen. Dieser konnte generell nachgewiesen werden. Anhand von Fallstudien fanden ebenso Berger, Decker, Fogolin, Hucker & Moraal (2013, S. 72–77) heraus, dass u. a. Unternehmenorganisation und Mitbestimmungstradition des Betriebsrats die Weiterbildungsaktivitäten im Unternehmen beeinflussen. Pawlowsky & Bäumer (1996, S. 53 ff.) weisen darauf hin, dass betriebliche Weiterbildungsentscheidungen als ein komplexes Beziehungsgeflecht von außer- und innerbetrieblichen Faktoren zu deuten sind, die Weiterbildungsentscheidungen begrenzen und/oder ermöglichen. Die angeführten Forschungsergebnisse legen jedoch offen, dass die (Nicht-)Teilnahme spezifischer Zielgruppen an betrieblicher Weiterbildung kaum bis gar nicht thematisiert wird. Was aber festgestellt werden kann, ist, dass in diesem Zusammenhang Konfliktthemen zwischen Arbeitgeber*innen und Betriebsräten entstehen können, wie z. B. Teilnehmer*innenauswahl (Berger, 2014).

Promotionsvorhaben

Untersuchungen, die die (Nicht-)Teilnahme von Hochschulabsolventinnen an betrieblicher Aufstiegsweiterbildung untersuchen, gibt es nach derzeitigem Kenntnisstand der Autorin nicht; weder in der Weiterbildungsforschung noch in der Absolvent*innenforschung oder in der Frauen-/Geschlechterforschung. Diesem Desiderat soll mit einem explorativen Herangehen an den Untersuchungsgegenstand begegnet werden.

---

12 Damit werden sowohl formale als auch informale betriebliche Weiterbildungsstrukturen erkennbar.

Ziel

Zentrale Analysekategorien der Strukturationstheorie und empirisch belegte tätigkeitsbezogene und soziodemografische Merkmale berücksichtigend, ist es Ziel des Promotionsvorhabens, betriebliche Aufstiegsweiterbildungsstrukturen zu erforschen, die Auskunft über Entscheidungs- und Begründungsstrukturen der (Nicht-) Teilnahme von Hochschulabsolventinnen liefern können. Damit leistet das Promotionsvorhaben einen Beitrag zur betrieblichen Weiterbildungsteilnahmeforschung, den geschlechtsspezifischen und qualifikatorischen Aspekt berücksichtigend.

Fragestellungen

Die leitende Fragestellung der Untersuchung lautet: Welchen Einfluss haben betriebliche Aufstiegsweiterbildungsstrukturen auf die (Nicht-)Teilnahme von Hochschulabsolventinnen und welchen Einfluss hat die (Nicht-)Teilnahme von Hochschulabsolventinnen auf betriebliche Aufstiegsweiterbildungsstrukturen?

Tabelle 4 zeigt die für das Promotionsvorhaben zentralen Frageblöcke, die im weiteren Forschungsprozess weiterer Präzisierung bedürfen. Das ist u. a. auch abhängig davon, welche Unternehmen für das Forschungsvorhaben zur Verfügung stehen werden.

Tab. 4 Frageblöcke im Promotionsvorhaben

Leitende Fragestellung: Welchen Einfluss haben betriebliche Aufstiegsweiterbildungsstrukturen auf die (Nicht-)Teilnahme von Hochschulabsolventinnen und welchen Einfluss hat die (Nicht-)Teilnahme von Hochschulabsolventinnen auf betriebliche Aufstiegsweiterbildungsstrukturen?	
Frageblock 1: Betriebliche Aufstiegsweiterbildungsstrukturen	Frageblock 2: Zielgruppe „Frauen mit Hochschulabschluss“
Welche formal fixierten und informalen betrieblichen Aufstiegsweiterbildungsstrukturen existieren in den ausgewählten Unternehmen?	Wie begründen die identifizierten betrieblichen Akteur*innen ihre Aufstiegsweiterbildungsentscheidungen für Frauen und/oder Männer?
Welche betrieblichen Akteur*innen sind mit Entscheidungen über betriebliche Aufstiegsweiterbildung in den ausgewählten Unternehmen befasst?	Welche Bedeutung hatten bzw. haben „Elternschaft (bei Frauen)“ und „Hochschulabschluss“ in betrieblichen Aufstiegsweiterbildungsentscheidungen?
Wie gestalten sich diesbezüglich die betrieblichen Entscheidungslogiken?	Wie bewerten die Frauen selbst ihre Entscheidung zur (Nicht-)Teilnahme an betrieblicher Aufstiegsweiterbildung?

Methoden

Es ist geplant, vertiefende Fallstudien durchzuführen. Dieser Typus von Fallstudien eignet sich besonders für Qualifizierungsarbeiten, da sich der Forschungsaufwand auf wenige Fälle begrenzt, jedoch gleichzeitig eine analytische Tiefe gewonnen werden kann (Pflüger, Pongratz & Trinczek, 2010, S. 44–49). Die internationale Case Study Methodology berücksichtigend (u. a. Yin, 2009), sind Fallstudien als eine Forschungsstrategie zu verstehen, die mittels Kombination verschiedener sozialwissenschaftlicher Erhebungs- und Auswertungsverfahren bei der Analyse eines sozialen Prozesses (des Falls als Untersuchungsgegenstand) dessen Kontext systematisch berücksichtigen kann (Pflüger, Pongratz & Trinczek 2010, S. 30). Eine Fallstudie zeichnet sich neben dem Kontextbezug durch Methodenkombination, Multiperspektivität und Offenheit aus (ebd., S. 23).

Aus forschungsökonomischen Gründen sind Fallstudien in drei Unternehmen geplant. Da der gegenseitige Einfluss betrieblicher Aufstiegsweiterbildungsstrukturen und (Nicht-)Teilnahme der Zielgruppe „Frauen mit Hochschulabschluss" analysiert werden soll, gibt es die grundlegende Prämisse, dass die Unternehmen weiterbildungsaktiv sein müssen. Den skizzierten Forschungsstand zu tätigkeitsbezogenen Merkmalen einbeziehend, fällt daher die Auswahl auf Großunternehmen.

Die Forschung ist durch eine a) Perspektiven- und b) Methodentriangulation gekennzeichnet (Flick, 2012):

a) Perspektiventriangulation

Erstens interessiert die Unternehmensperspektive und die dazuzurechnenden erfolgskritischen Akteur*innen, die mit betrieblichen Aufstiegsweiterbildungsentscheidungen befasst sind. In Bezug auf Großunternehmen können das z. B. Personal- und/oder Weiterbildungsverantwortliche sowie Betriebsräte sein. Der Fokus liegt hier auf fremdselektiven Prozessen betrieblicher Weiterbildungsteilnahme (Kaufmann & Widany, 2013) bzgl. der Zielgruppe „Frauen mit Hochschulabschluss". Zum anderen interessiert die Beschäftigtenperspektive in Form der Zielgruppe selber. Damit werden auch selbstselektive Prozesse der betrieblichen Weiterbildungsteilnahme beachtet (siehe dazu z. B. Friebel, 2014; Miethe, Ecarius & Tervooren, 2014).

Um mögliche Unterschiede oder Übereinstimmungen zwischen den Geschlechtern zu untersuchen, empfiehlt es sich, Frauen und Männer mit Hochschulabschluss zu befragen. Zudem soll unter den Befragten nach Vollzeit- und

Teilzeitbeschäftigung differenziert werden. Teilzeitbeschäftigung ist dann erfüllt, sobald die Wochenarbeitszeit der/des Beschäftigten kürzer ist als die der/des vergleichbaren Vollzeitbeschäftigten (Bundesministerium der Justiz und Verbraucherschutz, 2011).

b) Methodentriangulation

Giddens (1997, S. 393) weist im Rahmen seiner entwickelten Strukturationstheorie darauf hin, dass soziales Handeln nicht beschrieben werden kann, ohne zu wissen, was Akteur*innen stillschweigend wie diskursiv wissen. Daher empfiehlt sich, Handlungsbezugsrahmen der Akteur*innen zu rekonstruieren (ebd., S. 384), was die qualitative Ausrichtung des Promotionsvorhabens begründet. Qualitative Forschung ist charakterisiert durch den Gegenstandsbezug, der berücksichtigt, dass die „Beforschten" sich immer in besonderen sozialen Kontexten und strukturierten Zusammenhängen befinden und soziale Realität deutend einordnen und mit Sinnbezügen, Relevanzen belegen. Es eignen sich daher kommunikative Erhebungsinstrumente, wie bspw. Interviews. Zudem empfiehlt sich die Erschließung kontextbezogener Informationen, die wichtig dafür sind, um die Interviewaussagen in den spezifischen Bezugsrahmen einordnen zu können (Goltz, 1999, S 23). Daher ist der Einsatz folgender Methoden geplant:

Es soll eine Dokumentenanalyse erfolgen, um den unternehmens- und branchenspezifischen Bezugsrahmen herauszuarbeiten. Das können z. B. dokumentierte Prozessabläufe über betriebliche Aufstiegsweiterbildung und/oder Personalentwicklung, Bedarfsanalysen, gleichstellungsorientierte Förderpläne (z. B. Quotenregelungen), Stellen- bzw. Tätigkeitsbeschreibungen, Betriebsvereinbarung zu Weiterbildung sein, aber auch branchenspezifische Daten.

Zudem sollen qualitative Befragungen, Interviews, stattfinden. Welcher Interviewtypus zum Einsatz kommt, wird im weiteren Verlauf des Promotionsvorhabens noch geprüft werden[13], ebenso die Auswertungsmethode.

---

13 Möglich wäre das episodische Interview, das zwei methodische Zugänge, die offene Befragung und die Erzählung, kombiniert (Flick, 2011, 273), um Wissen und um Erfahrungen in subjektiver Perspektive zu analysieren (ebd., S. 279).

Fallstudienplan

Tabelle 5 gibt einen Überblick zum Fallstudienplan.

Tab. 5 Fallstudienplan des Promotionsvorhabens

	Fallstudie 1	Fallstudie 2	Fallstudie 3
Weiterbildungsaktivitäten	X	X	X
Unternehmensspezifika			
Unternehmensgröße [tätigkeitsbezogenes Merkmal]	Großunternehmen (> 250[14])	Großunternehmen (> 250)	Großunternehmen (> 250)
Spezifika der Untersuchungsgruppe: Akademikerin 1 (A 1) und Akademiker 2 (A 2)			
Beschäftigungsumfang [tätigkeitsbezogenes Merkmal]	A 1a = Teilzeit A 1b = Vollzeit A 2a = Teilzeit A 2b = Vollzeit	A 1a = Teilzeit A 1b = Vollzeit A 2a = Teilzeit A 2b = Vollzeit	A 1a = Teilzeit A 1b = Vollzeit A 2a = Teilzeit A 2b = Vollzeit
Methoden- und Perspektiventriangulation			
Dokumentenanalyse	X	X	X
Interviews[15]	> 4 A 1a + A 1b + A 2a + A 2b + n	> 4 A 1a + A 1b + A 2a + A 2b + n	> 4 A 1a + A 1b + A 2a + A 2b + n

Ausblick[16]

Das Promotionsvorhaben ist in Bearbeitung. Aus diesem Grund können im Rahmen dieses Beitrages keine Untersuchungsergebnisse präsentiert werden. Vielmehr soll an dieser Stelle die Gelegenheit genutzt werden, Überlegungen zum weiteren Vorgehen dazulegen.

14 Angelehnt an die Definition der Europäischen Union (Europäische Kommission, 2016).

15 Anzahl ist abhängig von den mit betrieblicher Aufstiegsweiterbildung befassten Akteur*innen.

16 An dieser Stelle bedanke ich mich für die sehr konstruktiven Rückmeldungen der Teilnehmenden im Colloquium von Prof. Harm Kuper (Freie Universität Berlin) im Sommersemester 2015 und im Colloquium von Prof. Andrä Wolter (Humboldt-Universität zu Berlin) im Wintersemester 2015/2016. Darüber hinaus habe ich hilfreiche Anmerkungen im Herbst 2015 im Rahmen meiner Posterpräsentation auf der

Um die Fallstudien in Großunternehmen erfolgreich realisieren zu können, ist die Herangehensweise sehr offen gehalten. Inwieweit der (regionale) berufliche Verbleib von Akademiker*innen in die Fallauswahl mit einfließt, bleibt abzuwägen. Es ist geplant, auf der Grundlage von Sekundärdaten einen Überblick u. a. zum Berufsfeld, Branche, Berufsposition von Frauen und Männern mit Hochschulabschluss auszuarbeiten. Dafür in Frage kommen z. B. Auswertungen der Bundesagentur für Arbeit, des Instituts für Arbeitsmarkt- und Berufsforschung, des Statistischen Bundesamtes. Zudem können Studien aus der Absolvent*innen-Forschung herangezogen werden. Dabei muss berücksichtigt werden, dass bereits die Wahl des Studiums und damit die Wahl der späteren Berufstätigkeit größtenteils geschlechtsspezifisch erfolgt. Mit der beruflichen Geschlechtersegregation auf dem Arbeitsmarkt gehen wiederum spezifische Gelegenheitsstrukturen betrieblicher Aufstiegs-/Weiterbildungsteilnahme einher. Die Herausforderung wird deshalb darin liegen, möglichst egalitäre Ausgangsvoraussetzungen für die Untersuchung zu haben. Das könnte z. B. durch die Auswahl einer Branche erfolgen, in der der Geschlechteranteil relativ ausgewogen ist. Allerdings finden sich in einer Branche unterschiedliche Berufe und Unternehmen, die eigenen, verschiedenen Weiterbildungslogiken folgen (Käpplinger, in Vorbereitung; Käpplinger, Kulmus & Haberzeth, 2013). Hinsichtlich der Stichprobenwahl ist eine weitere Überlegung, dass die Fachrichtung des Studiums von Frauen und Männern gleich/vergleichbar sein sollte, um damit die Zielgruppe(n) zu spezifizieren.

Letztendlich wird die Frage, ob die Fallstudien ein Mindestmaß an Vergleichbarkeit aufweisen oder in ihrer Spezifik analysiert werden, davon abhängig sein, welche Unternehmen für die Untersuchung gewonnen werden können. Eines ist dabei klar: Der geschlechterreflektierende Blick wird stets mit in die Vorbereitung und Analyse der Fallstudien einbezogen werden.

2. BIEN-Jahrestagung „Bildungsprozesse und Bildungsverläufe" (Deutsches Institut für Wirtschaftsforschung, Berlin) und meiner Vorträge auf der 2. Nachwuchstagung „Berliner und Brandenburger Beiträge zur Bildungsforschung" (Humboldt-Universität zu Berlin) und im Einführungsseminar für Promotionsstipendiat*innen (Friedrich-Ebert-Stiftung, Bonn) erhalten.

Literatur

Achatz, J. (2008). Die Integration von Frauen in Arbeitsmärkten und Organisationen. In S. M. Wilz (Hrsg.), *Geschlechterdifferenzen – Geschlechterdifferenzierungen. Ein Überblick über gesellschaftliche Entwicklungen und theoretische Positionen* (Hagener Studientexte zur Soziologie, S. 105–138). Wiesbaden: VS Verlag für Sozialwissenschaften.

Arnold, R. (2010). Personalentwicklung. In R. Arnold, S. Nolda & E. Nuissl (Hrsg.), *Wörterbuch Erwachsenenbildung* (UTB Erziehungswissenschaften, Erwachsenenpädagogik, Bd. 8425, 2., überarb. Aufl., S. 237–238). Bad Heilbrunn: Klinkhardt.

Arrow, K. J. (1972). „Some models of racial discrimination in the labour market". In A.H. Pascal (Hrsg.), *Racial discrimination in economic life* (S. 83–102). Lexington: Lexington Books.

Arrow, K. J. (1973). The Theory of Discrimination. In O.C. Ashenfelter & A. Rees (Hrsg.), *Discrimination in Labor Markets* (S. 3–42). Princeton, NJ: Princeton University Press.

Auer, M. & Welte, H. (2011). Betriebliche Weiterbildung aus einer gleichstellungspolitischen Perspektive. In G. Krell, R. Ortlieb & B. Sieben (Hrsg.), *Chancengleichheit durch Personalpolitik. Gleichstellung von Frauen und Männern in Unternehmen und Verwaltungen* (6. Auflage, S. 283–300). Wiesbaden: Gabler Verlag.

Autorengruppe Bildungsberichterstattung (Hrsg.). (2014). *Bildung in Deutschland 2014. Ein indikatorengestützter Bericht mit einer Analyse zur Bildung von Menschen mit Behinderungen*, Bielefeld. http://www.bildungsbericht.de/de/archiv/bildungsbericht-2014/pdf-bildungsbericht-2014/bb-2014.pdf. Zugegriffen 09.06.2016.

Bechmann, S., Dahms, V., Tschersich, N., Frei, M., Leber, U. & Schwengler, B. (2013). *Beschäftigungsmuster von Frauen und Männern. Auswertungen des IAB-Betriebspanels 2012* (IAB Forschungsbericht 14/2013). Nürnberg: Institut für Arbeitsmarkt- und Berufsforschung der Bundesagentur für Arbeit. http://doku.iab.de/forschungsbericht/2013/fb1413.pdf. Zugegriffen 09.06.2016.

Becker, G. S. (1964). *Human capital: a theoretical and empirical analysis, with special reference to education.* New York: Columbia University Press.

Becker, R. & Hecken, A. (2009). Berufliche Weiterbildung. Bildungs- und arbeitsmarktsoziologische Perspektiven und empirische Befunde. In R. Becker (Hrsg.), *Lehrbuch der Bildungssoziologie* (S. 357–394). Wiesbaden: VS Verlag für Sozialwissenschaften.

Behringer, F., Kampmann, J. & Käpplinger, B. (2009). Theoretische Erklärungsansätze zur betrieblichen Weiterbildungsbeteiligung. In F. Behringer, B. Käpplinger & G. Pätzold (Hrsg.), *Betriebliche Weiterbildung – der Continuing Vocational Survey (CVTS) im Spiegel nationaler und europäischer Perspektiven* (Zeitschrift für Berufs- und Wirtschaftspädagogik, Bd. 22, S. 35–52). Stuttgart: Franz Steiner Verlag.

Bellmann, L., Grunau, P., Leber, U. & Noack, M. (2013). *Weiterbildung atypisch Beschäftigter,* Gütersloh. https://www.bertelsmann-stiftung.de/fileadmin/files/BSt/Publikationen/GrauePublikationen/GP_Weiterbildung_atypisch_Beschaeftigter.pdf . Zugegriffen 09.06.2016.

Berger, K. (2013). Zur Handlungsorientierung von Betriebsräten in der betrieblichen Berufsausbildung. *bwp@Berufs- und Wirtschaftspädagogik-online* (25), 1–22. http://www.bwpat.de/ausgabe25/berger_bwpat25.pdf. Zugegriffen 09.06.2016.

Berger, K. (2014, April). *Aufgabenverständnis von Betriebsräten in der betrieblichen Weiterbildung. Vortrag,* Bonn. https://www.bibb.de/dokumente/pdf/sozialpartn-handeln_2014_berger.pdf. Zugegriffen 09.06.2016.

Berger, K., Decker, D., Fogolin, A., Hucker, T. & Moraal, D. (2013). *Betriebliche Aus- und Weiterbildungsaktivitäten als Handlungsfeld von Arbeitnehmervertretungen. Selbstverständnis, Handlungsstrategien, Wirkungen.* Abschlussbericht. Bonn: Bundesinstitut für Berufsbildung. http://www2.bibb.de/bibbtools/tools/dapro/data/documents/pdf/eb_23303.pdf. Zugegriffen 09.06.2016.

Bilger, F., Gnahs, D., Hartmann, J. & Kuper, H. (Hrsg.). (2013). *Weiterbildungsverhalten in Deutschland. Resultate des Adult Education Survey 2012* (Forschung). Bielefeld: Bertelsmann.

Blossfeld, H.-P. & Mayer, K. U. (1988). Arbeitsmarktsegmentation in der Bundesrepublik Deutschland: Eine Überprüfung von Segmentationstheorien aus der Perspektive des Lebenslaufs. *Kölner Zeitschrift für Soziologie und Sozialpsychologie, 40 (2)*, 262–283.

Briedis, K. & Rehn, T. (2011). Welchen Einfluss hat Weiterbildung auf den beruflichen Aufstieg von Hochschulabsolventen? *Beiträge zur Hochschulforschung 33* (4), 58–83. http://www.bzh.bayern.de/uploads/media/2011_4_Briedis_Rehn.pdf. Zugegriffen 09.06.2016.

Bundesministerium der Justiz und Verbraucherschutz (Hrsg.). (2011). *Gesetz über Teilzeitarbeit und befristete Arbeitsverträge (Teilzeit- und Befristungsgesetz – TzBfG). § 2 Begriff des teilzeitbeschäftigten Arbeitnehmers.* http://www.gesetze-im-internet.de/tzbfg/BJNR196610000.html. Zugegriffen 09.06.2016.

Bundesministerium für Bildung und Forschung (Hrsg.). (2015). *Weiterbildungsverhalten in Deutschland 2014 Trendbericht. Ergebnisse des Adult Education Survey – AES Trendbericht*, Bonn. https://www.bmbf.de/pub/Weiterbildungsverhalten_in_Deutschland_2014.pdf. Zugegriffen 09.06.2016.

Doeringer, P. & Piore, M. (1971). *Internal Labor Markets and Manpower Analysis.* Lexington MA: Heath Lexington Books.

Dressel, C. (2005) Erwerbstätigkeit – Arbeitsmarktintegration von Frauen und Männern. In Waltraud Cornelißen (Hrsg.), *Gender-Datenreport. 1. Datenreport zur Gleichstellung von Frauen und Männern in der Bundesrepublik Deutschland* (2. Fassung) (S. 99–158) (Im Auftrag des Bundesministeriums für Familie, Senioren, Frauen und Jugend). http://www.bmfsfj.de/doku/Publikationen/genderreport/01-Redaktion/PDF-Anlagen/gesamtdokument,property%3Dpdf,bereich%3Dgenderreport,sprache%3Dde,rwb%3Dtrue.pdf. Zugegriffen 09.06.2016.

Europäische Kommission (2016). *What is an SME*? http://ec.europa.eu/growth/smes/business-friendly-environment/sme-definition/index_en.htm. Zugegriffen 09.06.2016.

Flick, U. (2011). Das Episodische Interview. In G. Oelerich & H.-U. Otto (Hrsg.), *Empirische Forschung und Soziale Arbeit. Ein Studienbuch* (1. Aufl., S. 273–280). Wiesbaden: VS Verlag für Sozialwissenschaften.

Flick, U. (2012). Triangulation in der qualitativen Forschung. In U. Flick, E. v. Kardorff & I. Steinke (Hrsg.), *Qualitative Forschung. Ein Handbuch* (9. Aufl., S. 309–318). Reinbek bei Hamburg: rowohlts enzyklopädie.

Friebel, H. (2008). Elternschaft und Weiterbildung. Eine sozialwissenschaftliche Längsschnittuntersuchung zum beruflichen und nicht-beruflichen Weiterbildungsverhalten im Falle der Familiengründung. *Bildung und Erziehung* (Band 61, Heft 1), 83–98.

Friebel, H. (2014). »Doing gender«. Elternschaft, Erwerbsarbeit und Weiterbildungsteilnahme. *Leviathan: Berliner Zeitschrift für Sozialwissenschaft 42* (3), 420–432. doi:10.5771/0340–0425-2014-3-420

Giddens, A. (1997). *Die Konstitution der Gesellschaft.* (3. Aufl.). Frankfurt: Campus Verlag Verlag.

Goltz, M. (1999). *Betriebliche Weiterbildung im Spannungsfeld von tradierten Strukturen und kulturellem Wandel.* München und Mering: Rainer Hampp Verlag.

Hall, A. & Krekel, E. M. (2008). Berufliche Weiterbildung Erwerbstätiger – zur Erklärungskraft tätigkeitsbezogener Merkmale für das Weiterbildungsverhalten. *REPORT 31* (1), 65–77.

Hanft, A. (1998). *Personalentwicklung zwischen Weiterbildung und „organisationalem Lernen". Eine strukturationstheoretische und machtpolitische Analyse der Implementierung von PE-Bereichen* (2., ergänzte Auflage). München und Mering: Rainer Hampp Verlag.

Hans-Böckler-Stiftung (Hrsg.). (2010). *Geschlechterungleichheiten im Betrieb. Arbeit, Entlohnung und Gleichstellung in der Privatwirtschaft* (Forschung aus der Hans-Böckler-Stiftung, Bd. 110, 1. Aufl.). Berlin: edition sigma.

Harney, K. (1998). *Handlungslogik betrieblicher Weiterbildung.* Stuttgart: Hirzel.

Heuer, U. (2010) Weiterbildungsentscheidungen: Aushandlungsprozesse und Bildungscontrolling.

Handreichung. In B. Käpplinger (Hrsg.), *Weiterbildungsentscheidungen und Bildungscontrolling. Impulse aus der Bildungsforschung für die Bildungspraxis* (S. 18–49). Bonn (Wissenschaftliche Diskussionspapiere – Schriftenreihe des Bundesinstituts für Berufsbildung Heft 117). www.bibb.de/veroeffentlichungen/de/publication/download/id/6251. Zugegriffen 09.06.2016.

Käpplinger, B. (2010) Weiterbildungsentscheidungen auf Grundlage von Bildungscontrolling und jenseits von Bildungscontrolling. Empirische Ergebnisse eines BIBB-Forschungsprojektes. In B. Käpplinger (Hrsg.), *Weiterbildungsentscheidungen und Bildungscontrolling. Impulse aus der Bildungsforschung für die Bildungspraxis* (S. 6–17). Bonn (Wissenschaftliche Diskussionspapiere – Schriftenreihe des Bundesinstituts für Berufsbildung Heft 117). www.bibb.de/veroeffentlichungen/de/publication/download/id/6251. Zugegriffen 09.06.2016.

Käpplinger, B. (2013). Ambivalenzen in der betrieblichen Weiterbildung. Hochkonjunktur in der Politik – Stagnation und Expansion in der Empirie – Defizite in der Theorie. In H. v. Felden, C. Hof & S. Schmidt-Lauff (Hrsg.), *Erwachsenenbildung im Spannungsfeld von Wissenschaft, Politik und Praxis. Dokumentation der Jahrestagung der Sektion Erwachsenenbildung der Deutschen Gesellschaft für Erziehungswissenschaft vom 27. bis 29. September 2012 am Deutschen Institut für Erwachsenenbildung – Leibniz-Zentrum für Lebenslanges Lernen (DIE)* (S. 116–128). Baltmannsweiler: Schneider Verlag Hohengehren.

Käpplinger, B. (in Vorbereitung). Theorien und Theoreme der betrieblichen Weiterbildung. In R. Tippelt & A. v. Hippel (Hrsg.), *Handbuch Erwachsenenbildung/Weiterbildung* (6. Aufl.). Wiesbaden: VS Verlag für Sozialwissenschaften.

Käpplinger, B., Kulmus, C. & Haberzeth, E. (2013). *Weiterbildungsbeteiligung. Anforderungen an eine Arbeitsversicherung.* Expertise im Auftrag der Abteilung Wirtschafts- und Sozialpolitik der Friedrich-Ebert-Stiftung (WISO Diskurs – Gesprächskreis Arbeit und Qualifizierung), Bonn. http://library.fes.de/pdf-files/wiso/09852.pdf. Zugegriffen 09.06.2016.

Kaufmann, K. (2012). *Informelles Lernen im Spiegel des Weiterbildungsmonitorings.* Wiesbaden: VS Verlag für Sozialwissenschaften.

Kaufmann, K. & Widany, S. (2013). Berufliche Weiterbildung – Gelegenheits- und Teilnahmestrukturen. *Zeitschrift für Erziehungswissenschaft 16* (1), 29–54. doi:10.1007/s11618-013–0338-8

Krell, G., Rastetter, D. & Reichel, K. (Hrsg.). (2012). *Geschlecht macht Karriere in Organisationen. Analysen zur Chancengleichheit in Fach- und Führungspositionen* (Efas – Economics feminism and science). Berlin: edition sigma (Mit einem Beitrag zu zehn Jahren efas-Netzwerk von Heidrun Messerschmidt).

Kuckulenz, A. (2006). *Continuing Vocational Training in Germany – a Comparative Study Using Three German Data Sets* (ZEW Discussion Paper No. 06–024). Mannheim: Zentrum für Europäische Wirtschaftsforschung. ftp://ftp.zew.de/pub/zew-docs/dp/dp06024.pdf. Zugegriffen 09.06.2016.

Leber, U. & Möller, I. (2008). Weiterbildungsbeteiligung ausgewählter Personengruppen. *Schmollers Jahrbuch 128* (3), 405–429.

Leuze, K. (2010). Interne Arbeitsmärkte und die Karrieremobilität von Akademikerinnen und Akademikern in Deutschland und Großbritannien. *Beiträge zur Hochschulforschung 32* (4). http://www.bzh.bayern.de/uploads/media/4-2010-leuze.pdf. Zugegriffen 09.06.2016.

Leuze, K. & Rusconi, A. (2009). *Shoud I Stay or Should I Go? Gender Differences in Professional Employment* (Discussion Paper SP I 2009–501). Berlin: Wissenschaftszentrum Berlin für Sozialforschung (WZB). https://bibliothek.wzb.eu/pdf/2009/i09-501.pdf. Zugegriffen 09.06.2016.

Leuze, K. & Strauß, S. (2009). Lohnungleichheiten zwischen Akademikerinnen und Akademikern: Der Einfluss von fachlicher Spezialisierung, frauendominierten Fächern und beruflicher Segregation. *Zeitschrift für Soziologie 38* (4), 262–281.

Leuze, K. & Strauß, S. (2011). Einkommenseffekte der Weiterbildung von Hochschulabsolventen – der Einfluss von Weiterbildungsquantität und -qualität. *Beiträge zur Hochschulforschung 33* (4).http://www.bzh.bayern.de/uploads/media/2011_4_Leuze_Strauss.pdf. Zugegriffen 09.06.2016.

Lipsmeier, A. (1991). *Berufliche Weiterbildung. Theorieansätze, Strukturen, Qualifizierungsstrategien, Perspektiven*. Frankfurt am Main: Verlag der Gesellschaft zur Förderung Arbeitsorientierter Forschung und Bildung.

Lutz, B. (1987). *Arbeitsmarktstruktur und betriebliche Arbeitskräftestrategie. Eine theoretisch-historische Skizze zur Entstehung betriebszentrierter Arbeitsmarktsegmentation*. Frankfurt a. M.: Campus Verlag.

Lutz, B. & Sengenberger, W. (1974). *Arbeitsmarktstrukturen und öffentliche Arbeitsmarktpolitik: Eine kritische Analyse von Zielen und Instrumenten*. Göttingen: Schwartz.

Miebach, B. (2014). *Soziologische Handlungstheorie. Eine Einführung* (4., überarbeitete und erweiterte Auflage). Wiesbaden: Springer VS.

Miethe, I., Ecarius, J. & Tervooren, A. (Hrsg.). (2014). *Bildungsentscheidungen im Lebenslauf. Perspektiven qualitativer Forschung.* Opladen: Verlag Barbara Budrich.

Nader, L. (2007). Berufliche Weiterbildung und Geschlechtergerechtigkeit. *REPORT 30* (3), 29–38.

Nickel, H. M. (2009). Führung und Macht in Unternehmen. In M. Löw (Hrsg.), *Geschlecht und Macht. Analysen zum Spannungsfeld von Arbeit, Bildung und Familie* (1. Aufl., S. 121–141). Wiesbaden: VS Verlag für Sozialwissenschaften.

Ortmann, G., Sydow, J. & Windeler, A. (2000). Organisation als reflexive Strukturation. In G. Ortmann, J. Sydow & K. Türk (Hrsg.), *Theorien der Organisation. Die Rückkehr der Gesellschaft* (2., durchgesehene Auflage, S. 315–354). Wiesbaden: Westdeutscher Verlag.

Öztürk, H. & Kaufmann, K. (2009). Migration Background and Participation in Continuing Education in Germany. An empirical analysis based on data from the German Socio-Economic Panel study (SOEP). *European Educational Research Journal 8* (2), 255–275. doi:10.2304/eerj.2009.8.2.255

Pawlowsky, P. & Bäumer, J. (1996). *Betriebliche Weiterbildung. Management von Qualifikation und Wissen* (Innovatives Personalmanagement, Bd. 6). München: Beck.

Pflüger, J., Pongratz, H. J. & Trinczek, R. (2010). Fallstudien in der deutschen Arbeits- und Industriesoziologie. Eine Bestandsaufnahme. In H. J. Pongratz & R. Trinczek (Hrsg.), *Industriesoziologische Fallstudien. Entwicklungspotenziale einer Forschungsstrategie* (S. 23–67). Berlin: edition sigma.

Phelps, E.S. (1972). The Statistical Theory of Racism and Sexism. *The American Economic Review*, 62 (4), 659–661.

Picot, A. (1982). Transaktionskostenansatz in der Organisationstheorie: Stand, Diskussion und Aussagewert. *DBW 42*, 267–284.

Rodehuth, M. (1999). *Weiterbildung und Personalstrategien: eine ökonomisch fundierte Analyse der Bestimmungsfaktoren und Wirkungszusammenhänge.* München: Hampp.

Salas-Velasco, M. (2009). Beyond lectures and tutorials. Formal on-the-job training received by young European university graduates. *Research in Economics 63* (3), 200–211. doi:10.1016/j.rie.2009.05.002

Sengenberger, W. (1987). *Struktur und Funktionsweise von Arbeitsmärkten: Die Bundesrepublik Deutschland im Vergleich.* Frankfurt/M.: Campus Verlag.

Schiener, J. (2006). *Bildungserträge in der Erwerbsgesellschaft. Analysen zur Karrieremobilität* (Sozialstrukturanalyse). Wiesbaden: VS Verlag für Sozialwissenschaften.

Schiener, J., Wolter, F. & Rudolphi, U. (2013). Weiterbildung im betrieblichen Kontext. In R. Becker & A. Schulze (Hrsg.), *Bildungskontexte. Strukturelle Voraussetzungen und Ursachen ungleicher Bildungschancen* (S. 555–594). Wiesbaden: Springer VS.

Soziologisches Forschungsinstitut Göttingen. (1990). Teil II - Forschungsstand und Forschungsperspektiven im Bereich betrieblicher Weiterbildung – aus Sicht von Arbeitnehmern. In Bundesminister für Bildung und Wissenschaft (Hrsg.), *Betriebliche Weiterbildung – Forschungsstand und Forschungsperspektiven. [Die Unters. wurden vom Institut der Deutschen Wirtschaft (Teil I) und vom Soziologischen Forschungsinstitut an der Georg-August-Universität Göttingen -SOFI- (Teil II) durchgeführt]* (Schriftenreihe Studien zu Bildung und Wissenschaft, Bd. 88, S. 193–500). Bad Honnef: Bock.

Spence, M.(1973). Job Market Signaling. *The Quarterly Journal of Economics 87 (3)*, 355–374.

Strauß, S. & Leuze, K. (2013). Further Education of Higher Education Graduates – the More, the Better? *European Journal of Education 48* (3), 436–453. doi:10.1111/ejed.12039

Vollmar, M. (2013). Berufliche Weiterbildung in Unternehmen 2010. Methodik und erste Ergebnisse. *Wirtschaft und Statistik 2013* (4), 276–287.

Walgenbach, P. (2006). Die Strukturationstheorie. In A. Kieser & M. Ebers (Hrsg.), *Organisationstheorien* (6., erweiterte Auflage, S. 403–426). Stuttgart: W. Kohlhammer.

Widany, S. (2014). *Weiterbildungsbeteiligung im Trend. Die Teilnahme von Akademiker_innen an beruflicher Weiterbildung im Zeitverlauf – 1991 bis 2010.* Frankfurt am Main: Peter Lang, Internationaler Verlag der Wissenschaften.

Wiechmann, E. (2014). Organisation und Geschlechterdemokratie. Optimistische und kritische Ausblicke. In M. Funder (Hrsg.), *Gender Cage – Revisited. Handbuch zur Organisations- und Geschlechterforschung* (Arbeit, Organisation und Geschlecht in Wirtschaft und Gesellschaft – Schriftenreihe zur Geschlechterforschung, 1. Aufl., S. 411–442). Baden-Baden: nomos.

Williamson, O.E. (1985). *The economic institutions of capitalism: firms, markets, relational contracting.* New York: The Free Press.

Wirth, C. (2014). Strukturationstheoretische Einsichten in das Management von Humanressourcen in und zwischen Organisationen. In J. Sydow & C. Wirth (Hrsg.), *Organisation und Strukturation. Eine fallbasierte Einführung* (Organisationssoziologie, S. 251–318). Wiesbaden: Springer VS.

Wittwer, W. (2010). Betriebliche Bildung. In R. Arnold, S. Nolda & E. Nuissl (Hrsg.), *Wörterbuch Erwachsenenbildung* (UTB Erziehungswissenschaften,

Erwachsenenpädagogik, Bd. 8425, 2., überarb. Aufl., S. 39). Bad Heilbrunn: Klinkhardt.

Wotschack, P. & Solga, H. (2013). *Voraussetzungen einer guten betrieblichen Weiterbildungspraxis. Ergebnisse aus zehn Fallstudien in „Best-Practice"-Betrieben.* WZB Discussion Paper SP I 2013–503. Berlin: Wissenschaftszentrum Berlin für Sozialforschung (WZB). https://bibliothek.wzb.eu/pdf/2013/i13-503.pdf. Zugegriffen 09.06.2016.

Yin, R. K. (2009). *Case Study Research. Design and Methods* (4. Aufl.). London: Sage Publications Ltd.

Zeuner, C. & Faulstich, P. (2009). *Erwachsenenbildung – Resultate der Forschung. Entwicklung, Situation und Perspektiven.* Weinheim: Beltz.

Zimmer, M. & Ortmann, G. (2001). Strategisches Management, strukturationstheoretisch betrachtet. In G. Ortmann & J. Sydow (Hrsg.), *Strategie und Strukturation. Strategisches Management von Unternehmen, Netzwerken und Konzernen* (1. Auflage, S. 27–55). Wiesbaden: Gabler Verlag.

Wettbewerb in schwieriger Lage
Institutionelle Selbstentwürfe und Wettbewerbspositionierungen weiterführender Schulen in einem von Armut geprägten Berliner Bezirk

Tilman Drope

Bibliothek für Bildungsgeschichtliche Forschung des Deutschen Instituts für Internationale Pädagogische Forschung

Zusammenfassung

Der Beitrag untersucht eine Folge der zum Schuljahr 2010/11 umgesetzten Berliner Schulstrukturreform, den Wettbewerb zwischen den weiterführenden Schulen. Im Anschluss an bisherige Forschung zu beabsichtigten und nicht-intendierten Folgen einer stärkeren Wettbewerbs- und Marktorientierung in Schulsystemen wird danach gefragt, welche unterschiedlichen Wettbewerbspositionierungen sich bei den weiterführenden Schulen in einem Berliner Bezirk ausmachen lassen. Über die Rekonstruktion einzelschulspezifischer institutioneller Selbstentwürfe werden unterschiedliche Positionierungen im Wettbewerb identifiziert. Der Beitrag gibt Hinweise darauf, dass auch in Berlin nicht zu erwarten ist, dass das Zusammenspiel von differenzierten Schulprofilen und familiärer Präferenzfreiheit zu einer Reduzierung herkunftsbedingter Bildungsungleichheiten führen wird.

Abstract

By investigating the competition between secondary schools, this paper focuses on one aspect of the reform of Berlin's secondary schools. The reform was carried out in the school year 2010/11. The paper investigates the (unintended) consequences of a competition-orientated reform and the noticeable marketisation within the educational sector by analysing the differential positions of secondary schools within the competition. Concentrating on one of the city's districts, these differential positions are identified by reconstructing and contrasting school-specific self-imageries out of school brochures and interviews with school principals. The findings presented in this paper suggest that in Berlin, too, the marketisation of secondary schooling is provoking differentiations between schools that are more likely to increase social inequalities rather than to reduce them.

Die zum Schuljahr 2010/11 wirksam gewordene Berliner Schulstrukturreform verfolgt entsprechend des Beschlusses des Berliner Abgeordnetenhauses drei Ziele: (1) eine „übergroße Mehrheit" der Schülerinnen und Schüler zum mittleren Schulabschluss zu führen und den Anteil derjenigen „deutlich zu verringern", die die Schule ohne Abschluss verlassen, (2) die Reduzierung herkunftsbedingter Bildungsungleichheiten und (3) eine deutliche Erhöhung der Abiturientenquote (Abgeordnetenhaus Berlin, 2009). Den Kern der Reform bilden zwei Maßnahmen: die Schaffung eines zweigliedrigen Schulsystems aus Gymnasium und Integrierter Sekundarschule sowie ein verändertes Verfahren des Übergangs von der Grundschule in die weiterführende Schule (vgl. Baumert, Maaz, Neumann, Becker & Dumont, 2013). In diesem Beitrag gehe ich der Frage nach, wie der durch das veränderte Übergangsverfahren geförderte Wettbewerb der weiterführenden Schulen strukturiert ist und welche unterschiedlichen Positionierungen sich in diesem ausmachen lassen. Der Beitrag steht damit auch in einem größeren Kontext, in dem der Frage nachgegangen wird, in welcher Weise eine stärkere Markt- und Wettbewerbsorientierung dazu beitragen kann, den Zusammenhang von sozialer Herkunft und Bildungserfolg zu verringern oder welche Hinweise sich dafür finden lassen, dass auf diesem Weg bestehende Ungleichheiten weiter verstärkt werden.

Zur Beantwortung dieser Frage werde ich zunächst die dafür wesentlichen Aspekte der Berliner Schulstrukturreform skizzieren, sie in den Kontext der erziehungswissenschaftlichen Forschung stellen und mit internationalen Entwicklungen vergleichen. Im Anschluss daran stelle ich das der Untersuchung zugrundeliegende ethnographische Forschungsprojekt vor. Eine Auswahl der dort erhobenen Daten wird dann auf die in ihnen begründeten Aussagen zu den Möglichkeiten und Grenzen der Ungleichheitsreduzierung durch das veränderte Übergangsverfahren hin untersucht. Die hier vorgestellte Analyse konzentriert sich dabei auf die Wettbewerbspositionierungen und die „institutionellen Selbstentwürfe" (Helsper, 2008, S. 67) der Schulen, die anhand von Interviewausschnitten und Schulbroschüren rekonstruiert werden.

Die Berliner Schulstrukturreform

Mit der Berliner Schulstrukturreform wurde das System der weiterführenden Schulen grundlegend verändert (vgl. Baumert, Maaz, Neumann, Becker & Dumont, 2013). Die bisherige hierarchische Gliederung in Hauptschule, Realschule und Gymnasium – ergänzt durch Gesamtschulen und Schulen für sonderpädagogischen Förderbedarf – wurde durch ein zweigliedriges System aus Gymnasium und Integrierter Sekundarschule (ISS) ersetzt. Beide Schulformen sollen grundsätzlich zu allen Schulabschlüssen führen können. Die ISS entstanden zu einem großen Teil durch eine Zusammenlegung von Haupt- und Realschulen (meist weitergeführt unter dem Namen der Realschule) und durch eine Umbenennung der Gesamtschulen. Einen kleinen Teil der ISS bilden ehemalige Haupt- oder Realschulen, die ohne Zusammenlegung als neue Schulform weiterbestehen.[1] Innerhalb der Gruppe der ISS ist das Vorhandensein oder Fehlen einer eigenen gymnasialen Oberstufe vor Ort der wichtigste Unterschied. Es ist besonders die Heterogenität der Schulform ISS, die dazu führt, dass die Einschätzung der Senatsverwaltung für Bildung, Jugend und Wissenschaft, das Berliner Schulsystem sei „durch die Reform übersichtlicher geworden" (Senatsverwaltung für Bildung, Jugend und Wissenschaft, 2015a), nicht uneingeschränkt zu teilen ist.

Den zweiten wichtigen Bestandteil der Reform bildet das veränderte Verfahren des Übergangs von der Grundschule in die weiterführende Schule. Unverändert blieb hier der Vorrang des Elternwillens vor der Bildungsgangempfehlung der Grundschulen. Das heißt, dass auch Schülerinnen und Schüler, denen aufgrund ihrer Grundschulnoten der Besuch einer ISS empfohlen wird, an einem Gymnasium angemeldet werden können. Für beide Schulformen gilt grundsätzlich das gleiche Übergangsverfahren. Nach dem Ende des ersten Halbjahres der sechsten Klasse müssen sich die Familien für eine der weiterführenden Schulen Berlins entscheiden. Sie geben ihre Wünsche gereiht nach Erst-, Zweit- und Drittwunsch auf einem Wahlbogen an. Ob die Schülerinnen und Schüler einen Platz an einer der Wunschschulen erhalten, hängt dann von mehreren Faktoren ab, von denen der wichtigste der ist, ob eine Schule mehr (Übernachfrage) oder weniger (Unternachfrage) Anmeldungen als verfügbare Schulplätze erhält. Bei Unternachfrage erhalten alle Schülerinnen und Schüler, für die die Schule als Erstwunsch angegeben wurde, dort einen Schulplatz. Bei Übernachfrage greift ein Zulassungsmechanismus, bei dem 60 Prozent der Plätze nach von der Schule festgelegten Kriterien vergeben werden – meistens sind dies der Durchschnitt der Grundschulnoten, die Noten in bestimmten Fächern oder ein Nachweis außerschulischer Aktivitäten, die dem Profil der Schule entsprechen. Über ein Losverfahren werden 30 Prozent der Plätze vergeben und 10 Prozent als sogenannte Härtefälle. Für die Schülerinnen und Schüler, deren Erstwunsch in diesem Verfahren nicht erfüllt werden kann, wird dann zunächst geprüft, ob sie an der Zweitwunschschule angemeldet werden können und danach, ob der dritte Wunsch zu realisieren ist. Bei einer Ablehnung durch alle drei Wunschschulen wird den Familien durch das Schulamt des Bezirks ein Vorschlag unterbreitet. Die Logik dieses Zulassungsmechanismus verlangt von den Familien strategische Entscheidungen: sie müssen antizipieren, wie hoch die Chancen für die

---

1 Einen Sonderfall bilden die zur Zeit 23 Schulen des Pilotprojektes Gemeinschaftsschule, die ein durchgängiges Angebot von der ersten Klasse bis zum Abitur bereithalten.

Aufnahme an der erstgenannten Schule sind und zudem als zweiten und dritten Wunsch Schulen angeben, die wahrscheinlich unternachgefragt sein werden, da sie dort nur in diesem Fall Aussicht auf eine erfolgreiche Anmeldung haben.

Die Maßnahmen Strukturveränderung und Veränderung des Übergangsverfahrens werden in Berlin durch die Aufforderung an die Schulen flankiert, über die Formulierung von differenzierten Schulprogrammen eigenständige, abgrenzbare Schulprofile zu entwickeln. Auf diesem Weg soll ein Angebot an weiterführenden Schulen verfügbar gemacht werden, das neben der grundsätzlichen Unterscheidung nach der Schulform eine feingliedrigere Differenzierung der einzelnen Schulen erlaubt und dazu führen soll, dass „jedes Kind die Schule [besucht, T.D.], die seinen Fertigkeiten und Fähigkeiten am besten entspricht" (Senatsverwaltung für Bildung, Jugend und Wissenschaft, 2015b).

Strukturreform, Marktorientierung und Bildungsungleichheiten. Kontextualisierung der Berliner Schulstrukturreform im wissenschaftlichen Diskurs.

Die Berliner Situation nach der Strukturreform lässt sich zusammenfassend als ein Zusammenspiel von struktureller Homogenisierung[2], Differenzierung und Profilierung auf Einzelschulebene und der Betonung von familiärer Wahlfreiheit[3] und -pflicht beschreiben, das zu einer besseren individuellen Passung zwischen Schülerinnen und Schülern und der jeweils besuchten Schule – und darüber zur allgemeinen Qualitätssteigerung und größerer ‚Bildungsgerechtigkeit' – führen soll. In Gestalt und Zielsetzung kann die Reform als Reaktion auf zentrale Kritikpunkte verstanden werden, mit denen das Schulwesen – beziehungsweise die Bildungspolitik – in Deutschland wiederholt, und verstärkt seit den Ergebnissen der ersten PISA-Studie, konfrontiert wurde. Im Wesentlichen umfassen diese Kritikpunkte die als sozial ungerecht interpretierte, folgenreiche und frühzeitige Selektivität des hierarchisch gestuften, wenig durchlässigen dreigliedrigen Schulwesens sowie die als unbefriedigend bis alarmierend wahrgenommene geringe Leistungsfähigkeit der Schülerinnen und Schüler in internationalen Vergleichsstudien. Es überrascht daher nicht, dass in Berlin das Ziel der systemweiten Leis-

2 Die Schaffung eines zweigliedrigen Schulsystems wird im Beschluss des Abgeordnetenhauses als „ein wichtiger Zwischenschritt in Richtung eines ungegliederten, nicht auslesenden Schulsystems" bezeichnet (vgl. Abgeordnetenhaus Berlin, 2009).

3 Exakter ist es, hier von einer familiären Präferenzfreiheit zu sprechen, da die Familien nur Wünsche äußern können, die Entscheidung letztlich aber bei den Schulen bzw. dem zuständigen Schulamt liegt (vgl. Clausen, 2007, S. 76).

tungssteigerung bei gleichzeitiger Reduzierung der sozialen Selektivität über die Veränderung der als (mit-)ursächlich verstandenen Schulstruktur und der Gelenkstelle des Übergangs erreicht werden soll.

Der in Berlin eingeschlagene Weg zu einem zweigliedrigen System der weiterführenden Schulen entspricht einem in mehreren Bundesländern zu beobachtenden Trend (vgl. Tillmann, 2012, 2013, Caruso & Ressler, 2013). Er lässt sich allerdings aufgrund der Sonderstellung, die das bisher vorherrschende dreigliedrige Schulsystem im internationalen Kontext, in welchem Einheitsschulmodelle dominieren, einnimmt, nur national, aber kaum international vergleichen. Was sich allerdings auch international vergleichen lässt, ist die in Berlin zu beobachtende Stärkung der familiären Schulwahl in einem System von auf Einzelschulebene differenzierten, aber strukturell vergleichbaren Schulen, durch die im Bereich der weiterführenden Schulen ein Quasi-Markt (vgl. Weiß, 2001) etabliert wird. Die Etablierung von marktorientierten oder marktähnlichen Wettbewerbssituationen im Bildungswesen konnte in den vergangenen Jahren – in unterschiedlichen Ausprägungen und mit unterschiedlichen Konjunkturen – unter anderem in Großbritannien (vgl. Gewirtz, Ball & Bowe, 1995; Hartley, 2012), den USA (vgl. Hoxby, 1998) oder in Schweden (vgl. Björklund, Edin, Fredriksson & Kruger, 2004) beobachtet werden.

Die Schaffung einer marktähnlichen Struktur im Bildungswesen (aber auch in vielen anderen Bereichen der öffentlichen Daseinsvorsorge) ist als Ausdruck eines veränderten Verständnisses der Aufgaben und Steuerungsmöglichkeiten des (Wohlfahrt-)Staates zu verstehen, das seit dem Ende der 1970er Jahre im anglo-amerikanischen Raum unter dem Schlagwort New Public Management (NPM) verbreitet und im deutschsprachigen Raum als ‚Neues Steuerungsmodell' bzw. ‚Neue Steuerung' adaptiert wurde. Grundlegende Bestandteile des NPM bzw. der ‚Neuen Steuerung' sind unter anderem die Einführung von Konkurrenz- und Wettbewerbselementen sowie Dezentralisierung von Verantwortlichkeiten bei gleichzeitiger Einführung einheitlicher Kriterien der Leistungs- und Effizienzkontrolle, mit unterschiedlichen Sanktionsmechanismen, die leitenden Annahmen von individueller Verantwortung der Bürger und qualitätssteigernden Auswirkungen von Märkten folgen (vgl. Thiel, Cortina & Pant, 2014).

Über die Auswirkungen des NPM bzw. der ‚Neuen Steuerung' im Bildungswesen lassen sich mit Blick auf die internationale und deutschsprachige Forschung keine einheitlichen Aussagen treffen (vgl. Altrichter, Bacher, Beham, Nagy & Wetzelhütter, 2011). Grundsätzlichen Annahmen über die durch Wettbewerb zu erzielenden Qualitätssteigerungen (vgl. Chubb & Moe, 1990; Hoxby, 1998) stehen Forschungsergebnisse gegenüber, die keine oder nur geringe Auswirkungen auf die Leistungen der Schülerinnen und Schüler feststellen (vgl. Belfield & Levin, 2009). Mit Blick auf die Dimensionen der ethnischen oder sozialen Segregation lassen sich aber einige Hinweise dafür finden, dass eine Ausweitung der Wahloptionen in wettbewerbsorientierten Schulsystemen bestehende Ungleichheiten eher verstärkt als dass sie diese reduziert, da vor allem ressourcenreiche Familien von ihnen profitieren (vgl. Gewirtz, Ball & Bowe, 1995; Reay, Crozier & James, 2011; Radtke, 2000; Bellmann & Weiß, 2009).

Hinsichtlich der herkunftsbedingten Bildungsungleichheiten zeichnet sich (zumindest auf der deskriptiven Ebene) ein einheitlicheres Bild ab. Zunächst ist „Bildungsungleichheit“ als „ein international universelles und hoch persistentes Phänomen“ (Ditton, 2013a, S. 70) vorhanden und „soziale Herkunft und schulisches Leistungsniveau sowie erreichter Bildungsstatus [sind, T.D.] in keinem Land der Welt völlig entkoppelt.“ (ebd., S. 71) Dass eine solche Entkoppelung angesichts der vielfältigen Faktoren, die außerhalb des Bildungssystems auf Entstehung und Festigung sozialer Ungleichheit Einfluss haben, überhaupt möglich ist, kann allerdings bezweifelt werden (vgl. Jencks et al. 1973), besonders, wenn das Bildungssystem auch als Teil eines Gesellschaftssystems interpretiert wird, das eher der (verschleierten) Reproduktion als der Transformation von gesellschaftlichen Ungleichheitsstrukturen dient (Bourdieu & Passeron, 1971).

Die Entstehung, die Reproduktion und die Persistenz herkunftsbedingter Bildungsungleichheiten wird in einer mittlerweile nicht mehr überschaubaren Breite an Forschung verschiedener Disziplinen untersucht, die auf eine Vielzahl interdependenter Bedingungen hinweist (vgl. Becker 2011; Krüger, Rabe-Kleberg, Kramer & Budde 2010). Als die wesentlichen Einflussfaktoren lassen sich aber familiäre Unterschiede in Bezug auf Bildungsabschluss, Beruf und Einkommen der Eltern (vgl. Palentien, 2005), regional sowie lokal unterschiedliche Angebotsstrukturen und Zugangsmöglichkeiten des Bildungssystems (vgl. Ditton, 2013b; Kemper & Weißhaupt, 2011) als auch stark voneinander abweichende Bedingungen auf Einzelschulebene ausmachen (vgl. Fend 1998; Baumert, Stanat & Watermann, 2006). Gerade in Großstädten, in denen sich soziale Segregation auf verhältnismäßig engem geographischen Raum beobachten lässt (vgl. Häußermann, o. J.), führt die lokale Verteilung unterschiedlicher Sozialmilieus dann zu kleinräumigen differenziellen Entwicklungsmilieus (vgl. Baumert, Stanat & Waterman, 2006; Sikorski, 2007) auf Nachbarschafts- und Schulebene, in denen die einzelnen Einflussfaktoren in unterschiedlichem Ausmaß benachteiligend oder fördernd wirken.

Für die Fragestellung dieses Beitrags ist von hoher Bedeutung, dass die Ausprägungen und Ursachen herkunftsbedingter Bildungsungleichheiten mit Blick auf den Übergang von der Grundschule in die weiterführende Schule in mehrfacher Hinsicht zu beobachten sind. Durch die enge Bindung von Wohnort und zu besuchender Grundschule, die in Berlin durch das Sprengelprinzip gegeben ist, wirkt sich zunächst die soziale Segregation massiv auf die Grundschulen aus. Diese wird zudem durch Vermeidungsstrategien von Familien verstärkt, die aufgrund höherer zur Verfügung stehender Ressourcen das Sprengelprinzip – etwa durch Angabe eines anderen Wohnortes oder die Wahl einer Schule mit besonderer pädagogischer Prägung – umgehen oder Alternativen außerhalb des öffentlichen Schulsystems wählen können (Radtke, 2004; Sachverständigenrat deutscher Stiftungen, 2013; zur Expansion privater Grundschulen v. a. in Städten vgl. auch Koinzer & Mayer 2015). Auf diese Weise können sich homogene Milieus in den Grundschulen bilden, die die Schülerinnen und Schüler in unterschiedlicher Weise auf den Übergang in die weiterführende Schule vorbereiten und durch schulische Beratungsangebote und informelle Netzwerke unterschiedliche Übergangsmöglichkeiten eröffnen oder verschließen. Zudem weist eine Vielzahl an entsprechenden Forschungsarbeiten auf den engen Zusammenhang zwischen familiärer Herkunft und getroffener Übergangsentscheidung hin (vgl. zusammenfassend Dumont, Neumann, Becker, Maaz & Baumert, 2013, S. 134–139).

Während bereits in den Grundschulen eine räumlich manifestierte soziale Segregation – und milieuspezifische Ausweichbewegungen in Richtung der Schulen in freier Trägerschaft – die Entstehung und Festigung differenzieller Lern- und Entwicklungsmilieus fördert und damit zu stark variierenden individuellen, für den Übergang relevanten Schulleistungen der Schülerinnen und Schüler führt, wird die Übergangsentscheidung der Familien ebenfalls durch die unterschiedliche Kapitalausstattung – im Sinne Bourdieus (vgl. Bourdieu, 1982, 1983) – beeinflusst. So unterscheiden beispielsweise Gewirtz, Ball und Bowe diesbezüglich drei „strongly class related“ Gruppen von Eltern: die „privileged/skilled choosers“, die „semi-skilled choosers“ und die „disconnected choosers“, die sich einerseits in ihren Erwartungen an das Schulsystem unterscheiden und andererseits in der Fähigkeit, die Erfüllung dieser Erwartungen durch angemessene Wahlentscheidungen auch durchzusetzen (Gewirtz, Ball & Bowe, 1995, S. 24; vgl. auch Giesinger, 2009).

Es werden also bereits durch die jeweils sozialraum- und ressourcenabhängige unterschiedliche Vorbereitung der Schülerinnen und Schüler an den Grundschulen und die Wahlfähigkeiten und Wahlpräferenzen der Familien bestehende Ungleichheitsstrukturen verstärkt und – damit zusammenhängend – bestimmte Übergangswege wahrscheinlicher als andere. In einem strukturell stärker vereinheitlichten Schulsystem, wie es in Berlin nach der Reform vorzufinden ist, kommt nun außerdem der Einzelschule als „pädagogische(r) Handlungseinheit“

(Fend, 1987, S. 55) eine besondere Bedeutung zu, auf die die familiären Wahlpräferenzen gerichtet sind. Die nach der Grundschule für die Familien zur Wahl stehenden Schulen werden dann weniger nach dem strukturellen Kriterium der Schulform und der möglichen Abschlüsse unterschieden, sondern verstärkt nach feingliedrigeren einzelschulspezifischen Unterschieden (vgl. Clausen, 2007). Für die Analyse der auf dieser Ebene zu beobachtenden Differenzen bietet sich das Konzept der Schulkultur an (vgl. Helsper, Böhme, Kramer & Lingkost, 2001; Helsper, 2008), mit dem nach der „spezifischen Hegemonie von pädagogischen Idealen, Praktiken, Haltungen und Orientierungen (…)" gefragt werden kann, die „als Möglichkeitsraum die unterschiedliche Anknüpfung oder Abstoßung von Haltungen und Handlungsmustern der Einzelakteure und ihrer Milieus hervorbringt" (Kramer, 2013, S. 129). Diese „spezifische Hegemonie" findet ihren Niederschlag unter anderem in den durch die schulischen Akteure konstruierten „institutionellen Selbstentwürfe(n)" (Helsper, 2008, S. 67), die etwa in Schulprogrammen, Kurzporträts oder Schulbroschüren sichtbar werden.

Die Kernthese des vorliegenden Beitrags ist, dass in und mit den institutionellen Selbstentwürfen der Einzelschulen spezifische Öffnungen und Limitierungen sichtbar gemacht werden können, die zu einem besseren Verständnis der Wettbewerbspositionierungen der Einzelschulen beitragen. Darüber wird ermöglicht, nach der Erfüllung des mit der Berliner Reform formulierten Ziels der Reduzierung herkunftsbedingter Ungleichheiten zu fragen.

Zur empirischen Anlage des Forschungsprojektes

Die Frage nach den Möglichkeiten der Reduzierung herkunftsbedingter Bildungsungleichheiten durch die Betonung familiärer Einzelschulwahl in Folge der Berliner Schulstrukturreform möchte ich im Folgenden auf der Grundlage einer von mir durchgeführten Studie beantworten, die ich zunächst kurz vorstelle.

In meiner Studie untersuche ich die Auswirkungen der Berliner Schulstrukturreform – besonders den Schulwahlprozess unter veränderten Rahmenbedingungen – in einem Berliner Bezirk (vgl. Drope & Jurczok, 2013). Die Auswahl des Bezirks erfolgte unter der Annahme, dass eine Bildungsreform, deren ausdrückliches Ziel die Verbesserung der Bildungschancen sozio-ökonomisch bisher benachteiligter Bevölkerungsgruppen ist, in den Teilen der Stadt überprüft werden muss, in denen ein hoher Anteil jener Menschen lebt. Aus diesem Grund wurde ein Berliner Verwaltungsbezirk ausgewählt, in dem ein im stadtweiten Vergleich hoher Anteil der Bevölkerung unter den vielfältigen Bedingungen von Armut lebt und eine Vielzahl der Schülerinnen und Schüler als Adressaten der Reform angesehen werden kann.[4] Zudem bietet der gewählte Bezirk aufgrund seiner sozialräumlichen Heterogenität die Möglichkeit, Stadtteile, Nachbarschaften und Schulen miteinander zu vergleichen, die sich hinsichtlich der sozi-ökonomischen Kontextbedingungen und Entwicklungsdynamiken deutlich voneinander unterscheiden (vgl. Häußermann & Hausmann, 2011; Senatsverwaltung für Stadtentwicklung und Umwelt Berlin, 2013).

Mit dem Ziel, die Auswirkung und Rekontextualisierung (vgl. Fend, 2008b) der Strukturreform im ausgewählten Bezirk zu untersuchen, ist die Studie als ethnographische Forschung angelegt (vgl. Hammersley & Attkinson, 2007; Geertz, 1983; Hirschauer & Aman, 1997), die der Grounded Theory Methodologie folgt (Glaser & Strauss, 1967/2010; Strauss & Corbin, 1990; Clarke, 2012). Die wesentlichen empirischen Grundlagen der Studie bilden (teilnehmende) Beobachtungen mit den entsprechenden Feldnotizen, halb-strukturierte Interviews und verschiedene Dokumenttypen des Feldes. Die Beobachtungen wurden hauptsächlich während der Tage der offenen Tür der weiterführenden Schulen durchgeführt, die Interviews wurden mit Eltern und mit Schulleiterinnen und Schulleitern von Grundschulen und weiterführenden Schulen geführt. Die Dokumente, wie zum Beispiel Informationsbroschüren der Schulen oder der Schulverwaltung, wurden bei verschiedenen Gelegenheiten[5] zusammengetragen. Für die Analyse werden diese Daten durch amtliche Statistiken, etwa über die Anmeldungen an den weiterführenden Schulen des Bezirks oder über die Zusammensetzung und räumliche Verteilung der Bevölkerung sowie durch Kartenmaterial ergänzt. Darüber hinaus wurden Veröffentlichungen – hauptsächlich Presseerzeugnisse, aber auch Bücher, die sich an ein breites Publikum richten – berücksichtigt, die eine Kontextualisierung in den entsprechenden öffentlichen Diskurs erlauben. Ebenfalls in die Analyse einbezogen wurden Informationen über die historische Entwicklung des Bezirks und der dort zu findenden Schulen. Für diesen Beitrag beziehe ich mich hauptsächlich auf die Informationsbroschüren der Schulen und Interviews, die ich mit Schulleiterinnen und Schulleitern geführt habe.

Die Datenerhebung und -auswertung erfolgten zirkulär über die gesamte Studiendauer und beeinflussten sich permanent gegenseitig. Im Sinne des ‚theoretischen samplings' wurden bereits erhobene Daten auf die in ihnen auffindbaren

---

4 So sind bspw. in mehr als der Hälfte der im Monitoring Soziale Stadtentwicklung ausgewiesenen Planungsräume deutlich über 50 % der unter 15-Jährigen auf Transferleistungen angewiesen.

5 Besonders die unterschiedlichen Informationsbroschüren der Schulen sind teilweise gezielt für eine Verteilung während der Tage der offenen Tür vorgesehen und somit nicht geschlossen und systematisch verfügbar.

Konzepte hin untersucht, diese Konzepte in vorläufigen, die weitere Untersuchung (neu) leitende Theorien zusammengefasst, die wiederum zu Auswahl und Erhebung weiterer Daten führten. Dieser Prozess führte beispielsweise dazu, dass die ursprüngliche zentrale Rolle, die den wählenden Familien und der Erforschung ihrer Motive zugedacht war, an Bedeutung verlor und eine stärkere Konzentration zunächst auf die Schulen und dann auf die Wettbewerbs*situation* selbst erfolgte.[6] Der zirkuläre Prozess von Erhebung und Auswertung wird bald mit dem Erreichen der ‚theoretischen Dichte' abgeschlossen werden, da sich abzeichnet, dass die bisher entwickelten Kategorien eine tragfähige Analyse der erhobenen Daten und die Formulierung einer „gegenstandsverankerten Theorie" (Clarke, 2012, S. 33) erlauben.[7]

Wettbewerb in schwieriger Lage

Die Wettbewerbssituation, die sich im Zusammenhang mit dem Schulwahlprozess erkennen lässt, ist grundsätzlich als doppelseitiger Wettbewerb zu beschreiben. Auf der einen Seite lässt sich ein Wettbewerb der nachfragenden Familien erkennen, in dem es darum geht, einen Schulplatz an einer mehr oder weniger nachgefragten Schule zu erhalten. Die Familien bzw. die Schülerinnen und Schüler haben in diesem Wettbewerb unterschiedliche Chancen, eine erfolgreiche Präferenzentscheidung zu treffen, d.h. ihre Wünsche auch tatsächlich zu realisieren. Die wichtigsten Faktoren dafür sind die Schulnoten am Ende der Grundschule, der Nachweis außerunterrichtlicher Aktivitäten und die Kenntnis der zur Wahl stehenden Alternativen. Auf der anderen Seite – und darum soll es im Folgenden gehen – lässt sich ein Wettbewerb der weiterführenden Schulen um Schüleranmeldungen erkennen, der sich in einen Wettbewerb erster Ordnung und einen Wettbewerb zweiter Ordnung unterscheiden lässt (vgl. Heinrich, Altrichter & Soukup-Altrichter, 2011; Gewirtz, Ball & Bowe, 1995). Unter dem Wettbewerb erster Ordnung sind die Bemühungen der Schulen zu verstehen, eine möglichst hohe Zahl an Anmeldungen zu erreichen, während es im Wettbewerb zweiter Ordnung für die Schulen darum geht, einen hohen Anteil an Schülerinnen und Schülern zu gewinnen, die dem Profil der Schule entsprechen oder von denen gute Schulleistungen erwartet werden. Der Wettbewerb erster und zweiter Ordnung sind eng miteinander verbunden, denn eine Übernachfrage – also eine gute

6 Diese Verschiebung verdeutlicht auch, dass mein Vorgehen einerseits den von Strauss und Corbin (1990) vorgeschlagenen Prinzipien folgt, andererseits deren Ergänzung durch Clarke (2012) miteinbezieht.

7 Es ist also zu betonen, dass es sich bei dem hier Vorgestellten um *work in progress* handelt, da die abschließende Theoriegenerierung derzeit noch vollzogen wird.

Positionierung im Wettbewerb erster Ordnung – versetzt die Schulen besser in die Lage, die Zusammensetzung ihrer Schülerschaft nach eigenen Vorstellungen zu beeinflussen. Darüber hinaus kann eine erfolgreiche Positionierung im Wettbewerb zweiter Ordnung die Attraktivität einer Schule verbessern und somit zu kontinuierlich hohen Anmeldezahlen führen (vgl. Heinrich, Altrichter & Soukup-Altrichter, 2011, S. 278).

Die Bedeutung, die der Zusammensetzung der Schülerschaft für die tägliche Arbeit der Schulen beigemessen wird, schlägt sich in Berlin unter anderem in dem seit dem Jahr 2014 aufgelegten „Bonus-Programm" nieder (Senatsverwaltung für Bildung, Jugend und Wissenschaft, 2015c). Im Rahmen dieses Programms werden „Schulen in schwieriger Lage" (ebd.) – d. h. mit einem Anteil an Schülerinnen und Schülern die von der Zuzahlung zu Lernmitteln befreit sind, von über 50 % – mit zusätzlichen finanziellen Mitteln unterstützt. Von den 18 weiterführenden staatlichen Schulen im untersuchten Bezirk nehmen 12 an diesem Programm teil, befinden sich also ‚in schwieriger Lage'. Die Analyse der Wettbewerbssituation der weiterführenden Schulen in diesem Bezirk untersucht daher den ‚Wettbewerb in schwieriger Lage'.

Die Positionierung im Wettbewerb erster Ordnung

Die Positionierung der weiterführenden Schulen im Wettbewerb erster Ordnung lässt sich mit Hilfe der im zuständigen Schulamt zusammengestellten Daten ermitteln, aus denen hervorgeht, wie viele Schülerinnen und Schüler an den Schulen angemeldet wurden bzw. die Schulen als Erst-, Zwei- oder Drittwunsch genannt haben. (Tab. 1). Für die Schuljahre 2010/11 bis 2015/16 verteilen sich die Anmeldungen wie folgt:

Tab. 1 Übersicht Anmeldungen an Oberschulen, Bezirksamt des untersuchten Bezirks, eigene Berechnung, sortiert nach Durchschnitt der Jahre 2010–2015.

Schule/ Schuljahr	2010	2011	2012	2013	2014	2015	Ø 2010–2015
Ebert-ISS[8] (mit OS)	259	224	203	209	167	286	224,7
Dewey-ISS (mit OS)	211	237	174	162	129	140	175,5
Bachmann-Gymnasium	138	190	142	101	126	154	141,8
Adorno-Gymnasium	162	172	121	130	120	130	139,2

8 Alle Schulnamen sind pseudonymisiert.

Schule/ Schuljahr	2010	2011	2012	2013	2014	2015	Ø 2010–2015
Curie-Gymnasium	117	156	117	91	124	126	121,8
Shelley-Gymnasium	144	172	96	79	59	76	104,3
Virchow-ISS (mit OS)	130	122	109	64	106	92	103,8
Lovelace-ISS (ohne OS)	99	123	110	94	95	91	102,0
Noether-Gymnasium	128	121	103	95	64	80	98,5
Somerville-ISS (ohne OS)	109	114	117	101	75	68	97,3
Grünewald-Gymnasium	111	99	80	103	86	66	90,8
Kafka-ISS (ohne OS)	104	134	89	70	48	54	83,2
Kowalewski-ISS (ohne OS)	79	76	83	82	106	59	80,8
Dürrenmatt-ISS (mit OS)	66	89	110	66	71	57	76,5
Taut-ISS (mit OS)[9]	54	93	76	56	81	76	72,7
King-ISS (ohne OS)	36	63	38	27	27	33	37,3
Dietrich-ISS (ohne OS)	30	48	55	27	21	30	35,2
Kirch-ISS (ohne OS)	28	38	20	29	16	22	25,5

Die Anmeldezahlen ergeben in vielerlei Hinsicht kein einheitliches Bild und sie sollen nicht auf bestimmte Kausalitäten hin untersucht werden.[10] Sie deuten aber darauf hin, dass die Anmeldungen bzw. Präferenzen auf die unterschiedlichen Schulen im Untersuchungsgebiet höchst ungleich verteilt sind. So wurden 2015 an der am stärksten nachgefragten Schule 13 Mal so viele Schülerinnen und Schüler angemeldet wie an der am schwächsten nachgefragten und auch mit Blick auf die durchschnittlichen Anmeldezahlen der Jahre 2010 bis 2015 lassen sich auffällige Unterschiede feststellen. Bemerkenswert ist in diesem Zusammenhang, dass es sich sowohl bei den beiden am stärksten nachgefragten Schulen als auch bei den Schulen mit den wenigsten Anmeldungen um Schulen der Schulform ISS handelt – allerdings mit dem Unterschied, dass die stark

9 Die Taut-ISS ist eine Gemeinschaftsschule, die ihre siebten Klassen vor allem für Schülerinnen und Schüler der eigenen Grundstufe reserviert.

10 Es ist aber deutlich zu erkennen, dass alle stärker nachgefragten Schulen über eine gymnasiale Oberstufe verfügen. Andere Daten legen zudem die Vermutung nahe, dass Schulen mit höheren Schülerzahlen auch höhere Neuanmeldungen verzeichnen können.

nachgefragten über eine gymnasiale Oberstufe verfügen, die schwach nachgefragten nicht.

Welche Bedeutung die Positionierung der Schulen im Wettbewerb erster Ordnung für die Akteure hat, ist nicht eindeutig festzustellen. Auf der einen Seite scheint den Anmeldezahlen durch die Schulverwaltung hohe Aufmerksamkeit gewidmet zu werden, wie aus der Einschätzung eines leitenden Mitarbeiters in der Senatsverwaltung zu entnehmen ist:

> *„wir werden mit jeder der schulen die jetzt nicht nachgefragt sind und zwar zum zweiten oder dritten mal werden wir zu konkreten arbeitsschritten kommen was ist erforderlich um diese situation zu ändern und ich sag mal klammer auf bis hin auch wenn das für bestimmte schulen nicht gelingen kann die überlegung welche schulen man schließen muss“* (Abteilungsleiter Schulverwaltung, 05/2012).

In dieser Lesart stellen die Anmeldezahlen einen Ausdruck der Schulqualität dar, die zu verbessern ist, falls sich die Schule am Markt nicht durchsetzen kann. Dass sich ein beabsichtigter Qualitätswettbewerb der Schulen auch in den Anmeldungen niederschlägt und an diesen ablesen lässt, scheint auch hinter der Strategie der Senatsverwaltung zu stehen, zur Erstellung von Ranglisten verwendbare Angaben zu den Schulanmeldungen den lokalen Zeitungen zur Verfügung zu stellen. Vor allem durch die dort veröffentlichten Hitlisten über die „begehrtesten“ oder „beliebtesten“ Gymnasien und ISS wird die Positionierung im Wettbewerb für den öffentlichen Diskurs mit Bedeutung aufgeladen (vgl. Berliner Zeitung, 2015; Berliner Morgenpost, 2015).

Auf der anderen Seite werden die Folgen niedriger Anmeldezahlen für die einzelnen Schulen durch andere Akteure aber zugleich als sehr gering eingeschätzt. Der Schulleiter einer ISS spricht ihnen aufgrund der allgemeinen Knappheit an Schulplätzen jede Konsequenz ab, wenn er betont:

> *„wobei wie gesagt selbst wenn es hier eine schule gäbe die gar keine anmeldung hätte, kann sich XXX [der Bezirk, T.D.] gar nicht leisten irgendeine schule zuzumachen“* (Schulleiter Kafka-ISS, 11/2014).

Zwischen diesen extremen Ausprägungen hinsichtlich der Interpretation der Anmeldezahlen lassen sich Positionen verorten, die einerseits die Gelassenheit des eben zitierten Schulleiters teilen, die andererseits darauf hindeuten, dass die Höhe der Anmeldezahlen mit Blick auf die Zusammensetzung der Schülerschaft als „Schlüsselressource“ (Maroy & van Zanten, 2011, S. 201) bedeutsam werden kann. Der Schulleiter eines Gymnasiums schätzt dementsprechend die Bedeutung des Wettbewerbs eher mit Blick auf das „Schülerpotenzial“ ein:

> *„ich glaube natürlich ne konkurrenzsituation wird dann als solche empfunden wenn die schülerzahlen nicht mehr stimmen oder das schülerpotenzial nicht mehr stimmt sozusagen ich glaube dann kann es durchaus so ne dynamik geben aber das ist eigentlich nicht der Fall“* (Schulleiter Bachmann-Gymnasium 10/2014).

Da die Schulen in Berlin keine direkt spürbaren Konsequenzen etwa in Form reduzierter finanzieller Unterstützung, veränderter Bezahlung oder gar drohender Schließung zu befürchten haben, scheint der Wettbewerb erster Ordnung vor allem hinsichtlich seiner Folgen für den Wettbewerb zweiter Ordnung von Bedeutung zu sein. Dies gilt nicht nur für die Schulen, die eine leistungsstarke Schülerschaft rekrutieren wollen, sondern auch für jene, die nur an der Steigerung des Anteils leichter beschulbarer Schülerinnen und Schüler interessiert sind, wie das folgende Beispiel zeigt.

> *„wir sind leider eine unternachgefragte schule das heißt es werden bei uns schüler zugewiesen (.) was sich auf die zusammensetzung der schülerklientel ausmacht, dass wir sozusagen (.) äh viele schüler haben die bereits in der grundschule viele misserfolgserlebnisse gehabt haben mit zum teil sehr schlechten noten auch kommen und wir einfach eine eine große spreizung haben zwischen einer Gruppe von schülern die bereits misserfolgsorientiert sind und einer kleineren gruppe die bildungsinteressiert und auch erfolgsmotiviert sind die auch gestärkt aus der grundschule gekommen sind* (Schulleiter Dietrich-ISS, 11/2014).

In diesem Zitat des Schulleiters einer ISS (ohne Oberstufe) wird deutlich, dass in Folge der Unternachfrage den Schulen der Einfluss auf die Zusammensetzung ihrer Schülerschaft entzogen ist, da sie zur Aufnahme von Schülerinnen und Schülern gezwungen sind, die von anderen Schulen abgelehnt wurden. Die kontrastierende Beschreibung der Schülerinnen und Schüler als zum großen Teil „misserfolgsorientiert“ und nur in geringer Anzahl „bildungsinteressiert“ lässt sich dann als Verortung der Schule im Wettbewerb zweiter Ordnung interpretieren, die eine Folge der Positionierung im Wettbewerb erster Ordnung ist („leider eine unternachgefragte Schule“).

Leistungsorientierung oder Kiezschule. Wettbewerbspositionierung über die Außendarstellung in Schulbroschüren

Inwieweit sich die weiterführenden Schulen im Bezirk hinsichtlich ihrer Verortung im Wettbewerb zweiter Ordnung unterscheiden lassen, soll nun anhand einiger Beispiele gezeigt werden. Die Auswahl der beiden ersten Beispiele folgt dem Prinzip des größtmöglichen Kontrastes der in den Daten zu findenden Ausprägungen. Es sollen zwei Broschüren verglichen werden, die jeweils von den Schulen selbst erstellt wurden und im Rahmen der Tage der offenen Tür verteilt wurden. Sie stammen zum einen von der Schule, die in beinahe jedem Jahr seit der Strukturreform die am stärksten nachgefragte Schule im Bezirk war (Ebert-ISS) und zum anderen von der Schule, die in diesem Zeitraum nur einmal nicht die am schwächsten nachgefragte Schule war (Kirch-ISS).

In ihrer auf Hochglanzpapier gedruckten und gefalzten Informationsbroschüre stellt sich die Ebert-ISS (ISS mit Oberstufe) vor. Das Titelblatt wird zu einem großen Teil von einem Foto eingenommen, auf dem Schülerinnen und Schüler im Klassenraum an Tischen sitzend abgebildet sind. Der einzige Text auf dem Titel ist in drei Zeilen über das Foto gesetzt:

> „EBERT-ISS.
> HIER MACHT LERNEN SPASS.
> *Die* leistungsorientierte Schule für den XXXer [Name des Bezirks, T.D.] Süden." (Broschüre Ebert-ISS, 2014)

Die ersten beiden Zeilen werden durch den Satz in Versalien in einen engen Zusammenhang von Schulname und Schulmotto gebracht, die dadurch zu einer Marke verschmelzen. Die Kernbotschaft ist einfach und klar: sie soll bereits zu einer ersten Unterscheidung von anderen Schulen (nicht „hier") führen, an denen Lernen eben keinen „Spaß" macht. Diese Unterscheidung wird dann mit dem zweiten Slogan in der nächsten Zeile präzisiert, indem dort die Leistungsorientierung der Schule hervorgehoben wird. Durch den kursiv gesetzten Artikel wird die besondere Stellung der Schule betont und anschließend mit der Formulierung eines lokalen Bezugsrahmens kombiniert, der einerseits als Gebietsanspruch und andererseits auch als ausschließende Begrenzung interpretiert werden kann – schließlich stellt sich die Schule nicht als *die* leistungsorientierte Schule für den ganzen Bezirk dar.

Die folgenden Seiten, auf denen sich die Schule ausführlicher vorstellt, werden durch die Ansprache der Eltern eingeleitet:

> *„Liebe Eltern! Gemeinsam mit Ihrem Kind müssen Sie sich demnächst für eine Oberschule entscheiden. Diese Entscheidung können wir Ihnen nicht abnehmen, aber wir können Ihnen aufzeigen, was an unserer Schule für Ihr Kind möglich ist. Die Ebert-ISS ist eine leistungsorientierte Schule, an der insbesondere bildungswillige Schülerinnen und Schüler einen bestmöglichen Schulabschluss erreichen können. Bei uns können die Berufsbildungsreife, der mittlere Schulabschluss und das Abitur mit zwei- oder dreijährigem Besuch der gymnasialen Oberstufe erworben werden – ohne Probejahr. Die guten Ergebnisse bei den Prüfungen zum mittleren Schulabschluss und zum Abitur sind auf unserer Homepage einzusehen."*
> (Broschüre Ebert-ISS, 2014)

Nach einer kurzen Einleitung werden in diesem Abschnitt die Argumente vorgestellt, die aus Sicht der Schule Wahlgründe darstellen können. Zunächst wird als Übernahme aus der Titelseite die Leistungsorientierung erneut angeführt, die durch die Wiederholung und die Nennung an erster Stelle als zentraler Aspekt des schulischen Selbstverständnisses verstanden werden kann. Im selben Satz schließt sich mit dem Verweis auf ‚bildungswillige Schülerinnen und Schüler' die Formulierung einer Zielgruppe an, für die sich die Schule als besonders geeignete Alternative positioniert. Diese Positionierung lässt sich auch als Hinweis an interessierte Familien verstehen, dass eine hohe Anzahl dieser ‚bildungswilligen' Schülerinnen und Schüler an der Schule zu finden sein wird – und ‚bildungsunwillige' eher nicht – und somit ein besonders förderliches Lernmilieu zu erwarten ist. Mit den Adjektiven ‚leistungsorientiert' und ‚bildungswillig' wird zudem ein von der Schule gleichfalls erwartetes und in Aussicht gestelltes spezifisches Passungsverhältnis zwischen der Schule und den Schülerinnen und Schülern skizziert. In den darauf folgenden zwei Sätzen wird mit dem Aufzeigen der möglichen Schulabschlüsse und dem selbstbewussten Verweis auf die kontinuierlich „guten Ergebnisse" bei zentralen Prüfungen deutlich, dass das Verhältnis zwischen Schule und wählenden Eltern bereits von der Schule als produktorientiertes Verhältnis zwischen Anbieter und Konsument markiert wird. Der grundsätzlichen Unsicherheit, die jeden Bildungsprozess charakterisiert und die in der Entscheidung für eine weiterführende Schule durch die Familien bearbeitet werden muss, begegnet die Schule in der Broschüre mit einem ergebnisorientierten Transparenzversprechen. Im Zusammenspiel von Leitbild („leistungsorientiert"), Zielgruppe („bildungswillige Schülerinnen") und Produkt (Art und Qualität der Abschlüsse) wird in der Einleitung der Broschüre insgesamt die Adressierung der Eltern als Kunden deutlich.

Das breite Spektrum in Bezug auf die Art der Ansprache und die Selbstdarstellung der weiterführenden Schulen im Bezirk zeigt der Blick in die ebenfalls während eines Tages der offenen Tür verteilte Broschüre der Kirch-ISS (ISS ohne Oberstufe). Die als Fotokopie in schwarz-weiß gedruckte, ebenfalls gefalzte Broschüre zeigt auf ihrem Titelblatt das Logo und den Namen der Schule sowie neun kleinere Fotos von Szenen aus dem Schulleben. Zwischen die Bilder sind drei Botschaften gesetzt, die als Motto der Schule gelesen werden können: *„Fit im Betrieb. Fit für die Berufswahl. Fit für das Berufsleben."* Bereits an dieser Stelle lässt sich mit der ausdrücklichen und wiederholten Formulierung einer leitenden Orientierung an der Berufsvorbereitung ein Unterschied zu der zuvor beschriebenen Ebert-ISS ausmachen, die ein deutlich breiteres Angebot schulischer Ziele formuliert. In der Konzentration auf den direkten Übergang in das Arbeitsleben findet zudem die Tradition der Kirch-ISS als ehemalige Hauptschule einen deutlichen Ausdruck. Auf der zweiten Seite der Broschüre folgt unter der Überschrift „Wir über uns" die

Beschreibung des schulischen Selbstverständnisses. Sie beginnt mit einem durch Anführungszeichen als Zitat markierten, von einem Porträtfoto flankierten und handschriftlich unterschriebenen Geleitwort des Schulleiters:

> *„Unser Ziel muss es sein, gemeinsam mit den Eltern, Schülerinnen und Schülern und dem Kollegium einen Ort zu schaffen, an dem in diesem Kiez angst- und gewaltfrei gelebt und gelernt werden kann, auf dem Weg in eine selbstbestimmte Zukunft."* (Broschüre Kirch-ISS, 2012)

Der institutionelle Selbstentwurf, der in diesen Worten des Schulleiters erkennbar wird, bildet einen unbeabsichtigten Gegenentwurf zu dem der Ebert-ISS. Während sich diese als leistungsorientierter Lernort zu erkennen gibt, formuliert die Kirch-ISS lediglich das (noch zu erreichende) Ziel, einen „Ort zu schaffen", an dem Schule überhaupt erst einmal „angst- und gewaltfrei" möglich gemacht werden kann. Die Aufgabe der Schule wird somit in erster Linie in der Abgrenzung von einer als defizitär beschriebenen Nachbarschaft gesehen, hinter die andere Zielsetzungen zurücktreten. Gleichzeitig markiert der Bezug auf den „Kiez" eine kleinräumige lokale Verantwortung, wohingegen mit dem „XXXer-Süden", in dem sich die Ebert-ISS als die Schule der Wahl positioniert, ein ungleich größeres – und zudem nicht als problembelastet qualifiziertes – Einzugsgebiet angedeutet und zum positiv konnotierten Teil der Werbebotschaft wird. Auch die Adressaten der Broschüre scheinen sich grundsätzlich zu unterscheiden. Während die Broschüre der Ebert-ISS die Eltern deutlich als mögliche Kunden mit klar formulierbaren Erwartungen anspricht, scheint sich das Geleitwort des Schulleiters in der Broschüre der Kirch-ISS appellativ nach innen zu richten und die bereits am Schulleben beteiligten Akteursgruppen an die zu bewältigenden Aufgaben zu erinnern. Auf diese Weise wird implizit auch von den zukünftigen Schülerinnen und Schüler und deren Eltern die nötige Bereitschaft zur Mithilfe eingefordert. An die Stelle eines in seiner hohen Qualität überprüfbaren Produktes, wie es an der Ebert-ISS beworben wird, tritt dadurch für eventuell interessierte Familien die Aussicht auf die Unterstützung von Schul- und Quartiersentwicklungsprozessen.

Der Blick auf die von den Schulen erstellten Informationsbroschüren lässt erkennen, in welcher Weise sich die weiterführenden Schulen im Wettbewerb positionieren – oder positionieren lassen – und hinsichtlich des rekonstruierbaren institutionellen Selbstentwurfs unterscheiden. Sie präsentieren sich für verschiedene Gruppen von Eltern sowie Schülerinnen und Schülern als in unterschiedlichem Ausmaß wählbar, indem sie beispielsweise stark voneinander abweichende Ziele schulischer Bildung in Aussicht stellen. Die deutlich ausgeprägten Unterschiede in den Selbstdarstellungen sind umso bemerkenswerter, als dass es sich bei den beiden Beispielen um Schulen der gleichen Schulform

(ISS) handelt. Allerdings enden die Gemeinsamkeiten der Schulen mit der Schulformbezeichnung. Denn während die Ebert-ISS bereits in ihrer Gründung als „demokratische Leistungsschule" (Frister 1968) konzipiert wurde und auf eine jahrelange Tradition als Gesamtschule mit gymnasialer Oberstufe zurückblickt,[11] handelt es sich bei der Kirch-ISS um eine ehemalige Hauptschule (bzw. Oberschule Praktischen Zweiges), die ohne Fusion mit einer Realschule zu einer ISS umgestaltet wurde. Die gegensätzlichen Selbstentwürfe sind also als Ausdruck standort- und schulformspezifischer Entwicklungsunterschiede zu verstehen, die durch die mit der Strukturreform erfolgte (oberflächliche) Vereinheitlichung der Schulform kaschiert werden.

Rekrutierungspotenziale und Passungserwartungen. Wettbewerbspositionierungen aus der Sicht von Schulleitern

Die differenzierten Positionierungen im Wettbewerb zweiter Ordnung lassen sich auch in den Interviews erkennen, die ich[12] mit Schuleiterinnen und Schulleitern der weiterführenden Schulen geführt habe. Analog zur oben erfolgten Gegenüberstellung zweier Informationsbroschüren kontrastiere ich im Folgenden zwei Interviewausschnitte, in denen die schulform- und standortspezifischen Differenzen hinsichtlich des erwarteten Passungsverhältnisses zwischen der Schule und den Schülerinnen und Schülern beziehungsweise deren Familien deutlich werden. In Bezug auf die von der Schule erwünschten Schülerinnen und Schüler kommt der Schulleiter des kontinuierlich übernachgefragten Bachmann-Gymnasiums auf die erwarteten motivationalen Merkmale der Schülerinnen und Schüler und deren Verbindung mit dem Elternhaus zu sprechen:

> *„hauptsache wir bekommen schüler die sozusagen ich sage mal so gymnasial sind die also irgend so etwas wie ne intrinsische motivation haben äh die die die etwas erreichen wollen sozusagen durch ihre schulische bildung […] dass sich eben schüler für uns entscheiden auch sollen die dieses musische interesse haben weil wir eben andererseits im umkehrschluss auch davon ausgehen, dass kinder mit einem musischen interesse oder auch elternhäuser mit einem musischen interesse wobei das jetzt nicht zu klassisch gefa- aufgefasst werden soll im prinzip auch schüler sind die überhaupt breitere interessen haben vielleicht und auch n allgemeines bildungsinteresse aufweisen das etwas größer ist"* (Schulleiter Bachmann-Gymnasium, 11/2014).

---

11 Für die Erinnerung an dieses Zusammenspiel von traditionellem Auftrag und gegenwärtigem Selbstverständnis bin ich Thomas Koinzer sehr dankbar.

12 Einige der Interviews habe ich gemeinsam mit meiner Kollegin Anne Jurczok durchgeführt, die mit ihrem Dissertationsprojekt zu elterlichen Schulwahlentscheidungen eine wichtige Kooperationspartnerin für meine Studie ist.

In diesem Ausschnitt werden einige Aspekte der Wettbewerbspositionierung der Schule deutlich. Der Schulleiter formuliert das Ziel, dass die Schule vor allem von einer bestimmten Schülerklientel besucht werden soll, die einem von ihm skizzierten Mindestanspruch genügen muss, den er als „gymnasial“ zusammenfasst und der vor allem durch eine motivationale Komponente geprägt ist, die andere denkbare Konzepte wie Leistungsfähigkeit oder Begabung ersetzt. Mit dem Bezug auf das (eigentlich längst verblichene) Exklusivitätskriterium der gymnasialen Eignung und der gleichzeitigen Reduzierung dieser Eignung auf die Zustimmung zu einem diffusen Bildungsziel („etwas erreichen wollen“) begrenzt der Schulleiter die Gruppe der passenden Schülerinnen und Schüler nach unten, ohne eine zu große Gruppe auszuschließen. Ohne auf die hier rekonstruierbare Pendelbewegung zwischen exklusiver Tradition der Schulart Gymnasium und Aufweichung der Passungs- und Zugangskriterien, die sich etwa auch in der Berlinweit hohen Quote der Gymnasialschülerinnen und -schüler zeigt, eingehen zu können, soll hervorgehoben werden, dass der Schulleiter hier eine Gruppe ausmacht, die für die Schule gewonnen werden soll. Von besonderer Bedeutung ist nun, dass in dem folgenden Abschnitt zu Tage tritt, dass sich diese Gruppe von Schülerinnen und Schüler aus der Perspektive des Schulleiters auch hinsichtlich ihres familiären Hintergrundes („elternhäuser mit einem musischen interesse“) von anderen abgrenzen lässt. Die Passung zwischen der Schule und den Schülerinnen und Schülern wird in diesem Verständnis durch die entsprechende familiäre Sozialisation begünstigt und ohne dass die entsprechende Strategie hier aufgezeigt werden kann, liegt die Vermutung nahe, dass sich diese Schule im Wettbewerb zweiter Ordnung vor allem um eine ausreichende Attraktivität bei den entsprechenden Familien bemühen muss.

Auch im Interview mit dem Schulleiter einer ISS (ohne Oberstufe) lassen sich Abschnitte finden, in denen die erwarteten Fähigkeiten und Einstellungen der Schülerinnen und Schüler mit der familiären Sozialisation erklärt werden und in denen die Zielgruppe der Schule skizziert wird. Die Familien, die sich für diese Schule entscheiden sollen, beschreibt der Schulleiter wie folgt:

> *„ich will dass in dieser schule ein klima herrscht dass es sich rumspricht dass die eltern die äh für die bildung noch wert hat für die bildung und erziehung wert hat dass die sagen ich möchte dass mein kind hier her kommt und ich möcht dass es mittleren schulabschluss macht und nach möglichkeit der so gut ist dass es dann eben auch noch weiter zur schule gehen kann die will ich haben (.) nach anderen streck ich mich nicht“* (Schulleiter Lovelace-ISS, 05/2012).

Im Vergleich mit dem oben zitierten Schulleiter des Gymnasiums wird der abweichende institutionelle Selbstentwurf sichtbar. Während der eine Schulleiter von den Einstellungen und Fähigkeiten der Schülerinnen und Schüler ausgeht bezieht sich der andere auf die Wertvorstellungen der Eltern. Hinsichtlich der Begrenzung der Gruppe der gewünschten Schülerinnen und Schüler respektive Eltern ähneln sich die Aussagen der Schulleiter einerseits, es lassen sich aber auch Unterschiede feststellen. Die Ähnlichkeit zeigt sich darin, dass beide Schulleiter einen Mindestanspruch formulieren, den besonders passende Schülerinnen und Schüler beziehungsweise Eltern erfüllen sollten, der sich aber der Schulform entsprechend verschiebt – von ‚Schülern, die gymnasial sind" zu ‚Eltern, für die Bildung und Erziehung noch Wert hat'. Der Unterschied ist in der Limitierung zu sehen, die der Schulleiter der ISS mit der Formulierung „nach anderen streck ich mich nicht" einführt und die in den Aussagen des Gymnasialschulleiters keine Entsprechung findet. Während das Bachmann-Gymnasium alle Schülerinnen und Schüler *ab* einem gewissen Grad an Motivation – oder Bildungsinteresse – anziehen möchte, schätzt der Schulleiter der Lovelace-ISS seine Schule so ein, dass sie für eine Gruppe von Eltern wählbar ist, die *bis* zu einem bestimmten Grad Erwartungen an schulische Bildung haben.

Ähnlich wie der Schulleiter des Bachmann-Gymnasiums, stellt auch der Schulleiter der Lovelace-ISS einen Zusammenhang zwischen der erwarteten Leistungsfähigkeit der Schülerinnen und Schüler und deren familiärem Hintergrund her. Doch während bei dem einen der förderliche Einfluss einer zum Anspruch der Schule passenden familiären Sozialisation angedeutet wird, wird die Diskrepanz zwischen den Wertvorstellungen der Schule und denen der Familien in der Wahrnehmung des anderen als Hindernis erfolgreicher schulischer Arbeit verstanden. Mit Blick auf die in seinen Augen nötige Leistungsbereitschaft der Schülerinnen und Schüler, sagt der Schulleiter der Lovelace-ISS:

> *„äh dass bei vielen diese diese diese diese leistungsbereitschaft oder das verständnis dessen ganz anders ist und da können sie reden so viel sie wollen wie wollen sie denn einem einem schüler erklären […] was mein leistungsverständnis ist wenn seine eltern möglicherweise vor zehn nicht aufstehen und da bin ich doch zufrieden dass der wenigstens noch halbwegs pünktlich um acht zur schule kommt"* (Schulleiter Lovelace-ISS, 05/2012).

Aus der Sicht des Schulleiters ist es somit eine Aufgabe der Schule, den Schülerinnen und Schülern von ihren Familien abweichende Wertvorstellungen – hier in Bezug auf das ‚Leistungsverständnis' – zu vermitteln. Die familiäre Sozialisation wird somit nicht mehr als förderliche Ressource sondern als Anlass kompensatorischer pädagogischer Arbeit wahrgenommen. Zusammengefasst lässt sich aus den Aussagen der beiden Schulleiter ein Zusammenspiel aus unterschiedlicher Wettbewerbspositionierung – welche Schülerinnen und Schüler und welche Familien können erfolgversprechend angesprochen werden – und institutionellem

Selbstentwurf – für wen sieht sich die Schule in welcher Weise verantwortlich – rekonstruieren.

Fazit und Ausblick

In diesem Beitrag wurde die doppelseitige Wettbewerbssituation, die sich in Folge der Berliner Schulstrukturreform beobachten lässt, vor allem mit Blick auf die Seite der Schulen als Anbieter in diesem Quasi-Markt untersucht. Der Wettbewerb der weiterführenden Schulen wurde in Anlehnung an die umfangreiche Forschung zu den Auswirkungen einer marktorientierten Umgestaltung des Bildungswesens analytisch in die Wettbewerbe erster und zweiter Ordnung unterteilt. Hinsichtlich des Wettbewerbs erster Ordnung wurden die stark voneinander abweichenden Anmeldezahlen der weiterführenden Schulen und die Spannweite der Beurteilungen beteiligter Akteure dargestellt und als Hinweis darauf interpretiert, dass sich die Schulen in ihrer Positionierung im Wettbewerb erster Ordnung unterscheiden. Dies kann Einfluss auf die Positionierung im Wettbewerb zweiter Ordnung haben. In der Interpretation beispielhafter Schulbroschüren und Interviewausschnitte wurde das Konzept des institutionellen Selbstentwurfs dafür genutzt, unterschiedliche Positionierungen im Wettbewerb zweiter Ordnung zu rekonstruieren. Es konnte gezeigt werden, dass sich die institutionellen Selbstentwürfe der Schulen standortspezifisch unterscheiden lassen. Diese Unterschiede können als Folge aber auch als Ursache der Positionsunterschiede in den Wettbewerben erster und zweiter Ordnung verstanden werden. Für die leitende Frage des Beitrags, in welcher Weise ein verstärkt marktorientiertes Übergangsverfahren und ein Wettbewerb der Schulen untereinander dazu beitragen können, herkunftsbedingte Ungleichheiten zu reduzieren, kann das Zusammenspiel von institutionellem Selbstentwurf und Wettbewerbspositionierung von großer Bedeutung sein. Sowohl in den Schulbroschüren als auch in den Interviewausschnitten zeigt sich nämlich, dass durch die einzelnen Schulen spezifische Gruppen von Schülerinnen und Schülern beziehungsweise Familien mehr oder weniger explizit als passend zum institutionellen Selbstentwurf konstruiert werden und dass die Konstruktion dieses Passungsverhältnisses auch über unterscheidbare familiäre Sozialisationsbedingungen und Unterstützungsmöglichkeiten geschieht. Dieser Punkt deutet darauf hin, dass auch unter den Bedingungen eines strukturell weniger differenzierenden Schulsystems Hierarchien von Einzelschulen einerseits und von sozialschichtabhängigen Voraussetzungen der Schülerinnen und Schüler andererseits wirksam werden, die bestehende Ungleichheiten eher tradieren als diese zu reduzieren. Das bedeutet, dass der in Berlin eingeschlagene Weg, die Wahl der Familien zu stärken und gleichzeitig die Schulstruktur zu homogenisieren wahrscheinlich nicht dazu beitragen wird, den Zusammenhang zwischen sozialer Herkunft und Bildungserfolg zu reduzieren.

Für die weitere Forschung können deshalb zwei Perspektiven als aufschlussreich angesehen werden: Erstens erscheint es vielversprechend, die Spielräume und Begrenzungen genauer zu untersuchen, in denen Schulen entsprechend ihrer standortspezifischen Traditionen ihre institutionellen Selbstentwürfe überhaupt (neu) formulieren können und auf welche Weise und durch welche Akteure dies geschieht. Zweitens könnte es zu einem tieferen Verständnis der komplexen Wettbewerbssituation beitragen, die habituell geleiteten Wahlentscheidungen der Familien stärker mit den rekonstruierbaren institutionellen Selbstentwürfen der Schulen in Verbindung zu bringen. So könnten zum einen die bisherigen Kenntnisse über milieuspezifische Präferenzen im Schulwahlprozess in Bezug auf die Ebene der Einzelschulen vertieft werden. Zum anderen könnte so herausgearbeitet werden, wie das Zusammenspiel von familiären Habitusformationen und feinen Unterschieden zwischen den Schulen zur Reproduktion gesellschaftlicher Unterschiede – also Ungleichheiten – beiträgt. Letztlich könnte eine derartige Forschung dazu führen, das Bildungswesen und die einzelnen Schulen von der an sie gerichteten Erwartung zu befreien, für den Abbau der vielfältigen gesellschaftlichen Ungleichheiten an prominenter Stelle verantwortlich zu sein.

Literatur

Abgeordnetenhaus Berlin (2009). *Beschluss des Berliner Abgeordnetenhauses zur Weiterentwicklung der Berliner Schulstruktur.* Drucksachen. 16/2479, 16/2479–1, 16/2535. Zit. nach Maaz, Baumert, Neumann Becker & Dumont (2013), S. 299–304.

Altrichter, H., Bacher, J., Beham, M., Nagy, G. & Wetzelhütter, D. (2011). Neue Ungleichheit durch freie Schulwahl? Die Auswirkungen einer Politik der freien Wahl der Primarschule auf das elterliche Schulwahlverhalten. In F. Dietrich, M. Heinrich & N. Thieme (Hrsg.), *Neue Steuerung – alte Ungleichheiten? Steuerung und Entwicklung im Bildungssystem* (S. 305–326). Münster (u. a.): Waxmann.

Baumert, J., Maaz, K., Neumann, M., Becker, M. & Dumont, H. (2013). Die Berliner Schulstrukturreform: Hintergründe, Zielstellungen und theoretischer Rahmen. In K. Maaz, J. Baumert, M. Neumann, M. Becker & H. Dumont (Hrsg.) *Die Berliner Schulstrukturreform. Bewertung durch die beteiligten Akteure und Konsequenzen des neuen Übergangsverfahrens von der Grundschule in die weiterführenden Schulen.* Münster (u. a.): Waxmann.

Baumert, J., Stanat, P. & Watermann, R. (2006). Schulstruktur und die Entstehung differenzieller Lern- und Entwicklungsmilieus. In J. Baumert, P. Stanat & R. Watermann (Hrsg.), *Herkunftsbedingte Disparitäten im Bildungswesen: Diffe-*

renziell Bildungsprozesse und Probleme der Verteilungsgerechtigkeit. Vertiefende Analysen im Rahmen von PISA 2000 (S. 95–188). Wiesbaden: VS Verlag.

Becker, R. (2011). Entstehung und Reproduktion dauerhafter Bildungsungleichheiten. In R. Becker (Hrsg.) *Lehrbuch Bildungssoziologie* (S. 87–138). Wiesbaden: VS Verlag.

Belfield, C. R. & Levin, H. N. (2009). Market reforms in education. In G. Sykes, B. Schneider, D. N. Plank & T. G. Ford (Hrsg.), *Handbook of policy research* (S. 513–527). New York u. London: Routledge.

Bellmann, J. & Weiß, M. (2009). Risiken und Nebenwirkungen Neuer Steuerung im Schulsystem. Theoretische Konzeptualisierung und Erklärungsmodelle. *Zeitschrift für Pädagogik, 55* (2), 286–308.

Berliner Morgenpost (2015), Das sind Berlins beliebteste Gymnasien, *Berliner Morgenpost* vom 31.03.2015.

Berliner Zeitung (2015), Welche Oberschulen 2015 besonders begehrt sind, *Berliner Zeitung* vom 03.04.2015.

Björklund, A., Edin, P.-E., Fredriksson, P. & Kruger, A. (2004). Education, equality and efficiency. An analysis of Swedish school reforms during the 1990s.

Boudon, R. (1974). *Education, opportunity and social inequality: Changing prospects in Western society.* New York: Wiley.

Bourdieu, P. (1982). *Die feinen Unterschiede. Kritik der gesellschaftlichen Urteilskraft.* Frankfurt a. M.: Suhrkamp.

Bourdieu, P. (1983). Ökonomisches Kapital, kulturelles Kapital, soziales Kapital. In. R. Kreckel (Hrsg.), *Soziale Ungleichheiten* (S. 183–189). Göttingen: Schwartz.

Bourdieu, P. & Passeron, J. C. (1971). *Die Illusion der Chancengleichheit. Untersuchungen zur Soziologie des Bildungswesens am Beispiel Frankreichs.* Stuttgart: Klett.

Caruso, M. & Ressler, P. (2013). Zweigliedrigkeit: Strukturwandel des Schulsystems? Einführung in den Thementeil. *Zeitschrift für Pädagogik, 59* (4), 451–454.

Chubb, J. E. & Moe, T. (1990). *Politics, markets and America's schools.* Washington: The Brookings Institution.

Clarke, A. E. (2012). *Situationsanalyse. Grounded Theory nach dem Postmodern Turn.* Wiesbaden: VS Verlag.

Clausen, M. (2007). *Einzelschulwahl: Zur Wahl der konkreten weiterführenden Einzelschule aus der Sicht von Bildungsnachfragenden und Bildungsanbietern.* Habilitationsschrift, Universität Mannheim, Fakultät für Sozialwissenschaften.

Ditton, H. (2013a). Chancenungleichheit in schulischen Laufbahnen. In D. Deißner (Hrsg.), *Chancen bilden. Wege zu einer gerechteren Bildung – ein internationaler Erfahrungsaustausch* (S. 57–78). Wiesbaden: VS Verlag.

Ditton, H. (2013b). Kontexteffekte und Bildungsungleichheit: Mechanismen und Erklärungsmuster. In R. Becker & A. Schulze (Hrsg.), *Bildungskontexte. Strukturelle Voraussetzungen und Ursachen ungleicher Bildungschancen* (S. 173–203). Wiesbaden: VS Verlag.

Drope, T. & Jurczok, A. (2013). Weder gleichwertig noch gleichartig. Besonderheiten und Problemlagen Integrierter Sekundarschulen in einem sozio-ökonomisch schwachen Stadtteil Berlins. *Zeitschrift für Pädagogik 59* (4), 496–507.

Fend, H. (1987). „Gute Schulen – schlechte Schulen". Die einzelne Schule als pädagogische Handlungseinheit. In U. Steffens & T. Bargel (Hrsg.) *Erkundungen zur Wirksamkeit und Qualität von Schule* (S. 55–87). Wiesbaden: Hessisches Institut für Bildungsplanung und Schulentwicklung.

Fend, H. (1998). *Qualität im Bildungswesen. Schulforschung zu Systembedingungen, Schulprofilen und Lehrerleistung.* Weinheim und München: Juventa.

Fend, H. (2008b). *Neue Theorie der Schule. Einführung in das Verstehen von Bildungssystemen.* Wiesbaden: VS Verlag.

Frister, Erich (1968). Demokratische Leistungsschule. Beiträge Neuköllner Schulen zur Reform des Schulwesens. In Kommunalpolitische Beiträge Nr. III/24. Zit. nach G. Rade, W. Korthaase, R. Rogler & U. Gößwald (Hrsg.) (1993), *Schulreform – Kontiuitäten und Brüche. Das Versuchsfeld Berlin-Neukölln* (S. 109–115). Opladen: Leske + Budrich.

Giesinger, J. (2009). Freie Schulwahl und Bildungsgerechtigkeit. *Zeitschrift für Erziehungswissenschaft, 13* (2), 170–187.

Glaser, B. G. & Strauss, A. L. (1967/2010). *Grounded Theory. Strategien qualitativer Forschung.* Berlin: Huber.

Geertz, C. (1983) *Dichte Beschreibung. Beiträge zum Verstehen kultureller Systeme.* Frankfurt a. M.: Suhrkamp.

Gewirtz, S., Ball, S. J., Bowe, R. (1995). *Markets, Choice and Equity in Education.* Buckingham u. Philadelphia: Open University Press.

Hammersley, M. & Attkinson, P. (2007). *Ethnographic Principles in Pratice* (3rd Edition). London: Routledge.

Hartley, D. (2012). Education and the culture of consumption: personalisation and the social order. London u. New York: Routledge.

Häußermann, H. (2009). Die soziale Dimension unserer Städte – von der „Integrationsmaschine" zu neuen Ungleichheiten. In Robert Bosch Stiftung (Hrsg.), *Starke Familie – Solidarität, Subsidiarität und kleine Lebenskreise. Bericht der Kommission „Familie und demographischer Wandel"* (S. 147–156). Stuttgart: Robert Bosch Stiftung.

Häußermann, H. & Hausmann, P. (2011). *Entwicklung der Quartiere in Neukölln im Vergleich zu anderen (Teil-)Bereichen der Stadt Berlin in den Jahren 2007–2009.* Berlin: Res urbana.

Heinrich, M., Altrichter, H. & Soukup-Altrichter, K. (2011). Neue Ungleichheiten durch Schulprofilierung? Autonomie, Wettbewerb und Selektion in profilorientierten Schulentwicklungsprozessen. In F. Dietrich, M. Heinrich & N. Thieme (Hrsg.), *Neue Steuerung – alte Ungleichheiten? Steuerung und Entwicklung im Bildungssystem* (S. 271–290). Münster (u. a.): Waxmann.

Helsper, W., Böhme, J. , Kramer, R.-T. & Lingkost, A (2001). *Schulkultur und Schulmythos. Rekonstruktionen zur Schulkultur I.* Opladen: Leske+Budrich.

Helsper, W. (2008), Schulkulturen. Schulen als symbolische Sinnordnung. *Zeitschrift für Pädagogik 54*(1), 63–80.

Hirschauer, A. & Amann, K. (Hrsg.) (1997). *Die Befremdung der eigenen Kultur. Zur ethnographischen Herausforderung soziologischer Empirie.* Frankfurt a. M.: Suhrkamp.

Hoxby, C. M. (1998). What Do America's „Traditional" Forms of Scholl Choice teach Us about School Choice Reforms? FRBNY Economic Policy Review, March 1998.

Jencks, C., Smith, M., Acland, H., Bane, M. J., Cohen, D., Gintis, H., Heyns, B. & Michelson, S. (1973). *Chancengleichheit.* Reinbeck: Rowohlt.

Kemper, T. & Weißhaupt, H. (2011). Region und soziale Ungleichheit. In H. Reinders, H. Ditton, C. Gräsel & B. Gniewosz (Hrsg.), *Empirische Bildungsforschung. Gegenstandsbereiche* (S. 209–219). Wiesbaden: VS Verlag.

Koinzer, T & Mayer, T. (2015). Private Schulen. Entwicklungen und empirische Befunde unter besonderer Berücksichtigung des Grundschulwesens. *Zeitschrift für Grundschulforschung, 8 (2),* 28–41.

Kramer, R.-T. (2013). Abschied oder Rückruf von Bourdieu? Forschungsperspektiven zwischen Bildungsentscheidungen und Varianten der kulturellen Passung. In Dietrich, F., Heinrich, M. & Thieme, N. (Hrsg.), *Bildungsgerechtigkeit jenseits von Chancengleichheit. Theoretische und empirische Ergänzungen und Alternativen zu ‚PISA'(115–135).* Wiesbaden: Springer VS.

Krüger, H.-H., Rabe-Kleberg, U., Kramer, R.-T. & Budde, J. (Hrsg.) (2010). *Bildungsungleichheit revisited: Bildung und soziale Ungleichheit vom Kindergarten bis zur Hochschule.* Wiesbaden: VS Verlag.

Maroy, C. & van Zanten, A. (2011). Steuerung und Wettbewerb zwischen Schulen in sechs europäischen Regionen. In H. Altrichter (Hrsg.), *Schulentwicklung durch Schulprofilierung? Zur Veränderung von Koordinationsmechanismen im Schulsystem* (S. 195–214). Wiesbaden: VS Verlag.

Palentin, C. (2005). Aufwachsen in Armut – Aufwachsen in Bildungsarmut. Über den Zusammenhang von Armut und Schulerfolg. *Zeitschrift für Pädagogik, 51* (2), 154–169.

Radtke, F.-O. (2000). Einleitung: Schulautonomie, Sozialstaat und Chancengleichheit. In F.-O. Radtke & M. Weiß (Hrsg), *Schulautonomie, Wohlfahrtsstaat und Chancengleichheit. Ein Studienbuch* (S. 13–32). Opladen: Leske+Budrich.

Radtke, F.-O. (2004). Die Illusion der meritokratischen Schule. Lokale Konstellationen der Produktion von Ungleichheit im Erziehungssystem. *IMIS Beiträge Osnabrück* 23 (2004), 143–178.

Reay, D., Crozier, G. & James, D. (2011). *White Middle-Class Identities and Urban Schooling.* Houndmills: Palgrave Macmillan.

Sachverständigenrat deutscher Stiftungen für Integration und Migration (2013). *Segregation an deutschen Schulen. Ausmaß, Folgen und Handlungsempfehlungen für bessere Bildungschancen.* Berlin.

Senatsverwaltung für Bildung, Jugend und Wissenschaft (2015a). *Schulreform.* http://www.berlin.de/sen/bildung/bildungspolitik/schulreform.

Senatsverwaltung für Bildung, Jugend und Wissenschaft (2015b). *Wohin nach der Grundschule?* http://www.berlin.de/sen/bildung/bildungswege/uebergang.htm.

Senatsverwaltung für Bildung, Jugend und Wissenschaft (2015c). Bonus-Programm. http://www.berlin.de/sen/bildung/schulqualitaet/bonus-programm.html.

Senatsverwaltung für Stadtentwicklung und Umwelt Berlin (2013). *Monitoring soziale Stadtentwicklung 2013.* http://www.stadtentwicklung.berlin.de/planen/basisdaten_stadtentwicklung/monitoring/download/ 2013/MSS2013_Endbericht.pdf

Sikorski, S. (2007). Differenzierungsprozesse in städtischen Schullandschaften: Das Beispiel der Hauptschulen. *Zeitschrift für Pädagogik, 53* (3), 284–298.

Strauss, A. & Corbin, J. (1990). *Basiscs of Qualitative Research. Grounded Theory Procedures und Techniques.* Newbury Park (u. a.): Sage.

Thiel, F. Cortina, K. S. & Pant, H. A. (2014). Steuerung im Bildungssystem im internationalen Vergleich. In R. Fatke & J. Oelkers (Hrsg.), *Das Selbstverständnis der Erziehungswissenschaft. Geschichte und Gegenwart* (S. 123–138). Weinheim: Beltz.

Tillmann, K.-J. (2012). Das Sekundarschulsystem auf dem Weg in die Zweigliedrigkeit: Historische Linien und aktuelle Verwirrungen. *Pädagogik,* 64(5), 8–12.

Tillmann, K. J. (2013). *Schulstrukturen in 16 deutschen Bundesländern. Zur institutionellen Rahmung des Lebenslaufs (NEPS Workin Paper No. 28).* Bamberg: Otto-Friedrich-Universität, Nationales Bildungspanel.

Weiß, M. (2001). Quasi-Märkte im Schulbereich. Eine ökonomische Analyse. In J. Oelkers (Hrsg.), *Zukunftsfragen der Bildung* (S. 69–85). Weinheim: Beltz.

Zugänge zur spezifischen Lernkultur Science Slam. Da-Zwischen als zentraler Ankerpunkt im Forschungsprozess

Maria Stimm

Humboldt-Universität zu Berlin

Zusammenfassung

Formate der Wissenschaftskommunikation sind hinreichend bekannt. Sie lösen Wissenschaften aus ihrem (universitären) Forschungsumfeld und schaffen einen Zugang für unterschiedliche Zielgruppen. Der als „Wissenschaftsschlacht" (Strassmann, 2010) beschriebene Science Slam fordert Wissenschaftler_innen dazu auf, eigene Forschungsergebnisse in zehn Minuten auf der Bühne zu präsentieren und sich anschließend der direkten Publikumsrückmeldung zu stellen.

Aus einer erwachsenenpädagogischen Forschungsperspektive wird der Science Slam als Lernkultur eingeordnet, die durch eine Entgrenzung zwischen Inszenierung und Bildung charakterisiert ist. Dieser als Da-Zwischen beschriebene Moment findet sich auf verschiedenen Ebenen im Forschungsdesign wieder. Ästhetische Theorien verdeutlichen, dass in der jeweiligen Slam-Performance ein Da-Zwischen im Sinne eines Zwischenraums (Seitz, 1998) zwischen den beteiligten Akteur_innen entsteht. Gleichzeitig bildet sich ein Da-Zwischen zwischen alltäglichen Wissensstrukturen und wissenschaftlichen Wissensstrukturen aus. Der „Strukturbruch" (Schäffter, 2001), welcher auf Bildungsimpulse abhebt, dient zur Verdeutlichung dieser Transformationsprozesse. Das Zusammenspiel von Raum und Atmosphäre kennzeichnet eine umfassende Beeinflussung der Lernkultur (Gieseke, 2007a).

Da Lernkulturen nicht unmittelbar empirisch zugänglich sind, wird auf Basis der Annahmen zur „dichten Beschreibung" (Geertz, 2001) der Science Slam in einer Perspektivenverschränkung analysiert. Erst durch diese Mehrperspektivität wird das inhärente Konstrukt der gestalteten Lernkultur als Da-Zwischen (Gieseke, 2007b) fassbar. Um zu verdeutlichen, wie feingliedrig Analysen in diesem Sinne ansetzen müssen, werden die Zugänge zum Da-Zwischen theoretisch wie analytisch ausdifferenziert.

Abstract

Science Slam is an example of a changing scientific communication. At the Science Slam, scientists from different scientific fields present their research results in a ten minutes presentation. Normally the majority of the audience has no background knowledge of the particular scientific field but at the end the audience assesses the performance by applause.

From an adult educational point of view Science Slam is a learning culture. These specific learning culture is characterized by a between. During the performance of a single slam there is arising an interspace between the audience and the scientist which is also characterized by transformation processes between a scientific and a common context of knowledge. As a method of doing ethnography the "thick description" (Geertz, 2008) combined with an offset of perspectives enables the description of the learning culture. All sections of this specific learning process have to be deciphered so that the learning culture can be described.

1. Wissenschaften als Bühnenstück: Science Slam als Format der Wissenschaftskommunikation

Wissenschaften werden über die Jahrzehnte betrachtet zunehmend zum Gegenstand öffentlicher Auseinandersetzungen, unterliegen jedoch auch einer steigenden Wissensnachfrage von Öffentlichkeit, Politik und Wirtschaft.[1] Dabei bemühen sich Wissenschaftler_innen verstärkt um die Legitimation der jeweiligen Wissenschaft, die zur Lösung gesellschaftlicher Probleme herangezogen wird. Sie wirken damit einem Legitimationsdefizit entgehen, weil „[d]urch die Einführung neuen Wissens und neuer Techniken Folgeprobleme entstehen, die für den Einzelnen oder ganze Gruppen in der Bevölkerung Risiken darstellen, ohne von ihnen mitbestimmt worden zu sein" (Pansegrau, Taubert & Weingart, 2011, S. 3). Wissenschaften können daher nicht in Isolierung und Abgeschlossenheit agieren, sondern sind auf eine Kommunikation untereinander, mit an-

---

1 Orientiert wird sich für diese Annahme an den am Zeithorizont ausgerichteten Darstellungen von Weingart (2004), der u. a. ausführt, dass mit Beginn des 20. Jahrhunderts der massendemokratischen Öffentlichkeit das Interesse und die Fähigkeit abgesprochen wurden, Wissenschaften bzw. wissenschaftliche Erkenntnisse zu verstehen (Weingart, 2004, S. 17). Erst in den 1970er Jahren kam es zur Konstituierung einer neuen, bis dahin unbekannten Öffentlichkeit, indem Wissenschaften und Techniken zum Gegenstand von Protesten wurden (z. B. Reaktionen von Bürger_inneninitiativen sowie Umweltorganisationen auf die Kernkraftdebatte), die wiederum eine spezifische Wissenschaftskommunikation einforderten.

deren Subsystem und der Öffentlichkeit verwiesen. Die Charakterisierung von *Wissenschaften im Elfenbeinturm* wird somit als unzureichende Metapher zur Beschreibung des Wissenschaftssystems verworfen.

Diese Zusammenhänge ermöglichen, dass wissenschaftliche Erkenntnisse auch in Frage gestellt werden, sich als Reaktionsstrategien vorwiegend jedoch Vermittlungspraktiken – im Sinne der Informationsvermittlung – entwickeln, die eher auf eine umfassende Reflexion der wissenschaftlichen Erkenntnisse verzichten, um auf diesem Weg eine öffentliche Akzeptanz aufrecht zu erhalten. Diese Akzeptanz führt nicht zu einem gleichberechtigten Dialog zwischen Wissenschaften und Öffentlichkeit, denn Akzeptanz bedeutet nur mehr Hinnahmebereitschaft, es fehlt jedoch weiterhin an Handlungs- sowie Einflussoptionen und Dialogmöglichkeiten (Bovenschulte, 2005). Das bedeutet, dass bestehende Angebote der Wissenschaftskommunikation für den Anspruch einer tatsächlichen Mitgestaltung nicht ausreichen. Ein Dialogformat fördert hingegen Anregungen, Einblicke und ein tieferes Verständnis für den jeweiligen Wissenschaftsbereich, fordert jedoch auch ein professionelles, zielgruppenspezifisches Verständnis von Wissenschaftskommunikation. Hier knüpft ein Wandel der wissenschaftlichen Kommunikationskultur an.

Wissenschaftskommunikation meint in einem ersten Zugang zwei Ausrichtungen: Zum einen werden politische Forderungen nach einer Berichtspflicht der Wissenschaften, aber auch Vermarktungsansprüche genutzt, um mit Wissenschaftskommunikation eine Kommunikation der Wissenschaften „mit einer unspezifizierten aber möglichst breiten Öffentlichkeit" (Pansegrau, Taubert & Weingart, 2011, S. 2) voranzutreiben. Die ausgerufenen Jahre der Wissenschaften sowie Langen Nächte der Wissenschaften bilden hier Veranstaltungsbeispiele, die diesem Anspruch entsprechen, dabei jedoch auch kommerziellen Interessen folgen. Der zunächst neutral konnotierten Begriff „Kommunikation" wird in dieser beschriebenen Begriffsverwendung mit einer wirtschaftlichen Akzentuierung unterlegt (Dernbach, Kleinert & Münder, 2012). Zum anderen lässt sich eine allgemeine Kommunikation der Wissenschaften über die Medien bzw. die Berichterstattung in den Medien über Wissenschaften erkennen.

Die aufgegriffenen zwei Ausrichtungen der Wissenschaftskommunikation verfolgen auf unterschiedlichen Ebenen bestimmte Ziele (Dernbach, Kleinert & Münder, 2012): Wissenschaftskommunikation auf einer Makroebene verdeutlicht die Funktionen des Gesamtsystems Wissenschaft. Auf einer Mesoebene dient Wissenschaftskommunikation wiederum wissenschaftlichen Einrichtungen und Institutionen zur politischen, wirtschaftlichen, medialen und öffentlichen Legitimation, indem sie in der Kommunikation eine Anwendungsorientierung für politische, wirtschaftliche und gesellschaftliche Prozesse und Entscheidungen verdeutlichen. Die Mikroebene der Wissenschaftskommunikation fokussiert die einzelnen Wissenschaftler_innen. Auf Grundlage der Ausrichtungen zum Verständnis der Wissenschaftskommunikation haben sich somit Formate der Wissenschaftskommunikation mit jeweils unterschiedlichen Zielsetzungen und Praktiken entwickelt, denen es jedoch an theoretischer – kommunikationswissenschaftlicher sowie pädagogischer – Fundierung fehlt (Pansegrau, Taubert & Weingart, 2011). Ebenso wird deutlich, dass ein dialogisches Format der Wissenschaftskommunikation oder eine den Austausch fokussierende Wissenschaftskommunikation in den aktuell festgestellten Ausrichtungen der Wissenschaftskommunikation (Pansegrau, Taubert & Weingart, 2011) kaum eine Rolle spielt. Denn der Anspruch an eine dialogische Wissenschaftskommunikation fordert, dass „Wissenschaftskommunikation keine Einbahnstraße der passiven Wissensaufnahme" (Antos & Wichter, 2005, S. XII) ist, sondern schon im Forschungsprozess über die Möglichkeiten der Wissenschaftskommunikation (außer-)wissenschaftliche Ziele und wissenschaftliches Orientierungswissen (Bovenschulte 2005) kommuniziert werden. Die Darstellung des wissenschaftlichen Forschungs- sowie Erkenntnisprozesses ist ein Ansatzpunkt, um über die Informationsvermittlung hinausgehend einen Dialog zu ermöglichen. Es geht somit vielmehr darum, den Forschungsprozess hin zu den Forschungsergebnissen darzulegen. Der als passiv vorgestellten Öffentlichkeit wird Wissen also nicht nur durch die Wissenschaftler_innen vermittelt, sondern im Dialog wird eine Beziehung zwischen Wissenschaften und Öffentlichkeit angestrebt. Das bedeutet auch, dass eine „Öffnung der Wissenschaft für den Blickwinkel der Öffentlichkeit und ihre Theorien, Interessen, Relevanzen ebenso wie ihre Ängste" (Barth-Weingarten & Metzger, 2005, S. 6) erfolgt.

Um die Entwicklungen innerhalb der Wissenschaftskommunikation exemplarisch zu verdeutlichen, wird aus der Vielzahl der differenten wissenschaftlichen Kommunikationsformate das Veranstaltungsformat *Science Slam* als Forschungsgegenstand herausgegriffen. Es setzt an den Anforderungen der aktuellen Wissenschaftskommunikation an und ist geprägt durch einen experimentellen Charakter mit Blick auf das Aufeinandertreffen von Wissenschaften und Öffentlichkeit (Stimm 2016).

Der Science Slam ist ein Wettbewerb für Wissenschaftler_innen, die innerhalb eines Zeitrahmens von zehn Minuten Forschungsthemen, Forschungsprojekte und deren Ergebnisse einem vorwiegend fachfremden Publikum präsentieren. Dabei unterliegt die jeweilige Slam-Performance dem Anspruch, Verständlichkeit und Unterhaltsamkeit miteinander zu verbinden: „Was wir hier machen, ist kein Slapstick. Die Redner stellen in Minimalzeit reale wissenschaftliche Ergebnisse vor, und die Zuhörer sollen hinterher zumindest die Grundzüge des Problems erfasst haben. Dazu müssen die Vortragenden ihre Aussagen sehr genau auf den Punkt bringen" (Dähn 2011). Da während der Veranstaltung Wissenschaftler_innen aus verschiedenen Disziplinen und mit unterschiedlichen Schwerpunktsetzungen auftreten, ermöglicht dies einerseits vielfältige Einblicke in die Forschungsbereiche, andererseits auch für abstrakte und kontroverse Themen sowie komplexe Zusammenhänge grundlegende Zugänge.

Die einzelne Slam-Performance ist dabei mehr „als die Summe [...] [ihrer] wissenschaftlich relevanten Informationen" (Strassmann, 2010, S. 2). Es werden innerhalb des Slams verschiedene Elemente miteinander kombiniert – ob die wissenschaftlichen Erkenntnisse mit einem Experiment auf der Bühne den Teilnehmenden näher gebracht werden oder die Forschungsergebnisse als Gedicht vorgetragen werden, entscheidet jede_r Slammende dabei selbst. Jede Slam-Performance entwickelt darüber ihre eigene Dynamik.

Zum Abschluss einer Science-Slam-Veranstaltung wird der sogenannte Slam-Champion über eine Applausabstimmung oder Punktebewertung durch das Publikum bestimmt. „Am Ende schneiden [dann] meistens nicht die größten Entertainer, sondern diejenigen gut ab, die neue Erkenntnisse und Aha-Erlebnisse vermitteln können" (Eisenbarth & Weißkopf, 2012, S. 160). Ausgangspunkt für die Slam-Performance ist somit, sich auf die Teilnehmenden als fachfremdes Publikum einzustellen und die Inhalte dementsprechend methodisch-didaktisch aufzubereiten. Kritisch anzumerken ist – bezugnehmend auf populärwissenschaftliche Vermittlungsformen –, dass zwar das „Publikum dort [abgeholt wird], wo es steht, nicht selten wird es jedoch genau dort auch wieder abgeliefert" (Ullrich, 2015). Dem kann eine zielgruppenspezifische, methodisch-didaktisch aufbereitete Wissenschaftskommunikation entgegenwirken, welcher das im Folgenden detailliert dargestellte Forschungsprojekt im Rahmen einer Lernkulturbeschreibung nachgeht.

2. Ethnografische Betrachtungen einer Lernkultur: Science Slam als Forschungsgegenstand[2]

Neben der Einordnung des Veranstaltungsformats Science Slam in die Entwicklungen der Wissenschaftskommunikation bietet es aus erwachsenenpäda-

2 Bezuggenommen wird in den folgenden theoretischen und analytischen Ausführungen auf das Dissertationsprojekt der Autorin unter dem Arbeitstitel „Wissenschaft in zehn

gogischer Perspektive einen mehrperspektivisch-verschränkenden Ansatz zur Beschreibung einer spezifischen Lernkultur. Lernkulturen sind über eine Vielzahl von Faktoren zu beschreiben, die erst im Zusammenspiel ein Konstrukt ergeben, welches als Lernkultur spezifiziert werden kann.

Um die Zusammenhänge innerhalb der Lernkultur Science Slam empirisch sichtbar zu machen, wird sich dem Veranstaltungsformat als Forschungsgegenstand unter den Annahmen zur „dichten Beschreibung" (Geertz, 2001) angenähert. Die genutzte Perspektivenverschränkung (Gieseke, 2007b) ermöglicht durch das Aufgreifen der Perspektiven aller am Science Slam beteiligten Akteur_innen, dass vor allem inhärente Konstrukt der Lernkultur empirisch zu fassen. Durch die Verschränkung der verschiedenen Perspektiven wird in der Zusammenführung ein Da-Zwischen – der das Geschehen herstellende Moment – herausgearbeitet (Gieseke, 2007b). Die Wahrnehmung des Da-Zwischens erlaubt es letztlich erst, den Science Slam als gestaltete Lernkultur im Ganzen zu beschreiben. Kommunikations- und Handlungszusammenhänge dienen hier als Bedeutungszuschreibungen zu Sachverhalten aus der Lebenswelt. Über die ethnografische Ausrichtung des Forschungsansatzes werden daher soziale Interaktionen erschlossen.

Als eingebrachte Perspektiven auf den Science Slam wurden dafür Interviews mit Slammenden, Organisierenden des Veranstaltungsformats und Personen aus dem Publikum genutzt. Dabei wurden zum einen Expert_inneninterviews (Bogner, Littig & Menz, 2009; Gläser & Laudel, 2009; Meuser & Nagel, 2010) mit den Organisierenden des Science Slams durchgeführt, da sie in der Explorationsphase eine Innensicht auf den Forschungsgegenstand ermöglichen konnten. Zum Zeitpunkt der Datenerhebung ergab eine systematische Recherche zum Veranstaltungsformat Science Slam vorwiegend Material aus medialer Berichterstattung, theoretische und empirische Auseinandersetzungen fehlten. Das Expert_inneninterview dient hier somit der Rekonstruktion des Forschungsgegenstandes. Die Zuschreibung Expert_in bleibt dabei ein relationaler Status, der begrenzt ist auf die jeweiligen Fragestellungen. Zum anderen wurden fokussierte Interviews (Merton et al., 1956) mit den Slammenden und Personen aus dem Publikum durchgeführt. Die Fokussierung der Interviews ergab sich aus der jeweils inhaltlichen Ausrichtung entlang der jeweiligen Science-Slam-Veranstaltung. Flankiert werden die Interviews durch Beobachtungsprotokolle – angelehnt an die fokussierte Ethnographie (Knoblauch, 2005; Oester, 2008) – und Videomitschnitte der einzelnen Slam-Performances aufgrund der

Minuten. Eine ethnografische Erkundung pädagogischer Lernanlässe zwischen Wissen und Event".

Mündlichkeit des Forschungsgegenstandes. Diese Materialien erfassen aus einer weiteren Perspektive die Kontexte, die die Handelnden in der Lernkultur ausbilden. Sie ermöglichen somit die ergänzende Beschreibung aus einer analytischen Perspektive, die sich von der Selbstbeschreibung der Akteur_innen unterscheidet (Hünersdorf et al., 2008).

Über eine gesamte Science-Slam-Saison wurde ein bestimmtes Veranstaltungssetting begleitet, in dessen Rahmen die Erhebungen stattfanden. Es liegen abschließend 30 transkribierte Interviews mit den beteiligten Akteur_innen, fünf Beobachtungsprotokolle von Science-Slam-Veranstaltungen und 22 Videosequenzen von einzelnen Slam-Performances zur Auswertung orientiert an den Grundlegungen der grounded theory (Glaser & Strauß, 1998) vor.

Bezogen auf die durch die mehrperspektivisch-verschränkende Analyse sichtbar werdende Lernkultur kann festgehalten werden, dass Lernkulturen generell nicht homogen abgebildet werden können. Das Individuum verortet sich in vielfältigen Kontexten und rückt so die Anschlussfähigkeit des eigenen Wissens in den Mittelpunkt. Fernab von schulnahen Angeboten differenzieren sich Lernkulturen daher aus. Als gestaltbares Konstrukt unterliegen sie dabei offenen Prozessen der Entfaltung und sind mit einer hohen Dynamik versehen. Substantiell ist daher nicht, was Lernkulturen sind oder in welchen Definitionen sie sich widerspiegeln, sondern vorrangig sollen die unterschiedlichen Lernkulturen wahrgenommen und vernetzt werden, um Lern- und Bildungsmöglichkeiten im Lebensvollzug sichtbar zu machen. Die Kopplung von Lernkulturen an (erwachsenen-)pädagogische Einrichtungen hin zu einer institutionellen Lernkultur wird mit Bezug auf den Science Slam erweitert.

Die im Folgenden in Ansätzen dargestellten Ausdifferenzierungen zur Lernkultur Science Slam machen auf einer theoretischen sowie analytischen Ebene die Möglichkeiten der Annäherung an diese spezifische Lernkultur deutlich.

2.1 Erfassung des Da-Zwischens: Theoretische Zugänge zur Lernkultur Science Slam

Jede Lernkultur ist geprägt durch ein Da-Zwischen, ein das Geschehen herstellender Moment, welcher im ausgewählten Veranstaltungsformat Science Slam als Entgrenzung zwischen Inszenierung und Bildung gefasst wird. Dieser als Da-Zwischen beschriebene Moment wird durch verschiedene theoretischen Zugänge im Forschungsansatz gestützt:

a) performancetheoretischer Zugang

Während einer künstlerischen Performance werden Handlungen vollzogen, die deutlich machen, dass „sprachliche Äußerungen nicht nur dem Zweck dienen, einen Sachverhalt zu beschreiben oder eine Tatsache zu behaupten" (Fischer-Lichte, 2004, S. 31), sondern Handlungen werden zu performativen Handlungen, wenn sie selbstreferentiell und wirklichkeitsherstellend sind.

> Dabei finden Transformationsprozesse statt, die darauf basieren, dass „Raum und Zeit […] nicht vorgegeben [sind], sondern sind weiterhin zu konstruieren und herzustellen [haben]. Performance geschieht nicht in der Zeit, sie erzeugt ihre eigene Zeit; sie ist nicht im Raum, sie schafft ihren eigenen Raum" (Charles, 1989, S. 79).

Darüber entsteht eine Interaktionsästhetik (Preckwitz, 2002), die die Zuschauenden gleichsam zu fühlenden, denkenden und auch handelnden Akteur_innen in der Performance werden lässt. Diese Wahrnehmungsverschiebungen und Entrückung der Zuschauenden lassen eine Produktivität des Da-Zwischens erkennen (Seitz, 1996). Die Trennung zwischen Subjekt und Objekt wird aufgehoben, es handelt sich vielmehr um ein oszillierendes Verhältnis, „in dem sich Subjekt- und Objektposition kaum mehr klar bestimmen noch auch deutlich voneinander unterscheiden ließen" (Fischer-Lichte, 2004, S. 20). Über die leibliche Ko-Präsenz zwischen den beteiligten Akteur_innen und die damit einhergehende veränderte Rollenzuschreibung der Zuschauenden, aber auch Künstler_innen – ergo Auflösung der Rollenzuschreibungen zwischen Produzent_innen und Rezipient_innen – entsteht ein Ereignis, in das alle Beteiligten involviert sind (Fischer-Lichte, 2004). „Das heißt, die Aufführung ereignet sich zwischen Akteuren und Zuschauern, wird von ihnen gemeinsam hervorgebracht" (Fischer-Lichte, 2004, S. 47). Dabei geht es nicht nur um die veränderte Interaktion zwischen Zuschauenden und Künstler_innen, sondern auch die Wahrnehmung des Verhaltens zwischen den Zuschauenden fließt in Interaktionszusammenhänge mit ein. Diese Aktuer_innenkonstellation innerhalb der Performance lässt einen Zwischenraum sichtbar werden, der „Intensität und Reibung" (Seitz, 1996, S. 344) ermöglicht. Vertrautes wird in Frage gestellt und fordert die Wahrnehmung heraus, indem Standpunkte verändert werden, Losgelassen wird. Das „»Spiel [die Performance; Anm. Autorin] kann [daher] verstanden werden als ein Durchspielen von Möglichkeiten, das Spielräume eröffnet und den allzu festen Wirklichkeitssinn mit einem ›Möglichkeitssinn‹ durchsetzt«" (Waldenfels, 1990, S. 221 zit. in Seitz, 1996, S. 350).

Die zehnminütigen Auftritte der Wissenschaftler_innen werden grundlegend als Slam-Performance verstanden. Über sie – so kann ethnografisch und aus den Interviews heraus beschrieben werden – werden die Rollenzuschreibungen aufgelöst, da sich zum einen die Slammenden aufgrund der Anforderungen des Veranstaltungsformats in einem changierenden Verhältnis zwischen dem Selbstverständnis als Wissenschaftler_in und dem Anspruch als Unterhalter_in befinden. Zum anderen werden die Personen aus dem Publikum zu handelnden Akteur_innen in der Slam-Performance. Hierbei steht nicht der Applaus im Vordergrund, sondern während des Science Slams ist es vielmehr die aktive Einbindung der einzelnen Personen in den jeweiligen Slam über Interaktionen.

b) raumtheoretischer Zugang

Im Science Slam entsteht mit den Slam-Performances ein „performativer Raum" (Fischer-Lichte, 2004, S. 188–200), ein sich ständig durch Bewegungen und Wahrnehmungen der Akteur_innen verändernder, Atmosphäre ausbildender Raum. Grundlegend für ein Raumverständnis ist somit der Zugang über Emotionen und Atmosphäre, die genuine Bestandteile der Erwachsenenbildung sind (Gieseke, 2007a). Die Unterscheidung von Raumstrukturen nach Schmitz (2009) für eine phänomenologische Betrachtung von Raum erscheint daher als theoretische Grundannahme angebracht. Raumbetrachtungsebenen (Stimm, 2016) im Science Slam können für „Ortsraum" und „Gefühlsraum" (Schmitz, 2009) ausdifferenziert werden.

Der „Ortsraum" als Raumbetrachtungsebene wird verstanden als eine territoriale, örtliche Fassung im mathematischen, geografischen, optischen, künstlerischen oder physikalischen Sinne, welche sich über funktionale Zuschreibungen ausdifferenziert. Er ist ein „dem Leib entfremdete[r] Raum" und „besteht aus wechselhaft besetzbaren, relativen, d. h. nur durch ihr gegenseitiges Verhältnis nach Lage und Abstand bestimmten Orten, die den Raum vollständig ausfüllen" (Schmitz, 2009, S. 42). Es lassen sich über die Charakterisierung Verbindungslinien zu einem absoluten Raumverständnis ziehen, welches Raum als einen Behälter oder Container beschreibt, in welchem Menschen und Objekten ein fester Platz zugewiesen ist (Kessl & Reutlinger, 2010, S. 22).

Durch die bewusste Wahl des Veranstaltungsortes für den Science Slam außerhalb von wissenschaftlichen Kontexten werden individuelle Zuschreibungen zur wissenschaftlichen Ver-Ortung aufgebrochen. Wissenschaften werden aus ihnen anerkannten Umgebungen herausgelöst und in einem „Ortsraum" präsentiert, der in seinem Selbstverständnis und in seiner kulturellen sowie politischen Ausrichtung bisher keine Verbindungslinien zu wissenschaftlichen Kontexten und Themen aufweist. Durch diese Verschiebung werden zugeschriebene „Verhaltensregeln" (Schroer, 2006, S. 177) durchbrochen. Es entsteht ein Spannungsverhältnis zwischen den im Science Slam genutzten Raum und dem generell erwarteten Raum. Die Wirkung des Raums ist somit im Zusammenhang mit seiner sozialen und materiellen Ausstattung auf bestimmte soziale Praktiken gemünzt, die im vorliegenden Beispiel Science Slam aufgebrochen werden.

Diese Perspektive auf das Aufbrechen des Ortsraums und seiner sozialen Praktiken verkürzt den Fokus auf Raumwirkung und räumliche Bedingungen. Es muss weiterführend anerkannt werden, dass „Raum und körperliche Objekte [...] vielmehr untrennbar aufeinander bezogen sind“ (Schroer, 2008, S. 142). Der Mensch besitzt ein Raumbewusstsein und eine entsprechende Gestimmtheit im Raum, die sein_ihr Verhältnis zum Raum lenken, „Räume und Gefühle stehen mithin unablässig in produktivem Austausch“ (Lehnert, 2011, S. 10). Der „Gefühlsraum“ wird daher als Raum verstanden, „in dem sich Gefühle als räumlich ortlos ergossene, leiblich ergreifende Atmosphären ausdehnen“ (Schmitz, 2009, S. 47). Schmitz beschreibt das Vermögen „im affektiven Betroffensein sich leiblich fühlen zu lassen“ (Schmitz, 2009, S. 47). Es lässt sich durch die Aufnahme dieser Raumbetrachtungsebene die Entstehung eines individuellen Raums erkennen, der jeweils erlebt, gefühlt und gestaltet wird. Stimmungen und Gefühle werden auf Räume projiziert, die darüber ihre zugeschrieben oder zeitlich erworbene Aura erhalten (Lehnert, 2011). Die sich entwickelnde Atmosphäre ist durch ein zirkuläres und sich bedingendes Wechselverhältnis zwischen Raumkonstruktionen, Inhalten, Aura und beteiligten Akteur_innen bestimmt.

Die anschließende Zusammenführung beider Raumbetrachtungsebenen verdeutlicht, dass es eine Abhängigkeit von der individuell-sinnlichen Wahrnehmung bei der Bestimmung von Raum im jeweiligen Kontext gibt. Demnach ist darauf zu achten, wie Raum in Handlungen und Kommunikationszusammenhängen konstruiert wird, und dennoch zu berücksichtigen, „was der Raum selbst vorgibt“ (Schroer, 2006, S. 178). Raum entsteht somit durch Bewegung, Wahrnehmung sowie soziales und symbolisches Handeln von Menschen, so dass er nicht nur konkret-materiell, sondern auch durch Raumvorstellungen bestimmt wird (Lehnert, 2011). Diese Verbindung lässt deutlich werden, dass Raum das Ergebnis und der Bestandteil sozialer Aushandlungs- und Interaktionsprozesse ist (auch Löw, 2001 und Lehnert, 2011).

c) transformationstheoretischer Zugang

Transformationsprozesse kennzeichnen nach Schäffter (2001) einen Strukturwandel, indem bewährte Erklärungsmuster oder gesichertes Alltagswissen im Zusammenhang mit kritischen Lebensereignissen in strukturellen Transformationsprozessen unwirksam werden. Aus diesen Wirksamkeitsgrenzen des alltagsgebundenen Erfahrungslernens schöpft das institutionalisierte Lernen seine Begründung (Schäffter, 2001). Erwachsenenpädagogische Veranstaltungen kommen somit aufgrund von Lernbewegungen und Aktivitäten der Bildungsadressat_innen auch außerhalb des Funktionssystems Weiterbildung zustande. Die lebensweltliche Kontextierung bietet dabei eine Kontrastfläche zu funktional strukturierten Kontexten, die im Übergang zu spezifischen Organisationsformen didaktisterter Lernkontexte einen Strukturbruch durch den Aufbau eines Spannungsfeldes deutlich werden lässt. Diese Seiten des Strukturbruchs – alltagsgebundenes und institutionalisiertes bzw. funktionaldidaktisiertes Lernen – stehen in einem wechselseitigen Übersetzungsverhältnis, da das Wissen der jeweils anderen Seite immer nur in der je eigenen Struktur rekonstruierbar ist (Schäffter, 2001, S. 268). Es geht hier dann nicht um die Herausbildung einer Differenz, sondern um die wechselseitige Bestimmung. Daher unterliegen die Erfahrungs- und Wissensbestände im Aneignungsprozess einer strukturellen Transformation. „Jeder trans-formative Übergang geht somit notwendigerweise mit einem Bedeutungswandel und mit Veränderungen im Wahrnehmungshorizont seiner in ihm erfahrbaren Ereignisse einher" (Schäffter, 2009, S. 20).

Da sich Schäffters (2001) Differenzierung auf die Erwachsenen- und Weiterbildungspraxis bezieht, wird der Strukturbruch hier – wie in Ausführungen zur „Trennung zwischen Alltagsmeinung und wissenschaftlichem Diskurs" (Bourdieu, Chambordeon & Passeron, 1991, S. 15) – dem Erkenntnisgewinn im Forschungsprozess vorausgesetzt. Im Science Slam handelt es sich dabei um die Seiten der *Figuren der Überführung*[3] zwischen alltagsgebundenen Wissensstrukturen und wissenschaftlichen Wissensstrukturen. Sie werden als die den Strukturbruch ansteuernden Seiten charakterisiert. Durch das Aufeinander-Zubewegen entsteht in der Slam-Performance eine Kontaktfläche, die im jeweiligen Prozess die Bedeutungsbildung sichtbar werden lässt.

In einem ersten Zugang zur Sichtbarmachung von Transformationsprozessen ist festzuhalten, dass die Wissenschaftler_innen im Veranstaltungsformat Science Slam selbst die Aufgabe der Vermittlung wissenschaftlicher Inhalte, die für die am Science Slam Teilnehmenden zielgruppenspezifisch aufbereitet

---

3 Überführung wird hier nicht in einem linearen Sinne von A nach B verstanden, sondern als ein sich wechselseitig bestimmendes Verhältnis. Überführung ist demnach in beide Richtungen gleichzeitig, nacheinander und zirkulär möglich. Zentral sind die Kontaktflächen, welche sich ausbilden.

werden, übernehmen. Aufgrund der unterschiedlichen Aneignungsweisen von Wissen werden methodisch-didaktisch aufbereitete Vermittlungspraktiken notwendig. Die Aufbereitung des Wissens durch die Wissenschaftler_innen fordert Transformationsprozesse des Wissens ein. In einem zweiten Zugang zur Sichtbarmachung von Transformationsprozessen werden nun nicht mehr nur die Transformationsprozesse innerhalb einer Wissensstruktur beschrieben, sondern auch die Transformationsprozesse zwischen den Wissensstrukturen, der wissenschaftlichen Wissensstruktur und der alltagsgebundenen Wissensstruktur. Die konstitutive Bedingung hierfür ist ein empirisch identifizierbarer Strukturbruch zwischen den Wissensstrukturen und ihren Relevanzsystemen. Die Identifizierung des Strukturbruchs lässt eine Grenzbestimmung zu und ermöglicht darüber die Beschreibung der differenten Kontaktflächen zwischen den Wissensstrukturen. Sie bilden dabei die sich gegenseitig unbestimmt ansteuernden Seiten des Strukturbruchs. Es entsteht ein performativer Prozess der Bedeutungsbildung. Abbildung 1 visualisiert diesen zweiten Zugang zu Transformationsprozessen.

Abbildung 1: Zugang zu Transformationsprozessen zwischen den Wissensstrukturen

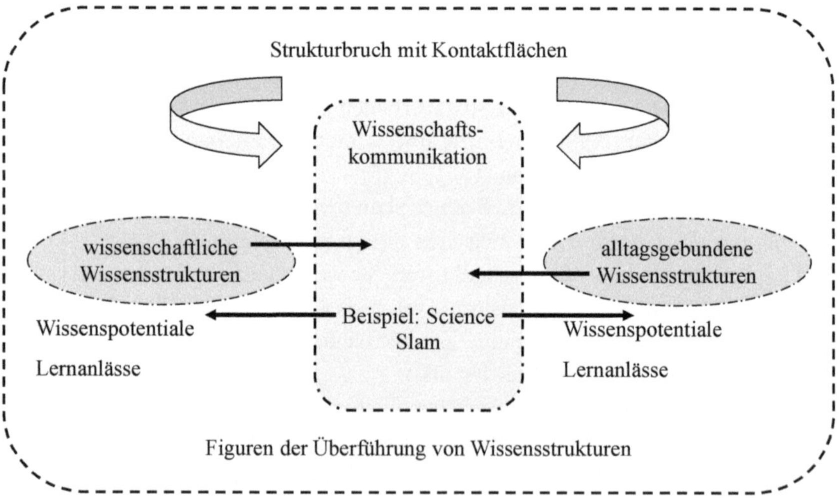

Die Lernkultur Science Slam ist zentral geprägt von einer unterstellten Differenz zwischen den durch die Akteur_innen eingebrachten Wissensstrukturen, die wiederum unterschiedlichen Aneignungsweisen unterliegen. Der Strukturbruch kennzeichnet die möglichen Kontaktflächen zwischen den Wissensstrukturen, in deren Überführung sich Bildungsmomente erkennen lassen. Gestützt wird diese Annahme durch die performancetheoretische Grundlegung, die deutlich macht, dass in der Performance „Wissen und Erfahrung als Art und Weise der Welterschließung an eine Grenze" stoßen, die „Intensität und Reibung" (Seitz, 1996, S. 344) bei den Akteur_innen erzeugt. Diese Reibungsflächen sind Voraussetzung für Lernprozesse (Schäffter, 2001). Dabei sind die Lernenden niemals unabhängig von ihrer Lernumgebung (Gieseke, 2007a), welche sich dem_der Einzelnen über ein gefühlsmäßiges Eingelassen-Sein in den Lernraum vermittelt. Lernende besitzen somit ein Raumgefühl und eine entsprechende Gestimmtheit, die das eigene Verhältnis zum Raum lenkt und dadurch einen individuell erspürten Raum entstehen lässt, der mitgestaltet wird. Deutlich wird an der Verknüpfung dieser theoretischen Zugänge, wie differenziert die spezifische Lernkultur jeweils in ihren Zusammenhängen zu betrachten ist. Das Forschungsprojekt zielt demnach umfassend darauf, die Lernkultur Science Slam in den differenten Zugängen zu fassen, um das spezifische Da-Zwischen dieser Lernkultur auszudifferenzieren. Daran knüpft sich die Beschreibung der Figuren der Überführung von Wissensstrukturen, um über den dahinterliegenden Transformationsprozessen auch Bildungsmomenten handhabbar zu werden.

2.2 Erschließung des *Da-Zwischens*: Analytischer Zugang zur Lernkultur

Dem empirischen Material wird sich aus drei divergenten Richtungen zur Analyse – grundlegend orientiert an der grounded theory (Glaser & Strauß, 1998) – genähert: Die jeweiligen Interviewsegmente von den Personen aus dem Publikum und von den Slammenden werden inhaltlich beschrieben und dann anhand ihrer jeweiligen Kategoriensysteme analysiert. Somit bewegen sich beide Annäherungen an das Material zunächst auf einer formulierenden Ebene, die die Fragen nach dem Was klärt. Durch die Erstellung dieser rekonstruierenden Basistexte, die zum einen auf inhaltlicher, aber auch auf analytischer Ebene über das jeweilige Kategoriensystem die Binnensicht der Akteur_innen reformulieren, wird jeweils der immanente Sinngehalt erschlossen. In einem mehrstufigen Analyseverfahren wurden die erstellten Interviewtranskripte der Personen aus dem Publikum und der Slammenden hintereinander in jeweils vier Durchläufen, dargestellt in Abbildung 2, abduktiv codiert.

Abbildung 2: Übersicht über die Bildung der Kategoriensysteme anhand der Interviews mit den Personen aus dem Publikum und der Interviews mit den Slammenden

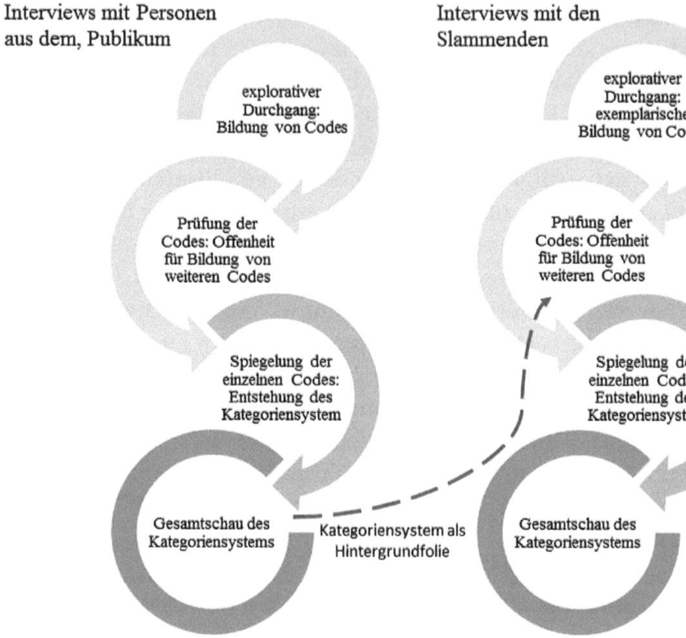

Die Interviewsegmente werden in der Analyse als Perspektiven auf die Slam-Performance verstanden. Sie sind somit die Seiten der Figuren der Überführung und werden als den die Kontaktflächen ansteuernden Prozess der Bedeutungsbildung rekonstruiert. Um eine anschließend reflektierende Interpretation zu ermöglichen, wird die wechselseitige Unbestimmtheit der sich gegenseitig ansteuernden Sinndomänen (alltagsgebundene Wissensstrukturen und wissenschaftliche Wissensstrukturen) angenommen. Die hegemoniale Dominanz eines dieser Bereiche würde die Perspektive für die wechselseitige Relationierung und die Entwicklung von neuartigen Bedeutungshorizonten verschließen. In der Zusammenführung der Interviewsegmente als dritten Analyseschritt wird das Da-Zwischen der Lernkultur erkennbar. Für die Verschränkung der beiden Interviewsegmente wird neben den Interviewanalysen auf Beobachtungsprotokolle und Slam-Videomitschnitte zurückgegriffen.

Durch ein detailliertes Vorgehen in der Erstellung des Kategoriensystems und mit Blick auf die Zielsetzung der Analyse, eine formulierende Was-Ebene überzuleiten zu einer reflektierenden Beschreibung, haben sich charakteristische Kategorien herausgebildet. Zum einen objektive Faktencodes, die in dieser Untersuchung eine Intra-Coder-Reliabilität gewährleisten. Daneben sind thematische Codes erkennbar, die auf bestimmte angesprochene Aspekte im Transkript prinzipiell hinweisen. Auf Basis der Theoriediskussion konnten auch thematisch bewertende Codes erkannt werden. Zum Abschluss des Codierprozesses wurden In-Vivo-Codes, natürliche Codes bezogen auf die theoretische Basis festgehalten. Die entstandenen Kategorien werden „als *Werkzeug zur Phänomenklassifizierung mit der Möglichkeit der Bildung von Unterklassen*" (Kuckartz, 2010, 62; Hervorhebung im Original) verstanden. Es besteht ein Bewusstsein dafür, dass die Kategorien für die Analyse eine einengende, jedoch auch öffnende Funktion haben, indem sie analytisch tieferliegende inhaltliche Ebenen erschließen.

Über die Kategorie *Hintergrundstrukturen* werden der berufliche Status sowie die Beschäftigung mit Wissenschaften bzw. wissenschaftlichen Themen in Beruf und Alltag erschlossen. Welche Berührungspunkte gibt es zu Wissenschaften sowie wissenschaftlichen Themen und wie werden diese genutzt? Daran anknüpfend werden bei den Slammenden auch thematische Verbindungslinie festgehalten, die deutlich machen, wie das in der Slam-Performance präsentierte Thema mit der momentanen beruflichen Tätigkeit und dem individuellen wissenschaftlichen Thema, entstanden durch beruflichen Werdegang, Interessen und wissenschaftliche Arbeitszusammenhänge, verknüpft ist. Wo liegen die eigenen wissenschaftlichen Ursprünge für die präsentierten Inhalte? Die Kategorie *Szenarien der Teilnahme* rekonstruiert Hintergründe zur Anwesenheit an dem entsprechenden Science-Slam-Abend und Erwartungsstrukturen der Personen aus dem Publikum. Bei den Slammenden steht die Teilnahmeanregung im Vordergrund. Haben sie sich eigeninitiativ um eine Teilnahme als Slammer_in bemüht oder wurden sie von den Organisator_innen angesprochen? Die Motive für die Teilnahme als Slammer_in sind dabei sehr vielfältig. Da der Science Slam ein aktuelles Format der Wissenschaftskommunikation darstellt, wird auch eine individuelle Einschätzung der Interviewten zur *Bedeutung dieses Formats* auf gesellschaftlicher, wissenschaftlicher, thematisch-inhaltlicher und individueller Ebene festgehalten. Unter der Kategorie *Format Science Slam* werden thematische Aussagen zum speziellen Veranstaltungsabend gefasst. Es geht um eine erste Annäherung an den besuchten Science-Slam-Abend in einer konzeptionellen Gesamtschau. Das Format soll in seinen Ausprägungen auf verschiedenen Ebenen charakterisiert werden. Die Beschreibungen immer stärker zuspitzend werden in einer weiteren Kategorie die einzelnen *Slam-Performances* betrachtet. In Anlehnung an Diskurse zu performativen Prozessen, in der die

Ästhetik des Performativen durch die leibliche Kopräsenz zwischen Slammenden und Publikum, durch die performative Hervorbringung von Materialität, durch die Emergenz von Bedeutung und durch die Bestimmung der Aufführung als Ereignis entsteht, rückt die Aufführung selbst in den Mittelpunkt (Fischer-Lichte, 2004). Die Kategorie *Transformationsprozesse* orientiert sich an den Annahmen von Schäffter (2001). Zum einen werden denkbare oder fehlende Anschlussmöglichkeiten von den Interviewten benannt, die vorwiegend auf thematisch-inhaltlicher sowie visueller Ebene liegen. Es werden Verbindungen zwischen den einzelnen Elementen der Slam-Performance und der individuellen Ausgansbasis gezogen. Zum anderen werden Perspektiven der Auseinandersetzung mit den dargebotenen Themen aufgegriffen. Irritationen ermöglichen dann weitergehende interpretative Ansätze. Die Transformationsprozesse werden bei den Interviewaussagen der Slammenden weiter ausdifferenziert, denn zum einen passen sie ihre wissenschaftlichen Inhalte zielgruppenspezifisch an, zum anderen zielen sie mit ihren Slam-Performances auf bestimmte Transformationsprozesse, die Lern- und Bildungsmöglichkeiten fokussieren.

Die aufgeführten Kategorien sind jeweils durch Unterkategorien ausdifferenziert. In einer abschließenden Zusammenführung der Analyse der jeweiligen Kategoriensysteme liegt die rekonstruierende Beschreibung dieser spezifischen Lernkultur. Die analytische Zusammenführung ermöglicht dabei auch, die einzelnen theoretischen Zugänge miteinander zu verzahnen.

3. Zusammen-Denken

Durch die verschiedenen Zugänge zur Erfassung und Erschließung der Lernkultur werden deren Strukturen deutlich. Fokussiert werden die Lernkultur beeinflussende Aspekte, anhand derer der detaillierte Anspruch an die Analyse von Lernkulturen sichtbar wird. Dabei treten mehrere Aspekte in ein Zusammenspiel, wenn es um die analytische Darstellung von möglichen Bildungsmomenten innerhalb des Science Slams geht.

Diese Bildungsmomente lassen sich über die Herausarbeitung des Da-Zwischens verdeutlichen, welches das prägende Moment der Lernkultur ist (Gieseke, 2007b). Theoretisch lässt sich das Da-Zwischen neben der Anbindung an Lernkulturdiskurse zum einen auf die „Ästhetik des Performativen" (Fischer-Lichte, 2004) im einzelnen Slam stützen. In den Fokus gerät dann der „Zwischenraum" (Seitz, 1996) zwischen den an der Performance beteiligten Akteur_innen. Das Da-Zwischen wird jedoch nicht nur aus ästhetischer Theorieperspektive mit Produktivität besetzt. Der Strukturbruch zwischen alltagsgebundenen Wissensstrukturen und wissenschaftlichen Wissensstrukturen im einzelnen Slam ist zum anderen aus einer erwachsenenpädagogischen Perspektive ebenfalls als produktiver Moment charakterisiert (Schäffter, 2001). Darüber werden (genutzte) Bildungsmöglichkeiten in der Analyse sichtbar. Gerahmt werden diese theoretischen Zugänge durch Raumbetrachtungsebenen (Stimm, 2016), die verdeutlichen, dass Personen nie unabhängig von ihrer Umgebung sind. Sie gestalten Atmosphäre und Raumarrangements mit (Gieseke, 2010).

Zusammengenommen können aus der feingliedrigen Analyse der Lernkultur Science Slam Vermittlungspraktiken erschlossen werden, die durch eine zielgruppenspezifische, methodisch-didaktische Aufbereitung charakterisiert sind.

Literatur

Antos, G. &; Wichter S. (2005). Vorwort. In G. Antos & S. Wichter (Hrsg.), Wissenschaftstransfer durch Sprache als gesellschaftliches Problem (S. IX–XII). Frankfurt am Main (u. a.): Peter Lang Verlag.

Bogner, A., Littig, B. & Menz, W. (Hrsg.) (2009). Experteninterviews. Theorien, Methoden, Anwendungsfelder. Wiesbaden: VS Verlag für Sozialwissenschaften.

Bourdieu, P., Chamboredon, J.-C. & Passeron, J.-C. (1991). *Soziologie als Beruf. Wissenschaftstheoretische Voraussetzungen soziologischer Erkenntnisse.* Berlin und New York: de Gruyter.

Bovenschulte, M. (2005). Public Understandig of Science. In G. Antos & S. Wichter (Hrsg.), *Wissenstransfer durch Sprache als gesellschaftliches Problem* (S. 27–35). Frankfurt am Main (u. a.): Peter Lang.

Charles, D. (1989). *Zeitspielräume. Performance Musik Ästhetik.* Berlin: Merve Verlag.

Dähn, A. (2011). Feuriger Vortrag. *Technology Review – Das Magazin für Innovation*, 9, 56–60.

Dernbach, B., Kleinert, C. & Münder, H. (2012). Einleitung. Die drei Ebenen der Wissenschaftskommunikation. In B. Dernbach, C. Kleinert & H. Münder (Hrsg.), *Handbuch Wissenschaftskommunikation* (S. 1–15). Wiesbaden: VS Verlag für Sozialwissenschaften.

Eisenbarth, B. & Weißkopf, M. (2012). Science Slam: Wettbewerb für junge Wissenschaftler. In B. Dernbach, C. Kleinert & H. Münder (Hrsg.), *Handbuch Wissenschaftskommunikation* (S. 155–163). Wiesbaden: VS Verlag für Sozialwissenschaften.

Fischer-Lichte, E. (2004). *Ästhetik des Performativen.* Frankfurt am Main: Suhrkamp Verlag.

Geertz, C. (2001): *Dichte Beschreibung. Beiträge zum Verstehen kultureller Systeme.* Frankfurt am Main: Suhrkamp Verlag.

Gieseke, W. (2007a). *Lebenslanges Lernen und Emotionen. Wirkungen von Emotionen auf Bildungsprozesse aus beziehungstheoretischer Perspektive.* Bielefeld: W. Bertelsmann Verlag.

Gieseke, Wiltrud (2007b). Das Forschungsarrangement in der Perspektivverschränkung. *Erwachsenenpädagogischer Report*, 11, 10–22.

Gieseke, W. (2010). Atmosphäre in Bildungskontexten – Beziehungstheoretische Überlegungen. In R. Egger & B. Hackl (Hrsg.), *Sinnliche Bildung? Pädagogische Prozesse zwischen vorprädikativer Situierung und reflexivem Anspruch* (S. 57–70). Wiesbaden: VS Verlag für Sozialwissenschaften.

Glaser, B. & Strauß, A. (1998). Grounded theory: Grundlagen qualitativer Forschung. Bern [u. a.]: Huber.

Gläser, J. & Laudel, G. (2009). Experteninterviews und Qualitative Inhaltsanalyse. Wiesbaden: VS Verlag für Sozialwissenschaften.

Holman, B. (2000). The Room. In G. Glazner (Hrsg.), *Poetry Slam: The Competitive Art of Performance Poetry* (S. 15). San Francisco: Manic D. Press Inc.

Hünersdorf, B. (2008). Ethnografische Forschung in der Erziehungswissenschaft. In B. Hünersdorf, C. Maeder & B. Müller (Hrsg.), *Ethnographie und Erziehungswissenschaft. Methodologische Reflexionen und empirische Annäherungen* (S. 29–48). Weinheim [u. a.]: Juventa Verlag.

Kessl, F. & Reulinger, C. (2010). *Sozialraum. Eine Einführung.* Wiesbaden: VS Verlag für Sozialwissenschaften.

Knoblauch, H. (2005). Focused Ethnography. Forum Qualitative Sozialforschung / Forum: Qualitative Social Research, 6 (3). Online verfügbar unter http://nbn-resolving.de/urn:nbn:de:0114-fqs0503440. [Zugriff: 06.08.2014].

Kuckartz, U. (2010). *Einführung in die computergestützte Analyse qualitativer Daten.* Wiesbaden: VS Verlag für Sozialwissenschaften.

Lehnert, G. (2011). Raum und Gefühl. In G. Lehnert (Hrsg.), *Raum und Gefühl. Der Spatial Turn und die neue Emotionsforschung* (S. 9–25). Bielefeld: transcript Verlag.

Löw, M. (2001). *Raumsoziologie.* Frankfurt am Main: Suhrkamp Verlag.

Merton, R., Fiske, M. & Kendall, P. L. (1956). *The focused interview: a manual of problems and procedures.* Glencoe: Free Press.

Meuser, M. & Nagel, U. (2010). Experteninterviews – wissenssoziologische Voraussetzungen und methodische Durchführung. In B. Friebertshäuser, A. Langer & A. Prengel (Hrsg.), Handbuch Qualitative Forschungsmethoden in der Erziehungswissenschaft (S. 457–471). Weinheim und München: Juventa Verlag.

Oester, K. (2008). ´Fokussierte Ethnographie`: Überlegungen zu den Kernansprüchen der Teilnehmenden Beobachtung. In B. Hünersdorf, C. Maeder &

B. Müller (Hrsg.), Ethnographie und Erziehungswissenschaft. Methodologische Reflexionen und empirische Annäherungen (S. 233–243). Weinheim und München: Juventa Verlag.

Pansegrau, P., Taubert, N. & Weingart, P. (2011). *Wissenschaftskommunikation in Deutschland. Ergebnisse einer Onlinebefragung. Eine Untersuchung im Auftrag des Deutschen Fachjournalisten-Verbandes (DFJV).* Online verfübar unter https://www.dfjv.de/documents/10180/178294/DFJV_Studie_Wissenschaftskommunikation_in_DeutscDeuts.pdf. [Zugriff: 29.11.2015].

Preckwitz, B. (2002). *Slam Poetry – Nachhut der Moderne. Eine literarische Bewegung als Anti-Avantgarde.* Hamburg: Books on Demand.

Schäffter, O. (2001). *Weiterbildung in der Transformationsgesellschaft: Zur Grundlegung einer Theorie der Institutionalisierung.* Baltmannsweiler: Schneider Verlag Hohengehren.

Schäffter, O. (2009). Stichwort: »Transformation«. *DIE Zeitschrift für Erwachsenenbildung*, 4, 21–21.

Schmitz, H. (2009). *Der Leib, der Raum und die Gefühle.* Bielefeld und Basel: Aisthesis Verlag.

Schroer, M. (2006). *Räume, Orte, Grenzen. Auf dem Weg zu einer Soziologie des Raumes.* Frankfurt am Main: Suhrkamp Verlag.

Schroer, M. (2008). Raum: Das Ordnen der Dinge. In S. Moebius & A. Reckwitz, Andreas (Hrsg.), *Poststrukturalistische Sozialwissenschaften* (S. 141–157). Frankfurt am Main: Suhrkamp Verlag.

Seitz, H. (1996): *Räume im Dazwischen. Bewegung, Spiel und Inszenierung im Kontext ästhetischer Theorie und Praxis. Grundlegung einer Bewegungsästhetik.* Essen: Klartext.

Stimm, M. (2016). Ortsraum. Gefühlsraum? Sozialraum! Ein Brückenschlag zwischen Raumbetrachtungsebenen und Bildungsimpulsen am Beispiel des Veranstaltungsformats Science Slam. In J. Ludwig, M. Ebner von Eschenbach & M. Kondratjuk (Hrsg.), *Sozialräumliche Forschungsperspektiven verschiedener Disziplinen.* Opladen und Farmington Hills: Barbara Budrich Verlag.

Strassmann, B. (2010). Science Slam. Show macht schlau. Online verfügbar unter http://www.zeit.de/2010/06/Berlin-Science-Slam. [Zugriff: 29.11.2015].

Ullrich, W. (2015): Stoppt die Banalisierung! In *Die Zeit*, (13), 55. Online verfügbar unter http://www.zeit.de/2015/13/kunst-vermittlung-museum. [Zugriff: 15.04.2015].

Weingart, P. (2004). Welche Öffentlichkeit hat die Wissenschaft? In I. Zetsche (Hrsg.), Wissenschaftskommunikation. Streifzug durch ein „neues“ Feld (S. 15–21). Bonn: Lemmens Verlags- & Mediengesellschaft.

Professionelle Sprachkompetenz für den Unterricht aus der Sicht (angehender) DaF-Lehrender – Theoretischer Zugang und Forschungsdesign[1]

Sara Vicente

Technische Universität Darmstadt

Zusammenfassung

Sowohl das Professionswissen als auch die Überzeugungen angehender und berufstätiger Lehrender werden seit Jahren in der Pädagogischen Psychologie und den verschiedenen Fachdidaktiken untersucht. Dennoch liegen kaum Forschungsergebnisse zu den epistemischen Überzeugungen angehender und berufstätiger Lehrender zum erforderlichen Professionswissen vor. Dabei wird in der Fachliteratur davon ausgegangen, dass diese Überzeugungen sowohl für den Lernprozess im Rahmen der Aus- und Weiterbildung als auch den Lehrprozess eine erhebliche Bedeutung haben.

In diesem Beitrag werden der theoretische Rahmen sowie das Design meiner Dissertationsstudie vorgestellt, in der ich mich mit den epistemischen Überzeugungen portugiesischer, angehender und berufstätiger Lehrender für Deutsch als Fremdsprache (DaF) zu einem bestimmten Bereich ihres Professionswissens, der Sprachkompetenz, befasst habe. Anhand problemzentrierter Interviews wurden sowohl ihre Überzeugungen zur Sprachkompetenz für den Unterricht als auch der Zusammenhang zwischen diesen Überzeugungen einerseits, ihrem Lernengagement und ihren Überzeugungen zum Lehren andererseits untersucht.

Die Studie möchte einen Beitrag dazu leisten, das Denken und Handeln sogenannter nichtmuttersprachlicher Fremdsprachenlehrender besser zu verstehen und die Diskussion um die bewusste Auseinandersetzung mit den eigenen epistemischen Überzeugungen zum Professionswissen und deren Einfluss auf den Lern- und Lehrprozess anzustoßen. Die Ergebnisse können wiederum bei der Entwicklung von Konzepten für die sprachpraktische Aus- und Weiterbildung relevant sein.

---

1 Die in diesem Beitrag vorzustellende Studie wurde durch die *Fundação para a Ciência e Tecnologia* finanziell unterstützt (SFRH/BD/78872/2011).

Abstract

Research into the professional knowledge and beliefs of pre-service and in-service teachers has been conducted in the fields of educational psychology and didactics of specific subject areas for years. However, research findings on the epistemic beliefs of pre-service and inservice teachers about the professional knowledge are practically non-existent. Meanwhile, it is assumed in the specialist literature that these beliefs are of major importance both to the learning process in the context of pre-service / in-service training and to the teaching process.

This paper outlines the theoretical framework and design of my doctoral research project, in which I dealt with the epistemic beliefs of Portuguese pre-service and in-service teachers of German as a Foreign Language with regard to a specific aspect of their professional knowledge: language proficiency. Problem-centred interviews were used to explore their beliefs about language proficiency in teaching, and the relationship between these beliefs on the one hand and the subjects' learning commitment and beliefs about teaching on the other.

The study aims to contribute towards a better understanding of the thought processes and actions of non-native foreign language teachers, and promote a discussion about deliberate examination of one's own epistemic beliefs about professional knowledge and their influence on the learning and teaching processes. The results are of potential relevance to the development of concepts for language courses administered within training programmes.

Einleitung

In der Fachliteratur der Erziehungs- und Bildungswissenschaften wird die professionelle Kompetenz von Lehrenden konsensuell als ein komplexes Konstrukt aufgefasst, das sowohl kognitive Kompetenzen als auch nicht-kognitive Kompetenzaspekte einschließt (z. B. Baumert & Kunter, 2006; Weinert, 2001). Dazu zählen laut dem heuristischen Modell von Baumert und Kunter (2006), das derzeit in der kompetenzorientierten Professionsforschung als eines der am weitesten verbreiteten gilt, das Professionswissen, Überzeugungen und Werthaltungen, motivationale Orientierungen sowie selbstregulative Fähigkeiten. Kompetenztheoretischen Ansätzen folgend wird zudem angenommen, dass die professionelle Kompetenz im Rahmen der Ausbildung erworben und durch die Berufserfahrung weiterentwickelt werden kann (ebd.). Daher besteht eine wichtige Aufgabe der Forschung darin, anhand einer Beschreibung der Anforderungen an den Lehrberuf die dafür besonders zweckdienlichen Kompetenzen und Kompetenzaspekte zu erfassen und daraufhin entsprechende Kompetenzmodelle zu generieren. Auch für die fremdsprachendidaktische Lehrerforschung ist diese Fragestellung von Bedeutung. Ihr kommt demnach die Aufgabe zu, die Anforderungen im Fremdsprachenlehrberuf zu beschreiben, die dafür erforderliche professionelle Kompetenz zu erfassen und Wege zu deren Erwerb zu skizieren (z. B. Roters, Nold, Haudeck, Keßler, & Stancel-Piątak, 2011; Roters & Trautmann, 2014; Trautmann, 2010). Die in diesem Beitrag vorzustellende Dissertationsstudie befasst sich mit einem Aspekt der professionellen Kompetenz sogenannter nichtmuttersprachlicher, angehender und berufstätiger Lehrender für Deutsch als Fremdsprache (DaF): mit ihren epistemischen Überzeugungen zur professionellen Sprachkompetenz für den Unterricht[2]. Obwohl es nahe liegt, dass die Überzeugungen zum Professionswissen sowohl für den Lernprozess im Rahmen der Aus- und Weiterbildung sowie des selbstgesteuerten Lernens als auch für den Lehrprozess eine große Bedeutung haben, blieben diese Überzeugungen bisher weitgehend unerforscht (Fives & Buehl, 2010). In der fremdsprachendidaktischen Lehrerforschung ist die Situation somit nicht anders zu beurteilen.

Professionelle Sprachkompetenz von Fremdsprachenlehrenden

Im Bereich der Fremdsprachdidaktik ist die Forschungslage zur Frage, was Fremdsprachenlehrende *über* aber insbesondere *in* ihrem Fach wissen müssen, als dünn zu bezeichnen (z.B. Pilypaitytė, 2013; Roters *et al.*, 2011; Roters & Trautmann, 2014; Trautmann, 2010). Während eine Reihe von Studien darüber vorliegen, welche deklarativen Kenntnisse Fremdsprachenlehrende aufweisen sollten (vgl. resümierend Andrews, 2007), besteht im Hinblick auf die im Unterricht erforderlichen prozeduralen Kenntnisse der Zielsprache seitens nichtmuttersprachlicher Lehrender weitgehend Klärungsbedarf (Egli Cuenat, Klee, & Kuster, 2010). Im Folgenden wird auf den Forschungs- und Diskussionsstand bzgl. dieser Fragestellung näher eingegangen.

Zur Beschaffenheit der professionellen Sprachkompetenz

Erstens herrscht in der Fachliteratur Konsens, dass von nichtmuttersprachlichen Lehrenden keine muttersprachliche Kompetenz erwartet werden darf (vgl. z. B. Cook, 1999; Kramsch, 1998). Cook (1999) erinnert in diesem Zusammen-

2 Wenn im Folgenden von „professioneller Sprachkompetenz für den Unterricht" die Rede sein wird, so bedeutet dies, dass der konkrete Verwendungskontext „Unterricht" fokussiert wird. Überzeugungen zur erforderlichen Sprachkompetenz in anderen Kontexten (bspw. in Weiterbildungskontexten) bleiben in der hier vorzustellenden Studie weitgehend unberücksichtigt.

hang daran, dass nichtmuttersprachliche Lehrende *per definitionem* keine muttersprachlichen Sprechenden seien und es auch nie werden können. Daher sei ein solcher Vergleich ungerecht, unbrauchbar und unterstelle eine zwangsläufige, aus der Sprachkompetenz abgeleitete Überlegenheit des muttersprachlichen gegenüber dem nichtmuttersprachlichen Lehrenden. Wie hoch die Sprachkompetenz von Fremdsprachenlehrenden sein muss und ob sie in jeder oder vielmehr in einzelnen für den Unterricht relevanteren Teilkompetenzen (z.B. Sprechen, Grammatik) besonders entwickelt sein muss, darüber sind sich weder FachexpertInnen noch die angehenden und berufstätigen Lehrenden einig (z. B. Bondi, 2001; Gürbüz, 1998; Meißner, 2011; Mettler *et al.*, 2011). Zweitens sind eine Reihe von Publikationen zu nennen, in denen Auflistungen von im Unterricht besonders häufigen Sprachfunktionen und Notionen (z.B. Butzkamm, 2007; Spratt, 1997) zu finden sind. Inwieweit diesen Auflistungen eine wissenschaftlich fundierte Analyse der Lehrersprache zugrunde liegt, geht aus den Publikationen jedoch nicht hervor. Meines Wissens liegt eine einzige Studie vor, die sich explizit um eine wissenschaftlich gestützte Beschreibung der Sprachkompetenz nichtmuttersprachlicher Fremdsprachenlehrender bemüht (Sešek, 2007), wobei in dieser Studie im slowenischen Kontext tätige Englischlehrende fokussiert und einzelne Schwerpunkte auf die kommunikativen Aufgaben, sprachlichen Aktivitäten und die grammatische, soziolinguistische und pragmatische Kompetenz gesetzt werden. Drittens zeigen Analysen der Kommunikationsstrategien nichtmuttersprachlicher Lehrender, dass sie diese im Unterricht für zwei verschiedene Zwecke einsetzen: zum einen um sich in der Zielsprache für die Lernenden verständlich zu machen und somit die Kommunikation im Unterricht aufrechtzuerhalten, zum anderen um die eigenen sprachlichen Mängel zu kompensieren (Azian *et al.*, 2013; Kang, 2008).

Zur Relevanz der professionellen Sprachkompetenz

Weiterer Forschungsbedarf besteht ebenso bzgl. der Relevanz der Sprachkompetenz, ein Thema, dem sich kaum Studien explizit widmen. Meistens aus Studien mit anderen Fragestellungen ist jedoch abzuleiten, dass dem Grad der Sprachkompetenz eine große Bedeutung zukommt. Es wird in diesem Zusammenhang angenommen, dass Lehrende, die eine hohe Sprachkompetenz aufweisen, eher in der Lage sind, ihren Lernenden eine breitere Palette an Lernressourcen (Richards *et al.*, 2013) und einen reichhaltigen Input (Bateman, 2008; Carless, 2004; Kang, 2008, 2013) zur Verfügung zu stellen sowie einen didaktisch-methodisch abwechslungsreicheren Unterricht zu bieten (Chacón, 2005; Li, 1998; Sato, 2002). Zudem soll Sprachkompetenz die Erklärung sprachbezogener Fragen erleichtern

(Richards *et al.*, 2013), die Erkennung von Fehlern im Output der Lernenden ermöglichen (Sešek, 2007) und zu einer differenzierteren und flexibleren Fehlerbeurteilung beitragen (Hyland & Anan, 2006). Darüber hinaus entwickeln sprachlich kompetente Lehrende mehr Selbstvertrauen bzgl. ihrer eigenen Sprachkompetenz (Murdoch, 1994; Seidlhofer, 1999; Tatar & Yildiz, 2010), was sich wiederum in der eingeschätzten Selbstwirksamkeit widerspiegelt (Chacón, 2005). Zum Zusammenhang zwischen Sprachkompetenz von Fremdsprachenlehrenden und Erfolg von Lernenden liegen meines Wissens keine Ergebnisse vor (vgl. auch Chambless, 2012). Es ist demnach nicht überprüft worden, ob eine niedrigere Sprachkompetenz von Lehrenden unbedingt zu einem niedrigeren Lernerfolg führt. Auch zur Frage, inwieweit eine niedrigere Sprachkompetenz von Lehrenden durch pädagogische und fachdidaktische Kompetenzen kompensiert werden kann, besteht noch Klärungsbedarf. Des Weiteren ist der Zusammenhang zwischen Sprachkompetenz und Berufszufriedenheit meines Wissens bislang noch nicht empirisch untersucht worden.

Zum Erwerb und zur Regulation der professionellen Sprachkompetenz

Noch ist nicht eindeutig geklärt, wie angehende Fremdsprachenlehrende über Grundkenntnisse der Zielsprache hinaus die für den Unterricht erforderliche Sprachkompetenz im Rahmen der Aus- und Weiterbildung oder des selbstgesteuerten Lernens erwerben können (Brooks & Darhower, 2014). Einige Beiträge aus der Fachliteratur legen hierzu die Annahme nahe, dass spezielle Sprachkurse für (angehende) Lehrende (Cullen, 1994; Başyurt Tüzel & Akcan, 2009), die Verwendung der Zielsprache innerhalb und außerhalb der formalen Bildung (Brooks & Darhower, 2014; Sullivan, 2011), Aufenthalte im Zielsprachenraum (Allen, 2013; Bayliss & Vignola, 2000; Lavender, 2002; Brooks & Darhower, 2014), die kritische Reflektion der eigenen Sprachverwendung anhand von Unterrichtstranskripten (Cullen, 2002) sowie die Reflexion des eigenen Lernprozesses (Brooks & Darhower, 2014; Moser, 2014) bei der Verbesserung bzw. Erhaltung der Sprachkompetenz (angehender) Lehrender besonders erfolgsversprechend sind. Über die erwähnten Quellen bzw. Maßnahmen hinaus, die zum Teil eine institutionelle Steuerung erfordern, liegen bezüglich der Frage der Selbstregulation der Sprachkompetenz – bspw. im Rahmen der Unterrichtsvorbereitung – kaum Forschungsergebnisse vor (Fraga-Cañadas, 2010). Auch z. B. die Frage, auf welche Strategien angehende und berufstätige Lehrende zurückgreifen, wenn sie sich mit sprachlichen Herausforderungen konfrontiert sehen, stellt ebenfalls ein Forschungsdesiderat dar.

Abschließend ist an dieser Stelle hervorzuheben, dass die meisten der hier vorgestellten Ergebnisse aus Studien entnommen wurden, in denen die Außensicht, d. h. die Perspektive eines externen Beobachtenden, im Vordergrund steht (etische Perspektive). Studien, die sich der Innensicht bzw. den epistemischen Überzeugungen angehender und berufstätiger Lehrender zur professionellen Sprachkompetenz für den Unterricht widmen (emische Perspektive), liegen meines Wissens nicht vor. Die hier vorzustellende Dissertationsstudie setzte an diesem Forschungsdesiderat an.

Zur Erforschung epistemischer Überzeugungen

Das Wort *epistéme* stammt aus dem Griechischen und bedeutet „Wissen" oder „Erkenntnis". Epistemische Überzeugungen sind somit Überzeugungen, die sich auf die Natur des Wissens und den Prozess des Wissenserwerbs beziehen (Hofer & Pintrich, 1997, S. 117).[3] Die Erforschung epistemischer Überzeugungen ist nicht neu, bereits seit den 1950er Jahren stellen sie vor allem in der Pädagogischen Psychologie einen wichtigen Forschungsgegenstand dar. Allerdings lag der Schwerpunkt ihrer Erforschung auf SchülerInnen und Studierenden. Der Erforschung der Überzeugungen von Lehrenden zu Wissen und Wissenserwerb wird erst seit den 1980er Jahren Aufmerksamkeit geschenkt (z. B. Calderhead, 1996; Grossman, Wilson, & Shulman, 1989). Heutzutage ist dieser Forschungsstrang weitgehend etabliert, was sich an einer stets zunehmenden Anzahl von Publikationen erkennen lässt (z. B. Bendixen & Feucht, 2010, Kap. IV; Brownlee, Schraw, & Berthelsen, 2011; Fives & Gill, 2015, Kap. V). Hierbei werden epistemische Überzeugungen sowohl domänenübergreifend (z. B. Olafson & Schraw, 2010) als auch domänen- bzw. fachspezifisch untersucht (z. B. Lee & Tsai, 2011). Innerhalb der Studien, die fachspezifisch angelegt sind, lassen sich wiederum drei unterschiedliche Forschungsgegenstände unterscheiden: 1) epistemische Überzeugungen zum disziplinären Wissen (z. B. Blömeke *et al.* 2008, die sich mit dem Mathematikverständnis von Mathematiklehrenden befassen); 2) epistemische Überzeugungen zum Lerninhalt (z. B. Seifried, 2009, der u. a. die Überzeugungen von Handelslehrenden zum Lerninhalt „Buchführung" untersucht) und 3) epistemische Überzeugungen zum fachspezifischen Professionswissen (z. B. Mosvold & Fauskanger, 2014, die sich mit Überzeugungen von Mathematiklehrenden zum

---

3 In Anlehnung an Reusser, Pauli, & Elmer (2011) werden im Rahmen dieser Studie unter „Überzeugungen" affektiv aufgeladene, eine Bewertungskomponente beinhaltende Vorstellungen verstanden, die für wahr oder wertvoll gehalten werden und die dem berufsbezogenen Handeln Orientierung geben (S. 478).

erforderlichen Fachwissen für den Unterricht beschäftigen). Auch in meiner Studie stehen epistemische Überzeugungen zum fachspezifischen Professionswissen im Zentrum, und zwar die Überzeugungen (angehender) DaF-Lehrender zur Sprachkompetenz für den Unterricht.

Innerhalb der Forschung zu epistemischen Überzeugungen lassen sich drei Typen von Fragestellungen identifizieren. Zum einen werden Studien mit dem Ziel durchgeführt, die epistemischen Überzeugungen zu beschreiben bzw. domänen- oder fachspezifisch auszudifferenzieren und ihre Beziehung zu weiteren lehr- und lernbezogenen Aspekten zu untersuchen (z. B. Weschenfelder, 2014). Zum anderen befassen sich Studien mit dem Zusammenhang zwischen epistemischen Überzeugungen und dem Handeln von angehenden und berufstätigen Lehrenden (z. B. Hashweh, 1996). Schließlich verfolgen weitere Studien das Ziel, den Aufbau und die Veränderbarkeit epistemischer Überzeugungen zu untersuchen (z. B. Brownlee, Purdie, & Boulton-Lewis, 2001). Der ersten der genannten Fragestellungen lässt sich meine Arbeit zuordnen: Neben einer Beschreibung ausgewählter epistemischer Überzeugungen (angehender) DaF-Lehrender zielt meine Arbeit darauf ab, Einblicke in das Zusammenspiel zwischen diesen Überzeugungen und zwei weiteren lern- und lehrbezogenen Aspekten – (selbstberichtetes) Lernengagement und Überzeugungen zum Lehren – zu gewinnen.

Was die Bedeutung epistemischer Überzeugungen angehender und berufstätiger Lehrender anbelangt, wird in der einschlägigen Fachliteratur davon ausgegangen, dass diese auf drei Ebenen Einfluss nehmen (für eine Übersicht über diese Forschungsergebnisse siehe z. B. Brownlee, Schraw, & Berthelsen, 2011, S. 7–16; Lunn, Walker, & Mascadri, 2015, S. 324–328; Yadav, Herron, & Samarapungavan, 2011, S. 30–33). Erstens wird angenommen, dass angehende und berufstätige Lehrende beim Lernen im Rahmen der Aus- und Weiterbildung epistemische Überzeugungen aktivieren und dass diese mitentscheiden, ob und inwieweit sie sich mit neuem Wissen auseinandersetzen: Wenig differenzierte, sogenannte naive epistemische Überzeugungen führen zu einem niedrigeren Lernengagement (niedrigere Lernmotivation, Setzen von Leistungs- statt von Lernzielen, akritischer Umgang mit Aussagen usw.), während besonders differenzierte epistemische Überzeugungen mit einem höheren Lernengagement (Aufgeschlossenheit gegenüber neuem Wissen, Setzen von Lern- statt von Leistungszielen, differenzierter Umgang mit Aussagen usw.) einhergehen (z. B. Bondy *et al.*, 2007; Many, Howard, & Hoge, 2002; Ravindran, Greene, & DeBacker, 2005). Zweitens liegen in der Fachliteratur Forschungsergebnisse vor, die einen Zusammenhang zwischen epistemischen Überzeugungen von (angehenden) Lehrenden einerseits und ihren Überzeugungen zum Lehren (z. B. Chan & Elliott, 2004;

Lee & Tsai, 2011; Tsai, 2002) bzw. ihrem Instruktionsverhalten (z. B. Hashweh, 1996; Johnston, Woodside-Jiron & Day, 2001) andererseits belegen: Während „naive" epistemische Überzeugungen eng mit transmissiven Lehr- und Lernüberzeugungen sowie transmissivem Unterrichtsverhalten zusammenhängen, weisen UntersuchungsteilnehmerInnen (UT) mit differenzierteren epistemischen Überzeugungen stärker konstruktivistische Lehr- und Lernüberzeugungen sowie Verhaltensweisen auf. Abschließend finden sich in der Fachliteratur Forschungsergebnisse, die auf einen Einfluss epistemischer Überzeugungen von (angehenden) Lehrenden auf die Differenziertheit epistemischer Überzeugungen von Lernenden hinweisen (z. B. Johnston, Woodside-Jiron, & Day, 2001; Tsai, 2007). Im Falle meiner Studie liegt das Erkenntnisinteresse in dem Verständnis des Zusammenhangs zwischen epistemischen Überzeugungen zur professionellen Sprachkompetenz einerseits, selbstberichtetem Lernengagement und Überzeugungen zum Lehren andererseits.

Zur Erforschung persönlicher Epistemologien von angehenden und berufstätigen Lehrenden werden mehrheitlich zwei Typen von Modellen eingesetzt: eindimensionale und mehrdimensionale Modelle (Feucht & Bendixen, 2010, S. 5–12; Lunn, Walker, & Mascadri, 2015, S. 320–324; Schraw, Brownlee, & Berthelsen, 2011, S. 266–268). Den eindimensionalen Modellen ist die Annahme gemein, dass Individuen nacheinander typische, zunehmend komplexe und differenzierte Entwicklungsstufen hinsichtlich ihrer Überzeugungen zu Wissen und zum Wissenserwerb durchlaufen. Laut den mehrdimensionalen Modellen werden epistemische Überzeugungen hingegen als Teil eines Systems aufgefasst, das verschiedene Dimensionen beinhaltet, die sich jeweils unabhängig voneinander entwickeln können. Jeder der Dimensionen entspricht ein Kontinuum von Subskalen, die von „naiven" bis zu „differenzierten" Überzeugungen reichen. Demnach können Individuen in der einen Dimension „naive", in einer anderen hingegen „differenzierte" Überzeugungen aufweisen. Zwei der am meisten eingesetzten mehrdimensionalen Modelle stammen von Schommer (1990) und Hofer und Pintrich (1997). Während im ersten Modell epistemische Überzeugungen als Teil eines Systems aufgefasst werden, das domänenübergreifende, voneinander unabhängige Dimensionen beinhaltet, gehen Hofer und Pintrich davon aus, dass sich epistemische Überzeugungen zu einem Netzwerk, einer allgemeinen Theorie des Wissens, verzahnen, das sowohl domänenübergreifende als auch domänenspezifische Überzeugungen zulässt. Ein weiterer Unterschied zwischen beiden Modellen liegt in der Auswahl der untersuchten Dimensionen. In Schommers Modell werden fünf Dimensionen unterschieden: 1) Struktur des Wissens (Wissen als Ansammlung unverbundener, eindeutiger Fakten vs. Wissen als etwas Komplexes und Zusammenhängendes); 2) Quelle des

Wissens (durch Autoritäten vermitteltes Wissen vs. durch Erfahrung individuell konstruiertes Wissen); 3) Stabilität des Wissens (Wissen als etwas Absolutes vs. Wissen als Ergebnis eines Entwicklungsprozesses); 4) Geschwindigkeit des Lernens (Lernen als sofortiger Erfolg oder Misserfolg vs. Lernen als gradueller Prozess) und 5) Lernfähigkeit (Lernfähigkeit als etwas Angeborenes vs. Lernfähigkeit als etwas Trainierbares). Hofer und Pintrich (1997) hingegen fassen den Begriff der epistemischen Überzeugung etwas enger: Überzeugungen, die sich auf den Lern- und Lehrprozess beziehen, zählen sie nicht zu epistemischen Überzeugungen. Nach diesen Autoren lassen sich vier Dimensionen epistemischer Überzeugungen unterscheiden: 1) Sicherheit des Wissens (Wissen als absolute Wahrheit vs. Wissen als etwas Relatives und Vorläufiges); 2) Struktur des Wissens (Wissen als Ansammlung isolierter Fakten vs. Wissen als etwas Komplexes, Zusammenhängendes und Kontextabhängiges); 3) Quelle des Wissens (Wissen liegt außerhalb des Individuums und wird von Autoritäten vermittelt vs. Wissen als Ergebnis eines individuell konstruierten Prozesses) und 4) Rechtfertigung des Wissens (akritischer Umgang mit Aussagen vs. fundierte Beurteilung von Aussagen) (ebd., S. 120). Im Vergleich zu Schommers Modell sind beim Modell von Hofer und Pintrich (1997) zwei Aspekte positiv hervorzuheben: zum einen der erweiterte Fokus auf domänenspezifische Überzeugungen, zum anderen die Berücksichtigung der Beziehungen zwischen Überzeugungen. Kritisiert werden beide Modelle allerdings dafür, dass eine Charakterisierung epistemischer Überzeugungen anhand der Dichotomien „naiv" und „differenziert" großen Einschränkungen unterliegt und der Komplexität im Feld möglicherweise nicht gerecht wird (z. B. Elby & Hammer, 2001). Ob Überzeugungen eher als „naiv" oder „differenziert" zu bezeichnen sind, müsse vor dem Hintergrund des spezifischen Kontextes ausgehandelt werden. Eine Unterscheidung zwischen „naiven" und „differenzierten" Überzeugungen ohne Berücksichtigung des Kontextes sei nicht zielführend.

Für diese Arbeit stellten sich eindimensionale Modelle deshalb als problematisch heraus, weil sie durch ihre Undifferenziertheit die Beantwortung der Forschungsfragen erschwert hätten. Sowohl das Modell von Schommer als auch das Modell von Hofer und Pintrich hingegen schienen mir für die Zwecke meiner Arbeit insofern angemessen, als mir beide ermöglichen, aus einer Palette an Dimensionen diejenigen auszuwählen, die dem Forschungsinteresse meiner Arbeit am nächsten stehen. Das Heranziehen von Schommers Modell, das den Begriff der „epistemischen Überzeugung" breit fasst, erlaubte mir, Aspekte des Wissenserwerbs zu berücksichtigen. Das Modell von Hofer und Pintrich wiederum machte die Untersuchung fachspezifischer Überzeugungen sowie das Beleuchten der Beziehungen zwischen Dimensionen bzw. Überzeugungen möglich.

Die Kritik, dass der Einteilung der Ausprägungen von Überzeugungen in „naiv" und „differenziert" eine normative Vorstellung zugrunde liegt, die kontextbezogen problematisiert und immer wieder neu diskutiert werden sollte, spricht für eine Fragestellung, die eine einzige Domäne und / oder ein einziges Fach fokussiert, und für einen Forschungsansatz, der den genauen Kontext berücksichtigt (Maggioni & Parkinson, 2008, S. 456–457). Dies konnte in der hier vorgestellten Studie durch die Fokussierung auf die professionelle Sprachkompetenz und das Fach Deutsch als Fremdsprache sowie durch die Erhebung qualitativer Daten gewährleistet werden.

Ein erheblicher Teil der empirischen Studien der letzten Jahre zu epistemischen Überzeugungen (angehender) Lehrender geht von einem der Modelle von Schommer (1990) und Hofer und Pintrich (1997) oder von angepassten Versionen aus. Die Anpassung hängt oft mit dem Ziel zusammen, die epistemischen Überzeugungen für einzelne Domänen oder Fächer auszudifferenzieren. Fives und Buehl (2010) beispielsweise fokussieren die Domäne „Professionswissen" und entwickeln die Dimension des Inhalts des Wissens (*domain knowledge*): Während es bei der Struktur um den groben Aufbau des Wissens geht, zielt die Erforschung des Inhalts des Wissens darauf ab, die genauen Bestandteile eines bestimmten Wissensbereichs zu erfassen (im Falle des Professionswissens beispielsweise fachdidaktisches Wissen oder pädagogisches Wissen). Elder (2002) wiederum konzipierte im Bereich Naturwissenschaften die Dimension der Rolle von Experimenten bei der Entwicklung naturwissenschaftlicher Theorien. In der Studie von Zinn (2013) im Bereich der beruflichen Bildung wurde zusätzlich die Dimension der Anwendung des berufsspezifischen Wissens (Wissen als etwas Nützliches vs. Wissen als etwas mit eingeschränkter Anwendungsrelevanz) untersucht. Auch für meine Studie wurden einzelne Dimensionen epistemischer Überzeugungen ausgewählt und / oder angepasst bzw. neu konzipiert, die sich wiederum aus dem Erkenntnisinteresse und den Forschungsfragen, auf die hier als nächstes eingegangen wird, ergeben.

Erkenntnisinteresse und Zielsetzung der Studie

Die hier vorgestellte Arbeit versteht sich in erster Linie als Beitrag zu einem besseren Verständnis eines bestimmten Aspekts der professionellen Kompetenz von nichtmuttersprachlichen DaF-Lehrenden im portugiesischen Schulkontext: ihren epistemischen Überzeugungen zur professionellen Sprachkompetenz für den Unterricht. Da der Forschungsstand zu diesem Thema defizitär ist, lag das primäre Ziel der Arbeit bzw. von Teilstudie 1 darin, eine Bestandsaufnahme der

Ausprägungen dieser Überzeugungen durchzuführen. Im Konkreten geht es bei Teilstudie 1 um die folgenden fünf Forschungsfragen:

- Was verstehen angehende und berufstätige DaF-Lehrende unter erforderlicher Sprachkompetenz, die benötigt wird, um einen aus ihrer Sicht als gut zu bezeichnenden DaF-Unterricht erteilen zu können?;
- Inwieweit trägt die Sprachkompetenz von DaF-Lehrenden aus der Sicht angehender und berufstätiger DaF-Lehrender zur Berufszufriedenheit bei? Und welche Rolle spielt sie für den Lernerfolg der SchülerInnen?;
- Bei wem liegt aus der Sicht angehender und berufstätiger DaF-Lehrender die Verantwortung für die Verbesserung bzw. Erhaltung der professionellen Sprachkompetenz? Welche Quellen professioneller Sprachkompetenz sind aus ihrer Sicht von Nutzen?;
- Halten es angehende und berufstätige DaF-Lehrende für notwendig, dass sich DaF-Lehrende im Berufsalltag sprachlich auf den Unterricht vorbereiten? Warum (nicht)? Und wenn ja, welche Strategien zur Unterrichtsvorbereitung sind aus ihrer Sicht von Nutzen?;
- Welche Bedeutung schreiben angehende und berufstätige DaF-Lehrende sprachlichen Herausforderungen im Unterricht zu? Welche Quellen sind aus ihrer Sicht von Nutzen, um die gegebenen Herausforderungen zu bewältigen?

Mit anderen Worten stehen also die Dimensionen der Beschaffenheit (genauer gesagt der Struktur und des Inhalts) (Forschungsfrage 1), der Relevanz (oder Anwendung) (Forschungsfrage 2), der Quelle (Forschungsfrage 3) und der Selbstregulation (Forschungsfragen 4 und 5) der professionellen Sprachkompetenz im Zentrum von Teilstudie 1 (vgl. Abb. 1). Während die ersten drei Dimensionen bereits aus der Fachliteratur bekannt sind (Hofer & Pintrich, 1997; Schommer, 1990; Zinn 2013 u. a.), stellt die vierte Dimension zum Teil ein Novum dar.[4]

---

4 Laut der gesichteten Fachliteratur besteht ein Zusammenhang zwischen epistemischen Überzeugungen und der Selbstregulation des Wissens (z. B. Stahl, Pieschl, & Bromme, 2006). Darauf aufbauend gehen Maggioni und Parkinson (2008) davon aus, dass sich Lehrende mit sogenannten naiven epistemischen Überzeugungen der Grenzen des eigenen Wissens weniger bewusst sind und dass sie die Notwendigkeit der Regulation des eigenen Wissens nicht unbedingt anerkennen. Lehrende mit differenzierten epistemischen Überzeugungen hingegen sind sich eher dessen bewusst, was sie wissen und was nicht, und legen daher tendenziell mehr Wert darauf, ihr Wissen zu regulieren (vgl. ebd.). Ausgehend von dieser Annahme wurde in der hier vorgestellten Arbeit die Dimension „Selbstregulation des Wissens" bzw. zwei exemplarisch ausgesuchte Aspekte der Selbstregulation der professionellen Sprachkompetenz untersucht. Diese Dimension der „Selbstregulation" weist Parallelen mit bereits untersuchten Dimen-

Abb. 1: Untersuchte Dimensionen epistemischer Überzeugungen zur professionellen Sprachkompetenz von DaF-Lehrenden

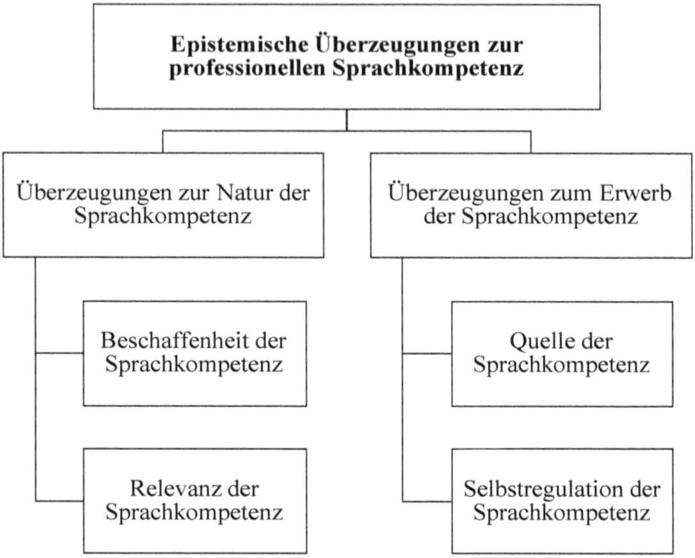

Anhand der vorliegenden, bereits kurz vorgestellten Forschungsergebnisse der Pädagogischen Psychologie sowie einzelner Fachdidaktiken zur Bedeutung epistemischer Überzeugungen für den Lern- und Lehrprozess lässt sich vermuten, dass auch zwischen epistemischen Überzeugungen zum Professionswissen einerseits, dem Lernprozess und dem Lehrprozess andererseits ein Zusammenhang besteht. Diese Frage wurde bisher jedoch noch nicht empirisch überprüft. Ein weiteres Ziel dieser Arbeit bzw. das Ziel von Teilstudie 2 war es daher, zwei ausgewählte Zusammenhänge näher zu beleuchten. Im Konkreten dienten bei Teilstudie 2 die folgenden Forschungsfragen als Orientierung:

sionen wie der der Dimension „strategische Komponente des Lernens" von Moschner *et al.* (2005, zit. n. Klopp (2014, S. 34)) auf, bei der der Einfluss von Lernstrategien auf den Lernerfolg im Zentrum steht. Während einige Individuen der Ansicht sind, dass Lernstrategien den Erfolg beim Wissenserwerb beeinflussen, gehen andere davon aus, dass Lernstrategien keinen Einfluss darauf haben (ebd.). Diese Dimension der „strategischen Komponente des Lernens" wird auch als Gegenstück zur Dimension „fixed ability" von Schommer (1990) betrachtet. Demnach wird Lernen als angeborene Fähigkeit aufgefasst und somit als etwas, was nicht erlernt werden kann.

- Inwieweit hängen die Überzeugungen angehender und berufstätiger DaF-Lehrender zur professionellen Sprachkompetenz und ihr selbstberichtetes Lernengagement beim Weiterlernen der Zielsprache zusammen?
- In welchem Zusammenhang stehen die Überzeugungen angehender und berufstätiger DaF-Lehrender zur professionellen Sprachkompetenz und ihre Überzeugungen zum Lehren von DaF?

Die folgende Abbildung soll diese Fragestellungen bzw. Annahmen verdeutlichen.

Abb. 2: Modellannahme des Zusammenhangs zwischen epistemischen Überzeugungen zur professionellen Sprachkompetenz und ausgewählten Aspekten des Lern- und Lehrprozesses

Um das selbstberichtete Lernengagement (angehender) DaF-Lehrender zu untersuchen, wurden in der vorliegenden Arbeit zwei Dimensionen bzw. Kategorien berücksichtigt:

1) die – nach eigenen Angaben – benutzten Quellen zur Verbesserung bzw. Erhaltung der professionellen Sprachkompetenz;
2) die Anstrengung und Ausdauer – d. h. inwieweit die UT über die Bereitschaft berichten, Ressourcen in das eigene Lernen zu investieren und ob sie im Falle von widrigen Bedingungen eher zu Resignation oder zu Widerstand tendieren (z. B. Klusmann, 2011; Kunter, 2011).

Um die Überzeugungen zum Lehren (angehender) DaF-Lehrender zu untersuchen, wurden wiederum fünf Dimensionen bzw. Kategorien herangezogen:

1) Zielvorstellungen – d.h. ob Lehrende eher eine Planungs- bzw. Abschlussorientierung oder eher eine Lernorientierung aufweisen (z. B. Seifried, 2009);
2) Kognitive Aktivierung – d.h. ob Lehrende eher Aufgaben mit geringerer oder mit höherer kognitiver Aktivierung bevorzugen (z.B. Kunter *et al.*, 2008; Lipowsky, 2006);
3) Unterrichtsmethodische Präferenzen – d.h. ob Lehrende lehrerzentrierte oder eher lernerzentrierte Arrangements präferieren (z. B. Müller, Felbrich, & Blömeke, 2008);
4) Rolle von Lehrenden – d.h. ob sich Lehrende tendenziell als Quellen des Wissens oder MediatorInnen von Lernprozessen betrachten (z. B. Müller, Felbrich, & Blömeke, 2008);
5) Verständnis von Wissen bzw. Sprache – d.h. ob Lehrende eine eher statische oder eine eher dynamische Perspektive auf den Lerninhalt haben (z.B. Hermans-Nymark, 2007).

Die sich aus dieser Studie ergebenden Erkenntnisse – d.h. ihre Beschreibungen (s. Teilstudie 1) und ihre Annahmen (s. Teilstudie 2) fokussieren zwar portugiesische, nichtmuttersprachliche Lehrende, die DaF unterrichten, sie dürften aber auf nichtmuttersprachliche Lehrende mit anderen L1 und L2 übertragen werden können. Künftig können diese und ähnliche Forschungsergebnisse von der quantitativen Kompetenzforschung dazu genutzt werden, Kompetenzkonstrukte zu modellieren und gezielte Untersuchungshypothesen zu entwickeln. Nicht zuletzt können die Ergebnisse dieser Arbeit auch einige Denkanstöße für die Aus- und Weiterbildung bzw. die Entwicklung von Bildungsmaßnahmen liefern.

Forschungsansatz und Datenerhebung

Wie bereits erwähnt, sind die Überzeugungen nichtmuttersprachlicher angehender und berufstätiger Fremdsprachenlehrender zur professionellen Sprachkompetenz bislang kaum erforscht worden. Im Rahmen meiner Arbeit wurden daher zunächst die vorliegenden Forschungsergebnisse der Pädagogischen Psychologie und einzelner Fachdidaktiken zu epistemischen Überzeugungen von Lehrenden aufgegriffen und deren Ertrag für die fremdsprachendidaktische Lehrerforschung reflektiert. Es wurden anschließend – und im Hinblick auf die aufgezeigten Forschungslücken und das Forschungsinteresse dieser Arbeit – Dimensionen epistemischer Überzeugungen ausgewählt und fachspezifisch angepasst bzw. eine neue Dimension konzipiert. Primäres Ziel meiner Arbeit war es, eine fachspezifische Bestandsaufnahme der Ausprägungen dieser Überzeugungen durchzuführen. In epistemologischer Hinsicht ist die Untersuchung daher als deskriptiv orientiert zu bezeichnen (Lamnek, 2010, S. 27). Diese Arbeit hat zudem insofern einen explorativen Charakter (Caspari, Helbig, & Schmelter, 2003), als es auch darum geht, Annahmen zum Zusammenhang zwischen dem Untersuchungsgegenstand und ausgewählten Faktoren (Lernengagement sowie Überzeugungen zum Lehren) zu gewinnen, die zur Theorieentwicklung beitragen können. Im Hinblick auf die Fragestellung dieser Arbeit und den gegenwärtig dürftigen Forschungsstand lag die Entscheidung für einen qualitativen Forschungsansatz (Riemer, 2010, 2014) nahe.

Um die Überzeugungen angehender und berufstätiger DaF-Lehrender zu untersuchen, wurden sogenannte problemzentrierte Interviews (Witzel, 2000; Witzel & Reiter, 2012) in der Erstsprache der UT durchgeführt. Hierbei wird eine vom Forschenden wahrgenommene, eng eingegrenzte Problemstellung in den Vordergrund gestellt und es wird von den UT erwartet, dass sie sich zum betreffenden Problem äußern. Im Gegensatz zu offeneren Interviewformen bringen Forschende im problemzentrierten Interview ein theoretisch-wissenschaftliches Vorverständnis mit in die Erhebungsphase ein (ebd.). Der Konzeption des problemzentrierten Interviews folgend wurden bei der Datenerhebung drei Instrumente eingesetzt. Das erste Instrument ist der Leitfaden, der das Gespräch in einzelne thematische Blöcke strukturiert und Orientierung für den Gesprächsverlauf und die Datenauswertung bietet (ebd.). Zum Leitfaden gehören Fragen zu drei Hauptthemen: eigene Erfahrungen beim (Weiter-)Lernen der Zielsprache, Unterrichten des Schulfachs DaF und professionelle Sprachkompetenz für den Unterricht. Das zweite eingesetzte Instrument ist ein Fragebogen mit geschlossenen Fragen, der darauf abzielte, wichtige Informationen zu erfassen und somit das Interview ein wenig zu entlasten (ebd.). Dazu gehören u. a. Informationen zu Alter, Ausbildung im Allgemeinen und sprachpraktischer Ausbildung im Konkreten, Berufserfahrung, Erfahrungen im deutschsprachigen Raum und Kommunikation auf Deutsch in beruflichen und nichtberuflichen Kontexten. Über das Interview und den Fragebogen hinaus wurde nach jeder Begegnung mit einer UT / einem UT ein sogenanntes Postskriptprotokoll angefertigt, dessen Ziel es war, wichtige Kontextinformationen zu dokumentieren, die bei der späteren Auswertung der Interviewaussagen hilfreich sein könnten (ebd.).

Auswahl der UntersuchungsteilnehmerInnen

Für das quantitative Paradigma ist die Zusammensetzung einer Stichprobe (nach bestimmten Kriterien wie Geschlecht, Alter oder sozialer Lage) für die Repräsentativität der Grundgesamtheit und somit die Möglichkeit einer Generalisierung ausschlaggebend (Ritchie *et al.*, 2014, S. 112–113). Das qualitative Paradigma hingegen ist eher an der Erkenntnis wesentlicher und typischer Zusammenhänge interessiert, die an ausgewählten Fällen aufgezeigt werden können (Lamnek, 2010, S. 163–164). Eine Generalisierung ist nur auf exemplarischer Ebene möglich, d. h. indem man ein Set von Mustern in einem Feld identifiziert und durch Abstraktion auf das Wesentliche und Typische kommt (ebd.: S. 167 und 465). Im Rahmen des qualitativen Paradigmas gilt daher meistens, dass die Fälle bzw. die Fallgruppen nach konkret-inhaltlichen Kriterien und nach ihrer Relevanz ausgewählt werden sollen (Flick, 2011, S. 163). Hierbei werden in der Forschungspraxis häufig das „selektive Sampling" oder das „theoretische Sampling" eingesetzt. Allerdings wird bei solchen Samplingverfahren davon ausgegangen, dass der Forschungsstand es erlaubt, Annahmen über die für die Untersuchung relevanten kontrastierenden Merkmale aufzustellen bzw. dass Forschende Vorinformationen über die für die Untersuchung relevanten Merkmalsausprägungen bei den potentiellen UT besitzen – was im Falle meiner Untersuchung nicht der Fall war. Unter solchen Umständen bietet sich eine sogenannte Sekundärauswahl (Morse, 1994) an. Diese ist dann gegeben, wenn die potentiellen UT aufgefordert werden, sich beim Forschenden zu melden und ihr Interesse zu bekunden. Dann werden Daten von UT gesammelt, die zwar bereit sind, an der Untersuchung teilzunehmen, bei denen es sich allerdings erst während der Datenerhebung herausstellt, ob sie die Kriterien für die Fallauswahl erfüllen. Vor diesem Hintergrund habe ich mithilfe des Goethe Instituts und des Deutschlehrerverbandes in Portugal möglichst viele angehende und berufstätige DaF-Lehrende persönlich kontaktiert und angeschrieben. Insgesamt nahmen an der Studie 26 Personen teil: vier angehende und 22 berufstätige Lehrende, die an portugiesischen Schulen in den Klassen 7 bis 11 DaF unterrichten.

Nachdem die Daten mithilfe der Software „F4" (Dresing & Pehl, 2013) aufbereitet waren, wurden zu jeder UT / jedem UT Fallzusammenfassungen (Kuckartz, 2014, S. 55–58) angefertigt und im Anschluss die einzelnen Fälle für die Feinanalyse ausgewählt. Da das primäre Ziel der Arbeit darin bestand, eine fachspezifische Bestandsaufnahme der Ausprägungen dieser Überzeugungen durchzuführen, erwies sich das Kriterium der Variabilität der Fälle als wesentlich. Das bedeutet, dass für die Feinanalyse diejenigen Fälle ausgewählt wurden, die es ermöglichen, die maximale Variationsbreite im Untersuchungsfeld zu erschließen (Flick, 2011, S. 165; Lamnek, 2010, S. 171). Merkens (1997) spricht in diesem Zusammenhang von inhaltlicher Repräsentation, die dann vorliege, „wenn einerseits der Kern des Feldes in der Stichprobe gut vertreten ist und andererseits auch die abweichenden Vertreter hinreichend in die Stichprobe aufgenommen worden sind" (ebd.: 100). Dadurch soll gewährleistet werden, dass die Variation innerhalb der untersuchten Gruppe möglichst groß ist, also sowohl typische als auch maximal unterschiedliche Fälle herangezogen werden. Für die hier vorgestellte Untersuchung hieß dies, dass diejenigen Fälle ausgewählt wurden, die das Beschreiben einer möglichst breiten Palette an Überzeugungen zur professionellen Sprachkompetenz für den Unterricht ermöglichten. Über das Kriterium der Variabilität hinaus wurde das Kriterium der Intensität berücksichtigt. Das bedeutet, dass denjenigen Fällen der Vorzug gegeben wurde, in denen die Überzeugungen besonders reichhaltig und pointiert dargestellt werden.

Datenauswertung

Die 18 ausgewählten Interviewtranskripte wurden mit der MAXQDA-Software nach dem Verfahren der inhaltlich strukturierenden Inhaltsanalyse ausgewertet, mit Hilfe dessen Material zu bestimmten Inhaltsbereichen extrahiert und zusammengefasst werden kann. Als Orientierung diente dabei das Ablaufmodell nach Kuckartz (2014). Dieses Modell wurde ausgewählt, weil es im Gegensatz zu anderen Modellen ein Wechselspiel zwischen deduktiver und induktiver Schlusslogik ermöglicht, was für die Auswertung der Daten meiner Arbeit von zentraler Bedeutung war. Stärker deduktiv ging ich in den Fällen vor, in denen aus der Fachliteratur bereits vorhandene Systematisierungen übernommen werden konnten. Die Kategorie „Quelle der professionellen Sprachkompetenz" beispielsweise wurde in Anlehnung an Schommer (1990) sowie Hofer und Pintrich (1997) in die Subkategorien „Sprachkompetenz wird durch Autoritäten vermittelt" und „Sprachkompetenz als Ergebnis eines individuell konstruierten Prozesses" ausdifferenziert. In den Fällen, in denen aus der Fachliteratur keine Systematisierung vorlag, wurde von vornherein induktiv vorgegangen, d. h., dass die Liste der kodierten Textstellen geordnet bzw. systematisiert und die relevanten Subkategorien (Merkmalsausprägungen) identifiziert wurden. Hinsichtlich der Dimension „Beschaffenheit der professionellen Sprachkompetenz" wurde beispielsweise die Subkategorie bzw. Ausprägung „Schulstoffwissen" entwickelt. Diese ist dadurch gekennzeichnet, dass Lehrende an Sprachwissen das beherrschen sollen, was sie im jeweiligen Kontext tatsächlich unterrichten müssen, wobei hier in erster Linie deklarative Sprachkenntnisse hervorgehoben werden. Sollten Lehrende über den eigentlichen Schulstoff hinausgehende Bereiche nicht beherrschen, sei dies nicht als problematisch zu bewerten. Anhand der vorgenommenen inhaltlich strukturierenden Inhaltsanalyse konnte in Teilstudie 1 eine breite Palette an Ausprägungen von Überzeugungen zur professionellen Sprachkompetenz für den Unterricht gewonnen werden.

Nachdem im Rahmen von Teilstudie 1 epistemische Überzeugungen zur professionellen Sprachkompetenz identifiziert werden konnten, wurden anhand von vertiefenden Fallinterpretationen (Schmidt, 2013) Annahmen zum Zusammenhang zwischen den epistemischen Überzeugungen zur professionellen Sprachkompetenz einerseits und dem Lernengagement sowie den Überzeugungen zum Lehren andererseits entwickelt. Damit eine konkrete Veranschaulichung bzw. eine Interpretation des Zusammenspiels der epistemischen Überzeugungen zur professionellen Sprachkompetenz mit dem Lernengagement und den Überzeugungen zum Lehren gewährleistet werden konnte, wurde eine starke Reduzierung der Anzahl der zu analysierenden Fälle unumgänglich. Insgesamt wurden vier Fälle ausgesucht: zwei, die den Großteil der vorliegenden Annahmen der Pädagogischen Psychologie und der Fachdidaktik bestätigen sowie zwei weitere, auf die die Annahmen nicht ganz zutreffen und die somit zur Theorieentwicklung beitragen können. Durch diese zweite Teilstudie konnte aufgezeigt werden, dass die epistemischen Überzeugungen zur Sprachkompetenz ein wichtiges Element der vielschichtigen professionellen Kompetenz von DaF-Lehrenden darstellen und mit weiteren Elementen dieser Kompetenz eng zusammenhängen – zum einen mit dem Lernengagement und den Überzeugungen zum Lehren, zum anderen aber auch u. a. mit Wissen, mit Selbstwirksamkeit und Enthusiasmus. Gemäß Projektplan sollen die Ergebnisse im August 2016 vorliegen.

Zusammenfassung und Ausblick

In Anlehnung an eine umfangreiche Literatur der Pädagogischen Psychologie und einzelner Fachdidaktiken wird angenommen, dass die epistemischen Überzeugungen angehender und berufstätiger Lehrender zum Professionswissen einen Einfluss darauf haben, inwieweit sich diese beim (Weiter-)Lernen ihres Faches engagieren und auch darauf, wie sie ihren Unterricht konzipieren (Fives & Buehl, 2010). Daraus ergibt sich die Notwendigkeit, zunächst diese Überzeugungen zu beschreiben und anschließend deren Zusammenhang mit dem Lern- und Lehrprozess zu untersuchen. Die hier vorgestellte Dissertationsstudie versteht sich als ein Beitrag zu einem besseren Verständnis epistemischer Überzeugungen von DaF-Lehrenden zu einem bestimmten Bereich ihres Professionswissens – der professionellen Sprachkompetenz für den Unterricht – sowie des Zusammenhangs mit Lernengagement und Überzeugungen zum Lehren. Auf der Basis dieser und ähnlicher Forschungsergebnisse können für die Aus- und Weiterbildung Lehr- und Lernarrangements konzipiert werden, die besonders zweckdienliche Überzeugungen fördern und weniger zweckdienlichen Überzeugungen entgegenwirken. An dieser Stelle sei darauf hingewiesen, dass Überzeugungen eine „Brücke zwischen Wissen und Handeln" bilden (Blömeke, Müller, Felbrich, & Kaiser, 2008, S. 220), denn damit das in der Aus- und Weiterbildung erworbene Wissen in die Praxis umgesetzt werden kann, muss es in den Überzeugungsbestand von (angehenden) Lehrenden übernommen werden. Sonst besteht die Möglichkeit, dass sich im Rahmen der Aus- und Weiterbildung zwar die Rhetorik, nicht aber das tatsächliche Handeln von (angehenden) Lehrenden ändert (Reusser, Pauli, & Elmer, 2011, S. 489).

Literatur

Allen, L. Q. (2013). Teachers' beliefs about developing language proficiency within the context of study abroad. *System, 41* (1), 134–148.

Andrews, S. (2007). *Teacher language awareness.* Cambridge, UK, New York: Cambridge University Press.

Azian, A. A.; Abdul Raof, A. H.; Ismail, F.; Hamzah, M. (2013). Communication strategies of non-native speaker novice science teachers in second language science classrooms. *System, 41* (2), 283–297.

Başyurt Tüzel, A. E. & Akcan, S. (2009): Raising the language awareness of pre-service English teachers in an EFL context. *European Journal of Teacher Education, 32* (3), 271–287.

Bateman, Blair E. (2008). Student teachers' attitudes and beliefs about using the target language in the classroom. *Foreign Language Annals* 41 (1), 11–28.

Baumert, J., & Kunter, M. (2006). Stichwort: Professionelle Kompetenz von Lehrkräften. *Zeitschrift für Erziehungswissenschaft, 9* (4), 469–520.

Bayliss, D. & Vignola, M.-J. (2000). Assessing language proficiency of FSL teaching candidates: What makes a successful candidate? *The Canadian Modern Language Review / La revue canadienne des langues vivantes 57,* (2), 217–244.

Bendixen, L. D., & Feucht, F. C. (2010). Personal epistemology in the classroom: what does research and theory tell us and where do we need to go next? In L. D. Bendixen & F. C. Feucht (Eds.), 555–586.

Bendixen, L. D., & Feucht, F. C. (Eds.) (2010). *Personal epistemology in the classroom. Theory, research, and implications for practice.* Leiden: Cambridge University Press.

Blömeke, S., Kaiser, G. & Lehmann, R. (Hrsg.). *Professionelle Kompetenz angehender Lehrerinnen und Lehrer. Wissen, Überzeugungen und Lerngelegenheiten deutscher Mathematikstudierender und -referendare.* Münster u. a.: Waxmann.

Blömeke, S., Müller, C., Felbrich, A., & Kaiser, G. (2008). Epistemologische Überzeugungen zur Mathematik. In S. Blömeke, G. Kaiser & R. Lehmann (Hrsg.), 219–246.

Bondi, M. (2001). Towards a language profile for the FL primary teacher. In M. J. Raya (Ed.): *Effective foreign language teaching at the primary level. Focus on the teacher.* Frankfurt am Main, New York: Peter Lang, 39–50.

Bondy, E., Ross, D., Adams, A., Nowak, R., Brownell, M., Hoppey, D., Kuhel, K., McCallum, C., & Stafford, L. (2007). Personal epistemologies and learning to teach. *Teacher Education and Special Education: The Journal of the Teacher Education Division of the Council for Exceptional Children, 30* (2), 67–82.

Brooks, F. B., & Darhower, M. A. (2014). It takes a department! A study of the culture of proficiency in three successful foreign language teacher education programs. *Foreign Language Annals, 47* (4), 592–613.

Brownlee, J., Purdie, N., & Boulton-Lewis, G. (2001). Changing epistemological beliefs in pre-service teacher education students. *Teaching in Higher Education, 6* (2), 247–268.

Brownlee, J., Schraw, G., & Berthelsen, D. (2011). Personal epistemology and teacher education. In J. Brownlee, G. Schraw & D. Berthelsen (Eds.), 3–21.

Brownlee, J., Schraw, G., & Berthelsen, D. (Eds.) (2011). *Personal epistemology and teacher education.* 1. publ. New York u. a.: Routledge.

Butzkamm, W. (2007). *Unterrichtssprache Deutsch. Wörter und Wendungen für Lehrer und Schüler.* 2. Aufl. Ismaning: Hueber.

Calderhead, J. (1996). Teachers: beliefs and knowledge. In D. C. Berliner & R. C. Calfee (Eds.), *Handbook of Educational Psychology.* New York, London: Macmillan Library Reference USA, Simon & Schuster Macmillan, 709–725.

Carless, D. R. (2004). A contextualized examination of target language use in the primary school foreign language classroom. *Australian Review of Applied Linguistics, 27* (1), 104–119.

Caspari, D., Helbig, B., & Schmelter, L. (2003). Forschungsmethoden: Explorativ-interpretatives Forschen. In K.-R. Bausch, H. Christ & H.-J. Krumm (Hrsg.), *Handbuch Fremdsprachenunterricht.* 4. Aufl. Stuttgart: A. Francke; UTB, 499–505.

Chacón, C. T. (2005). Teachers' perceived efficacy among English as a foreign language teachers in middle schools in Venezuela. *Teaching and Teacher Education, 21* (3), 257–272.

Chambless, K. S. (2012). Teachers oral proficiency in the target language: Research on its role in language teaching and learning. *Foreign Language Annals, 45* (1), 141–162.

Chan, K.-W., & Elliott, R. G. (2004). Relational analysis of personal epistemology and conceptions about teaching and learning. *Teaching and Teacher Education, 20* (8), 817–831.

Cook, V. (1999). Going beyond the native speaker in language teaching. *TESOL Quarterly, 33* (2), 185–209.

Cullen, R. (1994). Incorporating a language improvement component in teacher training programmes. *ELT Journal, 48* (2), 162–172.

Cullen, R. (2002). Supportive teacher talk: the importance of the F-move. *ELT Journal, 56* (2), 117–127.

Dresing, T., & Pehl, T. (2013). *Praxisbuch Interview, Transkription & Analyse. Anleitungen und Regelsysteme für qualitativ Forschende.* Online verfügbar unter http://www.audiotranskription.de/download/praxisbuch_transkription.pdf?q=Praxisbuch-Transkription.pdf, zuletzt geprüft am 15.08.2016.

Egli Cuenat, M., Klee, P. & Kuster, W. (2010). Berufsspezifische Fremdsprachenkompetenzen in der Lehrpersonenbildung. *Babylonia, 1* (10), 41–48.

Elby, A., & Hammer, D. (2001). On the substance of a sophisticated epistemology. *Science Education, 85* (5), 554–567.

Elder, A. (2002). Characterizing fifth grade students' epistemological beliefs in science. In B. K. Hofer & P. R. Pintrich (Eds.), *Personal epistemology. The psychology of beliefs about knowledge and knowing.* Mahwah, N.J.: L. Erlbaum Associates, 103–118.

Feucht, F. C., & Bendixen, L. D. (2010). Personal epistemology in the classroom: a welcome and guide for the reader. In L. D. Bendixen & F. C. Feucht (Eds.), 3–28.

Fives, H., & Buehl, M. M. (2010). Teachers' articulation of believes about teaching knowledge: conceptualizing a belief network. In L. D. Bendixen & F. C. Feucht (Eds.), 470–515.

Fives, H., & Gill, M. G. (Eds.) (2015). *International handbook of research on teachers' beliefs.* New York: Routledge.

Flick, U. (2011). *Qualitative Sozialforschung. Eine Einführung.* 4. Aufl. Reinbek bei Hamburg: Rowohlt-Taschenbuch-Verlag.

Fraga-Cañadas, C. P. (2010). Beyond the classroom: maintaining and improving teachers' language proficiency. *Foreign Language Annals, 43* (3), 395–421.

Grossman, P. L., Wilson, S. M., & Shulman, L. S. (1989). Teachers of substance: subject matter knowledge for teaching. In M. C. Reynolds (Eds.), *Knowledge base for the beginning teacher.* 1. Aufl. Oxford, New York: Pergamon Press, 23–36.

Gürbüz, N. (2008). Language teacher competency or teacher language competency? In N. Kunt, J. Shibliyev & F. Erozan (Eds.), *ELT profession: challenges & prospects. The proceedings of the 2nd International Conference on ELT, 2006, Eastern Mediterranean University, Turkish Republic of Northern Cyprus.* München: LINCOM, 149–159.

Hashweh, M. Z. (1996). Effects of science teachers' epistemological beliefs in teaching. *Science Education, 33* (1), 47–63.

Hermans-Nymark, L. (2007). *English in the EFL classroom: why not? Classroom discourse patterns and teachers' beliefs*. Nijmegen: Radboud University Nijmegen.

Hofer, B. K., & Pintrich, P. R. (1997). The development of epistemological theories: beliefs about knowledge and knowing and their relation to learning. *Review of Educational Research, 67* (1), 88–140.

Hyland, K. & Anan, E. (2006). Teachers' perceptions of error: The effects of first language and experience. *System, 34* (4), 509–519.

Johnston, P., Woodside-Jiron, H., & Day, J. (2001). Teaching and learning literate epistemologies. *Journal of Educational Psychology, 93* (1), 223–233.

Kang, D.-M. (2008). The classroom language use of a Korean elementary school EFL teacher: Another look at TETE. *System, 36* (2), 214–226.

Kang, D.-M. (2013). EFL teachers' language use for classroom discipline: A look at complex interplay of variables. *System, 41* (1), 149–163.

Klopp, E. (2014): Die Struktur epistemologischer Überzeugungen. Empirische und theoretische Analysen. Dissertation. Universität des Saarlandes, Saarbrücken. Philosophische Fakultät. Online verfügbar unter http://scidok.sulb.uni-saarland.de/volltexte/2014/5810/pdf/Arbeitsversion_final_PA_druck_ohne_lebenslauf.pdf, zuletzt geprüft am 15.08.2016.

Klusmann, U. (2011). Allgemeine berufliche Motivation und Selbstregulation. In M. Kunter, J. Baumert, W. Blum, U. Klusmann, S. Krauss & M. Neubrand (Hrsg.): *Professionelle Kompetenz von Lehrkräften. Ergebnisse des Forschungsprogramms COACTIV.* Münster u. a.: Waxmann, 277–294.

Kramsch, C. (1998). The privilege of the intercultural speaker. In M. Byram & M. Fleming (Eds.): *Language learning in intercultural perspective. Approaches through drama and ethnography.* Cambridge: Cambridge University Press, 16–31.

Kuckartz, U. (2014). *Qualitative Inhaltsanalyse. Methoden, Praxis, Computerunterstützung.* 2. Aufl. Weinheim: Beltz; Juventa (Juventa Paperback).

Kunter, M. (2011). Forschung zur Lehrermotivation. In E. Terhart, H. Bennewitz & M. Rothland (Hrsg.), 527–539.

Kunter, M., Tsai, Y., Klusmann, U., Brunner, M., Krauss, S. & Baumert, J. (2008). Students' and mathematics teachers' perceptions of teacher enthusiasm and instruction. *Learning and Instruction, 18* (5), 468–482.

Lamnek, S. (2010). *Qualitative Sozialforschung. Lehrbuch.* 5., überarb. Aufl. Weinheim, Basel: Beltz.

Lavender, S (2002). Towards a framework for language improvement within short in-service teacher development programmes. In H. R. Trappes-Lomax & G. Ferguson (Eds.): *Language in language teacher education*. Amsterdam, Philadelphia: John Benjamins, 237–250.

Lee, M.-H., & Tsai, C.-C. (2011). Teachers' scientific epistemological views, conceptions of teaching science, and their approaches to teaching science. In J. Brownlee, G. Schraw & D. Berthelsen (Eds.), 247–262.

Li, D. (1998). 'It's always more difficult than you plan and imagine'. Teachers' perceived difficulties in introducing the communicative approach in South Korea. *TESOL Quarterly, 32* (4), 677–703.

Lipowsky, F. (2006). Auf den Lehrer kommt es an. Empirische Evidenzen für Zusammenhänge zwischen Lehrerkompetenzen, Lehrerhandeln und dem Lernen der Schüler. *Beiheft der Zeitschrift für Pädagogik* (51), 47–70.

Lunn, J., Walker, S., & Mascadri, J. (2015). Personal epistemologies and teaching. In H. Fives & M. G. Gill (Eds.), 319–335.

Maggioni, L., & Parkinson, M. M. (2008). The role of teacher epistemic cognition, epistemic beliefs, and calibration in instruction. *Educational Psychology Review, 20* (4), 445–461.

Many, J. E., Howard, F., & Hoge, P. (2002). Epistemology and preservice teacher education: how do beliefs about knowledge affect our students' experiences? *English Education, 34* (4), 302–322.

Meißner, F.-J. (2011). Qualitätsentwicklung in der sprachpraktischen Ausbildung der Studiengänge fremdsprachlicher Fächer im Jahr 2010. *Lebende Sprachen, 56* (1), 30–50.

Merkens, H. (1997). Strichproben bei qualitativen Studien. In B. Friebertshäuser & A. Langer (Hrsg.), *Handbuch Qualitative Forschungsmethoden in der Erziehungswissenschaft.* 1. Aufl. Weinheim: Juventa, 97–106.

Mettler, M., Hodel, H.-P., Brügger, K., & Inglin, A. (2011). *Sprechhandlungen von Lehrpersonen im Fremdsprachenunterricht. Forschungsbericht Nr. 29 der Pädagogischen Hochschule Zentralschweiz.* Luzern: Hochschule Luzern.

Morse, J. M. (1994). Designing funded qualitative research. In N. K. Denzin & Y. S. Lincoln (Eds.), *Handbook of qualitative research*. Thousand Oaks: Sage Publications, 220–235.

Moser, K. (2014). From praxis to program development. *Foreign Language Annals 47* (1), 134–146.

Mosvold, R., & Fauskanger, J. (2014). Teachers' beliefs about mathematical horizon content knowledge. *International Journal for Mathematics Teaching and Learning* 26, 1–16. Online verfügbar unter https://brage.bibsys.

no/xmlui/bitstream/handle/11250/280221/Article_Mosvold_Fauskanger.pdf?sequence=1&isAllowed=y, zuletzt geprüft am 15.08.2016.

Müller, C., Felbrich, A., Blömeke, S. (2008). Überzeugungen zum Lehren und Lernen von Mathematik. In S. Blömeke, G. Kaiser & R. Lehmann (Hrsg.), 247–276.

Murdoch, G. (1994). Language development provisions in teacher training curricula. *ELT Journal, 48* (3), 253–265.

Olafson, L., & Schraw, G. (2010). Beyond epistemology: assessing teachers' epistemological and ontological worldviews. In L. D. Bendixen & F. C. Feucht (Eds.), 516–551.

Pilypaitytė, L. (2013). *Fremdsprachenlehrerausbildung zwischen Qualitätsansprüchen und Realität. Auseinandersetzung mit exemplarisch ausgewählten Forderungen an die deutsche Fremdsprachenlehrerausbildung, ihren Hintergründen und ihrer Umsetzung.* Baltmannsweiler: Schneider Verlag Hohengehren.

Ravindran, B., Greene, B. A., & DeBacker, T. K. (2005). Predicting preservice teachers' cognitive engagement with goals and epistemological beliefs. *Journal of Educational Research, 98* (4), 222–232.

Reusser, K., Pauli, C., & Elmer, A. (2011). Berufsbezogene Überzeugungen von Lehrerinnen und Lehrern. In E. Terhart, H. Bennewitz & M. Rothland (Hrsg.), 478–495.

Richards, H., Conway, C., Roskvist, A. & Harvey, S. (2013). Foreign language teachers' language proficiency and their language teaching practice. *The Language Learning Journal, 41* (2), 231–246.

Riemer, C. (2010). Forschungsansätze. In H. Barkowski & H.-J. Krumm (Hrsg.), *Fachlexikon Deutsch als Fremd- und Zweitsprache.* Tübingen, Basel: A. Francke; UTB, 87–88.

Riemer, C. (2014). Forschungsmethodologie Deutsch als Fremd- und Zweitsprache. In J. Settinieri, S. Demirkaya, A. Feldmeier, N. Gültekin-Karakoç & C. Riemer (Hrsg.), *Empirische Forschungsmethoden für Deutsch als Fremd- und Zweitsprache. Eine Einführung.* 1 Aufl. Paderborn: Schöningh; UTB, 15–31.

Ritchie, J., Lewis, J., Elam, G., Tennant, R., & Rahim, N. (2014). Designing and selecting samples. In J. Ritchie, J. Lewis, C. M. Nicholls & R. Ormston (Eds.), *Qualitative research practice: A guide for social science students and researchers.* Second edition. London (u. a.): Sage Publications, 111–146.

Roters, B., & Trautmann, M. (2014). Professionalität von Fremdsprachenlehrenden – Theoretische Zugänge und empirische Befunde. In F. G. Königs (Hrsg.), *Themenschwerpunkt: Der Fremdsprachenlehrer im Fokus.* Tübingen: Narr, 51–65.

Roters, B., Nold, G., Haudeck, H., Keßler, J.-U., & Stancel- Piątak, A. (2011). Professionelles Wissen von Studierenden des Lehramts Englisch. In S. Blömeke, A. Bremerich-Vos, H. Haudeck, G. Kaiser, G. Nold, K. Schwippert & H. Willenberg (Hrsg.), *Kompetenzen von Lehramtsstudierenden in gering strukturierten Domänen. Erste Ergebnisse aus TEDS-LT.* Münster u. a.: Waxmann, 77–99.

Sato, K. (2002). Practical understandings of communicative language teaching and teacher development. In S. J. Savignon (Eds.): *Interpreting communicative language teaching. Contexts and concerns in teacher education.* New Haven: Yale University Press, 41–81.

Schmidt, C. (2013). Auswertungstechniken für Leitfadeninterviews. In B. Friebertshäuser, A. Langer & A. Prengel (Hrsg.), *Handbuch Qualitative Forschungsmethoden in der Erziehungswissenschaft.* 4. Aufl. Weinheim, München: Beltz; Juventa (Handbuch), 473–486.

Schommer, M. (1990). Effects of beliefs about the nature of knowledge on comprehension. *Journal of Educational Psychology, 82* (3), 498–504.

Schraw, G., Brownlee, J., & Berthelsen, D. (2011). Teachers' personal epistemologies and teacher education. Emergent themes and future research. In J. Brownlee, G. Schraw & D. Berthelsen (Eds.), 265–282.

Seidlhofer, B. (1999). Double standards: teacher education in the expanding circle. *World Englishes, 18* (2), 233–245.

Seifried, J. (2009). *Unterricht aus der Sicht von Handelslehrern.* Frankfurt am Main: Peter Lang.

Sešek, U. (2007). English for teachers of EFL – Toward a holistic description. *English for Specific Purposes, 26* (4), 411–425.

Spratt, M. (1994). *English for the teacher – a language development course.* Cambridge: Cambridge University Press.

Stahl, E., Pieschl, S., & Bromme, R. (2006). Task complexity, epistemological beliefs and metacognitive calibration. An exploratory study. *Journal of Educational Computing Research, 35* (4), 319–338.

Sullivan, J. H. (2011). Taking charge: Teacher candidates' preparation for the oral proficiency interview. *Foreign Language Annals, 44* (2), 241–257.

Tatar, S., & Yildiz, S. (2010). Empowering nonnative-English speaking teachers in the classroom. In A. Mahboob (Eds.), *The NNEST lens. Non native English speakers in TESOL.* Newcastle: Cambridge Scholars, 114–128.

Terhart, E., Bennewitz, H. & Rothland, M. (Hrsg.). *Handbuch der Forschung zum Lehrerberuf.* Münster u. a.: Waxmann.

Trautmann, M. (2010). Professionsforschung in der Fremdsprachendidaktik. In W. Hallet & F. G. Königs (Hrsg.), *Handbuch Fremdsprachendidaktik.* Seelze-Velber: Klett, Kallmeyer, 346–350.

Tsai, C.-C. (2002). Nested epistemologies: Science teachers' beliefs of teaching, learning and science. *International Journal of Science Education, 24* (8), 771–783.

Tsai, C.-C. (2007). Teachers' scientific epistemological views: The coherence with instruction and students' views. *Science Education, 91* (2), 222–243.

Weinert, F. E. (2001). Vergleichende Leistungsmessung an Schulen – eine umstrittene Selbstverständlichkeit. In F. E. Weinert (Hrsg.), *Leistungsmessungen in Schulen*. Weinheim u. a.: Beltz (Beltz-Pädagogik), 17–32.

Weschenfelder, E. (2014). *Professionelle Kompetenz von Politiklehrkräften. Eine Studie zu Wissen und Überzeugungen*. Wiesbaden: Springer VS.

Witzel, A. (2000). Das problemzentrierte Interview. In *Forum Qualitative Sozialforschung, 1* (1), 1–7. Online verfügbar unter http://www.qualitative-research.net/index.php/fqs/article/view/%201132/2519, zuletzt geprüft am 15.08.2016.

Witzel, A., & Reiter, H. (2012). *The problem-centred interview. Principles and practice*. Los Angeles (u. a.): Sage Publications.

Yadav, A., Herron, M., & Samarapungavan, A. (2011). Personal epistemology in preservice teacher education. In J. Brownlee, G. Schraw & D. Berthelsen (Eds.), 25–39.

Zinn, B. (2013). *Überzeugungen zu Wissen und Wissenserwerb von Auszubildenden. Empirische Untersuchungen zu den epistemologischen Überzeugungen Lernender*. Münster u. a.: Waxmann.

Eine Untersuchung kooperativer Beziehungen zwischen Eltern und Lehrkräften an Berliner Schulen

Charlott Rubach, Rebecca Lazarides
Technische Universität Berlin

Zusammenfassung

Kooperationsbeziehungen in der Schule gelten als zentrale Einflussfaktoren auf die Lernprozesse Jugendlicher und haben positive Effekte auf Eltern, Lehrkräfte sowie Lernende (Epstein, 2001). Der vorliegende Beitrag fragt nach der tatsächlich realisierten Kooperation zwischen Eltern und Lehrkräften an Berliner Schulen (9. und 10. Klasse). Der Beitrag gibt dabei einen ersten deskriptiven Überblick über die tatsächlich angebotenen beziehungsweise genutzten Kooperationsformen. Weiterhin wurde untersucht, ob unterschiedliche Kooperationsformen miteinander in Zusammenhang stehen und ob kooperationsbezogene Einstellungen von Eltern und Lehrkräften mit ihren kooperationsbezogenen Verhaltensweisen zusammenhängen.

Dabei zeigen die Befunde, dass elterliche kooperationsbezogene Einstellungen und Einstellungen der Lehrkräfte zusammenwirken, nicht aber deren berichtete kooperationsbezogene Verhaltensweisen. Die Ergebnisse weisen außerdem darauf hin, dass soziodemografische Merkmale der Eltern mit kooperationsbezogenen Einstellungen und Verhaltensweisen der Eltern und Lehrkräfte zusammenwirken, sodass Eltern mit Migrationshintergrund und mit Kindern an Integrierten Sekundarschulen positivere Einstellungen gegenüber der Kooperation mit Lehrkräften haben und Lehrkräfte hingegen an Gymnasien zuversichtlichere Einstellung zur Kooperation berichten.

Abstract

The school and family partnership is considered as a central influence on adolescents' learning processes and has positive effects on parents, teachers and students (Epstein, 2001). This study enquires how such family-school partnerships are realized in secondary schools in Berlin, Germany (9th and 10th grade). The study provides a first descriptive overview about the actual offered or used cooperation forms. It was

further investigated whether these forms are interrelated and if cooperative related attitudes and behavior patterns of the actors are related.
The findings suggest significant correlations between parents "beliefs and teachers" beliefs to family-school-partnership, but no correlations between family-school based behavior of parents and teachers. Socio-demographic family-related characteristics are correlated with specific family-school partnership beliefs and behavior patterns of parents and teachers. Parents with migration background and parents, with students at integrative secondary schools, have more positive beliefs to family-school partnerships. Rather teachers at gymnasium have more positive beliefs to family-school partnerships.

Einleitung

Der Wandel gesellschaftlicher, politischer und wirtschaftlicher Rahmenbedingungen bewirkt, im Zuge von Globalisierungsprozessen, auch die Veränderung von Aufgabenbereichen und Strukturbedingungen der Sozialisationsinstanzen Familie und Schule (Zweck et al., 2015). Damit verbunden ist die Veränderung der Lebenswelten von Kindern und Jugendlichen, für die sowohl Schule als auch Familie nun die Rolle des Lern- und Lebensortes inne haben (Bundesministerium für Familie, Senioren & Frauen und Jugend, 2013). Die daraus resultierende zunehmende Überschneidung von privater und öffentlicher Verantwortlichkeit, für das Wohlergehen und die Entwicklung von Kindern und Jugendlichen, ist eine Herausforderungen für die Schule und die Familie (Reetz, 2007).

Als Reaktion auf solche gesellschaftlichen Herausforderungen stellt sich die Frage nach Bedingungsfaktoren und Konsequenzen gelingender Kooperationsbeziehungen zwischen Schule und Familie (Wild & Lorenz, 2010). Ziel solcher Kooperationen ist es, die Beziehung zwischen Elternhaus und Schule zu verbessern, sich gegenseitig zu unterstützen und zu beraten. Obwohl einzelne Studienergebnisse auch auf negative Zusammenhänge zwischen dem elterlichen heimbasierten Engagement, zum Beispiel der Unterstützung bei den Hausaufgaben, und den Leistungen sowie der Motivation Lernender hinweisen (Chen, Lee & Stevenson, 1996; Otto & Atkinson, 1997), verweisen zahlreiche Forschungsarbeiten auf die positiven Korrelate gelingender Kooperationsbeziehungen zwischen Lehrkräften und Eltern für schulische Lernprozesse Jugendlicher – so beispielsweise auf den Schulerfolg und die Persönlichkeitsentwicklung der Schülerinnen und Schüler (Fend, 2008; Neuenschwander et al., 2004; Pekrun, 1997; Sacher, 2008a; Stange, 2012; Textor, 2006). Empirische Befunde verdeutlichen, dass gelingende Kooperationsbeziehungen zur einer günstigen Entwicklung der Lern- und Leistungsmotivation (Epstein, 1986; Griffith, 1996; Henderson & Mapp, 2002; Hill & Tyson,

2009; Jeynes, 2011; Jeynes, 2016), der schulischen Leistungsentwicklung und des Fähigkeitsselbstkonzeptes, also der Einschätzungen und Einstellungen bezüglich der eigenen Fähigkeiten in einzelnen schulischen Bereichen (Möller & Trautwein, 2009) beitragen.

Vor dem Hintergrund der positiven Auswirkungen gelingender Kooperationsbeziehungen zwischen Lehrkräften und Eltern hat der vorliegende Beitrag zum Ziel, die selbstberichteten Einstellungen und Verhaltensweisen der Eltern und Lehrkräfte im Hinblick auf ihre gemeinsame Kooperation darzustellen. Weiterhin wurden Zusammenhänge zwischen einzelnen Kooperationsformen untersucht. Der Zusammenhang zwischen kooperationsbezogenen Einstellungen der Eltern und Lehrkräfte und deren kooperationsbezogenen Verhaltensweisen galt als weiteres Ziel. Dabei wurden soziodemografische Merkmale der Eltern und Lernenden sowie Strukturmerkmale der Schule berücksichtigt. Dieser Beitrag bietet einerseits einen Überblick über wahrgenommene beziehungsweise angebotene Kooperationskontakte an Berliner Schulen und weist auf Zusammenhänge zwischen durch Eltern und Lehrkräften berichteten Kooperationskontakten hin. Andererseits wird auf bestehende Zusammenhänge zwischen beschriebenen kooperationsspezifischen Konstrukten hingewiesen.

Kooperation zwischen Schule und Familie: Begriffsbestimmung

Kooperationsbeziehungen zwischen Schule und Familie werden in Pädagogik und Psychologie unter Bezugnahme zahlreicher verschiedener Begriffe thematisiert (Sacher, 2014; Stange, 2013), zu denen Elternarbeit, Elternpartizipation, Elternengagement sowie parental involvement, school and family partnership oder parental engagement gehören (Epstein, 2009; Sacher, 2008a). Jeder Begriff beinhaltet andere Aspekte der Zusammenarbeit und hat somit unterschiedliche empirische Zugänge zum Thema. Zudem werden Kooperationsbeziehungen zwischen dem Elternhaus und der Schule durch verschiedene Autorinnen und Autoren als Erziehungs- und/oder Bildungspartnerschaft bezeichnet (Bauer & Brunner, 2006; Helmke & Fend, 1981; Sacher, 2008a; Stange, Krüger, Henschel & Schmitt, 2012; Textor, 2006). Ausgehend von einer starken Überschneidung von Erziehungs- und Bildungsprozessen in Schule und Familie wird in der vorliegenden Arbeit in solchen Erziehungs- und Bildungspartnerschaften eine Kooperationsbeziehung gesehen, in der sowohl Eltern als auch die Lehrkräfte als aktive Akteurinnen und Akteure agieren und sich wechselseitig aufeinander beziehen. In der vorliegenden Arbeit wird die Kooperation zwischen Elternhaus und Schule als „Bildungs- und Erziehungspartnerschaft" verstanden.

Kooperation zwischen Schule und Familie: Kooperations- und Interaktionsformen

Theoretisch beschreibt das ‚Modell der überlappenden Einflussbereiche' (Epstein, 1987, 2010), dass Kooperationsbeziehungen Einfluss auf alle beteiligten Akteurinnen und Akteure haben. Das Modell nennt einerseits unterschiedliche Einflussbereiche, die die Beziehung zwischen Schule und Familie in ihrer Qualität bestimmen (äußere Modellstruktur: z. B. Erfahrungen und Grundhaltungen der Familie und der Schule, Alter der Schülerinnen und Schüler), beschreibt aber auch Auswirkungen der Kooperation zwischen Schule und Familie auf den Lernerfolg von Schülerinnen und Schülern. Die innere Struktur wird als wechselseitige Interaktion zwischen Lernenden, Eltern und Lehrkräften beschrieben. Hierbei werden verschiedene Interaktionsformen unterschieden: die Intra-institutionelle Interaktion bezieht sich auf die Kommunikation auf der dyadischen Ebene (zwischen Schule und Kind bzw. Jugendlichen oder zwischen Eltern und Kind bzw. Jugendlichen), die Interinstitutionelle Interaktion bildet die Beziehungen zwischen allen Beteiligten ab (triadische Beziehungsstruktur zwischen Familie, Schule und Kindern bzw. Jugendlichen). Im Rahmen dieser Inter-institutionellen Interaktion kommunizieren die Beteiligten im Rahmen unterschiedlicher Formen miteinander. Eine partnerschaftliche Kooperation, welche nicht nur durch eine gute Atmosphäre und regelmäßige Kontakte, sondern vor allem durch gemeinsames Handeln charakterisiert ist, kann sowohl in der Schule als auch im häuslichen Umfeld der Familien stattfinden. Die schulbasierte Kooperation findet in der Schule statt und beinhaltet unter anderem die Teilnahme der Eltern an Schulveranstaltungen, die Übernahme organisatorischer und administrativer Aufgaben sowie die Zusammenarbeit mit Lehrkräften und der Schulleitung in Gremien. Bei der heimbasierten Kooperation unterstützen die Eltern die Kinder beziehungsweise Jugendlichen unter anderem bei Hausaufgaben und schaffen für sie eine bildungsfördernde Atmosphäre. Hier werden Lehrkräfte unterstützend hinzugezogen, indem sie bildungsfördernde Ratschläge geben und sich auch bezüglich des schulischen Verhaltens der Schülerinnen und Schüler und deren Erziehung mit den Eltern abstimmen (Sacher, 2014).

Sacher (2008a) gliedert die Kontakte zwischen Elternhaus und Schule in formelle (Elternsprechstunden, Klassenelternabende u. a.) und informelle Kommunikation (Hausbesuche, Elternfeedbacks, schulische Veranstaltungen u. a.), wobei informelle Kontakte eine vertraute Beziehung zueinander schaffen (Bauer, 2006). Neben diesen Formen benennt Sacher (2008a) auch den Austausch von Informationen als Form der Kooperation. Beispiele sind Lerngespräche, Elternrundbriefe sowie Informationen über die schulischen Leistungen der Schülerinnen und Schüler. Die formellen Kontakte sind meist durch die Schule festgelegt und damit verbunden oft durch hierarchische Verhältnisse und Unfreiwilligkeit geprägt. Informelle Kontakte sind hingegen Interaktionsformen, welche ein gleichgestelltes Verhältnis zwischen Eltern und Lehrkräften innehaben und auf Freiwilligkeit beruhen. Informelle Kontakte werden dabei meist von Personen umgesetzt, die die Beziehungsatmosphäre in der Kooperation miteinander positiv wahrnehmen (vgl. Sacher, 2008b). In der Realisierung der unterschiedlichen Kooperationskontakte zeigt sich, dass vor allem formelle Kontakte stattfinden und informelle Kontakte selten umgesetzt werden (Busse & Helsper, 2008; Sacher, 2005a, 2008b; Wild & Hofer, 2002). In der dritten Jako-O Bildungsstudie wird sich mit den Zusammenhängen zwischen den einzelnen Kooperationsmöglichkeiten befasst (Killus & Tillmann, 2014). Paseka (2014) stellt heraus, dass es positive Zusammenhänge zwischen einzelnen Formen der Elternbeteiligung gibt. Die elterliche Teilnahme an Klassenfahrten und Ausflügen sowie die Mitarbeit in Arbeitsgruppen gelten dabei als ‚door-opener', da durch diese Kooperationsform andere Kooperationen initiiert werden.

Ein Ziel der vorliegenden Arbeit ist es, in Anlehnung an Paseka (2014), zu untersuchen, ob die von Sacher (2008b) beschriebenen schulbasierten Kooperationsformen (formelle und informelle Kontakte, Informationsaustausch) miteinander in Zusammenhang stehen. Einerseits wird untersucht, ob diese Formen im Intra-institutionell Kontext zusammenhängen, also mit anderen umgesetzten Kooperationsformen der Akteure. Zum Beispiel wird untersucht inwieweit Eltern, die informelle Kooperationsformen wie Elternabende wahrnehmen, auch formelle Kontakte, wie Ausflüge häufiger wahrnehmen. Andererseits wird untersucht, inwieweit die Formen im Inter-institutionellen Rahmen zusammenhängen, ob von Eltern genutzte Kooperationsformen mit den angebotenen Kooperationsformen der Lehrkräfte zusammenhängen.

Kooperationsspezifische Einstellungen und Verhaltensweisen von Eltern und Lehrkräften

Viele Studien verweisen darauf, dass die elterliche Mitwirkung in der Schule durch die Einstellungen der Lehrkräfte zur Kooperation begünstigt wird (Hoover-Dempsey & Sandler, 1995; Sacher, 2005b). Paseka (2014) zeigt beispielsweise, dass die schulische Elternbeteiligung gesteigert wird, wenn eine positive Bereitschaft der Lehrkräfte zur Kooperation wahrgenommen wird. Studien zeigen hier jedoch, dass die Kooperation zwischen Eltern und Lehrkräften von den Lehrkräften häufig als belastend empfunden wird (Sacher,

2005b). Fölling-Albers und Heinzel (2007) beschreiben, dass Lehrkräfte die Eltern häufig nicht als Partner in der Umsetzung von Bildungs- und Erziehungszielen sehen. Nehmen die Eltern solche Einstellungen bei Lehrkräften wahr, ziehen sie sich aus dem Schulalltag ihrer Kinder zurück (Wiezorek, 2006). Walker, Wilkins, Dallaire, Sandler und Hoover-Dempsey (2005) weisen in diesem Kontext darauf hin, dass Eltern sich stärker in der Schule engagieren, wenn sie auch davon überzeugt sind, dass sie die Bildung ihrer Kinder aktiv unterstützen können und dass ihr schulisches Engagement erwünscht ist. In der Studie von Grolnick, Benjet, Kurowski und Apostoleris (1997) zeigt sich hingegen, dass die Einstellungen der Lehrkräfte das elterliche schulbasierte Engagement der Eltern nicht beeinflussen, sondern das elterliche Engagement durch soziodemografische Merkmale sowie individuelle Merkmale der Eltern und Kinder abhängt.

Mit Blick auf das Kooperationsverhalten der Lehrkräfte zeigt sich, dass dieses durch individuelle Merkmale sowie spezifische Einstellungen beeinflusst wird. Richter und Pant (2016) verdeutlichen in ihrer Studie zur Kooperation im Lehrerkollegium, dass Lehrkräfte der Zusammenarbeit mit Kollegen positiv gegenüberstehen, Kooperation aber nur oberflächlich stattfände. Wild (2003) untersuchte die Einstellungen der Lehrkräfte zur Elternarbeit. Auch hier zeigt sich, dass Lehrkräfte eine positive, zuversichtliche Haltung zur heimbasierten Kooperation mit Eltern haben, sich dabei aber Diskrepanzen und Kommunikationsprobleme abzeichnen und intensive Kooperationsformen ausbleiben.

Ein weiteres Merkmal, welches die Kooperationsbeziehung zwischen den Eltern und den Lehrkräften in der Sekundarstufe I häufig erschwert, ist die Einstellung Jugendlicher zur Kooperation zwischen Schule und Familie. Schülerinnen und Schüler stehen der Zusammenarbeit meist kritisch gegenüber (Sacher, 2014). Besonders in der Sekundarstufe I ist die Zusammenarbeit zwischen Eltern und Lehrkräften zumeist problemorientiert gestaltet (Sacher, 2008c, 2014). Häufig findet der Kontakt zwischen Lehrkräften und Eltern nur statt, wenn die Akteure ein Defizit erkennen und sich darüber austauschen wollen.

Kooperation zwischen Schule und Familie: Kontextbedingungen

Verschiedene Forschungsarbeiten befassen sich mit der Frage, wann Eltern sich in der Schule engagieren. So wird berichtet, dass persönliche Merkmale der Eltern, wie die elterliche Rollenwahrnehmung, erhaltene Einladungen durch die Schule sowie der Lebenskontext der Eltern, wie Schulabschluss, Berufsstatus und Migrationshintergrund, das Kooperationsverhalten der Eltern beeinflussen und sich dieses auf die elterlichen Erziehungspraktiken beim schulischen Engagement auswirken (Hoover-Dempsey & Sandler, 1995; Park & Holloway, 2013). So wird unter anderem in unterschiedlichen Studien gezeigt, dass Eltern mit Migrationshintergrund einerseits weniger Interesse haben, sich in der Schule zu engagieren und das elterliche Engagement im Vergleich zu Eltern ohne Migrationshintergrund geringer ist (vgl. Hornby & Lafaele, 2011). Green, Walker, HooverDempsey und Sandler (2007) sowie Grolnick et al. (1997) verdeutlichen in ihren Studien, dass sich soziodemografische Merkmale der Familie auf deren Kooperationsverhalten auswirken. Empirische Studien (vgl. Hornby & Lafaele, 2011) werfen beispielsweise die Frage auf, inwieweit sich Eltern mit einem niedrigen sozialen Status weniger häufig in der Schule ihrer Kinder engagieren und zeigen, dass Desinteresse ein Prädiktor ist. Die Kooperationsbeziehungen zwischen dem Elternhaus und der Schule unterscheiden sich weiterhin in den unterschiedlichen Schularten in ihrer Qualität und Quantität. So zeigt sich, dass die Zusammenarbeit zwischen Lehrkräften und Eltern in Grundschulen am intensivsten ist und mit zunehmendem Alter der Schülerinnen und Schüler abnimmt (Sacher, 2008c), da die Lernenden zunehmend nach Autonomie streben und Lernende keine schulbezogene Unterstützung der Eltern fordern (vgl. Sacher, 2014). Des Weiteren charakterisiert eine institutionelle Änderung den Vergleich der kooperativen Beziehungen von Grund- und Sekundarstufe – in der Sekundarstufe I haben Jugendliche im Vergleich zur Primarstufe mehrere Fachlehrkräfte, mit denen Eltern neben den Klassenlehrkräften auch Kooperationsbeziehungen eingehen können (Hornby & Lafaele, 2011). In der Sekundarstufe zeigen sich Unterschiede in den Kooperationsbeziehungen zwischen Lehrkräften und Eltern hinsichtlich der Schulform – so lassen sich außerdem Unterschiede in der Qualität und Quantität der Kooperation zwischen Gymnasien und Integrierten Sekundarschulen (Real- und Hauptschule inbegriffen) ausmachen, wobei an Realschulen häufiger mit Eltern zusammengearbeitet wird (Hertel et al., 2013). Als einen weiteren Einflussfaktor auf Kooperationsbeziehungen, zwischen Lehrkräften und Eltern, nennen Walker et al. (2005) sowie Börner (2010) die familiären Lebensumstände, zum Beispiel die Familienzusammenstellung, die berufliche Tätigkeit oder den Bildungsabschluss der Eltern. Die Ergebnisse verweisen darauf, dass die Arbeitszeit das elterliche Schulengagement negativ beeinflusst. Weiterhin wird die Kooperation zwischen Elternhaus und Schule durch die elterliche Betreuung weiterer Kinder sowie die Haushaltsführung oder auch deren Berufstätigkeit erschwert. Neben den individuellen Merkmalen der Eltern müssen auch Merkmale der Lernenden beachtet werden. Sacher (2014) stellt heraus, dass Eltern-Lehrkräfte-Kontakte in der Sekundarstufe meist durch Schulprobleme der Schülerinnen und Schüler initiiert werden, wobei die Benotung der Kinder ein Hauptgrund ist. So zeigt sich, dass Kontakte zwischen Eltern und Lehrkräfte vermehrt stattfinden, wenn Kinder schlechte Noten in der Schule haben (vgl. Eccles & Harold, 1993).

Die aufgezeigten empirischen Befunde verdeutlichen, dass familiale und schulbezogene Charakteristika mit dem kooperationsspezifischen Verhalten der Eltern in Zusammenhang stehen. Für die vorliegende Untersuchung leitet sich die Fragestellung ab, ob diese Merkmale (sozialer Status der Familie, Schulabschluss der Eltern, Migrationshintergrund der Eltern und Lernenden, Schulform) auch mit dem kooperationsspezifischen Verhalten von Lehrkräften zusammenhängen und dabei mit den hier untersuchten kooperationsspezifischen Einstellungen der Eltern und Lehrkräfte korrelieren.

Kooperation zwischen Schule und Familie: Ziele der Untersuchung

Während die empirische Befundlage auf positive Konsequenzen gelingender Kooperationsbeziehungen zwischen Schule und Familie hinweist (Jeynes, 2011; Sacher, 2008b; Schwanenberg, 2015), befassen sich relativ wenige Untersuchungen mit einer multiperspektiven Erfassung der kooperationsspezifischen Einstellungen und Verhaltensweisen von Eltern und Lehrkräften und dem Zusammenhang dieser Konstrukte mit individuellen soziodemografischen und schulbezogenen Charakteristika. In dieser Untersuchung wurden folgende Fragestellungen untersucht:

(1) Welche Kooperationskontakte werden an Berliner Schulen umgesetzt?
Ziel ist es, die Kooperationsbeziehungen zwischen Eltern und Lehrkräften an Berliner Schulen zu beschreiben. Die im Folgenden berichteten ersten Ergebnisse stellen in Anlehnung an Wild (2003) und Sacher (2008b) dar, welche Kooperationskontakte an den an der Befragung beteiligten Schulen der Sekundarstufe umgesetzt werden. Dabei wird detaillierter untersucht, welche Formen der Kooperation durch Lehrkräfte angeboten und inwieweit diese durch Eltern genutzt werden.

(2) Zeigen sich Zusammenhänge zwischen den Kooperationskontakten?
In der Jako-O-Studie (Killus & Tillmann, 2012) stellte sich heraus, dass verschiedene Kooperationsformen in Zusammenhang zueinander stehen, wobei auf ‚door-opener', also Kooperationsformen, welche andere positiv beeinflussen, hingewiesen wurde (Paseka, 2014). In dieser Untersuchung soll explorativ

untersucht werden, ob und inwiefern die durch Sacher (2008b) beschriebenen Kooperationskontakte zusammenwirken.

(3) Wie hängen kooperationsspezifische Einstellungen und Verhaltensweisen der Eltern und Lehrkräfte zusammen?
Hoover-Dempsey und Sandler (1995) stellten in ihrem Modell heraus, dass elterliche Einstellungen deren Kooperationsverhalten beeinflussen. Daraus folgend wurde in dieser Studie untersucht, ob Einstellungen zu Kooperationsbeziehungen und das berichtete Kooperationsverhalten der Eltern sowie der befragten Lehrkräfte miteinander zusammenhängen. Es wird angenommen, dass die Einstellungen und Verhaltensweisen der Eltern wie auch Lehrkräfte positiv zusammenwirken, da dieser Zusammenhang im Modell von Hoover-Dempsey und Sandler (1995) für Eltern gezeigt wird.

(4) Zeigen sich Zusammenhänge von Einstellungen und Verhaltensweise und soziodemografische und schulspezifischen Merkmale?
Hoover-Dempsey et al. (2005) sowie Hornby und Lafaele (2011) zeigten in ihren Studien, dass sich mit Berücksichtigung von familialen soziodemografischen Merkmalen Unterschiede in den kooperationsspezifischen Einstellungen und dem Verhalten der Eltern zeigen. Hier soll untersucht werden, ob der Migrationshintergrund der Eltern und Lernenden, der Schulabschluss, der soziale Status sowie der Notendurchschnitt der Lernenden und die untersuchte Schulform mit den Einstellungen und Verhaltensweisen der Akteure zusammenhängen.

Design der Berliner Move-Studie

Die Datengrundlage der im Folgenden berichteten Analysen ist eine Teilstichprobe der Berliner Move-Studie (Motivation Jugendlicher in der Schule; Lazarides & Rubach, 2015). Die vorgestellten Analysen befassen sich mit Kooperationsbeziehungen zwischen Schule und Familie, die einen Teilaspekt der MOVE-Studie darstellen. Im Rahmen der MOVE-Studie fand im September und Oktober 2015 an 13 Berliner Schulen eine Fragebogenerhebung mittels Online- bzw. Papierfragebogen während der dafür zur Verfügung gestellten Unterrichtszeit (45 Minuten) statt. Die Klassenlehrkräfte bekamen vom Erhebungsteam einen Papier-Fragebogen oder konnten diesen online ausfüllen, wenn sie während der Erhebung nicht anwesend waren. Die Eltern bekamen einen Brief mit einem entsprechenden Link zum Onlinefragebogen der Elternumfrage.

Tabelle 1: Ausfüllende/r des Fragebogens und demografische Angaben

	N	Prozent
Ausfüllende/r		
Mutter	122	65.8
Vater	31	16.7
Sonstige	7	3.8
Fehlende Angaben	26	13.7
Migrationshintergrund		
beide Eltern in Deutschland geboren	91	48.9
nur ein Elternteil ist in Deutschland geboren	24	12.9
beiden Eltern in einem anderen Land geboren	45	24.2
Fehlende Angaben	26	13.7
Schulabschluss der Eltern		
Beide Elternteile haben eine Hochschulreife	29	15.6
Ein Elternteil hat eine Hochschulreife	41	22.0
Kein Elternteil hat eine Hochschulreife	116	62.4
Anzahl der zu Hause vorhandenen Bücher		
Unter 100 Bücher	85	45.7
Über 100 Bücher	72	38.7
Fehlende Angaben	29	15.6

Für die Analyse wird eine Teilstichprobe von Schülerinnen und Schüler (N=186) der neunten und zehnten Klassen (43 % männlich; M_{Alter} = 14.55, SD = .94) an Gymnasien (45.2 %) sowie Integrierten Sekundarschulen, sowie die Eltern (N=186) und Klassenlehrkräfte (N=11) der Lernenden herangezogen. 92,5 % der befragten Schülerinnen und Schüler gaben an, in Deutschland geboren worden zu sein.

In Tabelle 1 sind Angaben zum demografischen Hintergrund der Eltern dargestellt. Es waren vorwiegend Mütter (65.8 %), die den Fragebogen ausfüllten. Bezüglich des Migrationshintergrunds zeigt sich, dass ca. die Hälfte (48.9 %) der Lernenden angaben, dass beide Elternteile in Deutschland geboren wurden. Somit ist in der Stichprobe eine ungefähre Gleichverteilung von Eltern mit und ohne Migrationshintergrund vorhanden. Bei der Darstellung der angegebenen Berufsabschlüsse zeigt sich, dass zirka 16 % beider Elternteile die Schule mit einer Hochschulreife abgeschlossen haben. Dem gegenüber beträgt die Rate der Familien bei der kein Elternteil eine Hochschulreife besitzt 62.4 %.

Messinstrumente

Skalen im Eltern- und Lehrerfragebogen sind:

Kooperationskontakte. In Anlehnung an Sacher (2008) wurde bei Eltern die Teilnahme an neun verschiedene Formen der Kooperation beziehungsweise bei Lehrkräften das Angebot dieser Formen im letzten Schuljahr erfasst (0 = nicht teilgenommen; 1= teilgenommen).
Teilnahme an Kooperationskontakten. Die oben beschriebenen Kooperationskontakte lassen sich in formelle (2 Items: Elternsprechabende, Elternsprechstunden) und informelle Kontakte (3 Items: Hausbesuche, Unterrichtshospitationen, Elternfeedback, Schulveranstaltungen) sowie Informationsaustausch (4 Items: Elternrundbriefe, Leistungsinformationen, Prüfungsinformationen, Lerngespräche) unterscheiden. Für jede der drei unterschiedlichen Kategorien wurde ein Index gebildet, indem die angegebenen Teilnahmen aufsummiert wurden (bei formellen Kontakten Range von 0 bis 2, bei informellen Kontakten Range von 0–3, beim Informationsaustausch Range von 0 bis 4).
Beurteilung der Kooperationskontakte. Eltern und Lehrkräfte wurden acht verschiedene Kooperationskontakte (in Anlehnung an Sodoge und Eckert, 2004) genannt – gefragt wurde, inwieweit sie diese als hilfreich einschätzen (fünfstufige Likertskala, 1 = finde ich nicht hilfreich bis 5 = finde ich hilfreich). Die Reliabilität der Skala war mit α=.80 zufriedenstellend. Genannte Kooperationskontakte sind beispielsweise Elternsprechtage, Elternabende, Elternstammtische sowie Hausbesuch und Gemeinsame Arbeitskreise.

Skalen aus dem Elternfragebogen sind:

Wahrgenommenes Kooperationsverhalten durch die Eltern[1] . Eltern wurden gebeten, dass Kooperationsverhalten und die Unterstützung durch die Lehrkräfte einzuschätzen. Das Konstrukt wurde in Anlehnung an Adams und Christonson (2000) aus dem Englischen ins Deutsche übersetzt. Die Reliabilität der Skala war mit α=.83 zufriedenstellend. Die Skala ist fünfstufig von 1 (stimme gar nicht zu) bis 5 (stimme voll und ganz zu) (4 Items). Ein Beispielitem ist: „Die Lehrerinnen und Lehrer meines Kindes sind gut zu erreichen, wenn ich Probleme und Fragen habe."
Wahrgenommene Qualität der Kooperation[1]. Die Skala zur Erfassung der wahrgenommenen Qualität der Kooperation mit den Klassenlehrkräften wurde orientiert an Adams und Christenson (2000) und Bos und Kollegen (2010) konstruiert.

---

1 Die Faktorladungen der Items sind λ>.50.

Die Reliabilität der Skala war mit α=.79 zufriedenstellend. Das Konstrukt setzt sind aus 3 Items zusammen und wurde durch eine fünfstufige Likertskala erfasst von 1 (stimme gar nicht zu) bis 5 (stimme voll und ganz zu). Ein Beispielitem ist: „Die Zusammenarbeit zwischen Eltern und Lehrkräften an der Schule funktioniert gut."
Beurteilung der Lehrkräftekompetenz[1]. Die Skala erfasst die durch Eltern eingeschätzte Lehrerqualität orientiert an der DESI-Studie (Wagner et al. 2009). Die Reliabilität der Skala war akzeptabel mit α=.79. Die Skala setzt sich aus vier Items mit 3-stufigem Antwortformat, rangierend von 1 (stimme gar nicht zu) bis 5 (stimme voll und ganz zu) zusammen. Ein Beispielitem lautet: „Die Lehrkräfte meines Kindes kennen die Stärken und Schwächen ihrer Schüler und Schülerinnen."

Skalen aus dem Lehrkräftefragebogen sind:

Wahrgenommene Qualität der Kooperation[1]. Die Skala erfasst die wahrgenommene Qualität der Kooperation zwischen Eltern und Lehrkräften orientiert an der KESS-Studie (Bos et al. 2010). Die Reliabilität der Skala war mit α=.75 zufriedenstellend. Das Konstrukt setzt sind aus 3 Items zusammen und wurde durch eine fünfstufige Likertskala von 1 (stimme gar nicht zu) bis 5 (stimme voll und ganz zu) erfasst. Ein Beispielitem ist: „Die Zusammenarbeit zwischen Eltern und Lehrkräften an der Schule funktioniert gut."
Zuversichtliche Einstellung zur Elternarbeit. Die Skala erfasst die Einstellung zur Kooperation der befragten Lehrkräfte (Wild 2003). Die Reliabilität der Skala war akzeptabel mit α=.74. Die Skala setzt sich aus vier Items mit 3-stufigem Antwortformat, rangierend von 1 (stimme gar nicht zu) bis 5 (stimme voll und ganz zu) zusammen. Ein Beispielitem lautet: „Wenn sich Eltern regelmäßig mit den Lehrern austauschen würden, könnten sie ihren Kindern viel besser zuhause beim Lernen helfen."
Wahrgenommenes elterliches Kooperationsverhalten durch die Lehrkräfte[1]. Die Klassenlehrkräfte wurden gebeten, dass Kooperationsverhalten und die Unterstützung durch die Eltern ihrer Schülerinnen und Schüler einzuschätzen. Das Konstrukt wurde in Anlehnung an Adams und Christonson (2000) aus dem Englischen ins Deutsche übersetzt. Die Reliabilität der Skala war mit α=.74 zufriedenstellend. Die Skala ist fünfstufig von 1 (stimme gar nicht zu) bis 5 (stimme voll und ganz zu) (4 Items). Ein Beispielitem ist: „Die Eltern/Erziehungsberechtigten der Schülerinnen und Schüler sind gut zu erreichen, wenn ich eine Frage oder ein Problem habe."

Weiterhin wurde das Geburtsland der Eltern (nominalskaliert, 1= beiden Elternteile in Deutschland geboren, 2= ein Elternteil in Deutschland geboren, 3= kein Elternteil in Deutschland geboren) und Jugendlichen (nominalskaliert, 1= in Deutschland geboren, 2= in einem anderen Land geboren) in der Analyse berücksichtigt. Darüber hinaus wurden Eltern nach der Anzahl der im Haushalt vorhandenen Bücher gefragt (1: keine oder nur sehr wenige [0–10 Bücher] bis 5: genug um drei oder mehr Regale zu füllen [mehr als 200 Bücher]). Weiterhin wurde der von Eltern berichtete Schulabschluss in die Analyse integriert (0= kein Elternteil mit Hochschulreife, 1= ein Elternteil mit Hochschulreife, 2= beide Elternteile mit Hochschulreife). Die Noten in Deutsch, Mathematik und Englisch (Range von 1–6, wobei 1: sehr gut und 6: ungenügend) wurden zu einem Item (Index) zusammengefasst, indem die Durchschnittsnote aus den drei Werte berechnet wurde. Des Weiteren wurde die Schulform (1= Gymnasium, 2= Integrierte Sekundarschule) beachtet.

Statistische Analyse

Alle statischen Analysen wurden mit dem Programmen SPSS 22.1 durchgeführt. Die Zusammenhänge zwischen nominalskalierten Variablen (Fragestellung 2) wurden nach Toutenburg und Heumann (2008) mit dem Phi-Koeffizienten ermittelt. Um zu überprüfen, inwieweit kooperationsspezifische Einstellungen und Verhaltensweisen von Eltern und Lehrkräften, unter Berücksichtigung der Kontrollvariablen, zusammenwirken, wurden bivariate Korrelationen (Pearson's *r*) berechnet (Fragestellung 3 und 4).

Ergebnisse

Zusammenhänge zwischen Kooperationskontakten.

Im ersten Teil des Absatzes wird das berichtete Kooperationsverhalten der Eltern und Lehrkräfte in Form unterschiedlicher Arten von Kooperationskontakten berichtet. Dabei geht es nicht um die Häufigkeit der Teilnahme, sondern lediglich darum, ob bestimmte Kooperationskontakte umgesetzt wurden oder nicht. Bei den formellen Kooperationskontakten zeigt sich, dass 51.6 % der Eltern beide Kontaktarten, also den Elternabend wie auch die Elternsprechstunde in Anspruch genommen haben. 15,6 % der Eltern berichten hingegen keine dieser Kontakte genutzt zu haben.

Tabelle 2: Elterliche Nutzung der Kooperationskontakte

	Elternanteil in %
Formelle Kooperationskontakte	
Keine Kontaktart genutzt	15.6
Mehrere Kontaktarten genutzt	17.7
Alle Kontaktarten genutzt	51.6
Fehlende Angaben	15.1
Informelle Kooperationskontakte	
Keine Kontaktart genutzt	66.1
Mehrere Kontaktarten genutzt	18.9
Alle Kontaktarten genutzt	0.0
Fehlende Angaben	15.0
Informationsaustausch	
Keine Kontaktart genutzt	16,7
Mehrere Kontaktarten genutzt	53,2
Alle Kontaktarten genutzt	15,1
Fehlende Angaben	15.0

Tabelle 3: Angebot von Kooperationskontakten durch die befragten Lehrkräfte

	Lehrkräfteanteil in %
Formelle Kooperationskontakte	
keine Kontaktart angeboten	10.8
mehrere Kontaktarten angeboten	17.2
alle Kontaktarten angeboten	11.8
Fehlende Angaben	60.2
Informelle Kooperationskontakte	
keine Kontaktart angeboten	17.2
mehrere Kontaktarten angeboten	19.4
alle Kontaktarten angeboten	3.2
Fehlende Angaben	60.2
Informationsaustausch	
keine Kontaktart angeboten	2,7
mehrere Kontaktarten angeboten	25,3
alle Kontaktarten angeboten	11,8
Fehlende Angaben	60.2

Bei der informellen Kooperation zeigt sich, dass zwei Drittel der Eltern keine Art der informellen Kooperation nutzten, um mit Lehrkräften in Kontakt zu treten. Der Informationsaustausch mit Lehrkräften wird, wie die traditionellen formellen Kontakte auch, durch die Mehrheit der Eltern genutzt (68,3 %).

Tabelle 3 gibt die prozentuale Verteilung des Angebots von Kooperationskontakten durch die befragten Lehrkräfte an. Die Ergebnisse zeigen, dass 29 % der Lehrkräfte formelle Kooperationsarten anbieten. Allerdings lagen nur von der Hälfte der befragten Lehrkräfte Angaben zu ihrem Kooperationsverhalten vor. Insgesamt zeigte sich, dass der Informationsaustausch am häufigsten genutzt wird, um mit Eltern in Kontakt zu treten.

In der vorliegenden Studie wurde des Weiteren untersucht, ob und inwiefern die einzelnen Kooperationskontakte miteinander in Zusammenhang stehen?

In Abbildung 1 sind die Zusammenhänge zwischen den einzelnen Kooperationskontakten (Elternbericht) darstellt.

Zwischen formellen und informellen Kontakten zeigt sich ein Zusammenhang zwischen Elternsprechstunden und der Teilnahme an Unterrichtshospitationen ($\rho = .230$, $p < .05$). Des Weiteren zeigt sich, dass Elternsprechstunden, Leistungsinformationen häufig mit anderen Kontaktmöglichkeiten, wie beispielsweise Elternrundbriefen und Unterrichtshospitationen, im Zusammenhang stehen.

Hinsichtlich der informellen Kontakte wird deutlich, dass das durch Eltern gegebene Feedback an Lehrkräfte in Zusammenhang mit der Leistungsinformation durch die Lehrkräfte ($\rho = .237$, $p < .05$) sowie mit Beurteilungs- und Lerngesprächen stehen ($\rho = .362$, $p < .05$). Abbildung 2 zeigt die Zusammenhänge zwischen den verschiedenen Kontaktmöglichkeiten bei den befragten Lehrkräften. Im Vergleich zur Analyse der Kooperationskontakte bei Eltern zeigt sich bei Lehrkräften, dass informelle Kontakte (Hausbesuche, Unterrichtshospitationen sowie Elternfeedbacks) mit verschiedenen anderen erfragten Kontaktmöglichkeiten (Elternabend, Elternrundbriefe oder Lern- und Beurteilungsgespräche) zusammenhängen.

Abb. 1. Zusammenhänge zwischen den verschiedenen Formen der Kooperation bei Eltern. Dargestellt sind nur signifikante Korrelationskoeffizienten (Phi) größter 0.20.

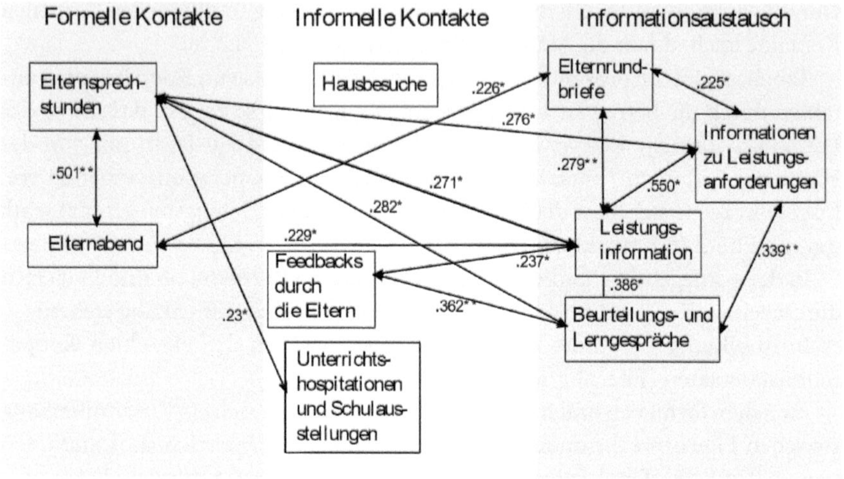

Abb. 2. Zusammenhänge zwischen den verschiedenen Formen der Kooperation bei Eltern. Dargestellt sind nur signifikante Korrelationskoeffizienten (Phi) größter 0.20.

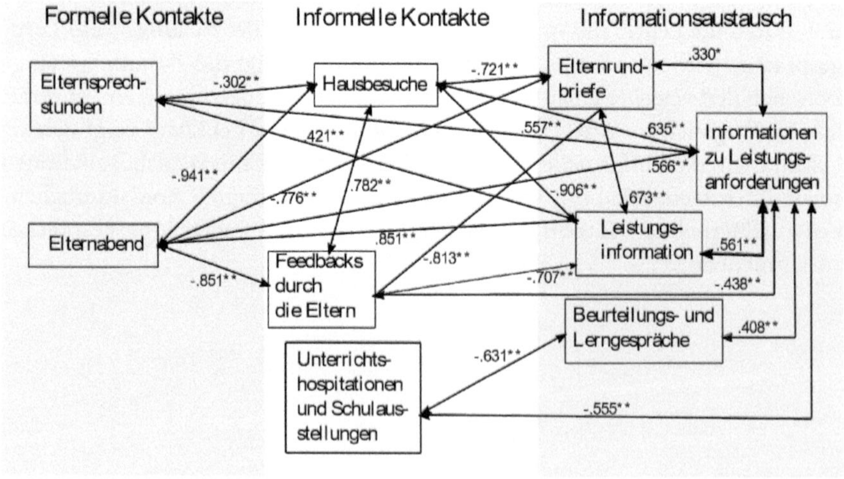

Tabelle 4. Korrelationstabelle zwischen den untersuchten Variablen

		M	SD	1	2	3	4	5	6	7	8	9	10	11	12	13	14	15	16	17	18	19
1	Note (S)	2.74	0.73	1																		
2	GBL (E)	-	-	.178*	1																	
3	GBL (S)	-	-	.053	.399**	1																
4	Schulform	-	-	.105	.082	.138	1															
5	Buch (E)	-	-	-.086	-.396**	-.144	-.317*	1														
6	Abschluss (E)	-	-	-.022	-.014	.124	-.268**	.476**	1													
7	FK (E)	-	-	0.028	.006	-.094	.134	-.101	-.156*	1												
8	IFK (E)	-	-	-0.015	.020	.036	.112	-.142	-.066	.216**	1											
9	INFO (E)	-	-	-0.061	-.132	-.034	.256**	.023	-.099	.357**	.348**	1										
10	BK (E)	3.63	0.73	0.114	.100	.117	.045	-.074	-.107	.049	.152	.133	1									
11	WLK (E)	3.29	0.85	.052	.199*	.114	.260**	-.249**	-.247**	-.043	.240**	.243**	.132	1								
12	QK (E)	3.19	0.93	.081	.289*	.165*	.286**	-.335**	-.217**	.044	.126	.231**	.230**	.695**	1							
13	KVL (E)	3.49	0.89	.031	.276*	.070	.202*	-.301**	-.170*	.090	.129	.255**	.154	.703**	.861**	1						
14	FK (L)	-	-	-0.227	-.253*	.111	-.106	.140	.187	-.137	-.052	.109	-.116	-.037	-.046	-.048	1					
15	IFK (L)	-	-	0.178	.223	.076	.107	-.124	-.250*	.166	.048	-.135	-.135	.213	.124	.101	-.763*	1				
16	INFO (L)	-	-	-0.173	-.288*	.086	.078	.203	.282*	-.136	-.067	.175	-.175	-.127	-.043	.101	.812*	-.864**	1			
17	BK (L)	3.52	0.73	-0.004	.176	.006	.138	-.313**	-.312*	.092	.283*	-.069	.185	.142	.086	.005	-.491**	.560**	-.609**	1		
18	QK (L)	3.17	0.76	-.179	-.375*	-.095	-.559*	.428**	.302**	-.162	-.033	.000	-.094	-.329**	-.340**	-.329**	.347**	-.290**	.254*	.088	1	
19	KVE (L)	3.03	0.73	-.163	.229*	-.033	-.161	-.297**	-.261*	.114	.352**	-.034	.190	.164	.001	-.032	-.135	.270*	-.444*	.508**	.006	1
20	ZEA (L)	3.53	0.51	-.145	-.300*	-.083	-.274*	.270	.192	-.119	-.071	.015	-.139	-.366**	-.369**	-.385**	.047	-.189	.160	.165	.601**	-.139

Anmerkungen. (E) – Elternbericht, (S) – Schülerbericht, (L) - Lehrkräftebericht, GBL – Geburtsland, FK – formelle Kontakte, IFK – Informelle Kontakte, INFO – Informationsaustausch, BK – Beurteilung Kooperation, WLK – Wahrgenommene Lehrkräftekompetenz, QK - Qualität der Kooperation, KVL – Kooperationsverhalten der Lehrkräfte, KVE – Kooperationsverhalten der Eltern, ZEA – Zuversichtliche Einstellung zur Elternarbeit; * $p < .05$, ** $p < .01$.

Es zeigt einen starken Zusammenhang zwischen Hausbesuchen und Leistungsinformationen ($\rho = .906$, $p <.05$) sowie zu Elternabenden ($\rho = .941$, $p <.05$). Unterrichtshospitationen stehen unter anderem in Zusammenhang mit Lern- und Beurteilungsgesprächen ($\rho = .631$, $p <.05$).

Zusammenhänge zwischen kooperationsbezogenen Einstellungen und Verhaltensweisen der Eltern und Lehrkräfte.

Eltern:

Die elterliche Nutzung von formellen und informellen Kontakten ($r= .216$, $p< .05$) sowie die Teilnahme an formellen Kontakten und dem Informationsaustausch ($r= .357$, $p< .05$) hängen signifikant positiv miteinander zusammen. Je häufiger Eltern informelle Kontakte mit den Lehrkräften nutzen, desto höher ist die Beurteilung der Lehrkräftekompetenz, beispielsweise der Einschätzung, ob Lehrkräfte individuelle Kompetenzen der Lernenden berücksichtigen ($r= .240$, $p< .05$) sowie die durch Lehrkräfte berichtete Einschätzung, ob Kooperationskontakte hilfreich sind ($r= .283$, $p<.05$) und die Beurteilung des elterlichen Kooperationsverhaltens ($r= .352$, $p< .05$). Berichten Eltern von Informationsaustausch mit den Lehrkräften, so nehmen sie auch die Kompetenzen der Lehrkräfte als stark ausgeprägt wahr ($r= .243$, $p< .05$). Eltern, die von Informationsaustausch mit den Lehrkräften berichten, berichten ebenfalls eine höhere Kooperationsqualität ($r= .231$, $p< .05$). Eltern beurteilen die Kompetenzen der Lehrkräfte positiver, je höher sie die Kooperationsqualität ($r= .695$, $p< .05$) beurteilen. Positive Zusammenhänge gibt es zwischen der berichteten Kooperationsqualität der Eltern und dem wahrgenommenen Kooperationsverhalten der Lehrkräfte ($r= .861$, $p< .05$).

Lehrkräfte:

Negativ wirken angebotene informelle Kontakte mit dem durch Lehrkräfte berichtetem Angebot an formellen Kontakten ($r= -.763$, p< .05) und dem Informationsaustausch ($r= .864$, p< .05) zusammen. Lehrkräfte die formell mit Eltern in Kontakt treten oder mit diesen durch den Informationsaustausch zusammenarbeiten, nutzen weniger informelle Kontakte, um mit Eltern zu kooperieren. Ein positiver Zusammenhang zeigt sich zwischen formellen Kontakten und der wahrgenommenen Kooperationsqualität der Lehrkräfte ($r= .347$, $p< .05$). Negativ hängen formelle Kontakte mit der Beurteilung der Lehrkräfte zusammen, ob Kooperationskontakte hilfreich seien ($r= -.491$, $p< .05$). Demgegenüber zeigt sich, dass informelle Kontakte positiv mit dem durch Lehrkräften berichteten wahrgenommenen Kooperationsverhalten der Eltern ($r= .270$, $p< .05$) und der

Beurteilung der Lehrkräfte zusammenhängen, ob Kooperationskontakte hilfreich sind (*r*= .560, *p*< .05). Zudem berichten Lehrkräfte eine geringere Kooperationsqualität, je höher deren Angebot an informellen Kooperationskontakten ist (*r*= -.290, *p*< .05). Es gibt einen positiven Zusammenhang zwischen der durch Lehrkräfte berichteten Kooperationsqualität und der zuversichtlichen Einstellung der Elternarbeit (*r*= .601, *p*> .05). Zudem zeigt sich, dass mit zunehmender Beurteilung, dass Kooperationskontakte persönlich hilfreich seien, auch das wahrgenommene elterliche Kooperationsverhalten durch die Eltern höher berichtet wird (*r*= .508, *p*< .05).

Zusammenhänge zwischen soziodemografischen Merkmalen und dem Kooperationsverhalten der Eltern und Lehrkräfte.

Hierbei wurde untersucht, inwieweit der gebildete Index der drei Kooperationskategorien mit soziodemografischen Merkmalen zusammenhängen. Negativ hängen der elterliche Migrationshintergrund und das formelle Kooperationsverhalten (*r*= -.253, p< .05) und der Informationsaustausch (*r*= -.288, p< .05) der Lehrkräfte zusammen, sodass Lehrkräfte weniger formell mit Eltern in Kontakt treten, wenn diese einen Migrationshintergrund haben und auch weniger Informationsaustausch stattfindet. Eltern mit einem geringeren Bildungsabschluss berichten eine geringe Nutzung formeller Kooperationskontakte (*r*= .156, p< .05). Der elterliche Schulabschluss wirkt außerdem negativ mit dem Angebot informeller Kontakte durch die Lehrkräfte (*r*= -.250, p< .05). Dem gegenüber zeigen die Analysen, dass das durch Lehrkräfte berichtete Angebot, Informationen auszutauschen steigt, umso höher der Bildungsabschluss der Eltern ist (*r*= .282, p< .05). Der Notendurchschnitt wirkt nicht signifikant mit der elterlichen Teilnahme an Kooperationskontakten zusammen und auch nicht mit den durch Lehrkräften angebotenen Kooperationskontakten, sodass Eltern keine höhere Teilnahme an Kooperationsformen mit schlechterem Notendurchschnitt Schülerinnen und Schüler zeigt, beziehungsweise das Angebot der Lehrkräfte steigt.

Zusammenhänge zwischen soziodemografischen Merkmalen und kooperationsspezifischen Einstellungen der Eltern und Lehrkräfte.

Tabelle 4 zeigt die Ergebnisse im Überblick. In Bezug auf den Migrationshintergrund der Eltern zeigt sich, dass dieser mit der wahrgenommenen Kooperationsqualität der Eltern zusammenhängt (*r*= .289, *p*<.05). Eltern mit Migrationshintergrund berichten eine höher wahrgenommene Kooperationsqualität. Außerdem weisen die Ergebnisse darauf hin, dass Eltern mit Migrationshintergrund das Kooperationsverhalten der Lehrkräfte positiver bewerten (r= .276, p< .05) und auch die Kompetenz der Lehrkräfte, wie die Beurteilung, ob Lehrkräfte individuelle Kompetenzen der Lernenden berücksichtigen, höher beurteilen (r= .199, p< .05). Lehrkräfte berichten eine geringere Kooperationsqualität (r= -.375, p< .05) sowie geringere zuversichtliche Einstellung zur Elternarbeit (r= -.300, p< .05) der Lehrkräfte, wenn Eltern nicht in Deutschland geboren wurden.

Eltern mit einem geringeren Schulabschluss berichten eine geringer wahrgenommene Kooperationsqualität (r= -.217, p< .05) sowie eine geringere Beurteilung der Lehrkräftekompetenzen (r= -.247, p< .05). Der elterliche Schulabschluss steht außerdem in negativem Zusammenhang mit dem wahrgenommenen elterlichen Kooperationsverhalten (r= -.261, p<.05) und der Beurteilung der Kooperation (r= -.312, p< .05) durch die Lehrkräfte. Je geringer der Bildungsabschluss der Eltern ist, umso geringer ist die durch Lehrkräfte wahrgenommene Kooperationsqualität (r= .302, p< .05).

Weiterhin wurde untersucht, ob der soziale Status der Familie (Abfrage der zuhause vorhandenen Bücher) mit den kooperationsbezogenen Einstellungen und Verhaltensweisen der Eltern und Lehrkräfte zusammenhängt. Eine hohe Anzahl der zuhause vorhandenen Bücher geht einher mit einer geringen Beurteilung der Lehrkräftekompetenzen (r= -.249, p< .05), einer als gering eingeschätzten Kooperationsqualität (r= -.335, p< .05) sowie mit einem als gering eingeschätzten Kooperationsverhalten der Lehrkräfte (r= -.301, p< .05). Ähnliche Ergebnisse werden bei der Betrachtung der Konstrukte bei den Lehrkräften deutlich. Lehrkräfte beurteilen Kooperationsbeziehungen zwischen Eltern und Lehrkräften als weniger hilfreich, je höher die Anzahl der im elterlichen Haushalt vorhanden Bücher ist (r= .313, p< .05).

Ausblick

Ziel des Beitrags war es, einen ersten Überblick über das Kooperationsverhalten von Eltern und Lehrkräften an Berliner Schulen darzustellen. Neben der Darstellung der praktizierten Kooperationskontakte wurden die Zusammenhänge zwischen den einzelnen Kooperationsformen aufgezeigt. Weiterhin wurde untersucht, inwieweit die durch Eltern berichtete Kooperationsqualität, das wahrgenommene Kooperationsverhalten der Lehrkräfte und die Lehrkräftekompetenz untereinander zusammenhängen sowie mit dem durch Eltern berichteten Kooperationsverhalten. Außerdem wurde analysiert, inwieweit die berichteten Einstellungen der Lehrkräfte (Kooperationsqualität, zuversichtliche Einstellung zur Elternarbeit, eingeschätztes Kooperationsverhalten der Eltern) mit deren Kooperationsverhalten zusammenwirken. Analysiert wurde auch, wie die elterlichen Einstellungen und deren Kooperationsverhaltensweisen mit den Einstellungen und kooperationsbezogenen Verhaltensweisen der Lehrkräfte zusammenwirken. In der Analyse wurden soziodemografische Merkmale berücksichtigt.

Die Ergebnisse verdeutlichen, dass Eltern vor allem durch formelle Kontakte und den Informationsaustausch mit Lehrkräften kooperieren. Diese Ergebnisse decken sich weitestgehend mit bestehenden empirischen Ergebnissen, sodass formelle Kontakte und der Informationsaustausch als gängige Kontaktmöglichkeiten genutzt werden und Eltern und Lehrkräfte eher selten durch informelle Kontakte kommunizieren (Busse & Helsper, 2008). Die Ergebnisse zeigen daher auch, dass informelle Kontakte nur sehr selten als Kooperationskontakt zwischen Eltern und Lehrkräften genutzt werden. Ein Grund dafür kann einerseits darin liegen, dass diese Formen durch Lehrkräfte nicht angeboten werden (siehe Tabelle 3, Angebot liegt lediglich bei 21,6 %) oder auch daran, dass informelle Kontakte von Eltern als wenig effektiv gesehen werden (vgl. Sacher, 2008, S. 135 ff.). Andererseits zeigen Untersuchungen, dass Lehrkräfte Vorbehalte gegenüber informellen Kontakten haben, Eltern diese als nicht nützlich empfinden und demzufolge informelle Kontakte nicht angeboten werden (vgl. Sacher, 2008b). Dabei zeigen die Ergebnisse jedoch positive Zusammenhänge zwischen der elterlichen Nutzung informeller Kontakte und der von ihnen berichteten Lehrkräftekompetenz und der Beurteilung der Lehrkräfte von Kooperationskontakten zu den Eltern als hilfreich. Zukünftige Forschungen sollten diese Zusammenhänge genauer fokussieren, und dabei untersuchen, welche Faktoren durch informelle Kontakte beeinflusst werden, um deutlich hervorzuheben, welche Vorteile durch diese Kooperationskontakte für Eltern und Lehrkräfte bestehen. In der praktischen Umsetzung informeller Kontakte lassen sich sowohl für Eltern als auch für Lehrkräfte Vorteile ausmachen. Nicht nur das Feedback der Eltern an die Lehrkräfte hat Vorteile, um beispielsweise Unterrichtsverhaltensweisen zu verbessern, diese sind zudem auch zeit- und meist ortunabhängig. Börner (2010) sowie Hornby und Lafaele (2011) zeigten, dass strukturelle Aspekte, wie die Berufstätigkeit der Eltern das elterliche Schulengagement verringern können. Dieses Hindernis könnte durch die Umsetzung informeller Kontakte umgangen werden.

Außerdem wird deutlich, dass die verschiedenen durch Eltern berichteten Kooperationskontakte positiv miteinander zusammenhängen. Eine mögliche Interpretation ist, dass sich die Kooperationskontakte gegenseitig bedingen. Elternsprechstunden, der Informationsaustausch über Leistungen und Leistungsanforderungen dabei als ‚door-opener' (Paseka, 2014) gesehen werden können. Weiterhin konnte gezeigt werden, dass der Informationsaustausch zwischen

Eltern und Lehrkräften an Berliner Schulen als Möglichkeit genutzt wird, um miteinander in Kontakt zu treten. Je mehr Informationsaustausch durch Eltern mit Lehrkräften praktizieren wird, desto positiver sind auch die von Eltern berichteten Einstellungen: eine höhere Einschätzung der Kooperationsqualität, höhere Kompetenzeinschätzungen der Lehrkräfte und eine positivere Einschätzung des Kooperationsverhaltens der Lehrkräfte. Neben dem Informationsaustausch gelten auch an Berliner Schulen formelle Kontakte als die bekannteste Form der Zusammenarbeit von Eltern und Lehrkräften (Sacher, 2008b). Sacher (2014) bestätigt diese Ergebnisse – er gibt an, dass vorwiegend vorgeschriebene Formen der Zusammenarbeit, also formelle Kontakte, stattfänden. Die elterliche Nutzung von formellen Kontakten hängt aber nicht mit kooperationsspezifischen Einstellungen und Verhaltensweisen von Eltern und Lehrkräften zusammen. Das Angebot formeller Kontakte hingegen hängt positiv mit der wahrgenommenen Kooperationsqualität der Lehrkräfte zusammen, jedoch nicht mit der Beurteilung, dass die Kooperation nützlich ist. Eine Interpretation dieser Ergebnisse könnte sein, dass formelle Kontakte eher für Eltern hilfreich sind, da diese hier Informationen für die eigenen Kinder und deren Leistungen erhalten. Im Vergleich profitieren Lehrkräfte eventuell eher durch informelle Kooperationen, da sie hier unter anderem Informationen über Schülerinnen und Schüler erhalten und Feedback zu eigenen Verhaltensweisen durch Eltern bekommen.

Ein weiteres Ziel der Arbeit war die Untersuchung der Zusammenhänge zwischen kooperationsspezifischen Einstellungen von Eltern und Lehrkräften und soziodemografischen Merkmalen der Familien. Die Ergebnisse verdeutlichen, dass Lehrkräfte die Kooperationsqualität positiver einschätzen, wenn diese an einem Gymnasium lehren und die Eltern keinen Migrationshintergrund haben. Es zeigt sich weiterhin, dass die wahrgenommene Kooperationsqualität steigt, wenn der Schulabschluss der Eltern höher ist. Sacher (2014) zeigte, dass die Kontakte zwischen Eltern mit und ohne Migrationshintergrund und Lehrkräften sich nur bedingt voneinander unterscheiden. Die vorliegenden Ergebnisse zeigen hingegen, dass der Migrationshintergrund der Eltern keine Zusammenhänge mit deren Kooperationsverhalten hat, Lehrkräfte hingegen geringeres Kooperationsverhalten zeigen, wenn Eltern nicht in Deutschland geboren sind. Gefordert wird, dass Lehrkräfte die Hintergründe der Eltern respektieren, beachten und ressourcenorientierter mit ihnen kooperieren (Deniz, 2012).

Des Weiteren zeigen die Ergebnisse, dass die von Lehrkräften berichtete Einschätzung, ob Kooperationskontakte hilfreich seien, negativ mit dem elterlichen Schulabschluss zusammenhängen. Lehrkräfte empfinden Kontakte mit Eltern als hilfreich, je höher der Schulabschluss der Eltern ist. Weiterhin stellen die

Ergebnisse dar, dass mit höherem Schulabschluss der Eltern die wahrgenommene elterliche Kooperationsqualität steigt, Eltern mehr formell mit Lehrkräfte kooperieren, die informellen Angebote durch Lehrkräfte steigen und das wahrgenommene elterliche Kooperationsverhalten der Lehrkräfte steigt. Zusammengefasst zeigt sich, dass Eltern und Lehrkräfte mehr in Kontakt treten, wenn Eltern einen höheren Schulabschluss haben und die Einstellungen der Eltern und Lehrkräfte positiver berichtet werden. Die berichteten Ergebnisse gehen einher mit vorherigen Befunden – so zeigen beispielsweise Hillesheim (2009) und Sacher (2008b), dass Elternarbeit vom sozialen Hintergrund der Eltern abhängt. Elternarbeit sinkt den Autoren nach in ihrer Intensität, wenn der soziale Status der Familie gering ausgeprägt ist. Gründe können einerseits bei Strukturmerkmalen wie Arbeitszeiten oder Anzahl der im Haushalt lebenden Kinder liegen. Außerdem können schlechte Erfahrungen in der Zusammenarbeit mit der Schule sich auf das Kooperationsverhalten der Eltern auswirken und die durch Eltern hoch empfundene Ansprüche der Schule sein (Harris & Goodall, 2007). Jeynes (2007) sowie Hill et al. (2004) stellen in Studien dar, dass Eltern in Abhängigkeit ihres soziodemografischen Hintergrundes unterschiedliche Bedürfnisse in Bezug auf die Zusammenarbeit mit Lehrkräften haben. Eltern mit Migrationshintergrund und einem niedrigen soziodemografischen Hintergrund haben eine höhere Bedarfsnachfrage in Bezug auf die Beratung von Lehrkräften (Deniz, 2012). Dieser Aspekt sollte in zukünftigen Forschungen detaillierter untersucht werden.

Limitation der Studie ist die Größe der Stichprobe, sowie fehlende Aussagen über kausale Zusammenhänge. Zukünftige Forschungen sollten untersuchten, inwieweit sich elterliche kooperationsbezogene Verhaltensweisen und Einstellung und die der Lehrkräfte beeinflussen, um detailliertere Aussagen darüber zu treffen, was Prädiktoren von Kooperationsbeziehungen sind und wie diese gefördert werden können.

Literatur

Bauer, P. (2006). Schule und Familie – Reflexionen zur Gestaltung einer schwierigen Partnerschaft. In P. Bauer & E. J. Brunner (Hrsg.), *Elternpädagogik. Von der Elternarbeit zur Erziehungspartnerschaft* (S. 107–128). Freiburg im Breisgau: Lambertus.

Bauer, P. & Brunner, E. J. (Hrsg.). (2006). *Elternpädagogik. Von der Elternarbeit zur Erziehungspartnerschaft*. Freiburg im Breisgau: Lambertus.

Börner, N. (2010). Mittendrin statt nur dabei. Elternpartizipation in der offenen Ganztagsschule. *Der GanzTag in NRW* (14).

Bundesministerium für Familie, Senioren & Frauen und Jugend. (2013). 14. Kinder- und Jugendbericht.

Busse, S. & Helsper, W. (2008). Schule und Familie. In W. Helsper (Hrsg.), *Handbuch der Schulforschung* (2., durchges. und erw. Aufl., S. 469–494). Wiesbaden: VS, Verl. für Sozialwiss.

Chen, C., Lee, S.-y. & Stevenson, H. W. (1996). Long-term prediction of academic achievement of American, Chinese, and Japanese adolescents. *Journal of Educational Psychology, 88* (4), 750–759.

Deniz, C. (2012). Perspektiven für die Elternarbeit mit migrantischen Familien. In W. Stange, R. Krüger, A. Henschel & C. Schmitt (Hrsg.), *Erziehungs- und Bildungspartnerschaften. Grundlagen und Strukturen von Elternarbeit* (S. 326–331). Wiesbaden: Springer VS.

Eccles, J. S. & Harold, R. (1993). Family involvement in children´s and adolescents´ schooling. In A. Booth & J. Dunn (Hrsg.), *Family-school links. How do they affect educational outcomes?* (S. 3–34). Mahwah, N.J.: Lawrence Erlbaum.

Epstein, J. L. (1986). Parents' Reactions to Teacher Practices of Parent Involvement. *The Elementary School Journal, 86* (3), 277–294.

Epstein, J. L. (1987). Toward a theory of family-school connections: Teacher practices and parent involvement. In F. Losel, K. Hurrelmann & F.-X. Kaufmann (Hrsg.), *Social intervention. Potential and constraints* (Prevention and intervention in childhood and adolescence, Bd. 1, S. 121–136). Berlin: de Gruyter.

Epstein, J. L. (2009). *School, family, and community partnerships. Your handbook for action* (3rd ed.). Thousand Oaks, Calif.: Corwin Press.

Epstein, J. L. (2010). *School, Family, and Community Partnerships: Preparing Educators and Improving Schools* (2. Aufl.): Westview Press Inc.

Fend, H. (2008). *Neue Theorie der Schule. Einführung in das Verstehen von Bildungssystemen* (2., durchgesehene Auflage). Wiesbaden: VS Verlag für Sozialwissenschaften / GWV Fachverlage GmbH Wiesbaden.

Fölling-Albers, m. & Heinzel, F. (2007). Familie und Grundschule. In J. Ecarius (Hrsg.), *Handbuch Familie* (1. Aufl., S. 300–320). Wiesbaden: VS Verl. für Sozialwiss.

Green, C. L., Walker, J. M. T., Hoover-Dempsey, K. V. & Sandler, H. M. (2007). Parents' motivations for involvement in children's education: An empirical test of a theoretical model of parental involvement. *Journal of Educational Psychology, 99* (3), 532–544.

Griffith, J. (1996). Relation of parental involvement, empowerment, and school traits to student academic performance. *Journal of Educational Research, 90* (1), 33–41.

Grolnick, W. S., Benjet, C., Kurowski, C. O. & Apostoleris, N. H. (1997). Predictors of parent involvement in children's schooling. *Journal of Educational Psychology, 89* (3), 538–548.

Harris, A. & Goodall, J. (2007). *Engaging Parents in Raising Achievement. Do Parents Know They Matter? A research project commissioned by the Specialist Schools and Academies Trust.* Zugriff am 25.06.2016. Verfügbar unter http://dera.ioe.ac.uk/6639/1/DCSF-RW004.pdf

Helmke, A. & Fend, H. (1981). Wie gut kennen Eltern ihre Kinder und Lehrer ihre Schüler? In G. Zimmer (Hrsg.), *Persönlichkeitsentwicklung und gesundheit in der Schule. Zur Gesundheitsforschung und Prävention im Schulalter* (S. 82–99). Frankfurt a.M: Campus.

Henderson, A. T. & Mapp, K. L. (2002). *A new wave of evidence: The impact of school, family, and community connections on student achievement.* Austin, TX: Southwest Educational Development Laboratory.

Hertel, Silke, Bruder, Simone, Jude, Nina et al. (2013). Elternberatung an Schulen im Sekundarbereich. Schulische Rahmenbedingungen, Beratungsangebote der Lehrkräfte und Nutzung von Beratung durch die Eltern. In E. Klieme & N. Jude (Hrsg.), *PISA 2009 – Impulse für die Schul- und Unterrichtsforschung* (Zeitschrift für Pädagogik. Beiheft, Bd. 59, S. 40–62). Weinheim: Beltz Verlag.

Hill, N. E., Castellino, D. R., Lansford, J. E., Nowlin, P., Dodge, K. A., Bates, J. E. et al. (2004). Parent academic involvement as related to school behavior, achievement, and aspirations: demographic variations across adolescence. *Child development, 75* (5), 1491–1509.

Hill, N. E. & Tyson, D. F. (2009). Parental involvement in middle school: a meta-analytic assessment of the strategies that promote achievement. *Developmental psychology, 45* (3), 740–763.

Hillesheim, S. (2009 [online] 2010). *Elternarbeit in der Schule. Ein Vergleich der Elternarbeit mit Migranteneltern an Halbtags- und Ganztagsschulen in Bayern* (Schriftenreihe Empirische Bildungsforschung, Bd. 13). Würzburg: Univ., Lehrstuhl Empirische Bildungsforschung.

Hoover-Dempsey, K. V. & Sandler, H. M. (1995). Parental involvement in children's education: Why does it make a difference? *Teachers College Record, 97,* 310–331.

Hoover-Dempsey, K. V., Walker, J. M. T., Sandler, H. M., Whetsel, D., Green, C. L., Wilkins, A. S. et al. (2005). Why Do Parents Become Involved? Research Findings and Implications. *The Elementary School Journal, 106* (2), 105–130.

Hornby, G. & Lafaele, R. (2011). Barriers to parental involvement in education. An explanatory model. *Educational Review, 63* (1), 37–52.

Jeynes, W. (2011). Help Families by Fostering. Parental Involvement. *Phi Delta Kappan, 93* (3), 38–39.

Jeynes, W. H. (2007). The Relationship Between Parental Involvement and Urban Secondary School Student Academic Achievement. A Meta-Analysis. *Urban Education, 42* (1), 82–110.

Jeynes, W. H. (2016). A Meta-Analysis. The Relationship Between Parental Involvement and African American School Outcomes. *Journal of Black Studies.*

Killus, D. & Tillmann, K.-J. (Hrsg.). (2012). *Eltern ziehen Bilanz. Ein Trendbericht zu Schule und Bildungspolitik in Deutschland ; die 2. JAKO-O Bildungsstudie.* Münster: Waxmann.

Killus, D. & Tillmann, K.-J. (Hrsg.). (2014). *Eltern zwischen Erwartungen, Kritik und Engagement. Ein Trendbericht zu Schule und Bildungspolitik in Deutschland ; die 3. JAKO-O Bildungsstudie* (JAKO-OBildungsstudie, Bd. 3). Münster [u. a.]: Waxmann.

Möller, J. & Trautwein, U. (2009). Selbstkonzept. In E. Wild & J. Möller (Hrsg.), *Pädagogische Psychologie* (Springer-Lehrbuch, 1. Aufl., S. 179–203). Berlin: Springer.

Neuenschwander, M., Balmer, T., Gasser, A., Goltz, S., Hirt, U., Ryser, H. et al. (2004). *Eltern, Lehrpersonen und Schülerleistungen. Schlussbericht.*

Otto, L. B. & Atkinson, M. P. (1997). Parental Involvement and Adolescent Development. *Journal of Adolescent Research, 12* (1), 68–89.

Park, S. & Holloway, S. D. (2013). No Parent Left Behind. Predicting Parental Involvement in Adolescents' Education Within a Sociodemographically Diverse Population. *The Journal of Educational Research, 106* (2), 105–119.

Paseka, A. (2014). Elternbeteiligung auf Klassen- und Schuebene. In D. Killus & K.-J. Tillmann (Hrsg.), *Eltern zwischen Erwartungen, Kritik und Engagement. Ein Trendbericht zu Schule und Bildungspolitik in Deutschland ; die 3. JAKO-O Bildungsstudie* (JAKO-O-Bildungsstudie, Bd. 3, S. 111–130). Münster [u. a.]: Waxmann.

Pekrun, R. (1997). Kooperation zwischen Elternhaus und Schule. In Laszlo A. Vaskovics (Hrsg.), *Familiale Lebenswelten und Bildungsarbeit. Interdisziplinäre Bestandsaufnahme 2* (S. 51–79). Wiesbaden: VS Verlag für Sozialwissenschaften / GWV Fachverlage GmbH Wiesbaden.

Reetz, K.-D. (2007). *Migration und schulischer Misserfolg italienischer Kinder* (Migrationsforschung, Bd. 1). Univ., Diss.--Köln, 2006. Berlin: Regener.

Richter, D. & Pant, H. A. (2016). *Lehrerkooperation in Deutschland. Eine Studie zu kooperativen Arbeitsbeziehungen bei Lehrkräften der Sekundarstufe I.* Zugriff am 27.06.2016. Verfügbar unter https://www.bertelsmann-stiftung.de/de/publikationen/publikation/did/lehrerkooperation-in-deutschland/

Sacher, W. (2005a). *Elternarbeit. Forschungsergebnisse und Empfehlungen: Zusammenfassung der Repräsentativ-Untersuchung an den allgemeinbildenden Schulen Bayerns im Sommer 2004* (Schulpädagogische Untersuchungen Nürnberg, Nr. 25). Nürnberg: Lehrstuhl für Schulpädagogik, Friedrich-Alexander-Univ. Erlangen-Nürnberg.

Sacher, W. (2005b). *Erfolgreiche und misslingende Elternarbeit Ursachen und Handlungsmöglichkeiten. Erarbeitet auf der Grundlage der Repräsentativbefragung an bayerischen Schulen im Sommer 2004* (1., Aufl.): Nürnberg: Lehrstuhl für Schulpädagogik (SUN Schulpädagogische Untersuchungen Nürnberg, Nr. 23).

Sacher, W. (2008a). Elternarbeit als Partnerschaft zwischen Schule und Familie. *Magazin für die Grundschule* (21), 3–5.

Sacher, W. (2008b). *Elternarbeit: Gestaltungsmöglichkeiten und Grundlagen für alle Schularten* (1. Aufl.). Bad Heilbrunn: Verlag Julius Klinkhardt.

Sacher, W. (2008c). *Schüler als vernachlässige Partner der Elternarbeit*. Nürnberg: Lehrstuhl für Schulpädagogik: (SUN Schulpädagogische Untersuchung Nürnberg Nr. 29).

Sacher, W. (2014). *Elternarbeit als Erziehungs- und Bildungspartnerschaft. Grundlagen und Gestaltungsvorschläge für alle Schularten* (2., vollst. überarb. Aufl.). Bad Heilbrunn: Klinkhardt.

Schwanenberg, J. (2015). *Elterliches Engagement im schulischen Kontext. Analyse der Formen und Motive* (Empirische Erziehungswissenschaft, Bd. 58). Univ., Diss.-Dortmund, 2014. Münster, New York, NY: Waxmann.

Stange, W. (2012). Erziehungs- und Bildungspartnerschaften – Grundlagen, Strukturen, Begründungen. In W. Stange, R. Krüger, A. Henschel & C. Schmitt (Hrsg.), *Erziehungs- und Bildungspartnerschaften. Grundlagen und Strukturen von Elternarbeit*. Wiesbaden: Springer VS.

Stange, W. (2013). Präventions- und Bildungsketten – Elternarbeit als Netzwerkaufgabe. In W. Stange, R. Krüger, A. Henschel & C. Schmitt (Hrsg.), *Erziehungs- und Bildungspartnerschaften: Praxisbuch zur Elternarbeit* (S. 17–69). s.l.: Springer Fachmedien Wiesbaden.

Stange, W., Krüger, R., Henschel, A. & Schmitt, C. (Hrsg.). (2012). *Erziehungs- und Bildungspartnerschaften. Grundlagen und Strukturen von Elternarbeit*. Wiesbaden: Springer VS.

Textor, M. R. (Hrsg.). (2006). *Erziehungs- und Bildungspartnerschaft mit Eltern. Gemeinsam Verantwortung übernehmen*. Freiburg im Breisgau: Herder.

Toutenburg, H. & Heumann, C. (2008). *Deskritive Statistik. Eine Einführung in Methoden und Anwenungen mit R und SPSS* (6. Auflage). Berlin, Heideberg: Springer.

Walker, J. M. T., Wilkins, A. S., Dallaire, J. R., Sandler, H. M. & Hoover-Dempsey, K. V. (2005). Parental Involvement. Model Revision through Scale Development. *The Elementary School Journal, 106* (2), 85104.

Wiezorek, C. (2006). Elternpädagogik jenseits der Pädagogisierung – Überlegungen zum pädagogischen Elternbezug aus anerkennungstheoretischer Perspektive. In P. Bauer & E. J. Brunner (Hrsg.), *Elternpädagogik. Von der Elternarbeit zur Erziehungspartnerschaft* (S. 42–60). Freiburg im Breisgau: Lambertus.

Wild, E. (2003). Einbeziehung des Elternhauses durch Lehrer: Art, Ausmaß und Bedingungen der Elternpartizipation aus der Sicht von Gymnasiallehrern. *Zeitschrift für Pädagogik, 49* (4), 513–533.

Wild, E. & Hofer, M. (2002). Familien mit Schulkindern. In M. Hofer, E. Klein-Allermann, P. Noack & M. Hassebrauck (Hrsg.), *Familienbeziehungen. Eltern und Kinder in der Entwicklung ; ein Lehrbuch* (2. Aufl., S. Familien mit Schulkindern.). Göttingen: Hogrefe.

Wild, E. & Lorenz, F. (2010). *Elternhaus und Schule. StandardWissen Lehramt (UTB M (Medium-Format))* (1., Aufl.). Stuttgart: UTB.

Zweck, A., Holtmannspötter, D., Braun, M., Cuhls, K., Hirt, M. & Kimpeler, S. (Innovationsbegleitung und Innovationsberatung, Hrsg.). (2015). *Forschungs- und Technologieperspektiven 2030. Ergebnisband 2 zur Suchphase von BMBF-Foresight Zyklus II.*

Entwicklung von Schülervorstellungen zu Modellen im Kontext eines Schulbesuchs im Museum für Naturkunde

Alexandra Moormann

Museum für Naturkunde Berlin

Charlène Bélanger

Université du Québec à Montréal, Canada

Zusammenfassung

Wissenschaftliche Denk- und Arbeitsweisen können nicht ohne Modelle gelernt werden und Modelle sind essentieller Bestandteil von *Scientific Literacy* (Upmeier zu Belzen & Krüger, 2010). Im Museum für Naturkunde spielen Modelle eine sehr große Rolle. Verschiedene Perspektiven zu Modellen treffen an diesem Ort aufeinander. Schulklassen bilden einen erheblichen Anteil der Besucher_innen im Naturkundemuseum. Eine wichtige Perspektive kommt somit auch von ihnen. Es stellt sich die Frage, inwiefern sich durch einen, in drei Phasen gegliederter Schulbesuch am Museum für Naturkunde Berlin (Vorbereitung, Museumsbesuch, Nachbereitung) die Schülervorstellungen über Modelle verändern. Individuelle Concept Maps und die Transkripte von Gruppendiskussionen über Modelle sollen Anhaltspunkte liefern, inwiefern der Besuch im Museum für Naturkunde und die Reflexion über Modelle eine Transformation der Vorstellung über Modelle bewirkt. Der Auswertung liegen sieben verschiedene Kategorien konzeptueller Transformationen nach Anderson, Lucas und Ginns (2003) zugrunde. Diese spiegeln sich zum größten Teil in den ersten Ergebnissen wieder, die in diesem Beitrag präsentiert werden. Zudem konnte eine neue Kategorie („Konsolidierung“) identifiziert werden.

Abstract

Scientific working skills cannot be learned without models. Understanding about models and modeling is a major component of scientific literacy (Upmeier zu Belzen & Krüger, 2010). As models play an important role in natural science museums, because here different views and perspectives about models exist, school visits to museums could be used to explore the role and nature of scientific mod-

els. The specific question addressed in this communication is: How does a 3 steps school visit to a natural history museum transform pupils' conceptions about models? Following the method developed by Anderson, Lucas and Ginns (2003), individual concept maps and audio recordings of group discussions about models were collected and inductively analyzed. Preliminary results are presented in this paper, showing different qualitative transformations in pupils' conceptions about models. In addition a new category of conceptual transformation ("consolidation") could be identified.

Einleitung

Modelle begegnen uns Menschen überall und in verschiedenen Kontexten. Dabei spielen sie im Alltag, zum Beispiel bei der Wettervorhersage, aber auch in der Industrie, als Prototypen in der Automobilbranche, eine große Rolle. Laut der Definition von Mahr (2008) kann ein Modell sowohl ein Abbild von etwas sein als auch eine Idee oder ein Gedankenmodell, welches sich in einem Modellobjekt zeigen lässt (Mahr, 2008; Kattmann, 2006). Insbesondere in der Wissenschaft, wie zum Beispiel in der medizinischen Krebsforschung oder bei der Ausbreitung von Epidemien, wird Modellen eine wichtige Bedeutung zugesprochen. Dabei helfen Modelle oftmals über schwierige Sachverhalte zu kommunizieren und zu einem Konsens zu gelangen. Das Denken in Modellen ist eine zentrale Fähigkeit für den Erwerb von flexiblem und transferfähigem Wissen (Clement, 2000). Mahr (2008) betont, dass etwas erst zu einem Modell wird, wenn es von einem Subjekt zu einem bestimmten Zweck ausgewählt wurde. Ein und derselbe Gegenstand kann demzufolge ein Modell sein oder nicht, je nachdem unter welcher Bedingung er betrachtet wird (Stachowiak, 1973). Solche verschiedenen Perspektiven von Modellen zeigen sich sehr deutlich im Kontext von Museen. Modelle im Museum spielen je nach beteiligtem Akteur (Wissenschaftler_innen, Ausstellungsentwickler_innen, Museumspädagog_innen und Besucher_innen) unterschiedliche Rollen. Wissenschaftler_innen nutzen Modelle vorrangig als Untersuchungsinstrument während des Forschungsprozesses zur Klärung von Fragen. Ausstellungsentwickler_innen hingegen stellen sich der Herausforderung, die erarbeiteten wissenschaftlichen Inhalte des Museums der Öffentlichkeit zu präsentieren und den Besucher_innen diese Inhalte zugänglich zu machen. Museumspädagog_innen nutzen Modelle in den Ausstellungen um Besucher_innen Phänomene, Prozesse und andere wissenschaftliche Erkenntnisse zu erklären und näher zu bringen. All diese Akteure haben unterschiedliche Vorstellungen und Konzepte zu Modellen. Ein hoher Anteil der Besucher_innen im Museum für Naturkunde sind Schüler_innen. In der Schule finden Modelle als Erkenntnismethode, so wie sie in der Wissenschaft genutzt wird, bislang eher weniger Berücksichtigung. Dies spiegelt sich in den Ergebnissen zahlreicher Studien zu Schülervorstellungen zu Modellen (z. B. Grosslight, Unger, Jay & Smith, 1991; Treagust, Chittleborough & Mamiala, 2002; Meistert, 2008; Trier, Krüger & Upmeier zu Belzen, 2014) und in den Befunden von PISA wieder (z. B. Artelt et al., 2001; Prenzel et al., 2004). Eine Reaktion auf diese aufgedeckten Defizite im Umgang mit Modellen ist die explizite Aufforderung zur Förderung von Modellkompetenz im Bereich der Erkenntnisgewinnung in den Bildungsstandards für den mittleren Schulabschluss im Schulfach Biologie (KMK, 2005). Auch auf Rahmenlehrplanebene bilden Modelle und Modellbildung bereits in der Grundschule im Fach Naturwissenschaften einen Schwerpunkt (Senatsverwaltung für Bildung, Jugend und Sport, 2006, S. 22 und S. 36 ff). Neben der Nutzung und dem eigenen Erstellen von Modellen sollen die Schüler_innen die Arbeit mit Modellen als eine naturwissenschaftliche Arbeitsweise erkennen und anwenden können (Senatsverwaltung für Bildung, Jugend und Sport, 2006, S. 19). Im Unterricht stellen sie das Modell einer Pflanze her (Senatsverwaltung für Bildung, Jugend und Sport, 2006, S. 33) oder konstruieren ein Strukturmodell des Auges, mithilfe dessen sie den Vorgang des Sehenes beschreiben (Senatsverwaltung für Bildung, Jugend und Sport, 2006, S. 32). Es werden „Gemeinsamkeiten und Unterschiede zwischen Modell und dem betrachteten Objekt sowie der Zweck des Modells herausgearbeitet“ (Senatsverwaltung für Bildung, Jugend und Sport, 2006, S. 23), wobei die Schüler_innen reflektieren, welche Erklärungen mit dem jeweiligen Modell im naturwissenschaftlichen Erkenntnisprozess möglich sind, bzw. was es veranschaulicht. Die Schüler_innen konstruieren einfache, gegenständliche Modelle, mit deren Hilfe sie ein Phänomen veranschaulichen und sie entwickeln Denkmodelle (Vorstellungen), die als Erklärung für naturwissenschaftliche Phänomene dienen (ebd.). Darüber hinaus spielen „Blackbox-Experimente eine wesentliche Rolle. Sie helfen den Schülerinnen und Schülern zu verstehen, wie sich Naturwissenschaftler eine Vorstellung machen von der Wirklichkeit, die der Anschauung nicht zugänglich ist“ (Senatsverwaltung für Bildung, Jugend und Sport, 2006, S. 24).

Modelle, die in den Ausstellungen im Museum für Naturkunde gezeigt werden, dienen unter anderem dazu wissenschaftliche Erkenntnisse anschaulich darzustellen. Sie bilden demzufolge eine Art Brücke zwischen Wissenschaft und naturwissenschaftlichem Lernen. Folglich könnte der Besuch des Naturkundemuseums Schüler_innen dahingehend unterstützen zu erkennen, welche essentielle Bedeutung Modelle in der Wissenschaft einnehmen. Eingebettet in den naturwissenschaftlichen Unterricht ergänzt der Besuch des außerschulischen Lernorts

Naturkundemuseum einen modellkompetenzorientierten Unterricht. Zu diesem Forschungsfeld gibt es bislang kaum Untersuchungen. Die explorative Studie des vorliegenden Beitrags liefert erste Ergebnisse zu dieser Forschungsthematik.

Ziel ist es, explorativ zu untersuchen, wie sich Vorstellungen von Schüler_innen über Modelle im Zusammenhang mit einem Besuch im Museum für Naturkunde verändern.

Theorie

Die Studie, die in dem vorliegenden Beitrag präsentiert wird, lässt sich wissenschaftstheoretisch der *model-based view of scientific theory and scientific inquiry* zuordnen, wonach die Erkenntnisgewinnung und Theoriebildung in den Naturwissenschaften mit Modellen verbunden sind (van Fraassen, 1980; Giere, 1988; Oh & Oh, 2011).

Modellbegriff

Im Gegensatz zu einer allgemeingültigen Modelldefinition folgt die Studie des vorliegenden Beitrags der Modelldefinition von Mahr (2008). Gemäß Mahr (2008, 2009) ist ein Modell all das, was ein Subjekt zu einem Modell erklärt, beziehungsweise unter bestimmten Bedingungen als Modell auffasst. Dies bezeichnet er als *Modellsein,* was sich durch eine Kombination sowohl der Herstellung von Modellen als Abbilder eines Phänomens als auch der Anwendung von Modellen zur Gewinnung neuer Erkenntnisse auszeichnet (Mahr, 2009). Dementsprechend kann ein Modell eine Idee oder ein Gedankenmodell sein, welches sich in einem Modellobjekt darstellen lässt und somit als Anschauungsmodell betrachtet werden kann (Mahr, 2008; Kattmann, 2006). In seiner allgemeinen Modelltheorie beschreibt Stachowiak (1973) drei Hauptmerkmale eines Modells. Das *Abbildungsmerkmal* umfasst den Repräsentationscharakter des Originals, den ein Modell besitzt und dementsprechend als „Modell von etwas" fungiert. Allerdings stellt ein Modell die Realität nicht in endgültiger Form dar und besitzt somit ein *Verkürzungsmerkmal.* Je nachdem für wen (Subjekt), zu welchem Zweck und zu welcher Zeit ein Modell konstruiert wird, kann ein Modell divers in Erscheinung treten (*pragmatisches Merkmal*). Diesen Gedanken greift Mahr (2008) auf und definiert Modelle über die Bedingungen, unter welchen etwas als Modell aufgefasst wird (*Modellsein*).

Modelle in den Naturwissenschaften

Modelle sind wesentlicher Bestandteil wissenschaftlicher Denk- und Arbeitsweisen (Upmeier zu Belzen & Krüger, 2010). Mittelstraß (2004) betont, dass

Modelle als Medien zur Vermittlung naturwissenschaftlicher Kenntnisse dienen. Ohne Modelle sind Naturwissenschaften nicht lernbar, aber auch nicht lehrbar (Harrison & Treagust, 2000). Modelle sind für Wissenschaftler_innen wichtig und nützlich um Hypothesen zu entwickeln und zu testen. Bei der Nutzung von Modellen zur Erkenntnisgewinnung, wie dem Ableiten und Prüfen von Hypothesen aus Modellen, wird die wechselseitige Beziehung von Modell und Original während dieses Konstruktionsprozesses deutlich und erfahrbar gemacht (Upmeier zu Belzen & Krüger, 2010). Deshalb sehen Wissenschaftler_innen Modelle häufig als dynamische und sich verändernde Gebilde.

Modelle im naturwissenschaftlichen Unterricht

Im Gegensatz zu diesen wissenschaftlichen Vorstellungen und Anwendungen von Modellen konnten zahlreiche Studien zeigen, dass Schüler_innen Modelle oftmals als Replikationen der Realität sehen, mit der Absicht Objekte zu zeigen (Grosslight et al., 1991; Treagust et al., 2002; Meisert, 2008; Trier et al., 2014). Sie gehen häufig davon aus, dass sich Modelle nicht verändern, da sie Kopien sind und deshalb Änderungen aus Schülersicht weder notwendig noch wünschenswert sind. Ein Grund für diese Vorstellung könnte sein, dass im Kontext von Lernen und Lehren in erster Linie der deskriptive Charakter von Modellen vorherrscht. Die heuristische Funktion von Modellen, als Werkzeug mit dem man arbeitet und welches beim Denken eingesetzt wird, wird nicht wahrgenommen. Dabei ist der kompetente Umgang mit und das Denken in Modellen, welches als Modellkompetenz bezeichnet wird, laut Leisner (2005) ein „Tür-Öffner" zum Wissenschaftsverständnis. Modellkompetenz umfasst das Wissen über Modelle und den Umgang mit Modellen als wissenschaftliche Denk- und Arbeitsweise und ist demzufolge Teil von *Scientific Literacy* (Gilbert & Boulter, 2000).

Modell der Modellkompetenz

Upmeier zu Belzen und Krüger (2010) sehen Modelle als essentiellen Bestandteil beim Aufbau von Wissenschaftsverständnis an. Sie haben ein normatives Modell entwickelt, in welchem Modellkompetenz sowohl Alltagsvorstellungen als auch wissenschaftliche Vorstellungen einbezieht und das der vorliegenden Untersuchung zugrunde liegt. In diesem Kompetenzmodell der Modellkompetenz unterteilen sie die Modellkompetenz in zwei Dimensionen: Kenntnisse über Modelle und Modellbildung. Diese beiden Dimensionen gliedern sie in mehrere Teilkompetenzen (vgl. Tab. 1).

Die Dimension Kenntnisse über Modelle hat einen kognitiven Charakter und beinhaltet die Teilkompetenzen „Eigenschaften von Modellen" und „Alternativen von Modellen". Sie kann in der *Scientific Literacy* dem Bereich *Learn about Science,* also der *Nature of Science,* zugeordnet werden. Die Dimension Modellbildung beschreibt den konkreten Umgang mit Modellen und unterstreicht den handelnden Aspekt von Modellkompetenz. Sie kann im Zusammenhang mit *Scientific Literacy* dem praktischen Part *Doing Science* zugeordnet werden. Im Kompetenzmodell wird Modellbildung in die drei Teilkompetenzen Zweck, Testen und Ändern von Modellen unterteilt.

Zudem unterscheiden Upmeier zu Belzen und Krüger (2010) zwischen zwei verschiedenen Perspektiven: Herstellungsperspektive und Anwendungsperspektive. Die Betrachtung des Modellobjekts selbst und die Herstellung einer Beziehung zwischen Ausgangs- und Modellobjekt, also das Modell *von* etwas, zeigen sich in der Herstellungsperspektive. In der Anwendungsperspektive wird das Modell für Voraussagen und zum Gewinnen neuer Erkenntnisse genutzt. Anders gesagt steht das Modell *für* etwas.

Die vielfältigen Strukturen von Modellkompetenz in abgestuften Qualitäten werden in diesem theoretisch fundierten Konstrukt drei Niveaustufen zugeordnet, die jeweils verschiedene Reflektions- und Abstraktionsmöglichkeiten repräsentieren (Conrads, 2011). Niveau I fokussiert auf Schülervorstellungen, in denen Schüler_innen Modelle als Medium bzw. als ein Produkt von Wissenschaft wahrnehmen. Sie beschäftigen sich eher mit der Bildung und dem Zustandekommen von Modellen. Wohingegen Niveau II und Niveau III den Zusammenhang zu wissenschaftlichen Konzepten herstellen, in denen Modelle als Methode genutzt werden und in denen der Fokus auf Anwendung und Transformation von Modellen liegt.

Tab. 1. Kompetenzmodell der Modellkompetenz im Biologieunterricht (Upmeier zu Belzen & Krüger, 2010).

Komplexität / Teilkompetenz	Niveau I	Niveau II	Niveau III
Teilkompetenz	**Kenntnisse über Modelle**		
Eigenschaften von Modellen	Modelle sind Kopien	Modelle sind idealisierte Repräsentationen	Modelle sind theoretische Rekonstruktionen
Alternative Modelle	Unterschiede zwischen den Modellobjekten	Ausgangsobjekt ermöglicht Herstellung verschiedener Modelle	Modelle für verschiedene Hypothesen
	Modellbildung		
Zweck von Modellen	Modellobjekt zur Beschreibung einsetzen	Bekannte Zusammenhänge im Original erklären	Zukünftige neue Erkenntnisse über das Original voraussagen

Testen von Modellen	Modellobjekt überprüfen	Parallelisieren mit dem Original	Überprüfen von Hypothesen über das Original bei der Anwendung
Ändern von Modellen	Mängel am Modellobjekt beheben	Modell durch zusätzliche Perspektiven revidieren	Modell aufgrund falsifizierter Hypothesen über das Original revidieren

Schülervorstellungen zu Modellen

Bisher gibt es kaum wissenschaftliche Untersuchungen zu Schülervorstellungen zu Modellen in der Grundschule. Lediglich in zwei Masterarbeiten (Frick, 2008; Petrat, 2008) wurden die Vorstellungen von Grundschulkindern zu Modellen untersucht. Dabei konnte gezeigt werden, dass Kinder der Jahrgangsstufe 1 und 2 über keine Modelldefinition verfügen und nicht in der Lage sind, zwischen einem Modell und einem Original zu unterscheiden (Petrat, 2008). Diese vorwissenschaftlichen, lebensweltlichen Vorstellungen über Modelle identifizierte auch Frick (2008) in ihrer Untersuchung in den Jahrgangsstufen 3 und 4. Sie stellt fest, dass die befragten Schüler_innen nicht „über ein ausreichendes explizites und verbalisierbares Wissen" über Modelle verfügen (Frick, 2008, S. 36).

In internationalen und nationalen Studien zu Schülervorstellungen über Modelle in der Sekundarstufe I und II konnte gezeigt werden, dass Schüler_innen Modelle als Kopien realer Objekte wahrnehmen, die sich im Hinblick auf die Größe vom Original unterscheiden (Grosslight et al., 1991; Treagust et al., 2002; Meistert, 2008; Trier et al., 2014). Modelle werden meistens im Zusammenhang mit konkreten Objekten genannt. Nur wenige Schüler_innen der Sekundarstufe I nennen Modelle im Zusammenhang mit Ideen oder abstrakten Konzepten (ebd.). Crawford und Cullin (2005) konnten in ihrer Untersuchung eine zunehmende Wissenschaftlichkeit im Denken über Modelle zeigen und unterscheiden verschiedene Level: *limited, pre-scientific, emerging scientific* und *scientific*. Trier, Upmeier zu Belzen und Krüger (2014) identifizierten in ihrer Interviewstudie mit Schüler_innen der Jahrgangsstufen 10 bis 12 sowohl naive als auch komplexere Vorstellungen über Modelle.

Konzeptuelle Transformationen

Anderson, Lucas und Ginns (2003) untersuchten die Entwicklung des konzeptuellen Verständnisses von Schüler_innen über Elektrizität und Magnetismus während eines Besuchs in einem Science Center. Ihre Untersuchung basiert auf eine human konstruktivistische Sicht des Lernens (Mintzes, Wandersee & Novak, 1997). Nach der Theorie des Humanen Konstruktivismus ist die Transformation von Wissen individuell und eine Folge der Erfahrungen, welche die Schüler_innen in ihrem Alltag, in der Schule oder im Museum gemacht haben. Dabei wird auch das individuelle Wissen berücksichtigt. Nach Anderson und Kollegen (2003) eignet sich eine Interpretation ihrer Daten nach diesem human konstruktivistischen lerntheoretischen Ansatz, weil dabei die Konstruktion von Wissen während des Museumsbesuchs vorausgesetzt wird. Mit Hilfe von Concept Mapping und halbstrukturierten Interviews konnten die Autoren sieben verschiedene Kategorien konzeptueller Transformationen identifizieren, die in Tabelle 2 beschrieben werden. Ihre Untersuchung gliederte sich in drei verschiedene Phasen: *Previsit, Science Centre Visit* und *Postvisit*, in denen sie die sieben verschiedenen Kategorien zeigen konnten. Die Phasen wurden insgesamt als Prozess betrachtet, den die Schüler_innen (Jahrgangsstufe 7) durchliefen. Die verschiedenen Konzepte zeigten sich in den verschiedenen Phasen, wobei nicht jedes Konzept in jeder Phase zu finden war.

Tab. 2: Sieben verschiedene Kategorien konzeptueller Transformationen nach Anderson, Lucas & Ginns (2003)

konzeptuelle Transformation	**Beschreibung**
1. Addition	Als Folge des Lernprozesses entstehen neue, zusätzliche Schülerkonzepte.
2. Emergenz	Identifizierung neuer Schülerkonzepte, die nicht aus der direkten Auseinandersetzung mit den Objekten bzw. Phänomenen während des Science Center Besuches stammen. Diese Konzepte sind gespeicherte Erinnerungen der Schüler_innen und könnten eine Folge von Partizipation sein, was aber bisher nicht bewiesen werden konnte.
3. Progressive Differenzierung	Schüler_innen ergänzen Einzelheiten zu ihrem bisherigen Wissen, was auf einen Prozess der schrittweisen Klärung der Konzepte schließen lässt.
4. Distanzierung	Schüler_innen vollziehen eine Wissenstransformation, was sich darin zeigt, dass sich ihre Konzepte weiter von denen der traditionellen Wissenschaft wegbewegen. Ihre bisherigen Konzepte sind näher an denen der traditionellen Wissenschaft als das neu konstruierte Wissen während/nach der Lernaktivität.

konzeptuelle Transformation	Beschreibung
5. Rekontextualisierung	Änderung des Wissensanspruch durch eine Änderung des Kontextes: Neupositionierung des Konzepts.
6. Zusammenführung	Zusammenführen mehrerer Prekonzepte, um eine genauere und komplexere Erklärung für ein Phänomen zu erzeugen.
7. Persönliche Theorien	Zusammenführen von mehreren Prekonzepte, um eine persönliche Theorie aufzustellen, die auf eigene Erfahrungen und Wahrnehmungen aufbaut. Dabei wird deutlich, dass persönliche Erfahrungen, Beobachtungen von Objekten, Veranstaltungen, Kultur, Sprache und Interaktion mit anderen Menschen das Lernen beeinflussen.

Die Konzepte „Progressive Differenzierung“ und „Emergenz“ konnten Anderson und Kollegen (2003) in allen Phasen der Untersuchung zeigen. Die beiden Konzepte „Addition“ und „Persönliche Theorien“ traten zwischen den Phasen des *Science Centre Visit* und dem *Postvisit* in Erscheinung, da sie auf die Schülerkonzepte der ersten Phase aufbauen. Eine Neupositionierung der eigenen Konzepte („Rekontextualisierung“) zeigt sich von der ersten zur zweiten Phase, also vom *Previsit* zum *Science Centre Visit*. Wohingegen das Konzept „Distanzierung“ in der Phase des *Previsit* beginnt und in der Phase des *Postvisit* sichtbar wird. Die „Zusammenführung“ mehrerer Prekonzepte wurde in der letzten Phase, im *Postvisit* identifiziert.

Forschungsfragen

Basierend auf den sieben verschiedenen Konzepten konzeptueller Transformation nach Anderson, Lucas und Ginns (2003) und dem Kompetenzmodell der Modellkompetenz nach Upmeier zu Belzen und Krüger (2010) ist das Ziel der Studie explorativ zu untersuchen, inwiefern sich die Vorstellungen von Schülerinnen und Schülern über Modelle im Kontext eines in drei Phasen gegliederten Schulbesuchs im Museum für Naturkunde verändern.

Die Forschungsfrage lautet:

Inwiefern lassen sich Schülervorstellungen über Modelle in einer 6. Jahrgangsstufe im Fach Naturwissenschaften im Zusammenhang mit einem Besuch im Museum für Naturkunde Konzepte von konzeptueller Transformation (Anderson et al., 2003) identifizieren?

Methoden

Untersuchungsdesign

Die Untersuchung ist eingebettet in eine konstruktivistische Sicht eines Schulbesuchs im Museum für Naturkunde, dem sogenannten methodischen Dreischritt des außerschulischen Lernens (Burk & Claussen, 1980; Sauerborn & Brühne, 2012). Dabei wurde der gesamte Prozess des Besuchs des außerschulischen Lernorts in drei Schritte eingeteilt: Vorbereitung auf den Museumsbesuch in der Schule, Besuch des außerschulischen Lernorts Museum für Naturkunde und Nachbereitung des Museumsbesuchs in der Schule.

Auch das wissenschaftliche Design der Untersuchung erfolgte in drei Schritten (Abb. 1). Dabei wurden die Schülervorstellungen (individuell und in der Gruppe) in einer Vorbereitungsphase auf einen Besuch im Museum für Naturkunde und in einer Nachbereitungsphase nach dem Museumsbesuch mit zwei verschiedenen Instrumenten erhoben. Die individuellen Schülervorstellungen zu Modellen wurden in Form von Concept Maps erfragt. Die Vorstellungen der gesamten Gruppe wurden in einer sich anschließenden Gruppendiskussion aufgezeichnet.

Abb. 1: Untersuchungsdesign auf zwei Ebenen nach dem methodischen Dreischritt des außerschulischen Lernens auf didaktischer Ebene bzw. im Rahmen einer Untersuchung mit zwei Erhebungszeitpunkten auf wissenschaftlicher Ebene

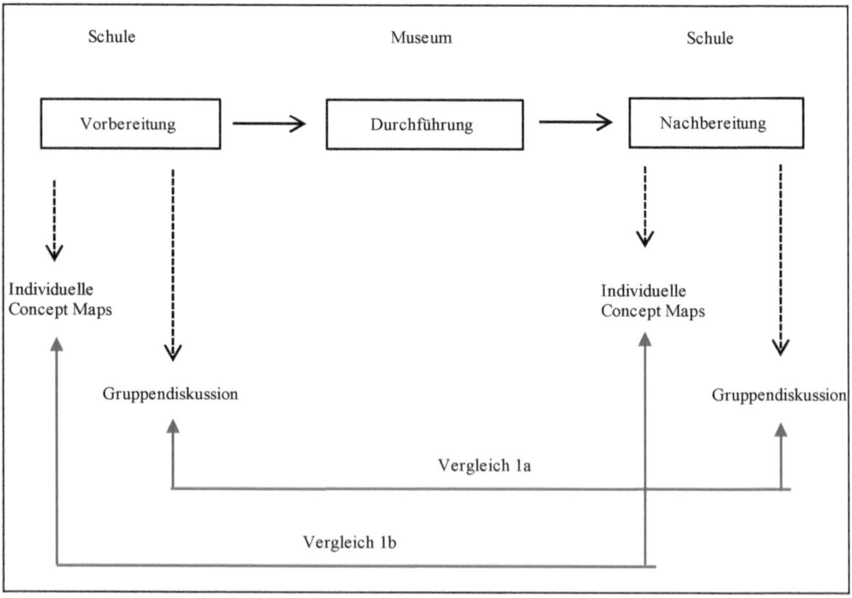

Die Gruppendiskussion nahm dabei zwei Funktionen ein. Sie diente einerseits als Unterrichtsmethode, die genutzt wurde um über Modelle zu diskutieren. Andererseits diente sie als Untersuchungsinstrument zur Datenerhebung nach Daniel und Gagnon (2011), mit dem intersubjektive Äußerungen der Klasse in ihrer Gesamtheit, als sogenannte *Community of Inquiry* (Abb. 2) erfasst werden können.

Abb. 2: Die Klasse als Community of Inquiry (Daniel & Gagnon, 2011)

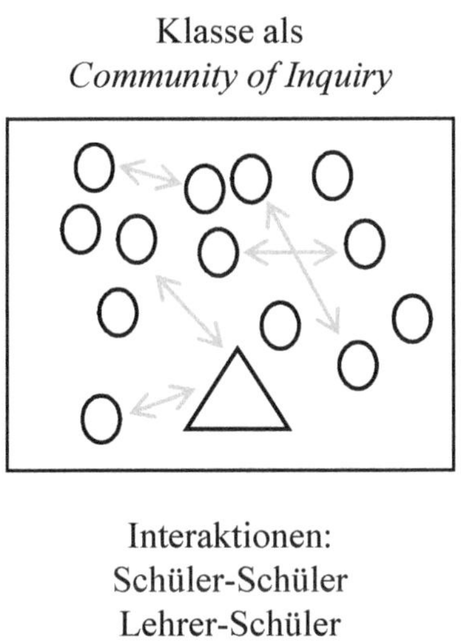

Stichprobe

Für die Untersuchung wurden Grundschulkinder am Ende der Grundschulzeit befragt, da diese bereits erste Erfahrungen mit Modellen im naturwissenschaftlichen Unterricht gesammelt haben und in der Lage sind ihr Wissen über Modelle zu verbalisieren. Jüngere Grundschulkinder wurden ausgeschlossen, da einige Studien zeigen konnten, dass die Modellkompetenz bei jungen Schüler_innen wenig bis gar nicht ausgeprägt ist (Frick, 2008; Petrat, 2008). Viele Berliner Schüler_innen besuchen bereits während ihrer Grundschulzeit im Sachunterricht oder im Fach Naturwissenschaften das Museum für Naturkunde. Museumsbesuche sind im Rahmenlehrplanen für den Sachunterricht explizit vorgesehen (Senatsverwaltung für Bildung, Jugend und Sport, 2004, S. 28).

Um die Vorstellungen von Schüler_innen als gesamte Gruppe im Rahmen einer Gruppendiskussion zu untersuchen, wurden alle Schüler_innen einer 6. Klasse einer Berliner Grundschule befragt. Die Zustimmung der Eltern wurde zuvor eingeholt. Insgesamt nahmen 21 Kinder an der Untersuchung teil. Allerdings konnte ein Teil der Kinder aufgrund von Terminüberschneidungen, Krankheit oder aus anderen Gründen nicht an allen drei Phsasen (Vorbereitung, Museumsbesuch, Nachbereitung, vgl. Abb. 1) teilnehmen. Tabelle 3 zeigt im Detail wieviele Schüler_innen zu welchem Zeitpunkt an der Untersuchung beteiligt waren.

Tab. 3: Anzahl der Schüler_innen zu den jeweiligen Zeitpunkten Vorbereitungsphase, Museumsbesuch und Nachbereitungsphase, N = 21.

	Teilnahme an Vorbereitung (Schule), Museumsbesuch und Nachbereitung (Schule)	**Teilnahme nur an Vorbereitung (Schule), Museumsbesuch**	**Teilnahme nur am Museumsbesuch**	**Teilnahme nur am Museumsbesuch und Nachbereitung (Schule)**
Anzahl Schüler_innen	8	9	1	3

Instrumente

Die Erhebung der Schülervorstellungen zu Modellen im vorgestellten Untersuchungsdesign erfolgte auf zwei Ebenen mit zwei verschiedenen Instrumenten: individuell in Form von Concept Maps und in der Gruppe als *Community of Inquiry* im Rahmen von Gruppendiskussionen.

Individuelle Concept Maps eignen sich für die Erhebung von Schülervorstellungen, da sie eine empirische Rekonstruktion von Schülervorstellungen darstellen (Graf, 2014). Sie können bereits im Grundschulalter ab Jahrgangsstufe 4 eingesetzt werden (Dunker, 2010), vorausgesetzt es findet eine intensive Einführung statt.

Die Concept Maps entsprechen dem halboffenen Typ (Graf, 2014) und wurden auf einem DIN A3 Blatt vorstrukturiert. Ausgehend von dem Leitbegriff „Modelle“ wurden zwei Fragen vorgegeben: „Was ist ein Modell?“ Und „Wofür benutzt man Modelle?“. Dies sollte den Schüler_innen den Anfang erleichtern und gewährleisten, dass zwei grundlegende Fragen bearbeitet werden. Darüber hinaus können die Concept Maps in der Auswertung besser verglichen werden (ebd.).

Die Methode der Gruppendiskussion eignet sich als Untersuchungsinstrument zur qualitativen Erfassung von Schülerperspektiven (Billman-Mahecha & Gebhard, 2014). Die explizite Thematisierung der Alltagsvorstellungen zu einem (Lern)Gegenstand (im vorliegenden Fall Modelle) kann einen Bezug zwischen fachlichem Wissen und lebensweltlichen Vorstellungen hervorrufen (ebd.). Die Methode der Gruppendiskussion nimmt die Erfassung von Widersprüchen, sozialen Aushandlungsprozessen und persönlichen Bezügen in den Blick anstatt sie auszuschließen (Billman-Mahecha & Gebhard, 2014). Gemäß der Aspekte nach Loos und Schäfer (2001) zur praktischen Durchführung einer Gruppendiskussion wurden den Schüler_innen nach einem lockeren Gesprächsbeginn dieselben Fragen wie auf den Concept Maps gestellt: „Was sind Modelle?" und „Wofür benutzt man Modelle?". Danach wurde eine nondirektive Gesprächsleitung angewandt, in der sich die Untersuchungsleiterinnen mit Beiträgen zurückhielten und über aktives Zuhören Interesse an den Beiträgen zeigten.

Durchführung

Die Vorbereitung auf den Museumsbesuch fand in einer Doppelstunde im Fach Naturwissenschaften in der Schule statt. Die beiden Untersuchungsleiterinnen stellten sich und das Projekt kurz vor und zeigten den Schüler_innen verschiedene Modelle aus dem Alltag (u. a. Lego), aus dem Museum (u. a. Modelle von Ammoniten und Fossilien von Ammoniten) und aus den Naturwissenschaften (u. a. Wandkarte des Kreislaufs einer Malariaerkrankung). Dann wurden die Schüler_innen gebeten ihre individuellen Concept Maps auf den vorbereiteten DIN A3 Bögen zu erstellen. Bereits in den Wochen vor der Befragung wurden die Kinder von ihrer Lehrerin mit der Methode des Concept Mappings vertraut gemacht. Gemeinsam mit den Schüler_innen wurde dies unmittelbar vor der Befragung kurz wiederholt. Zudem wurde nochmals explizit darauf hingewiesen, dass die Schüler_innen neben den vorgegebenen Fragen weitere Aspekte, Fragen und Zusammenhänge in Form von Netzen darstellen sollen. Nach 20 Minuten Bearbeitungszeit wurden die Concept Maps eingesammelt. Im Anschluss daran folgte die Instruktion für die Gruppendiskussion durch die Untersuchungsleiterinnen. Die Schüler_innen waren bereits mit dieser Unterrichtsmethode vertraut. Sie ließen sich gegenseitig aussprechen und fanden schnell in eine rege Diskussion über ihre Vorstellungen zu Modellen.

Eine Woche später besuchten die Schüler_innen das Museum für Naturkunde und nahmen dort an einer Führung und einem Workshop zu Fossilien teil. Dieser Workshop mit Führung gehört zum Standardprogramm der Vermittlungsangebote des Museums und wurde für Grundschulkinder konzipiert. Ziel des Workshops mit Führung ist es, dass Schüler_innen verschiedene Fossilien von Dinosauriern, Flugsauriern (insbesondere Pterodactylus) oder Lebewesen aus dem Meer wie Ammoniten, Trilobiten, Pfeilschwanzkrebs oder Muscheln und Schnecken vergangener Zeiten kennenlernen. Nachdem Sie in der Führung über den Prozess der Fossilisation erfahren, die original Fossilien betrachten und Informationen zu ihnen bekommen, stellen sie selber ein Gipsfossil her. Die Silikonformen für die Gipsfossilien wurden von den Präparatoren des Museums auf Grundlage der originalen Fossilien hergestellt, die in den Ausstellungen zu finden. Nach der Führung und dem Workshop „Fossilien gießen" hatten die Schüler_innen der befragten Grundschulklasse die Gelegenheit sich alleine oder in Kleingruppen die Ausstellungen anzuschauen.

Die Nachbereitung des Museumsbesuchs fand in der darauffolgenden Woche wieder in einer Doppelstunde im Fach Naturwissenschaften statt. Die Schüler_innen sollten ihre Concept Maps, die sie vor dem Museumsbesuch erstellt haben, ergänzen. Diese Art der Bearbeitung hatte den Vorteil, dass die Schüler_innen ihre bereits dargelegten Vorstellungen überdenken und weiterentwickeln konnten. Damit im Nachhinein ersichtlich war zu welchem Befragungszeitpunkt sie welche Eintragung vorgenommen hatten, verwendeten sie zu den Befragungszeitpunkten jeweils eine andere Farbe. In Abbildung 3 wird dies in den unterschiedlichen Schwarz- und Grautönen deutlich. Die Nutzung unterschiedlicher Farben ermöglichte einen Vergleich der Schülervorstellungen vor und nach dem Museumsbesuch. Außerdem wurden die Kinder darauf hingewiesen Begriffe und Beschreibungen zu Modellen, die sie zum ersten Befragungszeitpunkt notiert hatten, durchzustreichen, wenn sie diese zum zweiten Befragungszeitpunkt anders meinten und sich ihre Vorstellung geändert hatte. Diese Information war bei der Auswertung wichtig, um zu erkennen, wie sich die Vorstellungen der Schüler_innen verändert haben.

Abb. 3: Concept Map einer Schülerin. Gedruckte Begriffe = Vorstrukturierung, Vorstellungen in schwarzer Handschrift = 1. Befragungszeitpunkt (Vorbereitungsphase), Vorstellungen in grauer Handschrift = 2. Befragungszeitpunkt (Nachbereitungsphase)

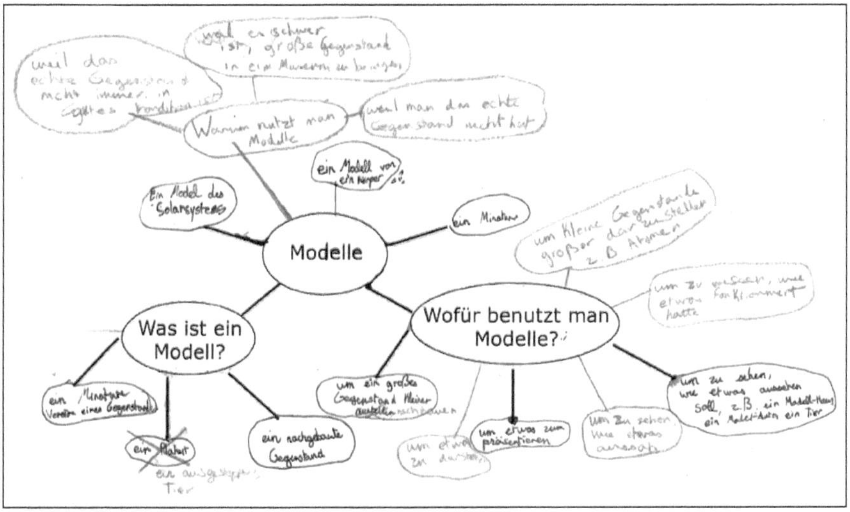

Im Anschluss an das Concept Mapping sollten die Kinder, wie zwei Wochen zuvor, in der Gruppe über ihre Vorstellungen über Modellen diskutieren. Die Gruppendiskussion der Vorbereitungsphase und die Gruppendiskussion der Nachbereitungsphase wurden mit digitalen Aufnahmegeräten aufgezeichnet.

Auswertung

Die Auswertung ist bis zu diesem Zeitpunkt noch nicht abgeschlossen. Die Concept Maps wurden quantitativ und qualitativ ausgewertet, um die „individuelle Begriffsstruktur von Lernenden weitgehend zu erfassen" (Graf, 2014, S. 331).

Bisher wurden die Concept Maps mit Hilfe des Computerprogramms XMind 6 (XMind Ltd., 2015) digitalisiert. Dabei wurde jeder verschriftlichte Gedanke (Text) in Blasen eingerahmt, der jeweils eine Nummer zugeteilt wurde. Damit die Textblasen des ersten Befragungszeitpunktes (Vorbereitungsphase) von denen aus der Nachbereitungsphase unterschieden werden konnten, wurden sie farblich gekennzeichnet und mit einem Buchstaben versehen (ohne Farbe mit Buchstabe A = Vorbereitungsphase, gelbe Farbe mit Buchstabe B = Nachbereitungsphase) (Abb. 4 bis Abb. 6). Im Anschluss daran wurden in Anlehnung an die Untersuchung von Anderson und Kollegen (2003) die Schülervorstellungen auf Basis der sieben Kategorien konzeptueller Transformationen (Tab. 2) auf Konzeptebene ausgewertet. Um die jeweilige Kategorie konzeptueller Transformation zu identifizieren, die aufgrund der Lernaktivität hervorgerufen wurde, wurde jede neue Textblase (gelb markiert und mit dem Buchstaben B versehen), die in der Nachbereitungsphase von den Schüler_innen formuliert wurde kodiert und mit den sieben Kategorien konzeptueller Transformation nach Anderson und Kolleginnen verglichen und zugeordnet. Danach wurde die Anzahl der jeweiligen Codes jeder Kategorie ermittelt und die Summen gebildet. Dadurch war es möglich quantitativ zu vergleichen, wie oft eine Kategorie konzeptueller Transformation im Zusammenhang mit der Lernaktivität auftrat. Die Summen der jeweiligen Kategorie sind in Tabelle 4 dargestellt.

Die Audiotranskripte der Gruppendiskussion werden derzeit nach der qualitativen Inhaltsanalyse gemäß Mayring (2010) ausgewertet.

In einem weiteren Schritt werden die Schülervorstellungen aus den Concept Maps und der Gruppendiskussion den verschiedenen Dimensionen des Modells der Modellkompetenz (Tab. 1) nach Upmeier zu Belzen und Krüger (2010) zugeordnet.

Ergebnisse

Für die Auswertung wurden nur die Concept Maps berücksichtigt, die von Schüler_innen stammen, die an allen drei Phasen teilgenommen haben (siehe Tabelle 3). Acht von insgesamt 21 Schüler_innen haben an der gesamten Untersuchung teilgenommen. Die ersten fünf Kategorien konzeptueller Transformation konnten in den Daten der vorliegenden Studie identifiziert werden. Die beiden Kategorien „Zusammenführung" und „Persönliche Theorien" sind nicht in Erscheinung getreten. Nicht alle Schüleräußerungen ließen sich den Kategorien von Anderson und Kollegen (2003) zuordnen. Neben den fünf aus der Theorie beschriebenen Kategorien konnte eine neue Kategorie identifiziert werden (Tab. 4). Bei dieser konzeptuellen Transformation handelt es sich um Aspekte, welche die Schüler_innen zum zweiten Befragungszeitpunkt erneut nennen und hervorheben. Dadurch nehmen sie eine Konsolidierung ihrer bisherigen Vorstellungen vor. Diese Kategorie wird deshalb „Konsolidierung" genannt.

In Tabelle 4 ist angegeben, wie häufig die jeweiligen Kategorien in der Untersuchung vorkommen.

Tab. 4: Häufigkeit der identifizierten bzw. nichtidentifizierten Kategorien konzeptueller Transformation, N = 8.

konzeptuelle Transformation	**Häufigkeit**
1. Addition	24
2. Emergenz	1

konzeptuelle Transformation	**Häufigkeit**
3. Progressive Differenzierung	7
4. Distanzierung	2
5. Rekontextualisierung	1
6. Zusammenführung	0
7. Persönliche Theorien	0
8. Konsolidierung	6

Im Folgenden werden einige Beispiele zu einigen der identifizierten konzeptuellen Transformationen präsentiert.

Ein Beispiel für die konzeptuelle Transformation „Addition" zeigt sich in der Concept Map von Schüler S8. In seiner 2. Concept Map (Abb. 4, grau) nach dem Museumsbesuch, zum Zeitpunkt der Nachbereitung, fügt er eine komplett neue Kategorie von Informationen über Modelle hinzu. Er stellt die Frage: „Wie baut man ein Modell?" Zu seiner persönlichen Frage liefert er drei mögliche Antworten: „mit Werkzeugen", „mit Stoffen" oder „mit Gegenstände[n], z. B. Knochen, Fell, Haut oder Fossilien" (Abb. 4, S8-9B, 10B, 11B). Als Folge seines Lernprozesses entsteht ein neuer, zusätzlicher Aspekt.

Abb. 4: Concept Map von Schüler (S8) als Beispiel für die konzeptuelle Transformation „Addition". Weiß hinterlegt: 1. Concept Map (Vorbereitungsphase), grau hinterlegt: 2. Concept Map (Nachbereitungsphase)

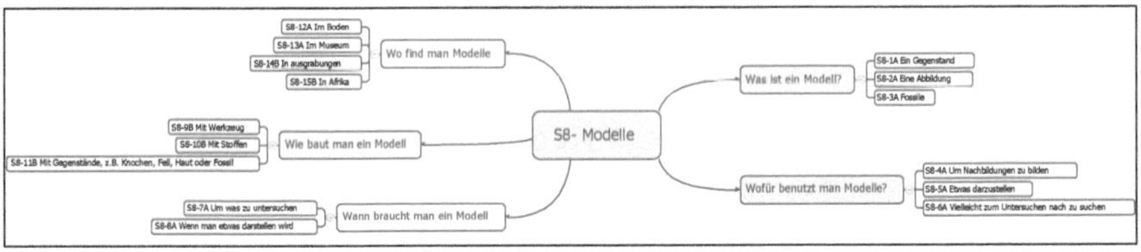

Ein Beispiel für die konzeptuelle Transformation „Progressive Differenzierung" ist in der Concept Map von Schülerin S2 zu finden. Zu Beginn der Untersuchung (Vorbereitungsphase) äußert sie eine relativ simple Vorstellung zur Funktion von Modellen. Sie antwortet auf die Frage wofür man Modelle benutzt: „zum genaueren untersuchen von Gegenständen" (Abb. 5, S2-5A). In ihrer 2. Concept Map spezifiziert sie ihre Aussage und fügt Details hinzu, wie „Wenn man Sachen untersuchen möchte aber es lebendig oder zu groß ist. Dass man es verkleinert oder nachbaut" (Abb. 5, S2-9B). Sie ergänzt zu ihrem bisherigen Wissen neue

Einzelheiten, was auf einen Prozess einer schrittweisen Klärung ihres Konzepts zur Funktion von Modellen schließen lässt.

Abb. 5: Concept Map von Schülerin (S2) als Beispiel für die konzeptuelle Transformation „Progressive Differenzierung". Weiß hinterlegt: 1. Concept Map (Vorbereitungsphase), grau hinterlegt: 2. Concept Map (Nachbereitungsphase)

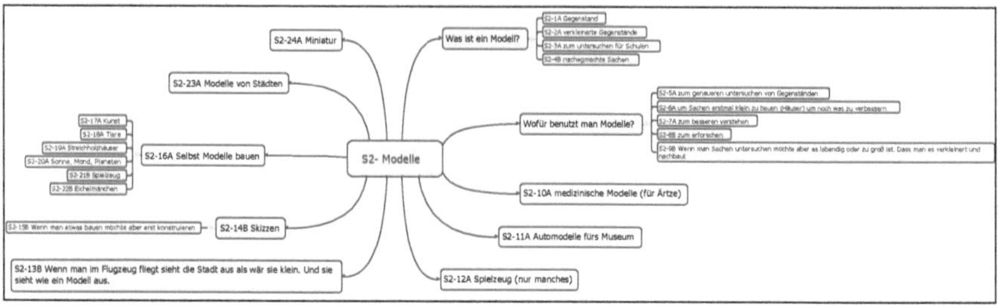

In einigen Fällen wie im folgenden Beispiel in der Concept Map von Schüler S5 konnte eine neue konzeptuelle Transformation identifiziert werden, die wir als „Konsolidierung" bezeichnen (Abb. 6). Diese Kategorie stammt nicht aus dem theoretischen Rahmenkonzept von Anderson und Kollegen (2003). Der Schüler wiederholt seine Aussage zur Funktion von Modellen. In seiner 1. Concept Map antwortet er auf die Frage wofür man Modelle benutzt: „Zum Nachbauen" (Abb. 6, S5-11A). Während der Nachbereitungsphase wiederholt er diesen Gedanken und verstärkt ihn somit, indem er antwortet: „Zum Nachbauen (Lego)" (Abb. 6, S5-11B). Diese Art von Konsolidierung der eigenen Vorstellungen wurde in den Concept Maps insgesamt 6 Mal gefunden (Tab. 4).

Abb. 6: Concept Map von Schüler (S5) als Beispiel für die konzeptuelle Transformation „Konsolidierung". Weiß hinterlegt: 1. Concept Map (Vorbereitungsphase), grau hinterlegt: 2. Concept Map (Nachbereitungsphase)

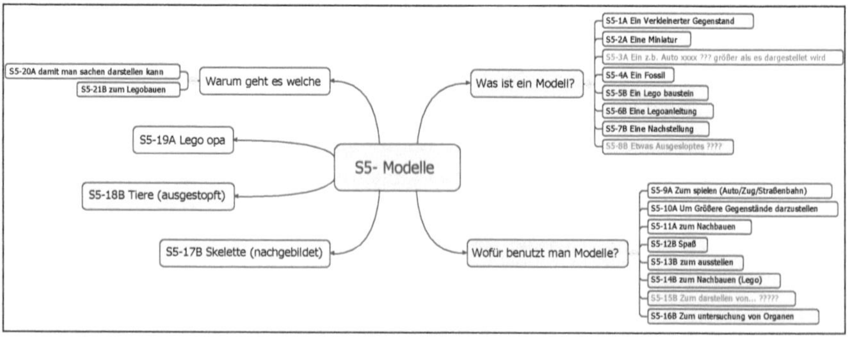

Diskussion

Die bisherige Auswertung der Concept Maps ergab, dass in der vorliegenden Studie ähnliche konzeptuelle Transformationen, wie sie von Anderson, Lucas und Ginns (2003) beschrieben wurden, vorkommen. Die Forschungsfrage, inwiefern konzeptuelle Transformationen von Schülervorstellungen über Modelle in einer 6. Jahrgangsstufe im Fach Naturwissenschaften im Zusammenhang mit einem Besuch am Museum für Naturkunde in Erscheinung treten, kann demzufolge beantwortet werden. Allerdings wurden nicht alle sieben Kategorien von Anderson und Kollegen (2003) identifiziert. Es konnten in der vorliegenden Studie die fünf Kategorien „Addition", „Emergenz", „Progressive Differenzierung", „Distanzierung" und „Rekontextualisierung" den Schüleraussagen zugeordnet werden. Zudem wurde eine neue Kategorie „Konsolidierung" identifiziert. Anderson und Kollegen (2003) legen ihrer Arbeit eine andere Definition von Lernen zugrunde als die vorliegende Studie. Lernen ist ihrer Ansicht nach immer mit einer Veränderung des Wissens verknüpft. Die vorliegende Studie folgt der Definition von Lernen im Kontext des informellen Lernens von Falk und Dierking (1997). Danach ist jede Art von Repetition oder Überprüfung des eigenen Wissens auch als Lernen anzusehen. Die Verfestigung bzw. Vertiefung der eigenen Vorstellung (vgl. Abb. 6), wie in der Kategorie „Konsolidierung", ist demzufolge ebenfalls eine konzeptuelle Transformation. Falk und Dierking (1992) sind der Meinung, dass es „one manifestation of confusion is the misguided notion that learning is primarily the acquisition of new ideas, facts and information, rather than the consolidation and slow, incremental growth of existing ideas and information" (S. 98). Sie sehen Erinnerungen als aktiven Prozess, in dem vergangene Erfahrungen mit neuen Erfahrungen verknüpft werden. Erinnerungen konsolidieren oder gehen verloren. Manche Erinnerungen, auch in Bezug auf Lernen, benötigen eine Verstärkung außerhalb des Museums in Form von existierenden Schemata um Konsolidierung und Persistenz zu gewährleisten und um das was gelernt wurde zu verfestigen. (Falk & Dierking, 1992, 2000). Konsolidierung des eigenen Wissens ist das Ergebnis davon, dass Besucher_innen (und somit auch Schüler_innen) etwas außerhalb des Museums, nach dem Museumsbesuch, gesehen oder gelesen haben, das ihre Erinnerungen über die Zeit erhält. Dadurch verfestigt sich ihr Wissen, weil es nach dem Museumsbesuch in einem anderen Kontext wieder benötigt und angewandt wird (Falk & Dierking, 2000).

Die beiden Kategorien „Zusammenführung" und „Persönliche Theorien" wurden in der vorliegenden Studie nicht identifiziert. Das bedeutet aber nicht, dass diese Kategorien nicht grundsätzlich existieren. Da es sich um eine explorative Studie mit einer relativ kleinen Stichprobe handelt, ist es nicht ausgeschlossen, dass die beiden Kategorien konzeptueller Transformation „Zusammenführung" und „Persönliche Theorien" dennoch in diesem Kontext vorkommen können. Ebenso könnten, wie im vorliegenden Fall, weitere, bisher unbekannte Kategorien identifiziert werden. Um diese Annahmen zu überprüfen müssten weitere Untersuchungen durchgeführt werden.

Zusammenfassend lässt sich festhalten, dass die Ergebnisse dieser explorativen Studie zeigen, dass ein Besuch im Museum für Naturkunde eine individuelle Veränderung der Schülervorstellungen zu Modellen hervorrufen kann und beantwortet somit die Forschungsfrage nach der individuellen Transformation der Schülervorstellungen zu Modellen im Kontext eines Besuchs im Museum für Naturkunde. Die Schüler_innen entwickeln nach dem Museumsbesuch neue Konzepte, wie am Beispiel von Schüler S8 (Abb. 4) gezeigt werden konnte. Der Besuch hilft ihnen, ihre Konzepte zu konkretisieren (Beispiel Schülerin S2, Abb. 5) und sie verfestigen ihre Vorstellungen, wie am Beispiel der Concept Map von Schüler S5 (Abb. 6) zu erkennen ist. Die Befunde geben Hinweise darauf, dass sich im Rahmen von Unterricht im Fach Naturwissenschaften, ein Besuch im Naturkundemuseum eignet, um das Thema Modelle für Schüler zugänglicher und greifbarer zu machen und damit der Anforderung des Rahmenlehrplans zu entsprechen (vgl. Senatsverwaltung für Bildung, Jugend und Sport Berlin, 2006, S. 39 ff).

Methodendiskussion

Mit Blick auf die vorliegenden Concept Maps muss an dieser Stelle erwähnt werden, dass die Concept Maps teilweise nicht der Form einer echten Concept Map entsprechen und als Mind Map dargestellt wurden. Beide Verfahren ähneln sich auf den ersten Blick und werden zuweilen durcheinandergebracht (Graf, 2014). Das Mind Mapping ist ein Brainstormingverfahren und dient zum Visualisieren von Gedanken, wohingegen Concept Mapping konzeptuelle Vorstellungen von Personen erfasst (ebd.). Die Vermischung von Concept Mapping und Mindmapping der befragten Schüler_innen in dieser Studie könnte damit zusammenhängen, dass die Schüler_innen noch nicht häufig genug mit dieser Methode gearbeitet haben und das Concept Mapping für sie eine noch relative neue Methode darstellt, auch wenn die Lehrerin einige Wochen vor der Untersuchung diese Methode eingeführt hat. Es könnte aber auch sein, dass sie in diesem Alter noch nicht in der Lage sind ihre komplexen Gedanken und Vorstellungen in einem Netz zu visualisieren. Dies würde allerdings gegen die Empfehlung von Dunker (2010) sprechen, dass sich die Methode des Concept Mappings bereits in der Grundschule (ab Jahrgangsstufe 4) eignet.

Ausblick

Die ersten Befunde der vorliegenden Studie geben Hinweise darauf, dass Lehrpersonen einen Schulbesuch im Museum für Naturkunde nutzen können, um in das Thema Modelle einzusteigen oder es zu vertiefen, um dadurch die Entwicklung der *Scientific Literacy* von Grundschüler_innen zu unterstützen. In diesem Sinne sollten in Naturkundemuseen Programme für Schulklassen entwickelt werden, die auch andere, komplexere Kategorien konzeptueller Transformationen hervorrufen und nicht nur die, die in dieser Studie zum Vorschein getreten sind.

Nach einer ersten Zuordnung der Concept Maps in Bezug auf das Modell der Modellkompetenz nach Upmeier zu Belzen und Krüger (2010) zeigt sich, dass die Schülervorstellungen überwiegend mit den ersten drei Kategorien des Kompetenzmodells in Verbindung gebracht werden können, und dass das „Testen" und „Ändern" von Modellen selten von Schüler_innen wahrgenommen werden. Dieses Ergebnis deckt sich mit den Befunden anderer Studien (z.B. Trier et al., 2014). Es wird erwartet, dass weitere Auswertungen der Concept Maps und die Auswertung der Audiotranksripte der Gruppendiskussionen diese Ergebnisse untermauern. Daraus ergibt sich die Notwendigkeit Zugänge zu den Kategorien „Testen" und „Ändern" für die Schüler_innen zu schaffen.

Ein Besuch im Museum für Naturkunde bietet für den naturwissenschaftlichen Unterricht Möglichkeiten, die Schule in dieser Form nicht bereithalten kann. Der direkte Zugang zu Forschungsarbeiten in Form von Modellen in den Ausstellungen bietet Schüler_innen ein Umfeld, in dem sie sich mit dem Thema Modelle und Modellbildung in anschaulicher und anwendungsorientierter Weise vertraut machen können. Um die komplexe Entwicklung von *Scientific Literacy* zu unterstützen, sollten naturkundliche Museen in Zukunft unter anderem darauf zielen, Aspekte wie das „Testen" und „Ändern" von Modellen an Praxisbeispielen zu thematisieren, um so Schüler_innen den wissenschaftlichen Charakter, den Modelle haben können, näher zu bringen. Ein prominentes Beispiel dafür ist der Brachiosaurus, der sowohl als Original als auch als Modell fungiert. Vor circa zehn Jahren war er im aufgebauten Zustand einen Meter kleiner als heute, weil Wissenschaftler_innen annahmen, dass seine Vorderextremitäten denen anderer rezenter Reptilien ähnelten und in einem bestimmten Winkel vom Körper abstanden. Neuere wissenschaftliche Untersuchungen in Form von computergestützten Modellberechnungen ergaben, dass die Vorderextremitäten näher am Körper gestanden haben müssen. Dies ergab sich aus den sichtbaren Ansätzen der Muskeln und Sehnen, die an den Fossilien erkennbar sind. Rechnerisch wurde ermittelt, wie die Vorderextremitäten demzufolge am Körper gestanden haben mussten. Es zeigte sich, dass sie länger als die Hinterextremitäten waren, so dass das fossile Skelett aufgrund der neuen Befunde anders aufgebaut werden musste. Dieses Beispiel zeigt, wie Wissenschaftler_innen ihre Hypothesen mit Modellen überprüfen und ändern. Es eignet sich als Beispiel diese wissenschaftliche Denk- und Arbeitsweise mit Schüler_innen zu thematisieren.

Heutzutage ist ein Ziel von Forschungsmuseen nicht nur Erkenntnisse aus der Wissenschaft zu vermitteln, sondern grundsätzlich zur Entwicklung von *Scientific Literacy* beizutragen.

In dem vorliegenden Beitrag konnte gezeigt werden, dass der Umgang mit Modellen ein Schwerpunkt im naturwissenschaftlichen Arbeiten bildet. Eine wichtige Aufgabe von Museen ist es, den Besucher_innen bewusst zu machen, was wissenschaftliche Praxis und Erkenntnisgewinnung bedeuten und sie bei der Förderung von Modellkompetenz zu unterstützen, damit Besucher_innen die *Nature of Science* besser verstehen.

Eine weitere Möglichkeit Schüler_innen mit wissenschaftlichen Modellvorstellungen zu konfrontieren ist es, sie in direkten Kontakt mit Wissenschaftler_innen zu bringen, die am Museum für Naturkunde arbeiten. Dies könnte im Rahmen eines Workshops mit dem Fokus „Modelle als wissenschaftliche Methode“ umgesetzt werden. Dabei sollten Schüler_innen die Kategorien „Testen“ und „Ändern“ als ein wichtiges Element von Modellen an realen Beispielen aus der Wissenschaft erleben. Im Sinne des methodischen Dreischritts (Sauerborn & Brühne, 2012) sollten die Inhalte des Workshops auf schulische Kontexte transferiert werden und in der Schule reflektiert werden. Orsenne (2016, in Druck) konnte zeigen, dass *hands on* Aufgaben Schüler_innen in der Entwicklung ihrer Modellkompetenz unterstützen. Zukünftige Programme im Museum für Naturkunde sollten dies berücksichtigen und den Einsatz von *hands on* Objekten und Aufgaben in den Fokus stellen. In Form von Interventionsstudien sollten die Programme wissenschaftlich begleitet werden, um zu untersuchen, inwiefern solche Workshops auf die Transformation von Schülervorstellungen wirken.

Ein letzter Fokus sollte auf die Vielfalt von Modellen gesetzt werden. Im Naturkundemuseum gibt es eine große Diversität an Modellen, denn sowohl fehlende fossile Knochen an einem Dinosaurierskelett als auch die Berechnung der Größe des Kraters bei einem Meteoriteneinschlag sind Modelle. Aber erkennen Schüler diese Exponate auch als Modelle? Und nehmen sie die Modellvielfalt im Museum wahr? Diese und weitere Fragen sollten in Zukunft im Rahmen der Untersuchung von Schülervorstellungen zu Modellen im Museum untersucht werden.

Literatur

Artelt, C. Baumert, J., Klieme, E., Neubrand, M., Prenzel, M., Schiefele, U., Schneider, W., Schümer, G., Stanat, P., Tillmann, K.-J. & Weiß, M. (2001). *PISA 2000. Zusammenfassung zentraler Befunde.* Berlin: Max-Planck-Institut für Bildungsforschung. Retrieved from <http://www.mpibberlin.mpg.de/pisa/ergebnisse.pdf>.

Billmann-Mahecha & Gebhard., U. (2014). Die Methode der Gruppendiskussion zur Erfassung von Schülereinstellungen. In D. Krüger, I. Parchmann, & H. Schecker (Hrsg.), *Methoden in der naturwissenschaftsdidaktischen Forschung.* Berlin: Springer Spektrum, 147–158.

Burk, K. & Claussen, C. (1980). *Lernorte außerhalb des Klassenzimmers I. Didaktische Grundlegung und Beispiele.* Frankfurt am Main: Arbeitskreis Grundschule

Conrads, N. (2011). Erwerb von Modellkompetenz als Bildungsziel des Sachunterrichts. In www.widerstreit-sachunterricht.de, Nr. 17, Oktober 2011 (7 Seiten).

Clement, J. (2000). Model based learning as a key research area for science education. *International Journal of Science Education, 22*(9), 1041–1053.

Crawford, B. A. & Cullin. M. J. (2005). Dynamic assessment of preservice teachers' knowledge of models and modeling. In K. Boersma, M. Goedhart, O. de Jong & H. Eijkelhof (Hrsg.), *Reserach and the Quality of Education* (S. 309–323). Dordrecht: Springer.

Daniel, M.-F. & Gagnon, M. (2011). Developmental process of dialogical critical thinking in groups of pupils aged 4 to 12 years. *Creative Education, 2* (5), 418–428.

Dunker, N. (2010). *Concept Maps im naturwissenschaftlichen Sachunterricht.* Beitrage zur didaktischen Rekonstruktion. Didaktisches Zentrum, Universität Oldenburg.

Falk, J. H. & Dierking, L. D. (1992). *The Museum Experience.* Left Coast Press.

Falk, J. H. & Dierking, L. D. (1997). School field trips: assessing their long-term impact. *Curator, 40,* 211–218.

Falk, J. H. & Dierking, L. D. (2000). *Learning from Museums: Visitor Experiences and the Making of Meaning.* Walnut Creek: Altmira Press.

Frick, K. (2008). *Schülervorstellungen zu Modellen im Sachunterricht der Grundschule der Jahrgangsstufen 3 und 4.* Unveröffentlichte Masterarbeit. Humboldt-Universität zu Berlin.

Giere, R. N. (1988). Explaining Science: A Cognitive Approach. Chicago: University of Chicago Press.

Gilbert, J. K. & Boulter, C. J. (Hrsg.) (2000). *Developing Models in Science Education.* Dordrecht: Kluwer.

Graf, D. (2014). Concept Mapping als Diagnosewerkzeug. In D. Krüger, I. Parchmann, & H. Schecker (Hrsg.), *Methoden in der naturwissenschaftsdidaktischen Forschung*. Berlin: Springer Spektrum, 325–336.

Grosslight, L., Unger, C., Jay, E. (1991). Understanding models and their use in science: conceptions of middle and high school students and experts. *Journal of Research in Science Teaching, 28*(9), 799–822.

Harrison, A. G. & Treagust, D. F. (2000). A typology of school science models. *International Journal of Science Education, 22*(9), 1011–1026.

Kattmann, U. (2006). Modelle. In H. Gropengießer & U. Kattmann (Hrsg.), *Fachdidaktik Biologie* (S. 330–339). Köln: Aulis Deubner.

KMK (2005). *Bildungsstandards im Fach Biologie für den Mittleren Schulabschluss.* München. Neuwied: Wolters Kluwer.

Leisner, A. (2005). Modellkompetenz im Physikunterricht. In H. Giest (Hrsg.), *Lern- und Lehrforschung: LLF-Berichte 20* (S. 35–50). Potsdam: Universitätsverlag Potsdam.

Loos, P. & Schäfer, B. (2001). *Das Gruppendiskussionsverfahren. Theoretische Grundlagen und empirische Anwendung.* Opladen: Leske.

Mahr, B. (2008). Ein Modell des Modellseins. Ein Beitrag zur Aufklärung des Modellbegriffs. In U. Dirks (Hrsg.), *Modelle* (S. 187–218). Frankfurt am Main: Lang.

Mahr, B. (2009). Die Informatik und die Logik der Modelle. *Informatik Spektrum, 32*(3), 228–249.

Mayring, P. (2010). *Qualitative Inhaltsanalyse.* Grundlagen und Technik (11. Aufl.). Weinheim: Beltz.

Meistert, A. (2008). Vom Modellwissen zum Modellverständnis – Elemente einer umfassenden Modellkompetenz und deren Fundierung durch lernerseitige Kriterien zur Klassifikation von Modellen. *Zeitschrift für die Didaktik der Naturwissenschaften, 14*, 243–261.

Mintzes, J. J., Wandersee, J. H. & Novak, J. D. (1997). Meaningful learning in science: the human constructivist perspective. In G. D. Phye (Hrsg.), *Handbook of academic learning: construction of knowledge* (S. 405–447). San Diego: Academic Press.

Mittelstraß, . (2004). Modell; Modelltheorie. Enzyklopädie Philosophie und Wissenschaftstheorie. Bd. 2 (S. 911–914). Ulm (u. A.): Metzler.

Oh, P. S. & Oh, S. J. (2011). What teachers of science need to know about models: an overview. *International Journal of Science Education, 33*(8), 1109–1130.

Orsenne, J. (in press). Aktivierung von Schülervorstellungen zu Modellen durch praktische Tätigkeiten der Modellbildung. (Doctoral dissertation). Berlin.

Petrat, K. (2008). *Schülervorstellungen zu Modellen im Sachunterricht der Grundschule der Jahrgangsstufen 1 und 2.* Unveröffentlichte Masterarbeit. Humboldt-Universität zu Berlin.

Prenzel, M., Baumert, J., Blum, W., Lehmann, R., Leutner, D., Neubrand, M., Pekrun, R., Rolff, H.-G., Rost, J. & Schiefele, U. (2004). *PISA 2003. Ergebnisse des internationalen Vergleichs. Zusammenfassung.* Retrieved from <http://www. pisa.ipn.unikiel. de/Ergebnisse_PISA_2003.pdf>.

Sauerborn, P. & Brühne, T. (2012). *Didaktik des außerschulischen Lernens* (4. Aufl.). Baltmannweiler: Schneider Verlag Hohengehren.

Senatsverwaltung für Bildung, Jugend und Sport Berlin (2004). *Sachunterricht. Rahmenlehrplan Grundschule.* Berlin: Wissenschaft und Technik.

Senatsverwaltung für Bildung, Jugend und Sport Berlin (2006). *Naturwissenschaften. Rahmenlehrplan Grundschule.* Berlin: Wissenschaft und Technik.

Stachowiak, H. (1973). *Allgemeine Modelltheorie.* Wien und New York: Springer.

Treagust, D., Chittleborough, G. & Mamiala, T. L. (2002). Students' understanding of the role of scientific models in learning science. *International Journal of Science Education, 24*(4), 357–368.

Trier, U., Upmeier zu Belzen, A. & Krüger, D. (2013). Students' versus Scientists Conceptions of Models and Modelling. In M. Ekborg, D. Krüger, D. J. Boerwinkel, M. Ergazaki, M. J. Gil Quilez, G. Molinatti et al. (Hrsg.), *Ninth Conference of European Researchers of Didactics of Biology (ERIDOB)* (S. 103–115). Berlin.

Upmeier zu Belzen, A. & Krüger, D. (2010). Modellkompetenz im Biologieunterricht. *Zeitschrift für die Didaktik der Naturwissenschaften, 16*, 41–57.

van Fraasen, B. C. (1980). *The Scientific Image.* Oxford: Oxford University Press.

XMind Ltd. (2014). XMind 6. Hongkong.

Praktikumsqualität messen – Validierungsstudie

Daniel Rehfeldt, Tobias Mühlenbruch, Volkhard Nordmeier

Freie Universität Berlin

Zusammenfassung

Für Vorlesungen und Seminare wurden bereits einige lerntheoretisch fundierte Instrumente zur Lehrevaluation über alle Fächer konstruiert und validiert. Für naturwissenschaftliche Praktika fehlt indes ein solches Instrument.

Naturwissenschaftliche Praktika bilden jedoch den Kern der experimentellen Ausbildung in den Naturwissenschaften, weshalb gerade dort eine fundierte Lehrevaluation von besonderem Nutzen wäre. Unser Ziel war es daher, einen theoretischen und kompetenzorientierten Rahmen für die Qualität von Praktika und schließlich ein darauf aufbauendes, zeitökonomisch nutzbares Instrument zu entwickeln und einige Interpretationswege empirisch zu validieren. Zielgruppe sind alle naturwissenschaftlichen Anfängerpraktika bis zum 4. Semester an Hochschulen, zunächst begrenzt auf den deutschsprachigen Raum.

Mit der Modellierung über das theoretische 3L-Modell der Praktikumsqualität fand für die fundierte Evaluation von Praktika der erste Schritt statt. Das Modell definiert hierbei den relevanten Lernzuwachs, die Lehrkompetenz der Betreuenden und die Qualität der Lernumgebung von Praktika.

Die Operationalisierung wurde dann in 140 Items in 40 Skalen im Rahmen eines Rating-Fragebogens vorgenommen. Auf Grund der hohen Itemanzahl wurde das Instrument in zwei Fragebögen PraQ-A und PraQ-B eingeteilt. Es folgte eine inhaltlich orientierte Testevaluationsstudie bezüglich der Akzeptanz, Konstruktvollständigkeit und -relevanz mit fünf Expert*innen der naturwissenschaftlichen Praktika. Es wurde daraufhin in bisher 18 Grundpraktika bundesweit empirisch pilotiert ($N_A = 237$, $N_B = 241$), um zu überprüfen ob die Konstrukte voneinander trennbar interpretiert werden dürfen.

In diesem Beitrag wird exemplarisch auf den PraQ-B eingegangen: In der EFA der induktiv konstruierten Skalen des PraQ-B zeigen sich inhaltlich gut interpretierbare Lösungen. Der PraQ-B zeigt eine Acht-Faktor-Lösung mit keinen substanziellen Nebenladungen bei 37 Items ($\alpha s > .80$).

Der PraQ-B ist bereits einsatzbereit für naturwissenschaftliche Praktika. Weitere Testevaluierungsstudien, etwa ein Vergleich mit etablierten Messinstrumenten, sind bereits in Arbeit, ebenso wie inhaltliche Forschungsfragen zum Benchmarking von Praktika in Deutschland.

Abstract

Some theoretically based psychological test instruments are available in order to evaluate seminars and lectures in a theory-based manner. Unfortunately, they ignored science laboratories.
Keeping the significance of lab courses in mind, e.g. for enhancement of experimental competences, the theoretically based evaluation of those would clearly fill a gap. Therefore we constructed a theoretical framework and an time-economically usable questionnaire called PraQ. Our target group consists of early labs up to 4th semester. The questionnaire is based on a theoretical model for lab quality, containing three main dimensions: (a) learning gains, (b) teaching practices of tutor and (c) lab material.
PraQ consists of 140 items in 40 scales, divided into two questionnaires (15–20min each). PraQ-A aims on measuring growth in content knowledge, scientific inquiry practices, communication etc. PraQ-B consists of teaching practices of lab tutors, with abilities like explaining properly or summarizing. Furthermore it contains the material-dimension, which covers the lab script, integration and basic experimental material. Analysis of the piloting data demanded an exploratory factor analysis for new and highly modified items and scales.
Our data source for piloting consisted of several science labs across Germany, including different disciplines and different universities, resulting in $N_A = 237$*,* $N_B = 241$*.*
This paper focuses on PraQ-B: We could show an eight-factor solution very close to the intended structure, having good reliability among the scales. Therefore, PraQ questionnaire might be used for research on labs while additional validation is still in progress.

Einleitung

Seit der Bologna-Reform liegt für die Ausbildung an den Hochschulen eine kompetenzorientierte Ausrichtung vor. Im Zuge der Sicherung dieser Outputorientierung werden studentische Kompetenzen und deren Entwicklung zum Untersuchungsgegenstand, der die Qualität von Lehrveranstaltungen mit definiert. Die regelmäßige Überprüfung und Weiterentwicklung im Bereich der Lehre an den Hochschulen gehört zum allgemeinen Konsens (Friedrich, 2005, S. 124; Hopbach, 2007).

Hintergrund: Evaluationsinstrumente allgemein

Eine verbreitete und etablierte Methode zur Sicherung der Lehr- und Lernqualität ist die Evaluation von Lehrveranstaltungen durch Einschätzungen der teilnehmenden Studierenden. Diese geschieht aber zumeist nicht in einem wissenschaftlichen Rahmen, d. h., die Ergebnisse sind in ihrer Aussagekraft zumindest anzuzweifeln. Beispielsweise erfasst der Standard-Evaluationsbogen der Freien Universität Berlin allgemeine organisatorische und dozentenorientierte Merkmale, die sich z. B. auf Lehrveranstaltungen wie Praktika teils nur bedingt beziehen lassen (Qualitätssicherung FU Berlin, 2016).[1] Zudem ist die Orientierung der Evaluation traditionell meist einseitig input- oder Lehrenden- und nur selten auch kompetenzorientiert (Braun, Gusy, Leidner & Hannover, 2008, S. 30).

Es mangelt daher (1.) an einer lerntheoretischen Fundierung der Evaluationsinstrumente, die aber essentiell für eine geleitete Interpretation der Ergebnisse ist (Thiel, Blüthmann & Watermann, 2012, S. 1, 4). Es gibt daher auch Schwierigkeiten mit der Passung solcher sehr universell eingesetzter Evaluationsinstrumente und in Folge dessen auch mit der Akzeptanz (Csonka, 2014).

Als (2.) spielt die Validität (Gültigkeit) von Evaluationen eine entscheidende Rolle zu einer gezielten Diagnose der Qualität von Lehrveranstaltungen:

> »[…] adopting a broad construct-validation approach, recognizing […] effective teaching […] (is needed).«
> (Marsh & Roche, 1997, S. 1)

Ein dritter wesentlicher Punkt (3.) betrifft die Zeit- und Materialökonomie. In der Regel sind Standard-Evaluationsinstrumente zeit- und materialökonomisch einsetzbar und somit eine repräsentative Befragung der teilnehmenden Studierenden im Regelbetrieb der Lehre möglich. Dies sollte auch bei theoriebasierten und validierten Evaluationsinstrumenten erhalten bleiben.

Der LeKo-Fragebogen (Thiel et al., 2012) ist ein Beispiel für ein diese drei Punkte berücksichtigendes Instrument, es gestaltet sich allerdings primär lehrendenorientiert und ist nicht ausreichend für die Lehrevaluation naturwissenschaftlicher Praktika, wie im Folgenden zu zeigen ist.

---

1 Etwa »Nützlichkeit der Textarbeit in der Lehrveranstaltung« (keine eigentliche Textarbeit in Praktika) oder »Das Tempo der Lehrveranstaltung war angemessen« (meist freie Zeiteinteilung durch Studierende im Praktikum) (Qualitätssicherung FU Berlin, 2016).

Hintergrund: Evaluationsinstrumente für Praktika

Praktika sind in der Regel gut organisierte Kurse, in denen das Abarbeiten von Experimenten im Vordergrund der Präsenzzeit steht. Die teilnehmenden Studierenden durchlaufen einen wöchentlich wiederkehrenden Turnus aus Vorbereitung, Durchführung und Nachbereitung zu je neuen Experimenten bzw. Themen. Die Vorbereitung auf die experimentell-praktische Arbeit geschieht hierbei im Selbststudium mit einem praktikumsspezifischen Skript oder Lehrbuch, welchem in dieser Phase eine besondere Bedeutung zukommt (Zastrow, 2001, S. 11). Der Erfolg der meist eher theoretischen Vorbereitung wird alsdann zu Beginn der Präsenzzeit geprüft, oft in Form eines mündlichen Kolloquiums in der Experimentalgruppe. Die Experimentalgruppen selbst sind für universitäre Verhältnisse recht klein mit einem guten Betreuungsverhältnis von oft im Bereich von 10:1 (Hucke, 1999, S. 135 ff.). Hier ist die Lehrkompetenz des/der Betreuenden besonders wertvoll, da so ein intensives Arbeiten gefördert werden kann, Lernprobleme früh erkannt und behoben werden können. Die Auswertung und Verschriftlichung der experimentellen Handlungen und Ergebnisse geschieht dann meist wieder in Heimarbeit und wird in Form eines Praktikumsberichtes oder Versuchsprotokolls wöchentlich abgegeben und oftmals auch bewertet.

All diese spezifischen Eigenschaften von Praktika, die turnusartige Organisation, der hohe Anteil an Heimarbeit, der gute Betreuungsschlüssel und die Betonung experimentell-praktischen Arbeitens unterscheiden diese Lehrveranstaltungsform wesentlich von eher rezeptiv ausgerichteten Vorlesungen und Seminaren. Demzufolge sind auch die Qualitätsanforderungen unterschiedlich und etwa der LeKo nur in Teilfacetten nutzbar.[2]

Praktika bilden aber den Kern der experimentellen Ausbildung in den Naturwissenschaften (Psillos & Niedderer, 2002) und werden oftmals kritisch in ihrer Lernwirksamkeit betrachtet (Hucke, 1999, S. 10; Nagel, 2009, S. 24), weshalb gerade dort eine passende und aussagekräftige Lehrevaluation von besonderem Nutzen wäre.

Besonders brauchbar wäre es zudem, ein *naturwissenschaftsübergreifendes* Konzept der Evaluation zu realisieren. Evidenz für die Verallgemeinerbarkeit

---

2 Beispielsweise das Konstrukt »Klar und strukturiert darstellen« mit Items wie »Der/die Lehrende hat die gesamte Lehrveranstaltung gut strukturiert und nachvollziehbar gegliedert« trifft die Lehrtätigkeit der Betreuer*innen in Praktika nicht, da die Strukturierung der Lehrveranstaltung deduktiv durch die Praktikumsleitenden und durch das langjährig gleich bleibende Skript geschieht (Thiel, Blüthmann & Watermann, 2012, S. 13).

des Lehrveranstaltungstyps *Praktikum* über die Fächer liefert zum Beispiel die vielerorts tradierte Organisationsstruktur (Westphal, 1937), die sich in den Publikationen zu Praktika wiederspiegelt (Borawski & Heinke, 2005; Kreiten, 2012; Plomer, 2011; Lagowski, 2002, S. 3) und auch dem Analysestand der Praktikumsverläufe und -Probleme an verschiedenen Fach-Praktika der Freien Universität entspricht (Gutzler, Rehfeldt & Nordmeier, 2014).

Theoretische Modellierung: 3L-Modell der Praktikumsqualität

Für die Darstellung der Entwicklung eines Modells der Qualität naturwissenschaftlicher Experimental-Grundpraktika wird zunächst kurz auf die Forschung und die relevanten Ziele von Praktika im Kontext der universitären Ausbildung eingegangen. Es folgen Grundannahmen zur Modellierung und zur Möglichkeit der Gewichtung der Modellbestandteile, bevor die eigentliche Struktur und die Inhalte des Modells abgeleitet werden.

Analysiert man die vorliegende Literatur, so finden sich drei zentrale Ziele, die mit der experimentellen Ausbildung an Hochschulen erreicht werden sollen, die sich fächerübergreifend und in diversen Studien bestätigten: (1) Theorie und Praxis verbinden, (2) experimentelle Fähigkeiten erwerben und (3) Methoden wissenschaftlichen Denkens kennenlernen (Borawski & Heinke, 2005; Haller, 1999; Neumann, 2004; Welzel et al., 1998).

Unter (1) wird verstanden, Gesetze zu verifizieren, experimentelle Methoden naturwissenschaftlichen Inhalten zuzuordnen oder technische Anwendungen erläutern zu können. Dies bildet den eher inhaltlichen Rahmen der Ziele und ist ein Stück weit mit der heutigen Vorstellung des Kompetenzbereichs *Fachwissen* verwandt. Punkt (2) beinhaltet vor allem Standardtechniken, wie das Protokollieren, Beobachten und/oder Messfehlerbetrachtung. Dies weist Ähnlichkeit mit dem Kompetenzbereich *Erkenntnisgewinnung* auf. (3) Schließlich wird die Metaebene des Experimentierens angesprochen mit dem Planen und Durchführen von Untersuchungen, der kritischen Interpretation von Daten, und dem Wissen um Erkenntnismethoden. Hier sind große Bezüge zur Erkenntnisgewinnung und Bewertung sichtbar (KMK, 2005).

Bei einem weiteren Ziel Hallers (1999) geht es auch um persönliche und soziale Aspekte wie Interesse, Kommunikation und Teamfähigkeit (*Weiterentwicklung der sozialen Kompetenz, Persönlichkeit und Motivation*), weswegen auch Aspekte der *Kommunikationskompetenz* und *fächerübergreifender Metakompetenzen* angesprochen werden. Ähnliche Ziele formulieren für F-Praktika Zwickl, Finkelstein & Lewandowski (2013) und für Grundpraktika die American Association of Physics Teachers (1998).

Auf diese fächer- und institutionsübergreifenden Zielstellungen wird bei der Modellierung der Qualität von Praktika eingegangen.

Die Modellierung der Qualität von Praktika soll möglichst umfassend verschiedene Facetten der Qualität enthalten und auch deren Wechselwirkung berücksichtigen. Dafür soll es vermieden werden, eindimensional nur input- oder nur outputorientiert zu Modellieren bzw. nur materialistisch auf die Lehrveranstaltung zu blicken. Die Grundausrichtung soll kompetenzorientiert sein, sei es auf Seiten der Studierenden oder auf Seiten des Lehrpersonals (vgl. 1.1).

Zielgruppe des Modells sind naturwissenschaftliche Experimental-Grundpraktika an der Hochschule. Die Studierenden dieser Praktika befinden sich noch am Anfang ihrer experimentellen Ausbildung und haben daher nur wenig experimentelle Vorerfahrung. Angepeilte Fachgebiete sind die Physik, Chemie, Biologie, Ingenieurswissenschaften und Veterinärmedizin. Die Gemeinsamkeiten der Praktika dieser Disziplinen und damit eine Generalisierung des Modells lassen sich sowohl (a) auf der organisatorischen Ebene als auch (b) auf der inhaltlichen Ebene begründen.

(a) Organisatorisch weisen die meisten dieser Praktika eine ähnliche personelle und materielle Struktur auf. Die Vorbereitung auf den wöchentlichen Praktikumstermin geschieht oft in Heimarbeit mit einem Praktikumsskript. Die Lehre in den Praktika wird von mehreren Personen als Praktikumsbetreuer*innen durchgeführt, die eine vergleichsweise kleine Studierendengruppe betreuen (Betreuungsschlüssel oft 10:1; Hucke, 1999, S. 135 ff.). Experimentiert wird hierbei häufig in Tandems. Die Arbeit an den Experimenten folgt in der Regel einem wöchentlichen Turnus, den irgendwann alle Studierenden durchlaufen haben. Ausgewertet wird schließlich meist wieder in Heimarbeit, in der ein Versuchsbericht angefertigt wird.

Die strukturellen Gemeinsamkeiten konnten auch in Studien von Gutzler et al. (2014) bestätigt werden, als mit einer neuen Methode die zeitliche Verlaufsstruktur zwischen Praktika der Physik, Chemie und Veterinärmedizin verglichen wurden.

(b) Inhaltliche Überschneidungen existieren auf Basis der dargestellten Ziele von Praktika. Die Fachgebiete überlappen zudem thematisch (Lagowski, 2002, S. 1) und methodisch gibt es einen internationalen Konsens über eine »prototypische Basiskultur experimentellen Arbeitens« (Emden, 2011, S. 34).

Je nach Praktikum und Curriculum können natürlich unterschiedliche Schwerpunkte der Ziele von Praktika gelegt werden.

Schlussfolgernd wird daher fächerübergreifend ein Qualitätsmodell für Praktika definiert.

Die Qualität von Lehrveranstaltungen lässt sich dabei gemäß der Kategorisierung von (Braun & Flacke, 2014, S. 50–51) aus drei unterschiedlichen Perspektiven erfassen.

(1) Ergebnisdaten betreffen den Output der Lehrveranstaltung, also das Ergebnis derselben. Im Rahmen heutiger Kompetenzorientierung zählen vor allem Kompetenzentwicklungen zu dieser Kategorie, in den Naturwissenschaften also klassischerweise die Kompetenzbereiche *Fachwissen, Erkenntnisgewinnung, Kommunikation* und *Bewertung* (KMK, 2005). Aus einer übergreifenden Perspektive der Bologna-Reform zählen auf Hochschulebene aber auch überfachliche Kompetenzen wie *Kooperation* und Aspekte des *Selbstmanagements* dazu (Hochschulrektorenkonferenz, KMK & BMBF, 2005, S. 8–11).

Das erste »L« des 3L-Modells liefert daher der »Lernerfolg« der Studierenden.

(2) »Prozessdaten beschreiben den Verlauf einer Lehrveranstaltung, d.h. ganz wesentlich die Gestaltung der Lehrveranstaltung durch die jeweilige Dozentin« (Braun et al., 2008, S. 32). Im Rahmen von Praktika wird die Rolle eines/r Dozierenden am ehesten durch die Praktikumsbetreuenden erfüllt, da diese mit den Studierenden während der Präsenzzeit interagieren. Diverse Autoren (Hucke, 1999, S. 148; Meyer-Arndt, 2000, S. 143) vermuten in der Erforschung der Betreuung in Praktika einen besonderen Mehrwert, um die Lernwirksamkeit derselben besser untersuchen zu können und etwa Interventionen abzuleiten.

Das zweite »L« des 3L-Modells liefert also die »Lehrkompetenz« des/r Betreuenden.

(3) Zu guter Letzt definieren Strukturdaten vor allem die Elemente der Lernumgebung selbst, also die eingesetzten Medien, Räumlichkeiten und Organisation der Lehrveranstaltung. Als vergleichsweise material- und personalaufwändige Lehrveranstaltung kommt in Praktika der Organisation und den Medien ein besonderer Fokus zu. Das dritte »L« des 3L-Modelles liefert daher die »Lernumgebung«.

Da für naturwissenschaftliche Praktika eine theoretische Modellierung der Lehrveranstaltungsqualität bisher nicht erfolgt ist, lässt sich nur schwierig eine Aussage treffen, welcher der drei Bereiche größeren Einfluss auf die Qualität von Praktika haben. Sicherlich ist theoretisch im Zuge der Kompetenzorientierung den Ergebnisdaten eine höhere Bedeutung zuzuweisen, welche Rolle dabei aber Einflüsse von Prozess und Struktur der Lehrveranstaltungen haben, ist ungeklärt.[3] Für eine umfassende theoretische Modellierung kann es sich daher lohnen, alle

3 Meyer-Arndt (2000) fand speziell für Physikpraktika im Rahmen einer Studie mit 34 Studierenden heraus, dass die Interaktionshäufigkeit und -qualität mit dem/r Betreu-

drei Perspektiven zu erfassen. Dies kann einerseits Aufschluss über spezifische Stärke/Schwäche-Profile von Praktika liefern, also ob eher die Struktur oder die Prozesse verbesserungswürdig erscheinen. An diesen beiden Dimensionen kann andererseits auch eine Intervention ansetzen, etwa durch Optimierung des Skripts (Nagel, 2009) oder eine Schulung der Betreuenden. Andererseits kann über den Zusammenhang zwischen Prozess-, Struktur- und Ergebnisdaten auch auf die Mechanismen, die Praktikumsqualität ausmachen, geschlussfolgert werden.

Es gilt nun konkreter auszuführen, welche Konstrukte innerhalb der Dimensionen Ergebnis-, Prozess- und Strukturdaten für Praktika qualitätsrelevant sind.

3L-Modell: Dimension Lernerfolg (1)

Für den Bereich der Ergebnisdaten sollte im Hinblick auf die Berücksichtigung des Curriculums (Messick, 1995, S. 745) auf die anerkannten Kompetenzbereiche für die Naturwissenschaften und die Hochschule spezifiziert werden. Im Idealfall sollten hierfür Modellierungen für den Hochschulbereich vorliegen (z. B. Kreiten, 2012; Psillos, 2002) oder die Modellierung in großem Maße übertragbar auf die Hochschulrealität in den Praktika sein (z. B. bei Schülerpraktika; Fraser & McRobbie, 1995). Dies geht einher mit der Vereinbarkeit der Qualitätsdimensionen mit den Zielen der experimentellen Ausbildung nach Haller (1999). Im Folgenden werden dazu die relevanten Subdimensionen der Ergebnisdaten dargestellt und sowohl die theoretische Einbettung als auch der Praxisbezug zur Lehrrealität in Praktika skizziert.

Subdimension 1.1: Fachwissen: Das Konstrukt *Fachwissen* beschreibt die Fähigkeit, im Praktikum behandelte Inhalte, experimentelle Besonderheiten und Modelle sowohl deklarativ als auch vernetzend erläutern zu können. Gerade durch den erwarteten Theorie-Praxis-Transfer, ein Grobziel nach Haller (1999) können hierbei andere Vernetzungen vorgenommen werden, als etwa in Vorlesungen, was daher als Qualitätskriterium verstanden werden kann. Anders als alle anderen Konstrukte der Ergebnisdaten wird beim Fachwissen keine Veränderung modelliert, sondern ein Zustand zu Ende des Praktikums. Dies ist dem Umstand geschuldet, dass Studierende mit umfangreichen Vorerfahrungen durchaus bereits zu Praktikumsbeginn alle inhaltlichen Aspekte beherrschen können. Würde nun eine »Verbesserung« des Fachwissens als Indikator für Praktikumsqualität gebraucht, so wäre ein Fehlschluss möglich.

---

enden gering war. Inwieweit dies den Kompetenzerwerb der Studierenden tangierte, war nicht Teil der Studie.

Für die inhaltliche Ausgestaltung des Konstrukts wurde sich an Lagowskis »domain knowledge« (Lagowski, 2002), Staufenbiehls »FEPRA« (Staufenbiel, 2000, Anhang) und für die Theorie-Praxis-Verknüpfung an Arbeiten von Sander (2000, S. 32) und dem Effektivitätsmodell von Psillos & Niedderer (2002, S. 23) orientiert.

Subdimension 1.2: Experimentelle Kompetenz: Die Konstrukte der *Experimentellen Kompetenz* beschreiben verschiedene Kompetenzen, die im Umgang mit dem Experiment und seiner Vor- und Nachbereitung verbessert werden können. Für viele ist dies sicherlich das Kerngeschäft der Praktika, z. B. in Hinblick auf die Studienordnungen oder Hallers Grobziel (2), der *Erwerb experimenteller Fähigkeiten* (Haller, 1999). Der Erwerb experimenteller Kompetenz ist daher ein Qualitätskriterium von Praktika. Strukturell wurde sich hierbei am Modell experimenteller Kompetenz nach Schreiber, Theyßen & Schecker (2012) orientiert, welches zunächst eine sehr kleinschrittige Modellierung des Experimentierprozesses erlaubt. Für Praktika erscheinen insbesondere die Schritte *Fragestellung klären, Erwartungen formulieren, Versuchsplan entwerfen, Geräte zusammenstellen, Versuchsanordnung aufbauen, Messungen durchführen, Messungen dokumentieren, mit Problemen und Fehlern umgehen, Rohdaten graphisch & tabellarisch darstellen, mit Daten Berechnungen anstellen* und *Ergebnis interpretieren* relevant. Es ist aber zu betonen, dass es keine strikte, sprunglose Reihenfolge der Schritte gibt. Diese Schritte bilden die eigentlichen Konstrukte der Subdimension *Experimentelle Kompetenz.* Das eigenständige Bilden von Hypothesen ist oft nicht Ziel von Grundpraktika, weshalb dieses Konstrukt nicht Bestandteil des Modells ist.

Für die konkrete inhaltliche Ausgestaltung der Konstrukte lieferte Maiseyenka (2014, S. 16, 22) z. B. den Indikator *Zusammenhänge/Muster innerhalb gewonnener Daten („Zahlen") erkennen.* Chang et al. (2011, S. 1229) gaben Anregung für den Indikator *Experimente nach eigenem Versuchsplan durchführen.*

Subdimension 1.3: Kommunikationskompetenz: Als *Kommunikationskompetenz* im Praktikum wird einerseits die schriftliche, andererseits die mündliche Komponente wissenschaftlicher Kommunikation verstanden. Es geht hierbei um die Verbesserung der Fähigkeiten, Protokolle zu verfassen, sowie um die adressatengerechte Kommunikation von Messergebnissen und Interpretationen. Gerade das Schreiben von Protokollen in den ersten Semestern bildet eine Art erste Übung für das Verfassen wissenschaftlicher Paper und nimmt viel Zeit im Praktikum in Anspruch. Auch hier lässt sich ein Bezug zu den übergeordneten Zielen von Praktika nach Haller (1999) finden, nämlich in der Dimension *Weiterentwicklung der sozialen Kompetenz, Persönlichkeit und Motivation,* hier heißt es z. B. »allgemeine Fähigkeiten der Kommunikation und der Interaktion weiterzuentwickeln« (ebd., S. 213). Deshalb lässt sich die Kommunikationskompetenz als Qualitätskriterium von Praktika definieren.

Für die inhaltliche Ausgestaltung der Konstrukte wurde sich am Kompetenzbereich *Kommunikation* des Kompetenzmodells für Praktika von Kreiten, Schadschneider & Bresges (2009, S. 4–5) und Kreiten (2012, S. 197) orientiert, etwa beim Indikator *Fragen fachsprachlich zu diskutieren* (vgl. auch Zwickl et al. (2013, S. 8–10): »argumentation«). Lagowski (2002, S. 4, 9) und Braun et al. (2008) gaben Orientierung für Indikatoren wie *Wortbeiträge verständlicher formulieren* oder *Protokolle verständlicher schreiben*. Die American Association of Physics Teachers (1998, S. 484) lieferte z. B. den Indikator *in Protokollen präziser formulieren*.

Subdimension 1.4: Bewertungskompetenz: Bei der *Bewertungskompetenz* wird lediglich auf das innerfachliche Bewerten Bezug genommen (vgl. Kreiten, 2012, S. 67). So umfasst dieser Kompetenzbereich die Verbesserung in kritischer Interpretation von Daten und die Einschätzung der Grenzen der eigenen Ergebnisse. Vergleichend mit Haller (1999) ergeben sich einige Überschneidungen mit dem Grobziel (3), *Methoden wissenschaftlichen Denkens kennenlernen*, dort heißt es z. B. »eine kritische Herangehensweise bei der Interpretation von Daten zu entwickeln« (ebd., S. 212). Der Zuwachs an Bewertungskompetenz als Teil naturwissenschaftlicher Handlungskompetenz kann daher als Qualitätskriterium für Praktika modelliert werden.

Für die inhaltliche Ausgestaltung der Konstrukte wurde sich an Arbeiten von Kreiten (2012), Lagowskis *higher order cognition* (Lagowski, 2002, S. 4) und Arbeiten der KMK (2005) im Vergleich mit Maiseyenka (2014, S. 16) orientiert.

Subdimension 1.5: Kooperationskompetenz: Unter *Kooperationskompetenz* wird das Vermögen definiert, mit Mitstudierenden derselben Praktikumsgruppe kooperativ agieren zu können. Da Praktika als eine der wenigen universitären Lehrveranstaltungsformen hoch kooperativ angelegt sind (viel Tandemarbeit, geringe Gruppengrößen) ist dies ein Qualitätskriterium. Grundlage für die inhaltliche Ausgestaltung bildete eine Adaption des Messinstruments von Braun et al. (2008) im Bereich *Kooperation*.

Subdimension 1.6: Personalkompetenz: Als *Personalkompetenz* beschreibt Erpenbeck (2003) vor allem intrinsisch-motivationale Aspekte als produktive Einstellung des Individuums gegenüber Lernen und Selbstentwicklung. Dies lässt sich mit Bestandteilen von Hallers *Weiterentwicklung der sozialen Kompetenz, Persönlichkeit und Motivation* assoziieren (»Interesse zu entwickeln«; »zu motivieren«, ebd., S. 213) und findet sich auch bei Weinert (2001, S. 27).

Speziell im Bereich der Praktika wurde diese Sichtweise noch erweitert um den Bereich des *Zeitmanagements* (Wild & Schiefele, 1994). Die Ausbildung intrinsischer Motivation durch das Praktikum liefert hierbei wichtige Hinweise auf ein lernförderliches Klima, die Verbesserung des eigenen Zeitmanagements ist ein essentieller Faktor im Praktikum, da der enorme zeitliche Aufwand der Vor- und Nachbereitung (Metzger, Ladstätter-Weissenmayer, Heyken, Schulmeister & Radmacher, 2012) je Woche ein gutes Zeitmanagement fordert. Daher sind beide als Bestandteile der Qualität von Praktika anzusehen.

Die inhaltliche Ausgestaltung der beiden Konstrukte erfolgte für die *intrinsische Motivation* über das Instrument nach Braun et al. (2008), Skala *Personalkompetenz*. Für das *Zeitmanagement* wurde sich an Wild & Schiefele (1994) orientiert.

3L-Modell: Lehrkompetenz (2)

Als Prozessdaten für Praktika wird dem theoretischen Modell der Lehrkompetenz nach Thiel et al. (2012) folgend die *Betreuungskompetenz* definiert. Da das Modell der Lehrkompetenz bereits viele der relevanten Betreuungsfacetten abdeckt, wurde in Teilen eine Adaption des Modells als eine Dimension im neuen Modell vorgenommen. Als adaptierbare relevante Aspekte wurden die eher didaktischen Konstrukte *verständlich erklären, zusammenfassen und wiederholen, Verknüpfungen herstellen* und *Verständnis überprüfen* identifiziert. Auf der eher pädagogischen Seite sind die Konstrukte *lerndienliches Feedback geben, gute Lernatmosphäre herstellen, zur Selbsttätigkeit anregen, Relevanz verdeutlichen, ermutigen und Selbstwirksamkeit stärken* und *effizient mit Störungen umgehen* als relevant einzustufen. Neu dem Modell hinzugefügt wurde das Konstrukt *Diagnostik vornehmen.*

Subdimension 2.1: Verständlich erklären (Adaptiert nach Thiel et al., 2012): Der Bereich *verständlich erklären* umfasst die Fähigkeit des/r Betreuenden, Begriffe und Sachverhalte nachvollziehbar veranschaulichen und erklären zu können, auch bei Verständnisproblemen oder Nachfragen. Schlüsselzeitpunkte sind hierbei das Vorgespräch und etwaige Nachbesprechungen im Praktikum. Die Relevanz liegt darin, dass den Studierenden so das Verständnis der Theorie erleichtert wird, was einen Einfluss auf die Subdimension 1.1 nahelegt und somit als Qualitätsbeitrag angesehen werden kann.

Subdimension 2.2: Zusammenfassen & Wiederholen (Adaptiert nach Thiel et al., 2012): Der Bereich *zusammenfassen und wiederholen* betrifft die Tätigkeiten des Betreuenden, die Aspekte der Theorie oder des Experiments zusammenzufassen und zu pointieren, die besonders zentral sind. Dies dient den Studierenden als Organisierungshilfe beim Lernen.

Subdimension 2.3: Verknüpfungen herstellen (Adaptiert nach Thiel et al., 2012): Der Bereich *Verknüpfungen herstellen* umfasst das Herstellen von Bezügen aktueller Anforderungen und Themen zu vergangenen Themen. Dies kann einerseits das Vorwissen der Studierenden sein, anderseits bereits im Praktikum behandelte Sachverhalte. Dies erleichtert erneut vor dem Hintergrund einer konstruktivistischen Perspektive den Lernprozess.

Subdimension 2.4: Verständnis überprüfen (Adaptiert nach Thiel et al., 2012): Beim Konstrukt *Verständnis überprüfen* geht es darum, dass der/die Betreuende den Studierenden durch gezielte Fragen ermöglicht, das eigene Verständnis des Sachverhalts zu reflektieren und einen etwaigen Erklärungsbedarf auszumachen. Dies unterstützt die Studierenden in der Selbstdiagnose des Lernprozesses und kann daher vertieftes Lernen begünstigen. Gerade im Vorgespräch kann dies zu einem besseren Verständnis der Theorie und des experimentellen Aufbaus im Praktikum beitragen.

Subdimension 2.5: Lerndienliches Feedback geben (Adaptiert nach Thiel et al., 2012): Feedback ist essentiell für die Selbstdiagnose und das nachfolgende Lernen, weshalb gute Betreuung auch bedeutet, lerndienliches, konstruktives Feedback beispielsweise zum Experimentieren zu geben.

Subdimension 2.6: Gute Lernatmosphäre herstellen (Adaptiert nach Thiel et al., 2012): Dieses Konstrukt umfasst die Fähigkeit des/r Betreuenden, ein lernförderliches Klima im Praktikum herzustellen, was Lernprozesse begünstigt. Hierbei wird also die zwischenmenschliche Ebene zwischen Betreuer*in und Studierenden erfasst, was von Belang für die Lernqualität ist.

Subdimension 2.7: Zur Selbsttätigkeit anregen (Adaptiert nach Thiel et al., 2012): Dieser Bereich zielt auf eine Aktivierung der Studierenden durch den/die Betreuenden ab, welches zu einer persönlichen Auseinandersetzung mit dem Lerngegenstand führt. So kann etwa verhindert werden, dass ein Tandem von Studierenden nicht kooperativ, sondern einzeln abwechselnd und pausierend arbeitet.

Subdimension 2.8: Relevanz verdeutlichen (Adaptiert nach Thiel et al., 2012): Bei oftmals stark innerfachlich orientierten Praktika kann es vorkommen, dass Studierende den Sinn der Versuche für ihr Studium oder ihren späteren Beruf in Frage stellen. Gute Betreuer*innen betonen daher die Relevanz der Inhalte und Methoden.

Subdimension 2.9: Ermutigen und Selbstwirksamkeit stärken (Adaptiert nach Thiel et al., 2012): Gerade bei den ersten Erfahrungen mit einer neuen Experimentierkultur können bei den Studierenden Probleme durch das Nicht-Bewältigen von experimentellen Aufgaben bzw. die Vermutung desselben entstehen. Ein/e gute/r Betreuer*in stärkt daher die Selbstwirksamkeitserwartung durch den Ausdruck von Vertrauen und Ermutigungen.

Subdimension 2.10: Effizient mit Störungen umgehen (Adaptiert nach Thiel et al., 2012): Auch in der universitären Lehre und gerade bei ungünstigen räumlichen Bedingungen (vgl. Subdimension 2.6) können Störungen und Unruhe in der Praktikumsgruppe entstehen, welche es von dem/r Betreuenden zu bewältigen gilt.

Subdimension 2.11: Diagnostik vornehmen: Die Praktikumsbetreuung verlangt eine adäquate Diagnostik des Lernfortschritts (Ditton & Merz, 1995), bedingt durch die enge Zusammenarbeit mit den Studierenden innerhalb vergleichsweise kleiner Experimentiergruppen und der Relevanz des Schutzes der teuren Praktikumsgeräte. So sollte ein/e Praktikumsbetreuer/in Probleme im Verständnis und im Experiment frühzeitig erkennen, um dann eine passende Maßnahme ergreifen zu können.[4]

3L-Modell: Lernumgebung (3)

Für Strukturdaten gilt ein unmittelbarer Praxisbezug zur Lehrveranstaltungsform Praktikum, da Medien, Räumlichkeiten und Organisation im Fokus stehen. Im Zuge dessen liefern hauptsächlich praktikumsspezifische Literatur und Studien Evidenz für die Konkretisierung dieser Datenform. Im Rahmen der Medien kommen hierbei das Praktikumsskript, die räumliche Ausstattung und die Gerätschaften zu den Experimenten in Frage. Das Skript sticht hierbei in der Literatur durch seine vermutete Relevanz für den Lernerfolg im Praktikum hervor (Nagel, 2009, S. 116; Zastrow, 2001, S. 11). So finden sich diverse Ansätze im Rahmen von Forschungsprojekten, die eine Verbesserung der Praktikumsqualität vor allem durch die Verbesserung des Skriptmaterials erreichen wollen (Fricke & Schecker,

4 Die verbleibenden Konstrukte des Modells nach Thiel et al. (2012) wurden nicht adaptiert, da sie nicht im Kern die Aufgaben eines/r Praktikumsbetreuenden treffen: Klar und strukturiert darstellen, didaktische Hilfsmittel zielführend einsetzen, Monotonie vermeiden, Zeit nutzen (nur sinnvoll bei umfassenden frontalen Phasen) und angemessene Anforderungen formulieren (nicht in der Macht des/r Betreuenden, da Praktikumsleitende dies i. d. R. bewirken).

2012; Mühlenbruch, Rehfeldt & Nordmeier, 2014; Nagel, 2009; Zastrow, 2001). Die räumliche Ausstattung spielt insofern eine Rolle, da Funktionalität von Geräten, sowie ausreichend Platz und Experimentiermaterial eine Grundvoraussetzung für eine gute Lernatmosphäre darstellen.

Nach Fraser et al. (1995) liefert die sogenannte »Integration« einen Qualitätsbeitrag zu Praktika. Sie verstehen darunter die organisatorische und inhaltliche Abstimmung der eher theoretischen Grundlagenvorlesungen mit den Praktika. Im Idealfall stimmt sich also etwa die Experimentalphysikvorlesung in ihren Inhalten mit den im Praktikum behandelten Themen ab, so dass eine bessere Verzahnung von Theorie und Praxis (vgl. Haller, 1999; Sander, 2000) gewährleistet werden kann.

Subdimension 3.1: Skriptqualität: Als Bestandteile der *Skriptqualität* werden funktionelle Ziele definiert, die in der Literatur an ein gutes Praktikumsskript gestellt wurden. Ergänzt werden diese um einige allgemeine Qualitätskriterien aus der Lehrbuchforschung (Brüggemann, 2015).

Eine Aufgabe des Skripts ist es, fehlerfrei auf die theoretischen Grundlagen des kommenden Versuchs vorzubereiten, also als Medium im Selbststudium eine solche Vorbereitung zu erlauben (Fischler, 1979). In der Literatur finden sich Hinweise darauf, dass das Skript das zentrale Medium für diesen Aspekt darstellt (Zastrow, 2001, S. 11).

In der Nachbereitung des Praktikums bildet das Schreiben des Protokolls einen großen Schwerpunkt der studentischen Tätigkeit. Ein Skript als begleitendes Praktikumsmedium sollte also auch hierfür Informationen bereitstellen. Zudem gelten für das Skript Qualitätskriterien aus der Lehrbuchforschung z. B. eine gute Strukturierung (Merzyn, 1994) des Skripts oder enthaltene, transparente Lernziele (Prenzel, 1997).

Subdimension 3.2: Skriptqualität für den Versuchsablauf: Da der Versuch für die Präsenzzeit im Zentrum des Praktikums steht, sollte ein qualitativ hochwertiges Praktikumsskript auch auf diesen vorbereiten. Es geht hierbei vor allem um die Funktionalität des Skripts als Instrument für die Vorbereitung im Selbststudium zu Hause, wie es klassische Praktikumsrealität ist (Rehfeldt, Mühlenbruch & V. Nordmeier, 2015).

Zusätzlich zur lehrbuchartigen, theorievermittelnden Funktion der Skripte dient es in vielen Fällen als »Versuchsanleitung«, eine Art Praxishandbuch, wie die einzelnen Versuche zu bearbeiten sind, mit meist sehr konkreten Hilfestellungen zum Experimentieren und zu den Geräten. Die Dimension »Skriptqualität für den Versuchsablauf« wird hier also spezifiziert durch die Qualität, mit der das Skript beim Versuchsablauf die Studierenden unterstützt. Dies kann sich durch eine Unterstützung in der Vorbereitungsphase ausdrücken, wenn das Skript eine gute Vorstellung vom Versuchsaufbau gibt, ebenso können dort neue Geräte vorgestellt werden und in der Durchführung die Schritte begleitet werden (z. B. Theyßen, 2000, S. 71).

Subdimension 3.3: Räumlich-sachliche Ausstattung: Die *Räumlich-sachliche Ausstattung* definiert sich über ausreichende Materialien, genügend große Räumlichkeiten und erreichbares Begleitmaterial als formatives Konstrukt. Dies kann als basale Grundvoraussetzung für erfolgreiches Lernen angesehen werden.

Subdimension 3.4: Integration der Vorlesung: Das Konstrukt *Integration* definiert sich über die organisatorische und inhaltliche Abstimmung der eher theoretischen Grundlagenvorlesungen mit den Praktika. Dies liefert einen Beitrag zum Theorie-Praxis-Transfer (Haller, 1999). Fraser et al. (1995) betonen die Relevanz dieses Konstrukts für die Praktikumsqualität.

Grenzen des Modells

Das 3L-Modell der Praktikumsqualität weist durch seinen fächerübergreifenden und generalisierenden Charakter inhalGrenzen auf.

Das 3L-Modell ist nicht für Demonstrationspraktika, wie sie im Rahmen der Lehramtsausbildung stattfinden, und nicht für F-Praktika geeignet, da diese Lehrveranstaltungen i. d. R. offener und inhaltsdifferenzierter gestaltet sind, was andere Indikatoren für die definierten Dimensionen erfordern würde.

Tiefenanalysen von Praktika (wie bei Mühlenbruch, Rehfeldt & Nordmeier, 2015; Rehfeldt et al., 2015) sind nicht vorgesehen. Dazu zählen z. B. die konkrete Organisation der Praktika, die spezifische Fachkompetenz der Betreuenden und die Aufbereitung und Wahl der Experimente.

Zusammenfassend liefert das 3L-Modell der Praktikumsqualität einen theoretischen Rahmen für eine fundierte Lehrevaluation.

Ziele

Gemäß den Hintergründen zu in Praktika inadäquaten Lehrevaluationen an Hochschulen und dem vorgestellten 3L-Modell zur Praktikumsqualität ergeben sich folgende Ziele des Projekts:

Ziel 1: Es soll eine fundierte empirische Erfassung aller für die Lehre relevanten Aspekte der Qualität von Praktika realisiert werden, die zeit- und materialökonomisch verläuft. Darüber soll eine Etablierung des Instruments als reguläres Evaluationsinstrument von Praktika in Hochschulen möglich werden.

Ziel 2: Es sollen verschiedene Interpretationen der Testergebnisse empirisch validiert, also abgesichert werden. Demnach soll es möglich sein, mit der Interpretation der Evaluationsergebnisse fachdidaktisch Forschung betreiben zu können.

Der Einsatz des Instruments ist dabei für naturwissenschaftliche Anfängerpraktika bis zum 4. Semester an Hochschulen vorgesehen.

Forschungsfragen

Die Erfassung der Praktikumsqualität kann verschiedenen Zwecken dienen. Einerseits kann diese Grundlage für genauere Analysen und Lehrverbesserungen sein, also als *Rückmeldung für die Dozierenden* dienen (Ziel 1). Andererseits soll das Instrument *psychometrisch saubere Messungen* praktikumsrelevanter Konstrukte ermöglichen, welche dann im (fachdidaktischen) Forschungskontext wertvoll sind (Ziel 2), was letztlich auch dem Ziel 1 mit einer klareren Messung zu Gute kommt.

Gemäß argument-based approach der Validierung (AERA, APA & NCME, 2014; Messick, 1995) wird an dieser Stelle festgelegt, welche Schlussfolgerungen aus den Ergebnissen von Erhebungen mit dem PraQ-Instrument gezogen können werden sollen (Ziel 2), um darauf ausgerichtet Forschungsfragen für die Testevaluierung zu formulieren.

Erste Anforderung an die Interpretierbarkeit der Testergebnisse ist eine umfassende Abbildung von Praktikumsqualität bezogen auf den Lernerfolg der Studierenden in möglichst allen inhaltlichen Facetten und ohne qualitätsirrelevante Aspekte fälschlicherweise zu erfassen und mit in eine Interpretation der Praktikumsqualität zu tragen. »construct irrelevant variance« (Messick, 1995) meint hier genau den Fall, dass konstruktfremde Einflüsse mit gemessen werden, was es zu vermeiden gilt. Ebenso zu vermeiden ist die »construct underrepresentation« (Messick, 1995). Gemeint ist hiermit das »Vergessen« von wesentlichen Aspekten der Qualität von Praktika. Dies tangiert stark das Ziel 1, da so sichergestellt werden kann, dass keine problematischen Zustände im Praktikum übersehen oder fälschlicherweise solche hereininterpretiert werden.

Die ersten sich hieraus ergebenden Forschungsfragen für die Validierung sind:

FFvali1: content: Welche Indikatoren des neuen Instruments sind nicht konstruktrelevant für Praktikumsqualität?

FFvali2: content: Welche Aspekte von Praktikumsqualität fehlen im neuen Instrument?

Des Weiteren soll das neue Instrument, um langfristig zu einer Verbesserung von Praktikumsqualität als Diagnoseinstrument beitragen zu können, verschiedene

Dimensionen von Praktikumsqualität voneinander trennbar messen können. Dies kann dann in einem zweiten Schritt zu gezielteren Analysen oder Interventionen führen (Ziel 1) und auch dazu beitragen, dass die Konstrukte im Rahmen andersartiger Forschungskontexte gemessen werden können (Ziel 2). Es soll also in der Interpretation der Testergebnisse möglich sein, die Qualität einzelner Dimensionen bzw. qualitätsrelevanter Konstrukte voneinander getrennt untersuchen zu können. Theoretisch wie statistisch bedeutet dies eine Trennbarkeit der Konstrukte (structural aspect, Messick, 1995).

FFvali3: structural: Welche Konstrukte lassen sich beim PraQ theoretisch wie empirisch voneinander getrennt interpretieren?

Für jedes neue Messinstrument liegt ein Vergleich mit bereits etablierten und validierten Instrumenten nahe (external aspect, Messick, 1995). Da das neue Instrument die Qualitätsfacetten von Praktika über Selbsteinschätzungen von Studierenden misst, sollte diese Erhebungsform kritisch hinterfragt werden.

Wenn die Messung mittels Selbsteinschätzung als tatsächlicher Kompetenzzuwachs oder Anteilen davon interpretierbar sein soll, so müsste sich empirische Evidenz finden lassen, die Zusammenhänge zwischen Ergebnissen des neuen Instruments und etablierten Kompetenzmessinstrumenten aufzeigt. Analoges gilt, falls eher eine Interpretation gemäß Selbstwirksamkeitserwartung gelten können soll.

Entgegengesetzt dazu sollte auch bezüglich konstruktfremder Einflüsse kontrolliert werden.

Das Konstrukt »Praktikumsklima« beschreibt die soziale Atmosphäre im Praktikum und stellt einen möglichen Störeinfluss für eine objektive Interpretation der Messung von Aspekten der Praktikumsqualität dar. Ähnlich also wie der konvergente Zusammenhang zu einem Leistungstest sollte sich ein divergenter Zusammenhang zum Praktikumsklima ergeben.

FFvali4: external: Wie hängen die Ergebnisse der Messung von Kompetenzen mittels neuen Instruments mit der Messung durch Leistungstests zur Kompetenzmessung zusammen?

FFvali5: external: Wie hängen Ergebnisse der Messung von Kompetenzen mittels neuen Instruments mit der Messung von Praktikumsklima zusammen?

Schließlich soll die Evaluation von Praktika allein aus Sicht der Studierenden erhoben werden, wie es institutionell auch verankert ist (vgl. 1.1). Um eine zu einseitige Interpretation der Messergebnisse zu vermeiden, kann es daher lohnen, auch Urteile von dritter Stelle mit denen der Studierenden zu vergleichen (Multiperspektivität, (Gollwitzer & Jäger, 2009, S. 141)).

FFvali6: multiperspective: In welchen Facetten der Praktikumsqualität unterscheiden sich mit dem neuen Instrument gemessene Einschätzungen von Studierenden gegenüber Einschätzungen von ExpertInnen?

An inhaltlichen Forschungsfragen kommt hinzu:

FF1: Was sind Stärken, Schwächen und qualitative Bandbreite von Praktika in Deutschland in Bezug auf die Praktikumsqualität?

FF2: Was sind Unterschiede zwischen Chemie- und Physikpraktika in Bezug auf die Praktikumsqualität?

FF3: Was sind Unterschiede zwischen Block- und Semesterpraktika in Bezug auf die Praktikumsqualität?

Auf diese wird in einem späteren Beitrag genauer eingegangen werden. Tabelle 1 fasst alle Forschungsfragen noch einmal zusammen und hebt die für speziell diesen Beitrag relevanten hervor:

Tabelle 1: Forschungsfragen des Projekts (chronologisch). Fokus dieses Beitrags ist FFvali3. FFvali1–2 werden in früheren Publikationen behandelt (Rehfeldt, Mühlenbruch & Volkhard Nordmeier, 2015), FFvali4–6 und FF1–3 folgen in späteren Publikationen.

Testevaluation (»Validierung«)		
content	*FFvali1*	*Sind enthaltene Konstrukte irrelevant?*
	FFvali2	*Fehlen qualitätsrelevante Konstrukte?*
structural	***FFvali3***	***Sind die Konstrukte getrennt interpretierbar?***
external	*FFvali4*	*Zusammenhang zu einem Kompetenztest?.*
	FFvali5	*Zusammenhang zum Praktikumsklima?*
multiperspective	*FFvali6*	*Zusammenhang zu Expert*innenurteilen?*
Inhaltliche Forschungsfragen		
allgemein	*FF1*	*Stärken, Schwächen und Bandbreite von Praktika?*
Fach	*FF2*	*Unterschiede zwischen Chemie- und Physikpraktika?*
Veranstaltungsform	*FF3*	*Unterschiede zwischen Block- und Semesterpraktika?*

Methode

Versuchspersonen

Die Anfrage an naturwissenschaftliche Grundpraktika fand deutschlandweit und in Wien statt. Hierfür wurden mehrere Zugangswege beschritten. (1.) Es wurden Websites der Universitäten besucht und praktikumsleitendes Personal direkt kontaktiert, teilweise auch betreuendes Personal. (2.) Über persönliche Kontakte innerhalb der Fachdidaktiken (hauptsächlich Physik) konnten weitere Praktika gewonnen werden. (3.) Eine Teilnahme an der Praktikumsleitertagung »DPG-Schule« der AG Physikalische Praktika mit entsprechender Präsentation des PraQ lieferte weitere wertvolle Anregungen und Kontakte. Notwendiges Kriterium für die Teilnahme an der Studie war, dass die Praktika gemäß Regelstudienplan noch vor dem 4. Fachsemester geplant waren und von den Praktikumsleitenden als Grundpraktikum definiert wurden.

Insgesamt ist auch diese Studie nicht vor einer Positivselektion verschont geblieben, da weder monetäre, noch institutionelle Anreize geboten werden konnten, außer natürlich der Aussicht auf die langfristige Verwendung eines adressatengerechteren Evaluationsinstruments. Zudem wurde die Rückmeldung der Ergebnisse der Evaluation (obwohl natürlich vorläufig, da noch in Validierung befindlich) den Praktikumsleiter*innen angeboten.

Für die Validierung des strukturellen Aspekts ist diese Positivselektion allerdings von geringer Bedeutung, sofern nicht ein gänzlich anderes »Funktionieren« der Items in Abhängigkeit von der Kooperationsbereitschaft der Praktikumsleitenden angenommen wird.

Auf Grund des Datenschutzes werden die Standorte und die Fächergruppen getrennt dargestellt, eine Auswertung im Sinne eines *Praktikumsrankings* ist auf Grund des noch nicht validierten Status des Instruments inhaltlich unzulässig und nicht mit den Datenschutzvereinbarungen der Universitäten konform. Die insgesamt beteiligten Standorte waren Berlin (drei Physikpraktika, zwei Chemiepraktika, ein Physiologiepraktikum), Potsdam (ein Physikpraktikum), Wildau (ein Biotechnologiepraktikum), Kiel (ein Physikpraktikum), Bielefeld (ein Chemiepraktikum), Wuppertal (ein Physikpraktikum, ein Chemiepraktikum), Tübingen (ein Physikpraktikum), Trier (ein Physikpraktikum), Köln (ein Physikpraktikum), München (ein Physikpraktikum), Aachen (ein Physikpraktikum) und Wien (ein Physikpraktikum) (vgl. Abbildung 1). Im Verhältnis dazu sind es 52 Physikpraktikums-Standorte gemäß Liste der AG Physikalische Praktika der DPG (Runge, 2016). Die allgemeine Übertragbarkeit der nachfolgenden Ergebnisse auf den gesamten deutschen Sprachraum kann damit berechtigt angenommen werden. Für die hier behandelte Studie belaufen sich die Stichprobenzahlen auf $N_A = 237$, $N_B = 241$.

Abbildung 1: Standorte der Erhebung für die Validierungsstudie.

Testentwicklung: Der PraQ-Fragebogen

Aufgrund der Vorteile in Bezug auf die Durchführungs- und Auswertungsökonomie, sowie der höheren Akzeptanz im universitären Regelbetrieb wurde ein Fragebogen mit Selbst- und Fremdeinschätzungsitems gewählt, die auf einer 6-stufigen Likertskala bzgl. Zustimmung bewertet werden.

Die Validität von Evaluationsergebnissen, die mittels Selbst- und Fremdeinschätzungen durch Studierende zur Qualitätsbeurteilung von Lehre gewonnen werden, wird bei Braun et al. (2008, S. 32 f.) unter Darstellung des Forschungsstands kritisch diskutiert. Sie kommen zu dem Urteil, dass Selbsteinschätzungen auf Grund ihrer guten prädiktiven Validität bezüglich Alternativmessungen geeignet sind, um Kompetenzerwerb darzustellen, wobei sie auch eine konsequente Konstruktvalidierung der Instrumente zur Erfassung der Lehrqualität fordern (ebd., S. 32). Sie zitieren dabei Klieme, Artelt & Stanat (2002, S. 215), dass »Selbstauskünfte … bei Jugendlichen und Erwachsenen durchaus ein gültiges Bild über zentrale Aspekte ihrer […] Kompetenz« abgeben.

Bei der theoriegestützten Operationalisierung der Konstrukte des 3L-Modells in Form von Indikatoren wurde darauf geachtet, je Konstrukt mindestens drei, besser mehr Indikatoren zu finden, die das Konstrukt einerseits theoriekonform tangieren, andererseits nah genug an der Praktikumsrealität sind, um eine valide Introspektion der Studierenden bei der Testabsolvierung zu gewährleisten. Es wurde zunächst auf die Adaption etablierter Instrumente zurückgegriffen, bei deutlich mehr als der Hälfte der Konstrukte existieren gemäß Literaturrecherche allerdings keine Operationalisierungen in Form von Selbsteinschätzungen.

Allein auf Grund der Fülle an Konstrukten, die das 3L-Modell für die Qualität von Praktika definiert, ist die Konstruktion eines allumfassenden Instruments schwierig. Dieses hätte sowohl dem Anspruch der Durchführungsökonomie als auch dem der Abdeckung des gesamten Qualitätsmodells genügen müssen (vgl. 1.1).

Die Operationalisierung wurde also in 140 Items in 40 Skalen adaptiv, theoriegeleitet und induktiv vorgenommen, und mündete in zwei Instrumente PraQ-A und –B, Teil A untersucht den Lernzuwachs, Teil B Lehrkompetenz und Lernumgebung. Beispielitems zu den Konstrukten des PraQ-B, der in diesem Beitrag genauer untersucht wird, sind in Tabelle 2 zu finden.

Tabelle 2: Beispielitems der induktiv konstruierten und adaptiv-veränderten Skalen des PraQ-B, Konstruktzuordnung vor der Pilotierung.

Konstrukt	**Beispielitem**
Lehrkompetenz	
	Der/die Betreuende…
Zusammenfassen & Wiederholen	*…hebt wichtige Aspekte des Experiments besonders hervor (z. B. in Gesprächen; im Vorgespräch; beim Experimentieren etc.).*
Verständnis überprüfen	*…vergewissert sich, dass die Studierenden zentrale Aspekte des Experiments verstanden haben, bevor sie weitermachen.*
Relevanz verdeutlichen	*…macht den Stellenwert der behandelten Sachverhalte für das weitere Studium klar.*
Ermutigen und Selbstwirksamkeit stärken	*…vermittelt grundlegendes Vertrauen in die Fähigkeit der Studierenden.*
Diagnostik vornehmen	*…nimmt sich die Zeit, um einzelnen Studierenden Dinge zu erklären, die sie nicht verstanden haben.*
Lernumgebung	
Skriptqualität	*Ich habe die Theorie aus dem Skript auch bei der Versuchsdurchführung genutzt.*
Integration der Vorlesung	*Die Experimente im Praktikum haben etwas mit den Themen zu tun, die ich in der Vorlesung lerne.*

Durchführung

Die Erhebung fand in der Praktikumszeit statt und dauerte ca. 15–20 min. Zeitpunkt war meist im Anschluss an das theoretische Kolloquium. Durch eine Erhebung in den Praktikumsräumen war eine konvergente Umgebung für die Evaluation des Praktikums gegeben. Für Erhebungen im Berlin-Brandenburger Raum und in Wuppertal wurde durch den Autor und etwaige Hilfskräfte nach vorheriger Einweisung sprachlich standardisiert erhoben. Alle weiteren Standorte bekamen das Material per Post oder e-Mail, inklusive Durchführungsmanualen für PraktikumsleiterInnen (Koordination) und PraktikumsbetreuerInnen (Erhebung), die auch Leittexte zur Ankündigung der Erhebung enthielten. Die Manuale enthielten Anmerkungen zur Form der Erhebung, Verteilung der Belohnungen und zum Datenschutz. Um Effekte sozialer Erwünschtheit zu minimieren, wurde bezüglich des PraQ-B stets der/die *letzte Woche erlebte* Betreuende bewertet, also nicht der/die bei Erhebung anwesende. Zudem wurde darauf geachtet, dass der/die aktuell Betreuende nach Möglichkeit nicht im selben Raum befindlich war. Über einen anonymen Gruppencode konnten diejenigen Studierendengruppen als solche codiert werden, die demselben bzw. derselben BetreuerIn zugeordnet waren. Als Anreize wurden Süßigkeiten gemeinsam mit dem Austeilen der Bögen verteilt.

Dies sollte Durchführungsobjektivität gewährleisten. Für Erhebungen außerhalb Berlins und Wuppertals ist diese allerdings schwieriger einzuschätzen und daher vorsorglich als geringer anzusehen.

Ergebnisse

Auswertungsmethode

Da die Itemkonstruktion zum Teil induktiv bzw. per Adaption/Ergänzung etablierter Skalen erfolgte, wird für die strukturelle Validierung dieser Instrumentteile eine Kombination aus explorativer und konfirmatorischer Faktorenanalyse gewählt (*EFA* bzw. *CFA*; Rost, 2013, S. 225; Brown, 2006, S. 194).

Die EFA dient hierbei der Exploration von Itemclustern zu Faktoren, die als dahinterliegende Konstrukte interpretiert werden können und am Ende einen übersichtlichen Blick auf die Praktikumsqualität gewähren (Field, 2013, S. 628). Die CFA soll dann anhand einer neuen Stichprobe prüfen, ob die gefundene Faktorstruktur der Items erhalten bleibt, was für eine Konsistenz der Beziehung von Item und Konstrukt (vgl. Messick, 1995) spräche. Kern der Auswertung stellen die Ladungen der Items auf die Faktoren dar. Die Ladungen können als Stärke der Zugehörigkeit eines Items zum dahinterliegenden Konstrukt interpretiert werden (ebd., S. 631). Idealerweise lädt dabei kein Item auf mehr als einem Faktor, um eine eindeutige Zuordnung zu gewährleisten. Gemäß Hair, Anderson, Tatham & William (1998, S. 111) sind Ladungen der Items auf die Faktoren erst ab einer Höhe von .40 als interpretierbar zu bezeichnen, ab .50 gelten sie als praktisch relevant. Auf Faktorenebene interessieren für eine saubere Struktur zudem die Reliabilität der Skalen, sowie die statistische Trennbarkeit in Form von moderaten Faktorkorrelationen (vgl. FFvali3 in Abschnitt 0). Dies führt zu Spezifizierung der Forschungsfrage in statistische.

Statistische Forschungsfragen

F1‘: Wie viele und welche Faktoren ergibt die EFA?

F1.1‘: Welche Items laden eindeutig auf welchen Faktor?

F2‘: Welche Reliabilität besitzen die einzelnen Faktoren bzw. daraus gewonnene Skalen?

F3‘: Wie hoch sind die Korrelationen der Skalen untereinander?

Auswertung

Folgende Konstrukte des PraQ-B konnten als bereits etablierte Skalen operationalisiert werden und bedürfen daher keiner explorativen, sondern nur einer späteren konfirmatorischen Untersuchung: *Verständlich erklären, Verknüpfungen herstellen, Gute Lernatmosphäre herstellen, zur Selbsttätigkeit anregen, Effizient mit Störungen umgehen* (in Thiel et al., 2012); *Skriptqualität für den Versuchsablauf* (Rehfeldt et al., 2013) und *klassische räumlich-sachliche Ausstattung* (formatives Konstrukt). Die restlichen der Konstrukte des PraQ-B wurden explorativ faktorenanalytisch untersucht, da strukturelle Analysen von Likert-Items oft per EFA erfolgen (Rost, 2004, S. 260). Ausschlüsse von Items mussten vorab und währenddessen auf Grund verschiedener Aspekte vorgenommen werden.

Vor der Analyse wurden Indikatoren ausgeschlossen wegen Boden- und Deckeneffekten (kein Informationsgewinn) oder ungenügenden Korrelationen mit anderen Indikatoren (isoliertes Item). Während der EFA musste zudem wegen niedriger Kommunalitäten (schlechte Itemreliabilität) oder substanzieller Doppelladungen (uneindeutige Messbeziehung) ausgeschlossen werden. Dies betraf nur Indikatoren, die durch inhaltsähnliche verbliebene Indikatoren hinreichend abgedeckt werden (vgl. Tab. 3). Eine Gefährdung der inhaltlichen Validitätsaspekte ist so unwahrscheinlich. Allerdings fiel das gesamte Konstrukt *lerndienliches Feedback geben* aus, es ergab sich empirisch kein Faktor, obwohl die Items der Skala substanzielle Korrelationen untereinander aufwiesen. Auch eine erzwungene Erhöhung/

Verringerung der Faktorenzahl ergab keine Verbesserung. Ein Blick in die Bezugsquelle eines Teils der Indikatoren (Thiel et al., 2012, S. 16) verrät, dass auch hier nur zwei Items diese Skala bildeten und diese bereits sehr ähnlich formuliert waren. Bezogen auf diese Teilfertigkeit der Betreuung muss also die Aussagekraft des PraQ-B zunächst relativiert werden. Allerdings decken die Skalen zur *Diagnostik* das Konstrukt teilweise ab.

Die verbliebenen 37 Items wurden in die EFA implementiert.

Tabelle 3: Itemausschluss und Gründe: PraQ-B

Itemwortlaut	K	N	KL	EI	Verlust inhaltlicher Validität
Der/die Betreuende…					
…gibt konstruktives Feedback zum Experimentieren der Studierenden.	0	0	1	1	Skala entfernt
…gibt konstruktives Feedback zum Vortestat/Vorgespräch der Studierenden.	0	0	1	1	Skala entfernt
…macht Verbesserungsvorschläge zum experimentellen Aufbau.	0	0	0	1	Skala entfernt
…unterstützt gezielt einzelne Studierende oder Studierendengruppen, die einen besonderen Unterstützungsbedarf haben.	1	0	0	0	Wird durch Item »Bewältigung von Misserfolgen« abgedeckt
…erklärt die Theorie so oft, bis es alle verstanden haben (z. B. in Gesprächen; im Vorgespräch; Nachbesprechungen etc.).	0	1	0	1	Ohnehin eher nicht Diagnostik
…erklärt das Experiment so oft, bis es alle verstanden haben (z. B. in Gesprächen; im Vorgespräch; Nachbesprechungen etc.).	0	0	1	0	Ohnehin eher nicht Diagnostik
Das Skript (ggf. Zusatzmaterial) hilft mir, meine Protokolle/Versuchsberichte klarer zu gliedern.	1	0	0	0	Wird durch Item »Protokolle ordnungsgemäß anfertigen« abgedeckt
Im Skript wird der Unterschied zwischen Theorie und Experiment klar.	1	0	0	0	Bedeutet einen Verlust inhaltlicher Aussagekraft bzgl. Theorie-Praxis-Verknüpfung im Skript.

zutreffend = 1; nicht zutreffend = 0; K: Kommunalität < .60; N: mind. eine Nebenladung > .40; KL: Keine Ladung > .40; EI: Kein Zusammenhang mit Faktor (Einzelitem)

Da für die meisten Konstrukte aus lerntheoretischer Sicht kausale Zusammenhänge erwartet werden, wurde in der EFA eine Korrelation der Faktoren zugelassen (oblimin-Rotation). Für die Faktorenextraktion stand als Richtlinie das Kaiser-Guttmann-Kriterium (Kaiser, 1960), bei leichtem Unterschreiten des Eigenwertes 1 wurde bei inhaltlicher Plausibilität der betreffende Faktor trotzdem extrahiert. Aufgrund einiger designbedingter missings wurde sich für einen paarweisen Fallausschluss entschieden, um die größtmögliche Information zu erhalten.[5] In der Literatur finden sich zudem Hinweise, dass für klassische Likert-Skalen eher ordinale Statistiken für die Analyse verwendet werden sollten (Gordon & Courtney, 2013). Eine Untersuchung der Korrelationen der Indikatoren lieferte hierbei kaum Unterschiede zwischen parametrischen Schätzern (Pearsons *r*) und ordinalen Schätzern (polychore Korrelation), weshalb für die Reproduzierbarkeit der Analyse auf parametrische Verfahren zurückgegriffen wurde. Weitere Voraussetzungen, wie Normalverteilung (Schiefe und Kurtosis), KMO-Kriterium (> .90; Stichprobengröße also ausreichend) und ein signifikanter Bartlett-Test waren erfüllt (Field, 2013, S. 607).

Inhaltlich und strukturell am geeignetsten ergab sich eine Acht-Faktor-Lösung (Tab. 4), Faktormodelle von sieben bis zehn Faktoren wurden getestet. Faktor mit dem geringsten Eigenwert war *Diagnostik: Grundeinstellung* mit einem Eigenwert von 0.92, also nahe der Eigenwert-1-Grenze. Insgesamt ergab sich eine Varianzaufklärung des Modells von akzeptablen 74 %. Hierbei zeigten sich nur sehr wenige und nur nicht-substanzielle Nebenladungen bei 37 Items (vgl. Tab. 4). Der erwartete Faktor *Diagnose* zerfiel statistisch in zwei Faktoren *Diagnose: Grundeinstellung* und *Diagnose: situativ*. Alle weiteren Konstrukte blieben erwartungsgetreu. Die Skalen-Korrelationen lagen im moderaten bis mittleren Bereich ($r \in [.21; .64]$), was für die statistische Trennbarkeit der Faktoren spricht.

Die Ergebnisse der darauf aufbauenden Itemanalyse zeigen acht reliable Skalen (αs > .80) mit trennscharfen Items (vgl. Tab. 4). Die Trennschärfe lag je bei über .60 für alle Items in allen acht Skalen. Die Beantwortung der statistischen Forschungsfragen ist somit gegeben:

F1‘: Wie viele und welche Faktoren ergibt die EFA? → **Tab. 4**

F1.1‘: Welche Items laden eindeutig auf welchen Faktor? → **Tab. 4**

---

5 Designbedingte missings lagen z. B. bei der »passt nicht«-Option vor. Eine Wiederholung der EFA ohne die besonders von missings betroffene Skala Integration (N_{neu} = 152) lieferte eine identische Ladungsstruktur und fast identische Ladungsausprägungen.

F2‘: Welche Reliabilität besitzen die einzelnen Faktoren bzw. daraus gewonnene Skalen? → **Hohe Reliabilität: αs > .80**

F3‘: Wie hoch sind die Korrelationen der Skalen untereinander? → **gering bis moderat: $r \in$ [.21; .64]**

Tabelle 4: Mustermatrix der explorativen Faktorenanlyse der induktiven/adaptierten – Skalen des PraQ-B inkl. vorläufigem Reliabilitätsschätzer C*RONBACH*'*s α.*

Item 1	.62									
Item 2	.83									
Item 3	.79								Zusammenfassen	α = .90
Item 4	.56									
Item 5	.75									
Item 6	.66									
Item 7		-.82								
Item 8		-.69							Verständnis überprüfen	α = .85
Item 9		-.57								
Item 10			.77							
Item 11			.80						Relevanz verdeutlichen	α = .87
Item 12			.80							
Item 13				.78						
Item 14				.79					SWE erhöhen	α = .86
Item 15				.84						
Item 16					.55				Diagnose: Grundeinstellung	α = .86
Item 17					.53	.32				
Item 18						.85				
Item 19						.84			Diagnose: situativ	α = .86
Item 20						.74				
Item 21							.86			
Item 22							.86			
Item 23							.81			
Item 24							.77			
Item 25					-.34		.66			
Item 26					-.36		.62			
Item 27							.86		Skriptqualität	α = .95
Item 28							.64			
Item 29							.75			
Item 30							.55			
Item 31							.74			
Item 32							.79			
Item 33			.37				.41			
Item 34								.82		
Item 35								.90	Integration der VL	α = .85
Item 36								.81		
Item 37								.73		

Ladungen vom Betrag < .30 wurden aus Lesbarkeitsgründen entfernt. Interpretation der Ladungsgrößen: unwichtig < .30 | minimal: [.30, .40] | OK: [.40, .50] | praktisch bedeutsam: > .50 (Hair et al., 1998, S. 111).

Etwaige negative Vorzeichen sind Artefakte der Methode.

Tabelle 5: Skalen-Korrelationen des PraQ-B gemäß Pilotierungsdatensatz (PEARSONS r).

	ZUS	VER	REL	SWE	DIAG.G	DIAG.S	SKRIPT
VER	.64						
REL	.48	.45					
SWE	.53	.49	.45				
DIAG.G	.63	.51	.34	.55			
DIAG.S	.55	.54	.39	.46	.54		
SKRIPT	.37	.40	.34	.23	.31	.43	
INT	.28	.31	.21	.21	.23	.30	.46

VER: verständlich erklären, REL: Relevanz verdeutlichen, SWE: Ermutigen und Selbstwirksamkeit stärken, DIAG.G: Diagnostische Grundeinstellung, DIAG.S: Situative Diagnostik, SKRIPT: Skriptqualität, INT: Integration

ps < .013

Diskussion

Dieser Beitrag hatte nach den erfolgreichen inhaltlichen Testevaluierungen des neuen PraQ-Fragebogens die strukturelle Seite zum Gegenstand, mit der Forschungsfrage FFvali3, die nach der empirischen Trennbarkeit der zu messenden Konstrukte fragt.

Die Studienergebnisse unter Verwendung einer explorativen Faktorenanalyse zeigen auf, dass Interpretationen struktureller Art für die Ergebnisse des PraQ-B zulässig sind. Die Zuordnung der Items zu inhaltlich sinnvollen Konstrukten ist geglückt, die empirische Modellierung gleicht der theoretischen nahezu, lediglich der Bereich der Diagnose für die Betreuungskompetenz wurde weiter ausdifferenziert, *Diagnose: Grundeinstellung* steht für eine grundsätzlich aufgeschlossene Haltung gegenüber einer Diagnose des Lernstands. *Diagnose: situativ* wiederum beinhaltet die direkte Reaktion der Lehrenden während der Interaktion mit den Studierenden. Korrelationen dieser beiden Skalen fallen dabei mittelmäßig hoch aus ($r = .54$, vgl. Tabelle 5), was für eine statistische Trennbarkeit spricht. Die ohnehin schon in der ursprünglichen Quelle schwach mit Items besetzte Skala *Feedback* musste dagegen komplett entfernt werden, die Betreuungsqualität weist daher in genau diesem Bereich eine Interpretationslücke auf.

Es ergeben sich Reliabilitätsschätzungen, die für eine hohe Messgenauigkeit und Replizierbarkeit der Ergebnisse sprechen.

Da die Korrelationen der Skalen untereinander im Mittel nicht zu hoch sind, kann zudem von einer empirischen Trennbarkeit der Konstrukte ausgegangen werden.

Der Anspruch war (FFvali3), mit dem PraQ-Fragebogen verschiedene Dimensionen von Praktikumsqualität voneinander trennbar messen zu können, was zu gezielteren Analysen oder Interventionen im Praktikum führen kann (Ziel 1) und auch dazu beitragen kann, dass die Konstrukte im Rahmen andersartiger Forschungskontexte gemessen werden können (Ziel 2).

Dieser Anspruch ist auf Basis der Studienergebnisse vorerst berechtigt, eine empirische Trennbarkeit praktikumsrelevanter Konstrukte konnte für den PraQ-B dargelegt, für den PraQ-A ebenso gezeigt werden (Rehfeldt & Nordmeier, in Vorbereitung).

Der PraQ zur Einschätzung von Praktikumsqualität ist als bereits in zwei Testevaluationsstudien bewährtes Lehrevaluationsinstrument naturwissenschaftlicher Praktika anzusehen. Die Inhalte des Instruments sind gemäß Literaturrecherche inhaltlich umfassend und durch Expertenbefragungen bezüglich praktischer Bedeutsamkeit abgesichert (FFvali1–2). Es konnte eine inhaltlich und statistisch haltbare Struktur der Items zu Skalen gefunden werden, bei hoher Trennbarkeit der Konstrukte (FFvali3), eine obligatorische konfirmatorische Analyse steht indes noch aus. Dabei blieb das Instrument durchführungsökonomisch durch eine Teilung in PraQ-A und -B (je 15–20min).[6] Es liegt zudem eine hohe Messgenauigkeit in den Facetten der Praktikumsqualität vor. Durch Erhebungen in 18 Praktika im deutschsprachigen Raum ist eine Generalisierbarkeit der Aussagen des Instruments deutschlandweit naheliegend.

Allerdings sollen die Testevaluationsstudien für den PraQ noch weitere Interpretationen absichern. So soll es bei der Untersuchung von FFvali4–5 darum gehen, einen Vergleich mit bereits etablierten Instrumenten zu einigen der Konstrukte zu vollführen, und damit die Erhebungsform mittels Selbsteinschätzung kritisch zu prüfen.

FFvali6 bezieht sich dann auf einen direkten Vergleich mit Urteilen externer Expert*innen, um die Objektivität der Studierendenbeurteilungen zu hinterfragen.

Erst im Anschluss an die Testevaluationsstudien sollen die inhaltlichen Forschungsfragen beantwortet werden, etwa zu Stärken und Schwächen von Praktika in Deutschland im Sinne eines Benchmarkings für alle Praktika.

---

6 Testläufe mit studentischen Hilfskräften der AG Didaktik der Physik zeigten eine ähnliche Testdauer, bei gewissenhaftem Lesen und Ausfüllen. Es wird daher von einem angemessenen Zeitrahmen der Messung ausgegangen.

Für die Implementation des Instruments an der Freien Universität ist eine Einbettung in das hauseigene Evaluationssystem geplant. Die an der Studie beteiligten Universitäten können ebenso das Instrument als reguläre Evaluation verwenden.

Bemerkung und Danksagung

Zu guter Letzt erfolgen an dieser Stelle ein Angebot und ein Aufruf. Sollten Sie die hier vorgestellten Instrumente interessieren, so zögern Sie bitte nicht, nach der Herausgabe der aktuellsten Version zu fragen: danreh@zedat.fu-berlin.de.

Ich bedanke mich an dieser Stelle sehr herzlich bei allen Praktikumsverantwortlichen und TeilnehmerInnen, die an der Realisierung dieser Studie beteiligt waren.

Das Projekt TSL wird im Rahmen des Forschungsprogramms SUPPORT des BMBF gefördert.

Literatur

AERA, APA & NCME. (2014). Standards for educational and psychological testing. Washington, DC: American Educational Research Association.

American Association of Physics Teachers. (1998). Goals of the Introductory Physics Laboratory. American Journal of Physics, 66 (6), 483. doi:10.1119/1.19042

Borawski, H. & Heinke, H. (2005). Entwicklung eines Physikpraktikums für Studierende der Biologie. In V. Nordmeier & A. Oberländer (Hrsg.), Didaktik der Physik – Beiträge zur DPG-Frühjahrstagung. Berlin.

Braun, E. & Flacke, L.B. (2014). Lehr- und Kompetenzorientierung: Was nützen Rückmeldungen von Lernenden? Lernwege gestalten: Studienformate an der Schnittstelle von Theorie und Praxis – Tagungsband der wissenschaftlichen Begleitung des Bund-Länder-Wettbewerbs „Aufstieg durch Bildung: offene Hochschulen" März 2014. Zugriff am 18.10.2015. Verfügbar unter: http://www.offene-hochschulen.uni-oldenburg.de/download/TAGUNGSBAND_Lernwege%20gestalten_final.pdf#page=49

Braun, E., Gusy, B., Leidner, B. & Hannover, B. (2008). Das Berliner Evaluationsinstrument für selbsteingeschätzte, studentische Kompetenzen (BEvaKomp). Diagnostica, 54 (1), 30–42. doi:10.1026/0012-1924.54.1.30

Brown, T.A. (2006). Confirmatory Factor Analysis for Applied Research. Guilford Press.

Brüggemann, V. (2015). Validierung einer Skala zur Erfassung der Skriptqualität in Physik-Experimentierpraktika, Abschlussarbeit zum Erwerb des akademischen Grades Master of Education. Freie Universität Berlin.

Chang, H.-P., Chen, C.-C., Guo, G.-J., Cheng, Y.-J., Lin, C.-Y. & Jen, T.-H. (2011). The development of a competence scale for learning science: Inquiry and communication. International Journal of Science and Mathematics Education, 9 (5), 1213–1233.

Csonka, N. (2014). Evaluation von Lehrveranstaltungen an der Humboldt-Universität zu Berlin. Schriftenreihe zum Qualitätsmanagement an Hochschulen, 8.

Ditton, H. & Merz, D. (1995). Qualität von Schule und Unterricht. Zeitschrift für Pädagogik, 41 (4), 507–529.

Emden, M. (2011). Prozessorientierte Leistungsmessung des naturwissenschaftlich-experimentellen Arbeitens: eine vergleichende Studie zu Diagnoseinstrumenten zu Beginn der Sekundarstufe I. Berlin: Logos.

Erpenbeck, J. (2003). Einführung. In J. Erpenbeck & L. von Rosenstiel (Hrsg.), Handbuch Kompetenzmessung (S. IX–XL). Stuttgart: Schaefer-Poeschel.

Field, A. (2013). Discovering statistics using IBM SPSS statistics. Sage.

Fischler, H. (1979). Das Schulbuch im Physikunterricht der Sekundarstufe I. Ungelöste Probleme mit dem Physikbuch. Lehrmittel Aktuell: Informationen für die Unterrichtspraxis, 28–41.

Fraser, B.J. & McRobbie, C.J. (1995). Science Laboratory Classroom Environments at Schools and Universities: A Cross-National Study. Educational Research and Evaluation, 1 (4), 289–317.

Fricke, A. & Schecker, H. (2012). Hypermediale Vorbereitung auf das Physikalische Praktikum. In S. Bernholt (Hrsg.), Konzepte fachdidaktischer Strukturierung für den Unterricht: Gesellschaft für Didaktik der Chemie und Physik. Jahrestagung in Oldenburg 2011 (S. 295–297). Münster: LIT.

Friedrich, H.R. (2005). Der Bologna-Prozess nach Bergen. die hochschule, (2), 114–135.

Gollwitzer, M. & Jäger, R.S. (2009). Evaluation kompakt (1. Auflage). Weinheim: Beltz.

Gordon, M. & Courtney, R. (2013). Determining the Number of Factors to Retain in EFA: Using the SPSS R-Menu v2.0 to Make More Judicious Estimations. Practical Assessment, Research & Evaluation, 8 (18).

Gutzler, T., Rehfeldt, D. & Nordmeier, V. (2014). TSL: Bedarfsanalyse in Praktika: Ein „neues" Werkzeug zur Strukturerfassung. In S. Bernholt (Hrsg.), Naturwissenschaftliche Bildung zwischen Science- und Fachunterricht: Gesellschaft für Didaktik der Chemie und Physik. Jahrestagung in München 2013. Münster: LIT.

Hair, J.F., Anderson, R.E., Tatham, R.L. & William, C. (1998). Multivariate data analysis (5. Auflage). NJ: Prentice Hall.

Haller, K. (1999). Über den Zusammenhang von Handlungen und Zielen. Eine empirische Untersuchung zu Lernprozessen im physikalischen Praktikum. Berlin: Logos.

Hochschulrektorenkonferenz, KMK & BMBF. (2005). Qualifikationsrahmen für Deutsche Hochschulabschlüsse.

Hopbach, A. (2007). Qualifikationsrahmen für deutsche Hochschulabschlüsse. In Benz, Kohler & Landfried (Hrsg.), Handbuch Qualität und Lehre. Berlin.

Hucke, L. (1999). Handlungsregulation und Wissenserwerb in traditionellen und computergestützten Experimenten des physikalischen Praktikums. Berlin: Logos.

Kaiser, H.F. (1960). The application of electronic computers to factor analysis. Educational and Psychological Measurement, (20), 141–151.

Klieme, E., Artelt, C. & Stanat, P. (2002). Fächerübergreifende Kompetenzen. Leistungsmessungen in der Schule (S. 203–218). Weinheim: Beltz.

KMK. (2005). Bildungsstandards im Fach Physik (Chemie / Biologie) für den Mittleren Schulabschluss. (Sekretariat der Ständigen Konferenz der Kultusminister der Länder in der Bundesrepublik Deutschland, Hrsg.). München: Luchterhand.

Kreiten, M. (2012). Chancen und Potenziale web-basierter Aufgaben im physikalischen Praktikum. Köln: Universität zu Köln. Zugriff am 22.2.2013. Verfügbar unter: http://kups.ub.uni-koeln.de/4719/

Kreiten, M., Schadschneider, A. & Bresges, G. (2009). Kompetenzentwicklung im physikalischen Praktikum für Anfänger. In V. Nordmeier & A. Oberländer (Hrsg.), Didaktik der Physik – Bochum 2009. Bochum.

Lagowski, J.J. (2002). THE ROLE OF THE LABORATORY IN CHEMICAL EDUCATION. International Conference on Chemical Education. Gehalten auf der International Conference on Chemical Education, Beijing.

Maiseyenka, V. (2014). Modellbasiertes Experimentieren im Unterricht: Praxistauglichkeit und Lernwirkungen. Berlin: Logos.

Marsh, H.W. & Roche, L.A. (1997). Making students' evaluations of teaching effectiveness effective: The critical issues of validity, bias, and utility. American Psychologist, 52 (11).

Merzyn, G. (1994). Physikschulbücher, Physiklehrer und Physikunterricht. Kiel: Institut für die Pädagigik der Naturwissenschaften.

Messick, S. (1995). Validity of psychological assessment: validation of inferences from persons' responses and performances as scientific inquiry into score meaning. American psychologist, 50 (9), 741.

Metzger, C., Ladstätter-Weissenmayer, A., Heyken, P., Schulmeister, R. & Radmacher, M. (2012). ZEITLast-Studie des Studiengangs B.Sc. Physik an der Universität Bremen, Wintersemester 2011/12. Universität Bremen.

Meyer-Arndt, M. (2000). Interaktionen im Physikpraktikum zwischen Studierenden und Betreuern: Feldstudie zu Bedeutungsentwicklungsprozessen im physikalischen Praktikum. Berlin: Logos.

Mühlenbruch, T., Rehfeldt, D. & Nordmeier, V. (2014). TSL: Interventionsgestaltung im Nebenfachpraktikum. PhyDid B – Didaktik der Physik – Beiträge zur DPG-Frühjahrstagung. Zugriff am 19.1.2015. Verfügbar unter: http://www.phydid.de/index.php/phydid-b/article/view/581

Mühlenbruch, T., Rehfeldt, D. & Nordmeier, V. (2015). TSL: Bedarfsanalyse im physikalischen Praktikum für Naturwissenschaftler: GRAFCET: Ein „neues" Werkzeug zur Strukturerfassung von Lehrveranstaltungen. Berlin-Brandenburger Beiträge zur Bildungsforschung (S. 229–259). Berlin.

Nagel, C.C. (2009). eLearning im Physikalischen Anfängerpraktikum. Berlin: Logos.

Neumann, K. (2004). Didaktische Rekonstruktion eines physikalischen Praktikums für Physiker. Berlin: Logos.

Plomer, M. (2011). Physik physiologisch passend Praktiziert: Eine Studie zur Lernwirksamkeit von traditionellen und adressatenspezifischen Physikpraktika für die Physiologie. Berlin: Logos.

Prenzel, M. (1997). Sechs Möglichkeiten, Lernende zu demotivieren. In H. Gruber & A. Renkl (Hrsg.), Wege zum Können. Determinanten des Kompetenzerwerbs (S. 32–44). Bern: Hans Huber.

Psillos, D. & Niedderer, H. (2002). Issues and Questions Regarding the Effectiveness of Labwork (Science & Technology Education Library). In D. Psillos & H. Niedderer (Hrsg.), Teaching and Learning in the Science Laboratory (S. 21–30). Netherlands: Springer. Zugriff am 3.11.2014. Verfügbar unter: http://link.springer.com/chapter/10.1007/0-306-48196-0_4

Qualitätssicherung FU Berlin. (2016). Musterfragebogen Lehrevaluation an der Freien Universität Berlin. Zugriff am 8.6.2016. Verfügbar unter: http://www.geisteswissenschaften.fu-berlin.de/studium/lehrevaluation/

Rehfeldt, D., Mühlenbruch, T. & Nordmeier, V. (2015). TSL: Ergebnisse einer quantitativen Studie zur Problemanalyse im Physikalischen Praktikum für Naturwissenschaftler. In J. Stiller & C. Laschke (Hrsg.), Berlin-Brandenburger Beiträge zur Bildungsforschung 2015: Herausforderungen, Befunde und Perspektiven interdisziplinärer Bildungsforschung (S. 203–228). Frankfurt am Main, Berlin, Bern, Bruxelles, New York, Oxford, Wien: Peter Lang.

Rehfeldt, D., Mühlenbruch, T. & Nordmeier, V. (2015). Fragebogen zu Praktikumskompetenzen (PraKo): Erforschung naturwissenschaftlicher Praktika. In S. Bernholt (Hrsg.), Heterogenität und Diversität – Vielfalt der Voraussetzungen im naturwissenschaftlichen Unterricht: Gesellschaft für Didaktik der Chemie und Physik. Jahrestagung 2014 (S. 417–419). Kiel: IPN.

Rehfeldt, D. & Nordmeier, V. (in Vorbereitung). Skalen zur Messung von Praktikumsqualität: Konfirmatorische Analyse der Struktur und Konstrukte. PhyDid B – Didaktik der Physik – Beiträge zur DPG-Frühjahrstagung.

Rost, D.H. (2013). Interpretation und Bewertung pädagogisch-psychologischer Studien: eine Einführung (3. Auflage). Bad Heilbrunn: Hogrefe & Huber.

Rost, J. (2004). Lehrbuch Testtheorie – Testkonstruktion. Bern: Huber.

Runge, B.U. (2016). Physikalische Praktika an Universitäten und Hochschulen. Zugriff am 31.5.2016. Verfügbar unter: http://www.physikalische-praktika.de/service/praktika.html

Sander, F. (2000). Verbindung von Theorie und Experiment im physikalischen Praktikum – Eine empirische Untersuchung zum handlungsbezogenen Vorverständnis und dem Einsatz grafikorientierter Modellbildung im Praktikum. Logos Berlin.

Schreiber, N., Theyßen, H. & Schecker, H. (2012). Diagnostik experimenteller Kompetenz: ein Verfahrensvergleich. In S. Bernholt (Hrsg.), Konzepte fachdidaktischer Strukturierung für den Unterricht: Gesellschaft für Didaktik der Chemie und Physik. Jahrestagung in Oldenburg 2011 (S. 263–265). Münster: LIT.

Staufenbiel, T. (2000). Fragebogen zur Evaluation von universitären Lehrveranstaltungen durch Studierende und Lehrende. Diagnostica, 46 (4), 169–181. doi:10.1026//0012–1924.46.4.169

Theyßen, H. (2000). Ein Physikpraktikum für Studierende der Medizin. Darstellung der Entwicklung und Evalation eines adressatenspezifischen Praktikums nach dem Modell der Didaktischen Rekonstruktion. Berlin: Logos.

Thiel, F., Blüthmann, I. & Watermann, R. (2012). Konstruktion eines Fragebogens zur Erfassung der Lehrkompetenz (LeKo). In B. Berendt & H.P. Voss (Hrsg.), Neues Handbuch Hochschullehre. Lehren und Lernen effizient gestalten. [Teil] I. Evaluation. Veranstaltungsevaluation. Berlin: Raabe.

Weinert, F.E. (2001). Leistungsmessungen in Schulen (2. Aufl.). Weinheim u. a.: Beltz.

Welzel, M., Haller, K., Bandiera, M., Hammelev, D., Koumaras, P., Niedderer, H. et al. (1998). Ziele, die Lehrende mit dem Experimentieren in der naturwissenschaftlichen Ausbildung verbinden – Ergebnisse einer europäischen Umfrage. Zeitschrift für Didaktik der Naturwissenschaften, 4 (1), 29–44.

Westphal, W. (1937). Die physikalischen Übungen an der Technischen Hochschule Berlin. Zeitschrift für den physikalischen und chemischen Unterricht, 4, 147.

Wild, K.-P. & Schiefele, U. (1994). Lernstrategien im Studium: Ergebnisse zur Faktorenstruktur und Reliabilität eines neuen Fragebogens. Zeitschrift für differentielle und diagnostische Psychologie.

Zastrow, M.U. (2001). Interaktive Experimentieranleitungen. Berlin: Logos.

Zwickl, B.M., Finkelstein, N. & Lewandowski, H.J. (2013). The process of transforming an advanced lab course: Goals, curriculum, and assessments. American Journal of Physics, 81 (1), 63–70. doi:10.1119/1.4768890

Mögliche affektiv-motivationale Prädiktoren für den Studienerfolg im Lehramt und im Fach Physik

Nikola Schild, Daniel Rehfeldt, Volkhard Nordmeier

Freie Universität Berlin

Zusammenfassung

Im Rahmen der Projekte HeLP (**H**ochschul**e**rfolg im **L**ehramt **P**hysik) und HelP (**H**ochschul**e**rfo**l**g in **P**hysik) soll ein bestehendes Vorhersagemodell zum Studienerfolg erweitert, geprüft und in einem Online-Self-Assessment (OSA) umgesetzt werden. Dieses OSA soll dazu dienen, Studieninteressierte bei der Entscheidung für ein Physik- (Lehramts-) Studium fundiert und evidenzbasiert zu beraten, um langfristig den hohen Abbruchquoten entgegenzuwirken. Um dies zu ermöglichen, wurden ein kognitiver Kompetenztest in Mathematik und Physik und ein Fragebogen zu affektiv-motivationalen Aspekten mit Selbsteinschätzungen zu Verhaltensweisen im Studium entwickelt. Beide Testteile sollen in einem Längsschnitt mit Studienanfänger*innen angewendet werden. Hierbei wird *Studienerfolg* hauptsächlich über den *Verbleib im Studium* nach drei Semestern operationalisiert. Um die Testergebnisse sinnvoll in Hinblick auf die Vorhersage des Studienerfolgs der hier relevanten Gruppe der Studienanfänger*innen interpretieren zu können, wurde der affektiv-motivationale Teil in einem mehrschrittigen Verfahren entwickelt und daraufhin überprüft, inwiefern die Items die abbruchrelevanten Bestandteile des Studiums abdecken und inwieweit sie sich in latente Variablen zusammenfassen lassen. Inhalt dieses Artikels sind die Entwicklung und Pilotierung sowie die Untersuchung der Faktorstruktur des affektiv-motivationalen Teils.

Ein großer Pool an Items, der bereits im Vorfeld zum gleichen Thema entwickelt worden ist, diente als Grundlage der Itementwicklung. Dieser Itempool beinhaltet mehrere Situational-Judgement-Test-Items, die als gute Prädiktoren in der Berufswahl gelten und hier an die Studienfachwahl angepasst wurden. Da sich der Studiengang seit der Entwicklung dieses Itempools substanziell verändert hat, mussten diese Items auf Aktualität, Wichtigkeit und Vollständigkeit überprüft werden. Dies geschah in mehrstufigen Expert*innenbefragungen. Die daraus resultierenden Items wurden in einer bundesweiten Befragung von Lehramtsstudierenden der Physik ($N = 515$) an 14 Standorten eingesetzt. Die Ergebnisse wurden dahingehend überprüft, ob sie sich eignen, Aussagen über einen Studienerfolg treffen zu können. Hierbei hat sich gezeigt, dass ein großer Anteil der Items aufgrund sehr geringer Korrelationen mit anderen Items als Einzelindikatoren für den Studienerfolg gewertet werden muss (33 Stück). Die verbliebenen 49 Items ließen sich in 11 Konstrukte zusammenfassen. Um diese explorativ gefundene Struktur prüfen zu können, ist als nächster Schritt eine konfirmatorische Faktorenanalyse notwendig (Rost, 2013).

Abstract

*The project HeLP (***H***ochschul***e***rfolg im* **L***ehramt* **P***hysik) and HelP (***H***ochschul***e***rfo***l***g in* **P***hysik) leads to the construction of an Online-Self-Assessment (OSA) for students interested in physics and physics-education. Therefore the theoretical model of success in studies needs to be reviewed and enhanced. The OSA is meant to help students with their decision to enter in this special field of study in an evidence-based way, in order to reduce the long term dropout rate. This is why a competency test in mathematics, a physics test and an affective-motivational questionnaire were constructed. In a measurement on a long-term basis, success of study is understood as the presence of students after three semesters. This paper presents the development of the affective-motivational test. After having been constructed the measure was examined whether the items would cluster to an interpretable factor structure. Therefore we used an existing pool of items including situational-judgement-test-items. Due to some crucial changes in this field of study, the items had to be tested regarding their topicality, importance and completeness. Hence we used several expert surveys. The resulting pool of items was put into a questionnaire which was used in a national survey of students (N = 515). The results were checked whether they are suitable for well interpretable statements about study success. It turned out, that a large amount of items (33) serve as individual predictors because of lower correlations. The remaining 49 items clustered into 11 constructs. To confirm these results, a confirmatory factor analysis is planned as the next step.*

Zielstellung

Bundesweit lassen sich in den Studiengängen Physik und Physik Lehramt hohe Abbruchquoten verzeichnen (Heublein, Richter, Schmelzer, & Sommer, 2012). Dies bedeutet für die Studierenden einen persönlichen Rückschlag – auch in Form von Zeit- und Einkommensverlust – und ebenso eine Fehlinvestition von Seiten der Universität (Schiefele, Streblow, & Brinkmann, 2007), sowie einen gesellschaftlichen Malus: einen daraus resultierenden Mangel an Physik-Fach- und Lehrkräften. Daher besteht das Ziel der Forschungsprojekte *HeLP* und *HelP* zunächst darin, passende Erhebungsinstrumente zu konstruieren und die Interpretierbarkeit der Messergebnisse mit Blick auf ihre Vorhersagekraft zum Studienerfolg zu prüfen. Im ersten Schritt werden daher stichprobenadäquate Tests entwickelt und evaluiert. In einem zweiten Schritt werden die evaluierten Instrumentteile in der Hauptstudie dafür eingesetzt, Studienerfolg vorherzusagen. Auf diesen Ergebnissen aufbauend wird ein Online-Self-Assessment (OSA) für Studieninteressierte gestaltet (s. auch Heindel, Schild, Rehfeldt & Nordmeier, 2015).

Dieser Beitrag fokussiert auf die Entwicklung des Testteils, der sich auf *affektiv-motivationale* Faktoren für den Studienerfolg bezieht, und zwar insbesondere mit Blick darauf, welche methodischen Schritte hinsichtlich der späteren validen Interpretierbarkeit der Ergebnisse berücksichtigt worden sind.

Theoretischer Teil

Studienerfolg und Studienmisserfolg

Der Begriff „Studienerfolg" wird oft sehr unterschiedlich definiert und bei seiner Erfassung ebenso unterschiedlich operationalisiert. Eine der national verbreiteten Auffassungen wurde von der HIS GmbH geprägt. Heublein, Schmelzer, Sommer & Wank (2008) definieren den Studienerfolg darüber, dass ein Hochschulstudium abgeschlossen wird. Dies bedeutet, dass Hochschul- oder Fachwechsler ebenso zu „erfolgreich" Studierenden zählen, wie Standort- und Fachtreue. Allerdings ist es i. d. R. nicht möglich, den Verbleib einzelner Individuen nachzuvollziehen, und damit den Hochschulerfolg manifest und personenbezogen zu erfassen. Werden also nur diejenigen Personen erfasst, die fach- und standorttreu geblieben sind und das Studium abgeschlossen haben, so ergibt sich, dass der sog. „Schwund" nicht einkalkuliert wird. Mit „Schwund" werden hier diejenigen Studierenden bezeichnet, die nicht mehr in demselben Studiengang zu finden sind, aber das Hochschulsystem nicht verlassen haben. Heublein et al. (2008, 2009, 2012) begegnen dieser Problematik durch eine bundesweite Messung, die im Querschnitt Absolvent*innen- und Anfänger*innenzahlen vergleicht. Durch dieses Verfahren werden Standort- und Fachwechsler miterfasst, können aber nicht genau identifiziert werden. Kleinere Studien hingegen müssen Hochschulerfolg anders operationalisieren. Ein populärer Ansatz ist hier die Erfassung von Zwischen- und Examensnoten (z. B. Freyer, 2013). Hierdurch kann Hochschulerfolg quantitativ recht gut erfasst werden, wobei es bisher keine bekannten Evidenzen für die Gleichwertigkeit von guten Noten im Studium und einem Erreichen des Abschlusses gibt.

Das Studienerfolgsmodell

Die theoretische Grundlage für das hier vorgestellte Vorhaben bildet das Studienerfolgsmodell von Thiel, Veit, Blüthmann, Lepa & Ficzko (2008), adaptiert an Physik- und Physiklehramtsstudiengänge von Albrecht (2011). Dieses Modell unterscheidet kategorisch in verschiedene Einflussdimensionen, die zum Studienerfolg oder Studienmisserfolg führen können. Hier wird Studienerfolg in Form von „Studienzufriedenheit" definiert. Die Operationalisierung des Studienerfolgs über den Indikator Studienzufriedenheit ließe sich allerdings über manifeste Messungen (z. B. tatsächlicher Verbleib im Studium) optimieren.

Eine weitere Definition des Studienerfolgs ermöglicht die Betrachtung des Studienabbruchs: Nach Heublein et al. (2009) finden 63 % des Studienabbruchs in Bachelorstudiengängen in den ersten drei Semestern und nach durchschnittlich 2.3 Semestern statt. Auch Albrecht & Nordmeier (2011) konnten in einer Studie zur Identifikation von Ursachen des Studienabbruchs in Physik ähnliche Werte im Bereich Physik (Lehramt) finden (Abbruch nach 2.3 Sem, SD = 1.0). Die vorliegenden Daten legen nahe, dass ein erfolgreiches Absolvieren der ersten drei Semester mit hoher Wahrscheinlichkeit einen Studienabschluss zur Folge hat. Dies bedeutet auch, dass nach drei Semestern ein Studienabschluss (oder auch -abbruch) recht genau geschätzt werden kann.

Ursachen für einen Studienabbruch

Die Ursachen für die Entscheidung zum Studienabbruch sind vielfältig. Grob lassen sich externale und internale Ursachen unterscheiden. Zu externalen Gründen zählen hier beispielsweise Finanzierungsschwierigkeiten, familiäre Verpflichtungen oder Krankheit, wohingegen internale Ursachen eine mangelnde kognitive Leistungsfähigkeit, fehlende leistungsfördernde Arbeitshaltungen oder mangelnde Leistungsmotivation darstellen können (Blüthmann, 2012). Durch eine Intervention, wie sie in diesem Projekt angestrebt ist, lässt sich allerdings auf keinerlei externale Ursachen zum Studienabbruch Einfluss nehmen.

Da oft nicht ein einzelner Grund, sondern eine Kombination aus mehreren verschiedenen zum Abbruch führt (Albrecht, 2011), erscheint es durchaus sinnvoll, eine Art „Frühwarnsystem" in Form eines OSA zu entwickeln, um möglichst vielen Abbruchgründen frühestmöglich entgegenzuwirken.

Albrecht (2011) hat die Unterschiede zwischen exmatrikulierten und immatrikulierten Physik- (Lehramts-) Studierenden als Prädiktoren für einen Studienerfolg zusammengefasst. Dabei haben sich sechs verschiedene Prädiktoren herauskristallisiert: *Hochschulzugangsberechtigungsnote* (HZB-Note), *Informiertheit, Studienwahlmotivation* (Fachinteresse), *Studienwunsch* (Parkstudium),

Vereinbarkeit von Studium und Familie und die *gefühlte Betreuung und Unterstützung während des Studiums.* Im Rahmen eines OSA, das bereits vor Beginn des Studiums bearbeitet werden soll, ist es allerdings nicht möglich, Entwicklungen während des Studiums zu berücksichtigen. Hier können lediglich die Eingangsvoraussetzungen der Studieninteressierten erfasst und diese auf ihre Vorhersagekraft zum Studienerfolg geprüft werden. Aus diesem Grund büßt das vorliegende Modell an Varianzaufklärung ein, da die beiden Prädiktoren *Vereinbarkeit von Studium und Familie* und die *gefühlte Betreuung und Unterstützung während des Studiums* nicht miterhoben werden können. Um die Vorhersagekraft des Modells zu maximieren, ist es sinnvoll, weitere Prädiktoren zu erschließen. Das wird im Rahmen dieses Artikels genauer beschrieben.

Da eine wichtige Ursache für einen Studienabbruch mangelndes Vorwissen in Mathematik und Physik sind (Albrecht, 2011) und neben der HZB-Note fachspezifische Kompetenztests eine genauere Einschätzung der kognitiven Eingangsvoraussetzungen erlauben (Kurz, Linser & Oliveira-Vitt, 2008), werden in unserem Projekt fachspezifische Kompetenzen in Form eines Mathematik- und Physik-Kompetenztests ins Vorhersagemodell übernommen.

Ebenso gilt eine schlechte Passung zwischen dem Studium und der Person an sich als Ursache für Unzufriedenheit im Studium und Abbruchintentionen (Albrecht, 2011). Um die Passung zu ermitteln, eignen sich u. a. Situational Judgement Tests (SJTs), die aus dem Bereich der Berwerber*innenauslese bekannt sind.

Erfolgsvorhersage durch SJTs

Seit 1990 haben die sog. SJTs erneut an wissenschaftlichem Interesse zur Vorhersage von Erfolgen gewonnen (Krumm, Lievens, Hüffmeier & Lipnevich, 2014). Hierbei handelt es sich um eine beliebte Methode in Assessment-Centern, Berufsbewerber*innen gedanklich in berufsfeldrelevante Situationen zu versetzen. Es werden verschiedene Reaktionsmöglichkeiten vorgegeben. Der/die Proband*in soll entweder die Möglichkeiten nach Güte bewerten oder danach bewerten, inwieweit sie auf die Person selbst zutreffen.

Dies kann auf verschiedene Weisen umgesetzt werden. Sehr populär sind die Varianten der videobasierten und der schriftlichen Situationsbeschreibung im klassischen Paper & Pencil-Format. Dabei bietet die schriftliche Variante zwar eine schlechtere Abbildung der Realsituation, gegenüber der videobasierten Variante, stellt aber die ökonomischere und quantitativ besser umsetzbare Version dar (Weresch-Deperrois, 2013).

SJTs lassen sich nach dem Grad der kognitiven Aktivierung, den Inhalten, der Antwortinstruktion und nach der Abhängigkeit von der Situation selbst einordnen (Krumm et al.; 2014; Weresch-Deperrois, 2013). Lange und komplizierte Situationsbeschreibungen steigern den Grad der kognitiven Aktivierung und korrelieren höher mit kognitiven Fähigkeiten als solche mit minder komplexen Beschreibungen (O'Connell, Hartman, McDaniel, Lee Grubb & Lawrence, 2007). Inhaltlich lassen sich SJTs sehr berufsspezifischen oder allgemeineren Situationen einordnen. Es hat sich gezeigt, dass SJTs trotz eines durch die Situationsbeschreibung vorgegebenen Inhalts konstruktübergreifend fungieren können (McDaniel, Whetzel, Hartman, Nguyen & Grubb, 2006). Zusätzlich besteht die Befürchtung, dass SJTs so spezifische Situationen darstellen, dass dadurch Kompetenzen nicht konstruktrein erfasst werden können (Bledow & Frese, 2009). Die Antwortinstruktionen lassen sich in wissensbasierte und verhaltensbasierte unterteilen. Wissensbasierte Instruktionen fordern die Proband*innen dazu auf, die Antwortmöglichkeiten nach „Güte" zu ordnen, also wissensbasiert zu beurteilen. Bei den verhaltensbasierten Antworten sollen die Proband*innen durch eine Selbsteinschätzung ihr eigenes Verhalten angeben. Dabei korrelieren die wissensbasierten Tests stärker mit kognitiven Tests und die verhaltensbasierten höher mit Persönlichkeitstests (McDaniel et al., 2006). Dabei konnte in Testevaluationsstudien zu verhaltensbasierten SJT Testverfahren gezeigt werden, dass die gemessenen Konstrukte eine höhere zusätzliche Varianzaufklärung bezogen auf kognitive Fähigkeiten aufwiesen als vergleichbare wissensbasierte Testergebnisse. Dies kann derart interpretiert werden, dass die Kombination aus verhaltensbasierten SJT Testverfahren und Tests zu kognitiven Fähigkeiten mehr Informationen über einen möglichen Studienerfolg leisten kann, als lediglich ein Test über kognitive Fähigkeiten (Chan & Schmitt, 2002).

Operationalisierung von Studienerfolg

Aufgrund der zuvor erläuterten Lücken in der Operationalisierung von Studienerfolg definiert in diesem Forschungsvorhaben der Studienabschluss über den Studienverbleib nach dem dritten Studiensemester den *Studienerfolg*. Auch hier können Fach- und Standortwechsler*innen, sowie nach dem ersten Semester hinzugekommene Studierende nicht miterfasst werden, allerdings können hierdurch zumindest beständig Studierende identifiziert werden.

Forschungsfragen

Ziel des Forschungsprojekts ist es, Studieninteressierten vor Beginn des Studiums möglichst genaue Studienerfolgschancen vorherzusagen. Da sich das Erfolgsmodell von Albrecht (2011) auch auf Aspekte während des Studiums bezieht, müssen im Bereich der Eingangsvoraussetzungen weitere Aspekte gefunden werden, die zur Vorhersage einen Beitrag leisten. In der Gesamtstudie wird hier in zwei Teilbereiche unterschieden: den affektiv-motivationalen- und den Fachkompetenz-Anteil.

Daraus ergeben sich folgende Forschungsfragen:

I *Gelingt es einen mathematischen und einen physikalischen Fachkompetenztest zu entwickeln die sich dazu eignen jene Fachkompetenzen zum Studieneinstieg zu ermitteln?*

II *Welche Verhaltensweisen, Erwartungen und Einstellungen von Studierenden charakterisieren den Physik- und Physik-Lehramtsstudiengang?*

III *Welche dieser Studiengang-charakterisierenden Aspekte werden von Expert*innen als Erfolgs- (bzw. Misserfolgs-) relevant eingestuft?*

IV *Lassen sich aus den relevanten Aspekten mögliche Konstrukte zur Vorhersage von Studienerfolg klassifizieren?*

V *Lassen sich die möglichen Konstrukte zur Vorhersage von Studienerfolg bestätigen?*

VI *Welche Vorhersagekraft leisten die für den Studiengang identifizierten Konstrukte und Einzelindikatoren aus dem affektiv-motivationalen- und dem fachkompetenz- Bereich?*

Innerhalb dieses Artikels sollen die ersten vier Forschungsfragen beantwortet werden. Die beiden letzten Fragen sollen einen Ausblick auf die weiterführende Zielstellung darstellen und können erst in zukünftigen Arbeiten beantwortet werden.

Vorhersage von Studienerfolg durch Fachkompetenz affektiv-motivationale Prädiktoren

Studiendesign

Für die Weiterentwicklung des Studienerfolgsmodells in ein *Vorhersagemodell* werden zunächst zusätzliche Prädiktoren zum Studienerfolg formuliert/definiert und auf ihre Stichprobenadäquatheit überprüft. Im Rahmen einer Längsschnittstudie wird die Vorhersagekraft dieser Prädiktoren zum Studienerfolg überprüft. Hier wird in zwei Testteile unterteilt:

- *Fachkompetenztest:* Als Prädiktoren für einen Studienabbruch werden mathematisches und physikalisches Vorwissen sowie die HZB-Note angenommen. Hierzu wurde bereits ein Fachkompetenztest in den Bereichen Mathematik und Physik konzipiert, pilotiert und dahingehend untersucht, ob er sich zum

Einsatz für die Zielgruppe eignet (siehe Schild, Krüger, Rehfeldt, Straube & Nordmeier, 2015) (Schild et al., 2015).

- *Affektiv-motivationale Prädiktoren:* Als *affektiv-motivationale* Prädiktoren werden studienerfolgskritische Verhaltensweisen und Erwartungen sowie Einstellungen zum Studium betrachtet. Diese stellen weitere Ergänzungen des Vorhersagemodells dar, die auf weiteren, studienerfolgsrelevanten Einstellungen und Verhaltensweisen beruhen. Aufgrund der guten prädiktiven Eigenschaften von SJTs sollen diese ebenfalls in das Modell mit einfließen. Gemeinsam sollen sie dahingehend untersucht werden, ob sie sich in dahinterliegende Konstrukte zusammenfassen lassen, um die große Fülle an Variablen zu reduzieren.

In einer anschließenden Längsschnittstudie sollen diese evaluierten Testteile bei Studienanfänger*innen des Fachs und des Lehramts Physik eingesetzt werden. Diese werden bis zum Ende des dritten Semesters begleitet, um Zusammenhänge der Testvariablen und des Studienerfolgs zu finden.

Die affektiv-motivationalen Aspekte werden zu Studienbeginn erhoben und zum Ende des dritten Fachsemesters mit einem Verbleib im Studium verglichen. Um dies zu ermöglichen, wird in jeder Befragung ein personenspezifischer Code miterhoben. Diese Vorgehensweise ermöglicht es, diejenigen Studierenden, die zu allen Erhebungszeitpunkten anwesend sind zu erfassen. Problematisch an dieser Herangehensweise ist, dass eine nichtvorhandene Befragung zum letzten Erhebungszeitpunkt nicht zwangsläufig als Studienmisserfolg interpretiert werden kann, da für eine Nichtteilnahme zum zweiten Erhebungszeitpunkt ganz verschiedene Gründe vorliegen können (Studienabbruch, Fachwechsel, Standortwechsel, Auslandssemester, Elternzeit, Krankheit, keine Bereitschaft, an der Befragung teilzunehmen u. v. m.). Daher können nur Datensätze, die sich einander zuordnen lassen, als Erfolg interpretiert und keine Aussage über Misserfolg getroffen werden.

Da in derselben Studie ebenfalls Leistungsdaten erhoben werden und die Auswertung möglichst ökonomisch ablaufen soll, stellt sich das Fragebogenformat hier als das geeignetste dar. Zusätzlich wird seit einigen Jahren an der Freien Universität Berlin eine Längsschnittstudie zur Studienzufriedenheit durchgeführt, die in Form eines Fragebogens vorliegt. Die Kombinierbarkeit beider Befragungen stellt einen ökonomischen Vorteil dar.

Konstruktion und Auswertung des Fachkompetenztests

Auf die Beantwortung der ersten Forschungsfrage soll hier nur kurz Bezug genommen werden. Eine genaue Darstellung der durchgeführten Schritte und der Auswertung werden in Schild et. al. (2015) vorgenommen. Zur Konzeption von

Aufgaben wurde zunächst die Schnittmenge zwischen schulischen und anfangsuniversitären Fachinhalten und Konzepten als relevantes Vorwissen betrachtet. In einem mehrstufigen Verfahren wurden konzeptbezogene Physikaufgaben und kalkülbezogene Mathematikaufgaben im Multiple-Choice-Format entwickelt. Diese wurden in einer Pilotierungsstudie mit 313 Studienanfänger*innen dahingehend untersucht, ob sie das Schwierigkeitsspektrum der Stichprobe adäquat abbilden und ob sich die Mathematikaufgaben von den Physikaufgaben empirisch voneinander trennen lassen. Der Vergleich einer zweidimensionalen Raschanalyse nach dem 1-PL-Modell mit einer eindimensionalen führte zur Entscheidung, das mathematische Vorwissen und das physikalische Vorwissen als zwei getrennte Konstrukte zu interpretieren. Aufgrund der Kenndaten wurde der Itempool reduziert und einige Items im Rahmen eines Expert*innengesprächs verändert. Die daraus resultierenden Aufgaben wurden in einer zweiten Pilotierung an Studienanfänger*innen des Fachs und Lehramts Physik an der FU Berlin ausgegeben (N = 172). Die Auswertung der Personenfähigkeiten und Itemschwierigkeiten zeigte, dass das Aufgabensprektum in beiden Dimensionen (Mathematik und Physik) die Personenfähigkeiten gut abdeckt. Vor allem die Häufung von Items im mittleren Schwierigkeitsbereich spricht dafür, dass gerade in diesem Bereich der Test scharf misst und daher gut zwischen vermeintlichen Abbrecher*innen und erfolgreich studierenden unterscheiden kann. Die Aufgaben dieses Tests eignen sich also gut dazu, die Fachkompetenz in Mathematik und Physik bei Studienanfänger*innen zu messen. Damit konnte die erste Forschungsfrage beantwortet werden.

Fragebogen- und Testkonstruktion

Vorliegende Vorarbeiten

Durch Voruntersuchungen im Jahr 2009 lag bereits ein umfangreicher Itempool (115 Items, 6 SJTs) in Form von Skalen bezüglich studienerfolgsversprechender Verhaltensweisen vor (Albrecht & Nordmeier, 2010). Dieser war damals bereits nach Wichtigkeit für das Studium klassifiziert und vom Umfang um etwa ein Drittel reduziert worden. Die Skalen wurden auf ihre Trennschärfen untersucht und bereits damals mit $N = 98$ eine vorläufige Faktoranalyse durchgeführt. Das gleiche gilt für einen weiteren Pool an SJTs (Albrecht et al., 2010). Hierbei handelt es sich um studienbezogene Situationsbeschreibungen und verschiedene mögliche Verhaltensweisen in der jeweiligen Situation. Diese sollen einzeln beurteilt werden, inwieweit die jeweilige Reaktion auf die befragte Person zutrifft.

Da seit 2010 substanzielle Reformen in den betreffenden Studiengängen stattgefunden haben, kann nicht mehr davon ausgegangen werden, dass die damaligen

Skalen das Spektrum erfolgsversprechender Verhaltensweisen noch sinnvoll abbilden. Daher muss der neu entstandene Itempool ebenso neu auf seine Faktorstruktur hin untersucht werden.

Expertenbefragung zu ursprünglich entfernten Items und zusätzlich relevanten Inhalten

Um sicherzustellen, dass durch die damalige Itemreduktion keine für heute relevanten Aspekte entfernt wurden, wurden zunächst in zwei kleinen, parallelen Expert*innenbefragungen genau diese 84 entfernten Einzelitems auf ihre heutige Relevanz untersucht.

Eine Gruppe von sieben Expert*innen (Doktorand*innen und studentische Mitarbeiter*innen der Physik und Physikdidaktik) erhielten die 84 entfernten Items mit einer fünfstufigen Likertskala, auf der die Relevanz dieser Items von „gering" bis „extrem hoch" zu bewerten war.

Parallel dazu wurde ein informelles Expert*innengespräch geführt (sieben Doktorand*innen), in dem diskutiert wurde, ob die Items eine Vorhersage zum Studienerfolg leisten können. Im Rahmen dieser Diskussion sind noch zusätzliche Items entstanden, sowie ein SJT aus dem Bereich „Nutzung von Kommunikationsmedien".

Ergab sich aus der quantitativen Befragung ein Median > 2, (auf der fünfstufigen Likertskala von einer geringen bis zu einer extrem hohen Bedeutsamkeit fürs Studium) und wurde das Item in der Diskussion im Konsens als wichtig erachtet, so wurde es in den Kanon übernommen. Daraus ergab sich eine Anzahl von insgesamt 52 Einzelitems exklusive der SJTs. Diese Items geben Antwort auf die zweite Forschungsfrage: *Welche Verhaltensweisen, Erwartungen und Einstellungen charakterisieren den Physik- und Physik-Lehramtsstudiengang?*

Expertenbefragung zur Relevanz der ausgewählten Items für den Studienerfolg

Um die dritte Forschungsfrage zu beantworten (*Welche dieser Studiengangcharakterisierenden Aspekte werden von Expert*innen als Erfolgs- (bzw. Misserfolgs-) relevant eingestuft?*), wurden In einer Online-Befragung, die sich an Expert*innen des Physik-(Lehramts-)Studiums richtete (Masterstudierende des Fachs, Doktorierende des Fachs, Physiklehrer*innen oder Referendar*innen, Professor*innen), die zuvor als wichtig erachteten Items und die sieben SJTs nach dem erwarteten Einfluss auf den Studienerfolg geratet. Hierzu sollten die Aussagen (z. B. „kontinuierlich semesterbegleitend lernen") in eine bipolare, siebenstufige Likertskala von *„Führt im Studium zu…"* *„Misserfolg"*, *„hat keinen Einfluss"* bis *„Erfolg"* eingeordnet werden.

Es ergaben sich daraus $N = 49$ für die Physik-Lehramtsexpert*innen und $N = 96$ Physik-Mono-Expert*innen. Beide Gruppen schätzten die Relevanz der einzelnen Items sehr ähnlich ein. Daher wurde für beide Gruppen derselbe Fragebogen erstellt. Die als relevant für den Studienerfolg eingestuften Items und alle SJTs wurden in einen Fragebogen sowohl für Mono- als auch für Lerhamtsstudierende überführt.

Kognitive Interviews zur Verständlichkeit der Itemformulierungen

Um sicherzustellen, dass die Formulierungen der selektierten Items verständlich und eindeutig beantwortbar für Studierende sind, wurde mit fünf Studierenden des Physik Lehramts ein kognitives Interview durchgeführt (Prüfer, Rexroth 2005). Hierdurch wurden elf Items umformuliert und ein neues hinzugefügt.

Pilotierung des resultierenden Fragebogens

Um die vierte Forschungsfrage beantworten zu können, nämlich *ob sich aus den relevanten Aspekten mögliche Konstrukte zur Vorhersage von Studienerfolg klassifizieren lassen*, musste zunächst eine hinreichend große Stichprobe befragt werden. Aus den geschilderten Voruntersuchungen entstand ein Fragebogen mit 55 Einzelitems und sieben SJTs, der deutschlandweit ausgegeben wurde. Die Items sollen auf einer sechsstufigen Likertskala beantwortet werden. Die Testhefte wurden mit einer Durchführungshandreichung an die teilnehmenden Hochschulen versandt. Der Fragebogen wandte sich an Physikstudierende (Fach und Lehramt) zu Beginn des Physikstudiums. Da die Befragung im Sommer stattfand, handelte es sich um Studierende des 2. Fachsemesters. Diese Kohorte wurde gewählt, da es sich zu dem Zeitpunkt um die Studierenden handelte, die noch am ehesten in der Studieneingangsphase sind. Hätte man mit der Befragung bis zum Beginn des Wintersemesters gewartet, um die Einsteiger*innen des neuen Semesters zu befragen, hätte sich die Hauptstudie um ein Jahr nach hinten verschieben müssen.

Datenauswertung

Da sich durch die umfangreiche Überarbeitung der von 2009 vorliegenden Items und SJTs einige Änderungen der damals entwickelten Skalen ergeben haben, müssen die nun vorliegenden Variablen zunächst explorativ auf ihre Struktur untersucht werden. Die Items sollen mittels explorativer Faktorenanalyse (EFA) geprüft werden, ob sich manche Items zu Konstrukten zusammenfassen lassen. Diese sogenannten Faktoren könnten in Folgestudien als Supervariablen implementiert werden, was die Teststärke der statistischen Verfahren erhöht bzw. auch Analysen mit kleineren

Stichproben erlaubt. Hierzu wurden bundesweit an 14 Standorten Studierende des Lehramts Physik und des Fachs Physik im Bachelorstudiengang befragt ($N = 515$).

Deskriptive Auswertung

82 Items, einschließlich der SJT-Items bildeten die Grundlage für die Analyse. Diejenigen Datensätze, die zu weniger als 70 % der 82 Items bearbeitet wurden, wurden als nicht ernsthaft beantwortet gewertet und aus der Analyse entfernt. Hierbei handelte es sich um 3,4 % der eingelesenen Fragebögen. Anschließend wurden die verbliebenen Daten auf fehlende Werte überprüft. Hierbei handelte es sich um 1,3 %. Wegen der geringen Anzahl an fehlenden Werten müssen keinerlei Datenimputationen vorgenommen werden. Nach Lüdtke, Robitzsch, Trautwein & Köller (2007) gilt dieses Vorgehen bis zu 5 % fehlender Werte als akzeptabel. In der Datenauswertung werden die Fälle listenweise ausgeschlossen. Dies bedeutet, dass nur Datensätze berücksichtigt werden, in denen alle relevanten Items bearbeitet wurden.

Es gibt verschiedene Kriterien, die erfüllt sein müssen, damit eine Variable in eine Faktorenanalyse einfließen darf. Hierzu gehören die inhaltliche Unabhängigkeit, die bereits bei der Itementwicklung berücksichtigt wurde, sowie ein normalverteiltes Antwortmuster in der Stichprobe (Field, 2009).

Das Kriterium der Unabhängigkeit der vorliegenden Items lässt großen Raum zur Diskussion. Faktisch sollen zwei unterschiedliche Itemtypen in die Analyse mit einfließen. Einerseits gibt es das „klassische Item", bei dem man auf einer sechsstufigen Likertskala von „trifft gar nicht zu" bis „trifft völlig zu" Ergebnisse einer Selbsteinschätzung angibt. Andererseits gibt es die Items der sieben SJTs, die ebenfalls auf einer sechsstufigen Likertskala von „trifft gar nicht zu" bis „trifft völlig zu" zu beantworten sind. Obwohl das Antwortformat beider Itemtypen identisch ist, ist nicht augenscheinlich, dass man beide Typen gleichwertig in einer Faktorenanalyse behandeln darf.

Gegen die Berücksichtigung der SJTs in der Faktoranalyse sprechen folgende Argumente: Durch einen gleichen Fragenstamm (die Situationsbeschreibung) kann es zu einer Abhängigkeit der Items untereinander kommen, die bei der Auswertung zu einem systematischen Fehler führt. Zusätzlich wurden in der Vorstudie von Albrecht et al. (2010) die damalig vorliegenden SJTs als eigenständige Skalen betrachtet und es konnten gute Trennschärfen gezeigt werden. Nach Bledow et al. (2009) können die spezifischen Situationsbeschreibungen das Antwortverhalten beeinflussen, weshalb hierdurch ein einzigartiges Phänomen im Gegensatz zu einem eindimensionalen Konstrukt gemessen wird.

Für die Berücksichtigung der SJT-Items in der Faktoranalyse sprechen folgende Argumente: McDaniel et al. (2006) postulieren, dass ein SJT mehrere

Konstrukte abbilden kann. Damit würde es sich eignen, die Antwortmöglichkeiten als Einzelitems in die Faktoranalyse zu überführen. Zusätzlich ist nicht anzunehmen, dass angegebene Verhaltensweisen logischen Mustern folgen. Das bedeutet, dass eine Person zwei sich widersprechenden Verhaltensweisen zustimmen könnte, da affektive Verhaltensweisen nicht vollständig logisch konsistent sein müssen. Dies würde heißen, dass eine augenscheinliche Abhängigkeit von Items nicht zwangsläufig zu abhängigen Antwortmustern führen muss. Krumm et al. (2014) haben gezeigt, dass die Situationsbeschreibungen oft keinen Einfluss auf das Antwortverhalten haben. Dies würde dem obigen Kontraargument des systematischen Fehlers durch den gleichen Fragenstamm gegenüberstehen. Trotz der guten Trennschärfen bei den als Einzelskalen betrachteten SJTs (Albrecht et al., 2010) zeichnet sich auch bei inhaltlicher Betrachtung der konkreten Items ab, dass die verschiedenen Antwortitems unterschiedlichen Konstrukten zuzuordnen wären.

Da die Argumente für die Aufnahme der SJTs in die Faktoranalyse überwiegen, werden sie in die Analyse eingeschlossen.

Auf der dargelegten Basis wurden die „klassischen“ und die SJT-Items gleichwertig einer deskriptiven Analyse unterzogen (insgesamt 82 Items). Da beide Itemtypen als äquivalent betrachtet werden, werden sie fortan nichtmehr begrifflich voneinander getrennt.

Zusätzlich ist es sinnvoll, im Vorfeld die Items auf ihre Korrelationseigenschaften zu untersuchen. Items, die nicht mit anderen korrelieren, eignen sich nicht dazu, Faktorstrukturen aufzudecken. Diese können aber in späteren Vorhersagemodellen als Einzelindikatoren berücksichtigt werden.

Ergebnisse

Die Stichprobe

Bei der ausgewerteten Stichproben von N = 251 Personen gaben 66,5 % an männlich zu sein und 29,5 % weiblich. Die Stichprobe setzt sich aus Studierenden von 14 Standorten bundesweit zusammen. Der Hauptanteil der Befragten (N = 120) befindet sich im 2. Fachsemester, im Durchschnitt studiert die Kohorte 2,8 Semester.

Ergebnisse der deskriptiven Analyse

Sieben Items wiesen deutliche Boden- oder Deckeneffekte auf oder die Antwortmuster waren nicht normalverteilt. Daher erfüllen diese sieben Items nicht die Voraussetzungen für eine Faktorenanalyse (Field, 2009). 13 Items korrelieren mit maximal einem anderen Item. Diese werden nicht in die Faktorenanalyse übernommen, sondern ggf. als Einzelindiaktoren für die Vorhersage zum Studienerfolg eingesetzt.

Ergebnisse der Hauptkomponentenanalyse

Im Rahmen der Explorativen Faktorenanalyse (EFA)[1] (N = 251) konnten elf Faktoren identifiziert werden. Diese setzen sich aus 49 Items zusammen. In der Analyse zeigte sich, dass es sich bei 13 weiteren Items um Einzelindikatoren zum Studienerfolg handelt, da sie sich nicht oder nicht eindeutig in Faktoren einfügten oder inhaltlich keine sinnvoll interpretierbaren Zusammenhänge mit anderen Items auftraten. Die verbliebenen Items ergeben die in Tabelle 1 dargestellte Faktorstruktur (Tab. 1). Es wurden nur Faktorladungen von > .40 (Hair, Anderson, Tatham & Black, 1998) interpretiert. Dabei lädt kein Item bedeutsam auf mehr als einem Faktor, die interpretierbaren Faktorladungen liegen fast immer im gut interpretierbaren Bereich (> .50; ebd.). Lediglich ein Faktor besteht nur aus zwei Items. Hierzu könnten Folgeanalysen vorgenommen werden.

Tabelle 1: Ergebnisse der EFA[2]

Faktorname	**Anzahl ladender Items > .40**	**Anzahl minimaler Nebenladungen ϵ [.30; .40]**
Studieninformiertheit	6	1
Kontinuierliche und selbstständige Lernplanung	6	3
Pragmatische Lernstrategien	3	1
Lerngruppenaffinität und Studierendenkontakt	11	6
Dozierendenkontakt	3	0
Erwerbstätigkeit	2	0
Handynutzung in Lernzeit	3	1
Unbekümmerte Passivität	3	0
Affinität für soziale Netzwerke	5	2
Studienzufriedenheit	3	0
Lösungsorientierte Lernstrategien	3	3

1 Hauptkomponentenanalyse; varimax. Der Ausschluss wurde listenweise vorgenommen.
2 Eine Reliabilitätsanalyse wird im Rahmen der CFA vorgenommen (messfehlerbereinigt).

Diskussion

Die elf explorativ gefundenen Faktoren beantworten die vierte Forschungsfrage: *Lassen sich aus den relevanten Aspekten mögliche Konstrukte zur Vorhersage von Studienerfolg klassifizieren?*

Es hat sich gezeigt, dass sich die Items der SJTs in die Faktorstruktur eingliedern. Dies stützt die Argumentation, dass SJTs jeweils nicht nur ein Konstrukt abfragen. Die gefundene Struktur legt durch ihre inhaltliche Konsistenz nahe, dass die Berücksichtigung der SJT-Items sinnvoll war. Allerdings zeigte sich bei einem SJT, dass es komplett zu einem Faktor („Handynutzung in Lernzeit") clustert. Inhaltlich betrachtet sind die dazugehörigen Items durch eher ähnliche Formulierungen als bei den anderen SJTs auffällig. Im Rahmen einer Zusatzanalyse wäre es sinnvoll, die Faktorstruktur unter Ausschluss dieser Items erneut vorzunehmen, ehe die Struktur konfirmatorisch untersucht wird.

Die hypothetisch formulierte Faktorstruktur lässt sich inhaltlich in übergeordnete Themenbereiche einordnen (*Tabelle 2*). Im Studienerfolgsmodell von Albrecht (2011) bilden die Themenfelder „Informiertheit", Erwerbstätigkeit" und „Studier- und Lernverhalten" wichtige Aspekte. Diese drei Bereiche konnten in sehr ähnlicher Weise in den hypothetischen Faktoren „Erwerbstätigkeit", „Studieninformiertheit" und „Lernverhalten" wiedergefunden werden. Zwei weitere Themenfelder, nämlich „Sozialverhalten" und „Umgang mit Kommunikationsmedien", konnten im Rahmen dieser Untersuchung identifiziert werden und könnten sich als etwaige Prädiktoren zum Studienerfolg eignen.

Tabelle 2: Strukturierung der Faktoren in Themenbereiche

<table>
<tr><td>Lerngruppenaffinität und Studierendenkontakt</td><td rowspan="2">Sozialverhalten</td></tr>
<tr><td>Dozierendenkontakt</td></tr>
<tr><td>Pragmatische Lernstrategien</td><td rowspan="4">Lernverhalten</td></tr>
<tr><td>Kontinuierliche und selbstständige Lernplanung</td></tr>
<tr><td>Unbekümmerte Passivität</td></tr>
<tr><td>Lösungsorientierte Lernstrategien</td></tr>
<tr><td>Handynutzung in Lernzeit</td><td rowspan="2">Umgang mit Kommunikationsmedien</td></tr>
<tr><td>Affinität für soziale Netzwerke</td></tr>
<tr><td>Erwerbstätigkeit</td><td></td></tr>
<tr><td>Studieninformiertheit</td><td></td></tr>
</table>

Ausblick

Um die Gültigkeit der explorativ hypothetisch formulierten Faktorstruktur zu überprüfen und damit fünfte Forschungsfrage (*Lassen sich die möglichen Konstrukte zur Vorhersage von Studienerfolg bestätigen?*) zu beantworten, wird der Datensatz der zweiten Hälfte der Stichprobe einer konfirmatorischen Faktoranalyse (CFA) unterzogen. Sollten sich die gefundenen Prädiktoren durch eine CFA bestätigen lassen, lägen hierdurch weitere mögliche Prädiktoren für den Studienerfolg im affektiv-motivationalen Bereich vor. Dieser und der fachspezifische Kompetenztest werden im Rahmen der Hauptstudie bei Studienanfänger*innen eingesetzt. Eine erneute Befragung nach dem dritten Fachsemester kann dann Rückschlüsse auf die Vorhersagekraft der einzelnen Prädiktoren zulassen und so auf die sechste Forschungsfrage eingehen.

Literatur

Albrecht, A. & Nordmeier, V. (2010). Online zur Physik- erste Schritte in der Implementation eines Online-Self-Assessments. Unveröffentlichtes Manuskript.

Albrecht, A. (2011). Längsschnittstudie Identifikation von Risikofaktoren für einen erfolgreichen Studieneinstieg in das Fach Physik. Dissertation, Freie Universität Berlin.

Albrecht, A. & Nordmeier, V. (2011). Ursachen des Studienabbruchs in Physik. Eine explorative Studie. *Die Hochschule, 20* (2), 131–145.

Bledow, R. & Frese, M. (2009). A situational judgment test of personal initiative and its relationship to performance. *Personnel Psychologie, 62, 2,* 229–258.

Blüthmann, I. (2012). Studierbarkeit, Studienzufriedenheit und Studienabbruch: Analysen von Bedingungsfaktoren in den Bachelorstudiengängen. Dissertation, Freie Universität Berlin.

Chan, D. & Schmitt, N. (2002). Situational Judgement Tests and job performance. *Human Performance, 15,* 233–254.

Field, A. (2009), Discovering Statistics using SPSS, (and sex and drugs and rock 'n' roll), third edition. SAGE.

Freyer, K. (2013). Zum Einfluss von Studieneingangsvoraussetzungen auf den Studienerfolg Erstsemesterstudierender im Fach Chemie (Bd. 156). Berlin: Logos; Logos Berlin.

Hair, J.; Anderson, R.; Tatham, R.; Black, W (1998). Multivariate Data Analysis, 5th ed. Upper Saddle River, NJ: Prentice Hall.

Heindel, L., Schild, N., Rehfeldt, D. & Nordmeier, V. (2015). Entwicklung eines Online-Tools zur Studienfachwahl Physik / Lehramt Physik. *PhyDid B,* 2015.

Heublein, U., Schmelzer, R., Sommer, D. & Wank, J. (2008). Entwicklung der Schwund- und Studienabbruchquoten an den deutschen Hochschulen. Statistische Berechnungen auf der Basis des Absolventenjahrgangs 2006. HIS: Projektbericht.

Heublein, U., Hutzsch, C., Schreiber, J., Sommer, D. &Besuch, G. (2009). Ursachen des Studienabbruchs in Bachelor- und in herkömmlichen Studiengängen. Ergebnisse einer bundesweiten Befragung von Exmatrikulierten des Studienjahres 2007/08. HIS: Projektbericht.

Heublein, U., Richter, J., Schmelzer, R. & Sommer, D. (2012). Die Entwicklung der Schwund- und Studienabbruchquoten an den deutschen Hochschulen. Statistische Berechnungen auf der Basis des Absolventenjahrgangs 2010.

Krumm, S., Lievens, F, Hüffmeier, J. & Lipnevich, A. (2014). How „Situational" Is Judgement in Situational Judgement Tests? Journal of Applied Psychology 2015, Vol. 100, No. 2, S. 399–416.

Kurz, G., Linser, M. & Oliveira-Vitt, L. de. (2008). Studienverlaufsuntersuchungen an der Hochschule Esslingen. Teil 1: Zulassungsverfahren und Eignungstests. In M. Rentschler (Hrsg.), Studieneignung und Studierendenauswahl. Untersuchungen und Erfahrungsberichte (Report - Beiträge zur Hochschuldidaktik, Bd. 42, S. 95–124). Aachen: Shaker.

Lüdtke, O., Robitzsch, A., Trautwein, U. & Köller, O. (2007). Umgang mit fehlenden Werten in der psychologischen Forschung. *Psychologische Rundschau, 58*(2), 103–117.

McDaniel, M. A., Whetzel, D. L., Hartman, N. S., Nguyen, N. T. & Grubb, W. L. (2006). Situational Judgement Tests: Validity and an Integrative Model. In J. A. Weekley & R. E. Ployhart (2006). *Situational Judgement tests. Theory, measurement and application* (pp. 183–204). Mahwah, N.J.: Lawrence Erlbaum.

O'Connell, M.S., Hartman, N.S., McDaniel, M.A., Lee Grubb, W. & Lawrence, A. (2007). Incremental Validity of Situational Judgement Tests for Task and Contextual Job Performance. *International Journal of Selection and Assessment, 15,* 19–29.

Prüfer, P., & Rexroth, M. (2005). Kognitive Interviews (No. 15). Mannheim: Zentrum für Umfragen, Methoden und Analysen.

Rost, J. (2004). *Lehrbuch Testtheorie - Testkonstruktion.* Bern: Huber.

Schiefele, U., Streblow, L. & Brinkmann, J. (2007). Aussteigen oder Durchhalten. Was unterscheidet Studienabbrecher von anderen Studierenden? *Zeitschrift für Entwicklungspsychologie und Pädagogische Psychologie, 39, 127–140.*

Schild, N., Krüger, L., Rehfeldt, D., Nordmeier, V. (2015). Vorhersagemodell zum Studienerfolg im Fach und Lehramt Physik.

Thiel, F., Veit, S., Blüthmann, I. & Ficzko, M. (2008). Ergebnisse der Befragung der Studierenden in den Bachelorstudiengängen an der Freien Universität Berlin Sommersemester (unveröffentlicht).

Weresch-Deperrois, I. (2013). Entwicklung eines standardorientierten Situational Judgement Tests zur Erfassung professioneller pädagogischer Kompetenz. Dissertation, Johann Wolfgang Goethe-Universität in Frankfurt am Main.

Modelle als Mittel der Erkenntnisgewinnung im Chemieunterricht. Ein systematischer Überblick ausgewählter, empirischer Studien.

Marvin Rost, Rüdiger Tiemann
Humboldt-Universität zu Berlin

Zusammenfassung

Der vorliegende Beitrag beschreibt die theoretische Basis, die Methode und die Ergebnisse eines Literaturreviews für ein geplantes Dissertationsvorhaben über das Nutzen von Modellen als Mittel der Erkenntnisgewinnung im Chemieunterricht. Dazu wird ein empirisch untersuchter Forschungsrahmen vorgestellt und die Arbeit darin verortet. Dieser Rahmen verbindet das Nutzen von Modellen als naturwissenschaftlicher Arbeitsweise mit dem naturwissenschaftlichen Denken. Die Abfolge von „Fragestellung/Hypothese" über „Planung/Durchführung" zu „Auswertung/Reflexion" wird als Problemlöseprozess interpretiert und entsprechend dargestellt. Der Schwerpunkt des Beitrags liegt in der theoretischen Herleitung des Untersuchungsrahmens und umfasst erkenntnistheoretische Grundlagen sowie einen Überblick über die angewendete Modelltheorie. Der Methodenteil beschreibt die kriteriengeleitete Literaturauswahl. Die Art der Auswahl wird über die Forschungsfragen begründet. Die wesentlichen Ergebnisse werden zusammengefasst und die Kernaussagen dieser Analyse auf die Forschungsfragen bezogen.

Abstract

This article describes a theoretical framework, methods and results of a literature review of a research project concerning the use of models as a mean of scientific inquiry in chemistry school classes. An existing empirical framework is presented and the contribution of the review is explained. That framework links the use of models in scientific contexts with scientific inquiry in chemistry education. Scientific inquiry is interpreted as scientific problem solving, defined by a three-step-pattern: "research question/hypothesis", "planning/conducting" and "summary/evaluation". The work focuses on deriving the framework. It presents the epistemological ideas as well as an overview of the theory about models and modeling. The criteria for the selected literature are illustrated, and justified by the research questions. Essential results are presented and their main tenor is referred to these questions.

Einleitung

Modelle sind in den Naturwissenschaften ein unverzichtbares Instrument für das Gewinnen von Erkenntnissen. Für den vorliegenden Beitrag werden sie als Repräsentationen chemischer Sachverhalte definiert (vgl. Jong & Taber, 2007) und können eine Vielzahl an Funktionen und Ausdrucksformen besitzen. Zu den Funktionen gehören neben der Abbildung vor allem die Erklärung und die Vorhersage von Phänomenen. Als Ausdrucksformen finden sich Atommodelle, Modellexperimente oder auch abstrakte, mathematische Modelle. Die so erzeugte Verbindung von Original und Modell erleichtert den systematischen Zugang zu schwierig handhabbaren, oder nicht reproduzierbaren Sachverhalten. Weil ein wesentlicher Gegenstand der Chemie eine modellhafte Vorstellung eines Teilchens (Atom oder Molekül) ist, ist die Beschreibung, Erklärung oder Vorhersage chemischer Prozesse oder Zustände nur mit Modellen möglich. Es kann prinzipiell kein unmittelbarer Vergleich zwischen einem Teilchenmodell und seinem Original hergestellt werden, weil ein einzelnes Atom nicht sinnlich erfassbar ist.

Das stellt den schulischen Chemieunterricht eine besondere Herausforderung: Der Abstraktionsgrad ist sehr hoch. Um von einem Phänomen zu einer Teilchenvorstellung oder sogar zu einer systematischen Formelsprache zu gelangen, sind viele Denkschritte notwendig. Darum spielen Modelle auch als Vermittler in Lernprozessen eine wichtige Rolle. Die normativen Vorgaben durch die Rahmenlehrpläne zum Thema sind eindeutig formuliert. Sowohl der aktuelle Rahmenlehrplan (Senatsverwaltung für Bildung, Jugend und Sport Berlin, 2006), als auch die Entwurfsfassung für den ab dem Schuljahr 2017/18 gültigen Lehrplan (Landesinstitut für Schule und Medien Berlin-Brandenburg, 2016), sehen explizit das Nutzen von Modellen für die Erkenntnisgewinnung vor. Sie explizieren aber den konkreten Umgang mit ihnen nicht. Insgesamt ist das Thema Modelle für die Lehr/Lernforschung dadurch theoretisch und praktisch von großer Relevanz.

Ableitung der Forschungsfragen

Modelle werden als notwendige Bedingung für Lernprozesse in zwei Übersichtsartikeln für den Bereich des naturwissenschaftlichen Unterrichts direkt (Gilbert & Boulter, 2003, p. 53) oder indirekt (Jong & Taber, 2007) betrachtet. Gilbert and Boulter (2003) geben vier Gründe für die Bedeutung von Modellen für die Erkenntnisgewinnung an. Erstens würde der Begriff von der Repräsentation flüchtiger, individueller Ideen bis zu großen Objekten in Museen verwendet. Diese große Bandbreite ist mit klar zu definierenden Untersuchungsmethoden kaum abbildbar. Für ein empirisches Vorhaben muss die Definition enger gefasst werden. Zweitens würde Modellen eine Schlüsselrolle in der naturwissenschaftlichen Forschung zukommen. An ihnen könne man die Konsequenzen von Theorien ableiten, sie in naturwissenschaftlichen Untersuchungen testen und in der Folge Erkenntnisinteressen befriedigen. Drittens basiere die Repräsentation von Lernprozessen in der kognitiven Psychologie auf der Bildung und Entwicklung von Modellen durch Individuen innerhalb eines sozialen Kontexts. Zusammenfassend seien sie also, viertens, substantielle Bestandteile im alltäglichen Unterrichtsgeschehen. Jong and Taber (2007) weisen auf konzeptuelle Schwierigkeiten bei Lernprozessen im Chemieunterricht hin und beschreiben Modelle als Vermittler zwischen den kontextgebundenen, *makroskopischen*, *submikroskopischen* und *symbolischen* Repräsentationsebenen chemischer Sachverhalte. Die so beschriebene, sehr umfassende Bedeutungsvielfalt ist für Zugänge auf empirische Forschungsvorhaben zunächst ungeeignet, weil eine so breite Bedeutung nicht mit testtheoretischen Ansprüchen in Einklang gebracht werden kann (Bühner, 2011; Moosbrugger & Kelava, 2012, pp. 147–148; Terzer, Hartig, & Upmeier zu Belzen, 2013, pp. 54–55; Wilson, 2005, 2005).

Die empirischen Schwierigkeiten in Untersuchungen zur Modellnutzung sind ebenfalls vielfältig, so gibt es beispielsweise Herausforderungen bei der Dimensionsvalidierung (Krell, Upmeier zu Belzen, & Krüger, 2014; Terzer, 2012). Die genannten Autoren können die theoretisch hergeleiteten Teildimensionen der Modellkompetenz im Biologieunterricht (Upmeier zu Belzen & Krüger, 2010) trotz verschiedener Ansätze nicht ausreichend empirisch absichern, bzw. voneinander trennen. Grünkorn (2014) diskutiert die Skalierung der Schwierigkeitsniveaus von Aufgaben in diesem Bereich aus fachdidaktischer sowie psychometrischer Perspektive. Dabei weist sie auf die Notwendigkeit weiterer empirischer Untersuchungen und theoretischer Aufarbeitungen hin. Nehring (2014) geht das Nutzen von Modellen aus der Perspektive der chemiedidaktischen Forschung an. Weil die Arbeit nicht nur das Nutzen von Modellen, sondern auch zwei weitere naturwissenschaftliche Arbeitsweisen zum Gegenstand hat, konnte die Analyse daher designbedingt nicht ausreichend in die Tiefe gehen.

Um die Aktivitäten bei der Modellnutzung von Lernenden erfassen zu können, kann ein Forschungsansatz nur auf die messbaren Aktivitäten zurückgreifen und nur indirekt auf mentale Modelle schließen. Dazu gehören die Beschreibungen, Erklärungen und Konstruktionen, die bei der kontextgebundenen Bildung von Modellen expliziert werden. Einen Übergang von Modelltheorien auf empirische, naturwissenschaftsdidaktische Fragen leisten Upmeier zu Belzen und Krüger (2010) exemplarisch für den Biologieunterricht. Sie stellen „[…] eine Struktur der fachbezogenen Modellkompetenz vor, in der Modelle als Mittel der Erkenntnisgewinnung verstanden werden." (ebd., S. 41). Erkenntnisgewinnung mit Modellen ist mit eigenständigen Abstraktionsleistungen verbunden. Dieser Ansatz muss aber für die Chemie modifiziert werden. Sowohl im Hinblick auf das Modellverständnis von SchülerInnen und LehrerInnen (Krell & Krüger, 2015; Krell, Reinisch, & Krüger, 2015) als auch in empirischen Untersuchungen zur Struktur des naturwissenschaftlichen Denkens mit Modellen (Krell et al., 2014; Nehring, Nowak, Upmeier zu Belzen, & Tiemann, 2014) wurde eine domänenspezifische Trennung von Kompetenzen im Bereich der Erkenntnisgewinnung plausibel gemacht. Als Konsequenz aus theoretischen Überlegungen und bisher vorliegenden Messergebnissen, ist eine chemiespezifische Testung erforderlich.

Um Modelle als Mittel der Erkenntnisgewinnung im Chemieunterricht empirisch untersuchen zu können, war eine genauere Betrachtung des Forschungsstandes notwendig. Für eine Begriffsschärfung wurden daher folgende Fragestellungen betrachtet:

- Welche theoretischen Zugänge auf Modelle wurden in empirischen Studien zur Modellnutzung im Kontext Chemie gewählt?
- Welche Gemeinsamkeiten finden sich in den theoretischen Annahmen und empirischen Ergebnissen dieser Studien?
- Welches theoriegeleitete Verständnis von Modellen und Modellbildung eignet sich zur Untersuchung von Studien in der empirischen Bildungsforschung im Kontext der Chemie?

Erkenntnistheoretische Grundlagen

Um einen theoretischen Zugang zu dem Thema *Modelle* zu erhalten und die darauffolgenden empirischen Instrumente entwickeln zu können, sollte auch eine epistemologische Verortung vorgenommen werden. Das ist Bestandteil aktueller naturwissenschaftlich-philosophischer Debatten und hat Konsequenzen für die Methode, mit der submikroskopische Sachverhalte untersucht und modelliert werden:

> *„Von den ‚materialen' Annahmen des antiken Atomismus ist […] nicht viel übrig geblieben. Weniger verändert haben sich dagegen die mit dem Atomismus verbundenen methodischen Maximen und metaphysischen Intuitionen. […] Geblieben ist insbesondere die atomistische Strategie, das Ganze aus seinen Teilen zu erklären."* (Stöckler, 2012, S. 157)

Als Ausgangspunkte für die Untersuchung von Modellen im Chemieunterricht werden zwei Theorien herangezogen: Der *Wissenschaftliche Realismus* nach Devitt (2006) und der *Konstruktive Empirismus* nach van Fraassen (1980). Grundsätzlich geben sie Antworten auf die Frage nach dem Verhältnis von Erkenntnissubjekt, Modell und dem jeweils modellierten Objekt.

Die Grundposition des Realisten ist der Anspruch auf einen objektiven Erkenntniszugang naturwissenschaftlicher Phänomene. Aus dieser Perspektive können „unbeobachtbare Entitäten" (Devitt, 2006, S. 2), beispielsweise Atome oder Moleküle, durch Modelle korrekt beschrieben werden. Ein Atommodell wäre in der Folge also dann korrekt, wenn sein beschriebener Sachverhalt objektiv so vorliegt, wie das Modell ihn beschreibt. Das nennt Devitt die „Existenzdimension" des Realismus (ebd.). Die empirische Feststellung dieser Wahrheit begründe die Naturwissenschaften. Ihre Methode wird von Devitt u. a. mit dem *positiven Erfolgsargument* verteidigt:

> „*[…] why are all the observations we make just the sort we would make if there were atoms? Answer: because there are atoms. Sometimes the realist goes further: it would be ‚a miracle' that theories were so successful if they weren't approximately true. Realism does not just have the best explanation of success, it has the only good explanation.*" (ebd., S. 5)

Dieses Argument trifft auch auf makroskopische Sachverhalte zu. Die meisten Wissenschaftlicher würden davon ausgehen, dass ein in der Luft befindlicher Gegenstand immer wieder zu Boden fällt, obwohl niemand jemals alle fallenden Gegenstände in der Welt beobachten kann. Wer solche nicht beobachtbaren Entitäten akzeptiert, muss Devitts Ansatz zumindest strukturell akzeptieren. Die Welt verhält sich so, dass wir unter der Annahme einer spezifischen Kraft den fallenden Stein erklären und vorhersagen können. Sie verhält sich außerdem so, dass wir unter der Annahme kleinster Teilchen Phänomene erklären und vorhersagen können. Ein Realist hat allerdings die Schwierigkeit, seine Schlussfolgerungen über nicht beobachtbare Sachverhalte durch beobachtbare Sachverhalte und ihre unmittelbare Verknüpfung positiv zu begründen. Das beschriebene Erfolgsargument kann aber schwer vollständig zurückgewiesen werden. Kein Wissenschaftler, der ein Modell generiert, würde behaupten, dass es willkürlich ist und ohne Entsprechung in der empirischen Welt steht. Nach Devitt beruht der wissenschaftliche Fortschritt hauptsächlich auf der Verbesserung wissenschaftlicher Methoden, die wiederum durch erweiterte Technologien zur Verfügung stünden (vgl. ebd., S. 16). Damit unterstellt er einen graduellen Zugang auf objektive Wahrheiten. Das bedeutet aber, dass die Zwischenschritte dorthin in irgendeiner Form konstruiert werden müssen. Der Konstruktive Empirismus nach Van Fraassen (1980) kann an dieser Stelle eingesetzt werden. Sein Haupteinwand gegenüber dem Wissenschaftlichen

Realismus ist dessen starker Verweis auf einen Wahrheitsbegriff im Sinne einer Zustandsbeschreibung. Dies sei gerade nicht die Aufgabe der Naturwissenschaft. Es ginge vielmehr darum, empirisch adäquate Theorien aufzustellen. Um solche Theorien zu akzeptieren sei nur das Akzeptieren ihrer empirischen Angemessenheit notwendig (vgl. Van Fraassen, 1980, S. 12). Solange das Phänomen gewahrt bleibe (ebd.), stelle sich die Frage nach einem immanenten Realitätsbezug gar nicht. Modelle stehen nicht für sich allein und können auch nicht angemessen mit den Begriffen *wahr* oder *falsch* verknüpft werden, weil sie von menschlichem Denken generiert oder verworfen werden. Atome mögen objektiv und unabhängig existieren, Atommodelle tun dies nicht.

In der Folge ist der Konstruktive Empirismus besser für die Verortung von Modellierungen geeignet. Er kann aber nicht ohne den objektivistischen Anspruch des Wissenschaftlichen Realismus kontextualisiert werden, weil auch der Konstruktivist einen Gegenstand braucht, auf den er seinen Denkprozess bezieht. Auf dieser Basis werden folgend spezifischere Theorien zu Modellen beschrieben.

Modelltheorie

Herbert Stachowiak (1973) formulierte seine Allgemeine Modelltheorie, die aktuell noch für naturwissenschaftsdidaktische Forschung rezipiert wird (s. u.). In einer späteren Ausarbeitung dieses Themas (Stachowiak, 1983) bezeichnet er Modelle als übergeordnete Mittel der Erkenntnisgewinnung:

> *„Hiernach ist alle Erkenntnis Erkenntnis in Modellen oder durch Modelle, und jegliche menschliche Weltbegegnung überhaupt bedarf des Mediums ‚Modell': indem sie auf das – passive oder aktive – Erfassen von etwas aus ist, vollzieht sie sich relativ zu bestimmten Subjekten, ferner selektiv – intentional selektierend und zentrierend – und in je zeitlicher Begrenzung ihres Original-Bezuges."* (ebd., S. 118)

Modellbildung unterliege nach Stachowiak (1983) dabei immer „[...] dem Frageschema: Modell *wovon*, *für wen*, *wann* und *wozu*." (ebd., S. 118). Sie seien dabei immer Modelle „von etwas" (ebd., S. 118), seien den jeweiligen Originalen aber nicht unmittelbar zugeordnet und würden nicht notwendigerweise alle Attribute des Originals erfassen. Diese Einschränkungen werden häufig als das Abbildungs- und das Verkürzungsmerkmal rezipiert und weitergeführt (Mahr, 2008; Reitzer, 1975; Upmeier zu Belzen & Krüger, 2010). Der „Pragmatische Entschluss", als drittes Merkmal, hat zwei wesentliche Funktionen bei der Modellbildung. Erstens solle stets ein „Wissen wozu" erzeugt werden, das heißt, dass zweckfreie Erkenntnisgewinnung in diesem Zusammenhang keine Rolle spielen darf. Zweitens folgt daraus ein Bewusstsein über reale Modellierungsvorgänge, die für eine nutzbare

Erkenntnis in einer endlichen Zeit zu einem Ende kommen müssen (vgl. ebd., S. 116–117). Das kritisiert Mahr (2008) auf konzeptioneller Ebene. Stachowiaks Modellbegriff füge sich

> *„[...] sehr gut in systemtheoretische und kybernetische Fragestellungen ein. Er ist aber konzeptionell nicht allgemein, weil einerseits viele Modellbeispiele, wie das Malermodell oder Modelle, die Denkmöglichkeiten von exemplarischem Charakter sind, und andererseits wichtige Aspekte des Modellseins, wie die Identität und die Beurteilung von Modellen, dadurch nicht angemessen erfasst sind."* (ebd. S. 192).

Auf chemisch-fachdidaktischer Ebene ergibt sich ein weiteres, domänenspezifischeres Problem. Stachowiak bezieht Erkenntnisgewinnung auf den Vergleich von Original und Modell. Die Modellierung submikroskopischer Sachverhalte (Atome, Moleküle, Reaktionen) muss aber immer ohne den Original-Modell-Vergleich auskommen, weil einzelne Teilchen für das menschliche Auge nicht sichtbar sind. Insofern ist die starke Betonung des Abbildungsmerkmals nach Stachowiak für den Chemieunterricht nicht angemessen.

Das informationstheoretische „Modell des Modellseins" nach Mahr (2008) bietet einen anderen Zugang zu Modellierungsprozessen. Seine Theorie geht nicht der Frage nach, welche allgemeinen Eigenschaften ein Modell haben muss. Upmeier & Krüger (2010, S. 43 ff.) arbeiten heraus, dass stattdessen nach den Bedingungen des jeweiligen Sachverhalts gesucht wird, unter denen etwas als Modell gelten kann. Das „Modellsein" sei ein subjektives, zweck- und zeitgebundenes Urteil in drei Identitätsmodi (ebd.). Diese sind die Erscheinungsform (Modellobjekte), Modelle als Modelle *von* etwas (Herstellungsperspektive) und Modelle als Modelle *für* etwas (Anwendungsperspektive). Diese Identitätsmodi werden folgend an chemisch-didaktischen Beispielen konkretisiert und in Abbildung 1 veranschaulicht.

Abb. 1: Das nach Mahr (2008) modifizierte Modellsein von Upmeier & Krüger (2010). Aus der Herstellungsperspektive ist das Modellobjekt M ein Modell von etwas. Aus der Anwendungsperspektive ist M ein Modell für etwas.

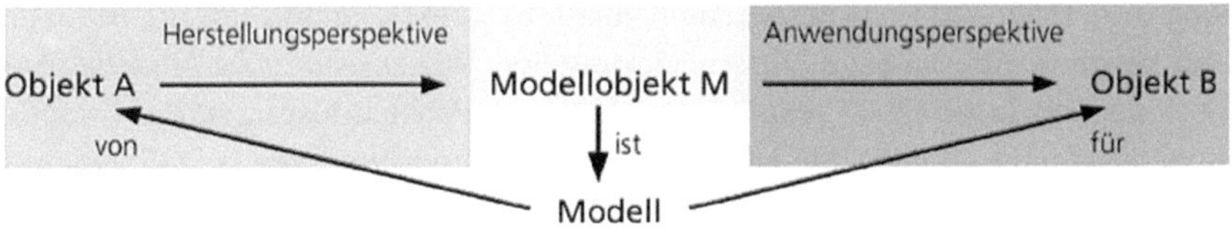

Das *Modellobjekt* bezeichnet die konkrete Repräsentation eines Sachverhalts. Gilbert und Boulter (2003), sowie Jong & Taber (2007) differenzieren solche Repräsentationen im Kontext der naturwissenschaftlichen Bildung in verschiedene

Unterarten (Abb. 2). Bei Gilbert und Boulter (2003) sind das *Zielsysteme*, *mentale bzw. interne Modelle*, *externe Modelle* („*expressed models*"), *Konsensmodelle* und *Lehrmodelle* (ebd., S. 56). Während interne und externe Modelle als übergeordnete Kategorien beschrieben werden, sind Zielsysteme, Konsensmodelle und Lehrmodelle alle Teil der externen Kategorie. *Zielsysteme* sind häufig Phänomene, die via Modellbildung dargestellt werden. Modelle selbst können auch Zielsysteme sein, wenn sie als deklaratives Wissen zur Grundlage von Problemlösevorgängen beitragen sollen. Eine Destillationsapparatur für die Modellierung der Treibstoffgewinnung aus Rohöl kann so ein Zielsystem sein. *Konsensmodelle* sind klassische, wissenschaftliche Modelle. Sie zeichnen sich dadurch aus, dass sie über lange Zeiträume hinweg immer wieder evaluiert und verändert wurden und in den Fachwissenschaften für ganz spezifische Aufgaben verwendet werden. Damit dienen sie als Kommunikationsbasis für Forschungsprozesse und bilden einen Vergleichsmaßstab für Aussagen zu naturwissenschaftlichen Sachverhalten: „[E]xpressed models which have been subjected to testing by a social group, such as ones drawn from the science community, and which have been agreed by some as having some merit[.]" (ebd., S. 56). Ein Beispiel dafür ist das Atommodell nach Bohr. *Lehrmodelle* fassen Gilbert und Boulter (2003) als „[...] specially-constructed models used to aid the understanding of a consensus model [...]" (ebd. S. 56) auf. Sie dienen der wissenschaftlich geleiteten, beziehungsweise propädeutisch wirksamen, Hinführung zu naturwissenschaftlichen Modellen und der Anleitung zum wissenschaftlichen Denken. Eine Lehrkraft, welche die Absorption/Emission von Licht in der Elektronenhülle an der Tafel beschreibt, modelliert einen chemischen Sachverhalt, ohne, dass das Modell ein elaborierter Wissenschaftsstandard wäre. Lehr-/Lern-Aktivitäten seien in diesem Kontext Situationen, die durch eine Serie von Narrativen beschrieben werden können. Der Ort, der Fokus der Aktivität, der Zweck und die beteiligten Personen bilden in diesem Sinne ein Handlungsgeflecht mit Modellen als Vermittlern. Es wird auf die Wechselwirkung von Lehrenden und Lernenden fokussiert, allerdings bleibt die Beschreibung der Struktur von Modellnutzung auf Lerner-Ebene unklar. Jong und Taber (2007) unterscheiden ebenfalls in externe und interne Modelle und nehmen eine analoge Differenzierung vor. *Wissenschaftliche Modelle* sind bei Jong und Taber (2007) explizit als Mittel zur Problemlösung in der Chemie aufgeführt (ebd., S. 645). Sie entsprechen den *Konsensmodellen* bei Gilbert und Boulter (2003), weil auch sie über die zielgerichtete Nutzung innerhalb der naturwissenschaftlichen Gemeinschaft definiert sind (vgl. Jong & Taber, 2007, S. 645). *Curriculare Modelle* nehmen eine Zwischenposition ein und entsprechen den Zielsystemen bei Gilbert und Boulter.

Abb. 2: Vergleich zwischen den Bezeichnungen für Modelltypen bei Gilbert & Boulter (2003) sowie Jong & Taber (2007).

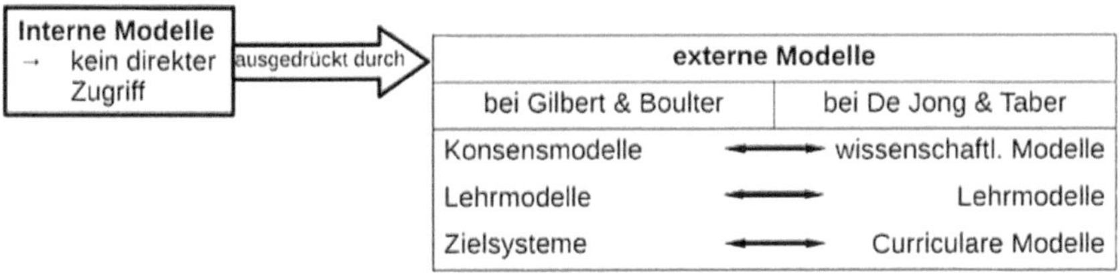

In diese Modellobjekttypen können anschauliche Miniaturen oder Vergrößerungen, wie beispielsweise die Plastikkugeln und Steckverbindungen in einem Molekülbaukasten eingeordnet werden. Auch abstraktere Erscheinungsformen, wie mathematische Gleichungen, chemische Formelsymbole oder eben mentale Modelle, können Modellobjekte in diesem Sinne sein. Sie besitzen bestimmte Merkmale und bilden die Form des Modells. Um einen Zweck zu erfüllen ergänzt Mahr (2008) den *Cargo* des Modells. Er wählt diesen Begriff um die Transportfunktion des Modellobjekts von dem wovon es ein Modell ist, zu dem wofür es ein Modell ist zu betonen. Diese Unterscheidung ist hilfreich, weil Modelle stets auch Verkürzungen (bspw. Zweidimensionalität bei Atommodellen auf einem Blatt Papier), oder Zusätze (bspw. Farben von Atomsorten) enthalten (vgl. Stachowiak, 1973).

Die *Herstellungsperspektive* auf das Modellobjekt fokussiert auf bestimmte Merkmale des modellierten Sachverhalts, die wiedergegeben werden sollen. Während es zwar eine anhaltende Diskussion um den didaktischen Wert von Molekülbaukästen gibt (vgl. Meinel, 2008), können die geometrischen Verhältnisse der Steckverbindungen widerspruchsfrei mit den Ergebnissen spektroskopischer Messungen zur Molekülgestalt in Einklang gebracht werden. Insofern repräsentiert das Modellobjekt ein bestimmtes, molekulares Merkmal.

Die *Anwendungsperspektive* bezieht sich auf einen Transfer, der mit dem Modellobjekt geleistet werden soll. Sie ist unmittelbar mit der Herstellungsperspektive verschränkt. In ihr *„[...] steht die Auffassung des Gegenstands als Modell von Etwas im Vordergrund. Weil aber ein Modell immer auch ein Modell für Etwas ist, macht die Herstellung eines Modells häufig nur dann einen Sinn, wenn auch Aspekte einer möglichen Anwendung des Modells mitberücksichtigt sind.“* (Mahr, 2008, S. 207). Die geometrischen Verhältnisse aus dem Molekülbaukasten können für prüfbare Hypothesen herangezogen werden. Sterische Hinderungen bei Reaktionsmechanismen können allein an diesem Modellobjekt vorhergesagt und überprüft werden. Dass experimentelle Nachweise als zentrales Element bei naturwissenschaftlichen Untersuchungen verstanden werden können ist davon unberührt, weil es sich bei Experimenten und Modellnutzung um zwei trennbare Erkenntnismethoden handelt.

Um domänenspezifische Anschlüsse für empirische Forschungsprojekte zu generieren, muss noch ein geeigneter Rahmen für die Konstruktion chemiespezifischer Modellobjekte definiert werden. Die Merkmale eines Modellobjekts sollten in klare Kategorien eingeteilt werden können, damit ein empirischer Zugriff darauf möglich wird. Kelly und Lesh (2000) schlagen für die Beobachtung, beziehungsweise Messbarkeit, von Modellierungsprozessen im Bereich der Mathematik ein Schema vor, das zum genannten Zweck auf die Chemie übertragen werden kann. Demzufolge sind Modelle durch vier charakteristische Bestandteile gekennzeichnet:

- Elemente („*elements*“)
- Relationen („*relations*“) zwischen diesen Elementen
- Operationen („*operations*“) auf Basis der Relationen
- Regeln („*rules*“), die bei den Operationen herrschen

Die Elemente beschreiben die kleinstmöglichen Einzelteile eines Modells. Sie bilden die begriffliche Basis für die Arbeit mit dem jeweiligen Modell und repräsentieren einzelne Phänomene oder physikalisch-chemische Entitäten mit deren spezifischen Eigenschaften. Ein Beispiel dafür ist der Begriff der Orbitale in Modellen der Quantenchemie, der eine feste Bedeutung hat und im Rahmen der Nutzung eines konkreten Modells nicht weiter zerlegt werden kann.

Die Relationen beschreiben das Verhältnis der Sinneinheiten des Modells zueinander. Das können hierarchische oder sequenzielle Gliederungen sein. Möglich ist auch die Repräsentation von Verhältnissen physikalischer Eigenschaften (Geschwindigkeit, Volumen, Masse, etc.). Ein Beispiel dafür ist die Energiedifferenz eines Elektrons, das sich nacheinander auf unterschiedlichen Energieniveaus in einem Atommodell befindet. Die Energiedifferenz drückt eine Relation zwischen den Niveaus aus.

Die Operationen beschreiben Wechselwirkungen zwischen den Sinneinheiten eines Modells oder Zustandsänderungen einzelner Sinneinheiten. Sie sind abhängig von den Relationen und repräsentieren Prozesse, die wesentlich für die Aussagekraft eines Modells sind. Ein Beispiel dafür ist die Vorhersage der Lichtemission eines Elektrons, wenn es nach einer Anregung von einem höheren in ein niedrigeres Energieniveau wechselt.

Die Regeln eines Modells sind die grundlegenden, logischen Verknüpfungen der Modellaussagen. Die Zuweisung von Konditionalsätzen und Wahrheitswerten – beispielsweise zu funktionalen Zusammenhängen – in einem Modell ist bei diesem Bestandteil wesentlich. Ein konkretes Beispiel ist die Zuweisung einer Wenn-DannBeziehung auf die drei anderen Modellbestandteile: Wenn ein Elektron (Sinneinheit) Strahlung (Sinneinheit) emittiert (Operation), dann ist es auf ein niedrigeres (Relation) Energieniveau (Sinneinheit) gefallen (Operation).

Naturwissenschaftliche Erkenntnisgewinnung

Der Berliner Rahmenlehrplan für den Chemieunterricht der Sekundarstufe I verlangt für den Kompetenzbereich der Erkenntnisgewinnung die Nutzung grundlegender wissenschaftsmethodischer Verfahren. Dazu würden die Beobachtung, der Vergleich, Experimente und eben auch der Umgang mit Modellen gehören (Senatsverwaltung für Bildung, Jugend und Sport Berlin, 2006). Auch der Rahmenlehrplan, der ab dem Schuljahr 2017/18 in Berlin gültig wird, betont dies und verankert dabei auch die Bearbeitung naturwissenschaftlicher Hypothesen mit Hilfe von Modellen (Landesinstitut für Schule und Medien Berlin-Brandenburg, 2016). Dabei steht die problemorientierte Methode im Vordergrund, die durch den Ablauf des naturwissenschaftlichen Denkens charakterisiert ist. Erkenntnisgewinnung und Problemlösen können nach Jürgen Mayer (2007) verbunden werden, indem die normativen Dimensionen *Praktische Arbeitstechniken, wissenschaftliche Erkenntnismethoden* sowie *Charakteristika der Naturwissenschaften* mit messbaren Konstrukten operationalisiert werden: *„Diese Dimensionen können mittels drei kognitionspsychologischer Konstrukte modelliert und systematisch in Beziehung gesetzt werden: nämlich manuelle Fähigkeiten […], wissenschaftliches Denken […] und Wissenschaftsverständnis[…].“* (Mayer, 2007, S. 178). Allgemein wird das Problemlösen *„[…] als die Überwindung einer Diskrepanz zwischen einem Ausgangszustand und einem angezielten Endzustand mittels logischer Operationen […]“* (Mayer, 2007, S. 178) verstanden. Den Schwerpunkt liegt auf dem Wissenschaftlichen Denken, in dem auch die Modellnutzung zur Erkenntnisgewinnung verortet wird. Dazu präsentiert Mayer ein Strukturmodell, das sich über Personen- und Prozessvariablen konstituiert. Nehring, Nowak, Upmeier zu Belzen, und Tiemann (2012) schlagen anknüpfend ein Forschungsmodell vor, das aus den Dimensionen *Naturwissenschaftliche Arbeitsweisen* und *Wissenschaftliches Denken* besteht. Nach diesem erfolgt das Nutzen von Modellen als Arbeitsweise, entlang dem Wissenschaftlichen Denken mit den Teildimensionen *Fragestellung/Hypothese, Planung/Durchführung* sowie *Auswertung/Reflexion*. Abbildung 3 stellt das Modell dar. Gilbert und Boulter (2003) stellen heraus, dass Lernende genau dann erfolgreich modellieren, wenn sie die Gelegenheit erhalten, ihre mentalen

Modelle in externe Modelle umzusetzen (vgl. ebd., S. 59). Dazu bedürfe es eines definierten Problems, ausgewählter Methoden und einer oder mehrerer Lösungen. Dieser Dreischritt kann als allgemeiner Rahmen für wissenschaftliche Problemlöseprozesse übersetzt werden (vgl. Dörner, 1974; Mayer, 2007).

Für die vorliegende Arbeit wurden drei Theorieaspekte zusammengefasst.

- Der Kompetenzbereich der Erkenntnisgewinnung wird als Problemlöseprozess interpretiert.
- Der Modellbegriff wird aus dem *Modellsein* nach Mahr (2008) im Sinne eines subjektiven Urteils definiert.
- Mit den begrifflichen Differenzierungen (vgl. Gilbert & Boulter, 2003 sowie Jong & Taber, 2007) und den charakteristischen Bestandteilen nach Kelly und Lesh (2000), wurde ein Vergleichsmaßstab für die Untersuchung der Studien erarbeitet.

Abb. 3: Die Darstellung der Naturwissenschaftlichen Denk- und Arbeitsweisen nach (Nehring et al., 2012). Der vorliegende Beitrag behandelt die Dimension des Nutzens von Modellen.

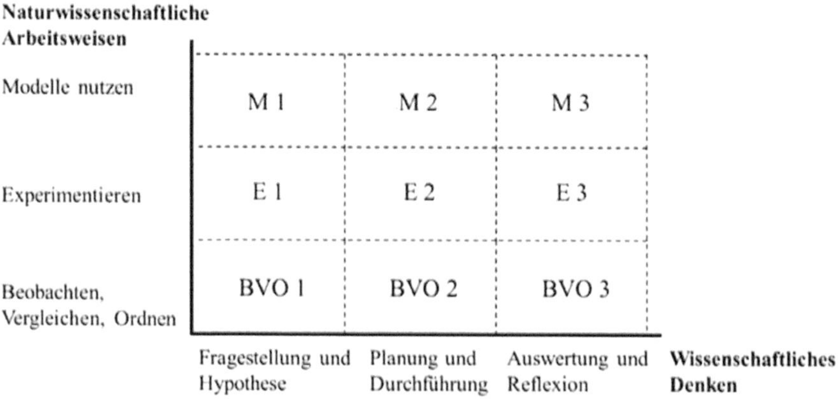

Methode

Bortz und Döring (2006) weisen für jede forschungsorientierte Arbeit auf die Notwendigkeit einer angemessenen Literaturrecherche für die Einarbeitung in das jeweilige Forschungsfeld hin. Für einen zielführenden Literaturüberblick ist es notwendig, die Methode der Fragestellung anzupassen. Die Forschungsfragen (siehe dort) sind vordergründig struktureller Natur. Die inhaltliche Untersuchung des Modellbegriffs wurde nur bei denjenigen Studien vorgenommen, die durch bestimmte Kriterien in die engere Auswahl kamen. Als methodischer Anfangspunkt wurde ein Review über die allgemeine Untersuchung von empirischen Arbeiten zur Modellkompetenz (*modeling competence*) gewählt (vgl. Nicolaou & Constantinou, 2014). Darin untersuchten sie 23 empirische Studien aus 802 Literaturangaben. Bortz und Döring (2006) weisen in diesem Zusammenhang auf den Wert von Studienreplikationen hin und erläutern die Möglichkeit der individuellen Schwerpunktsetzung (ebd., S. 37 f.). Darum wurde, die 23 Studien ergänzend, eine eigene Literaturrecherche in einer Literaturdatenbank (PRIMUS) und Google durchgeführt. Für die genauere Untersuchung der Studien musste eine Auswahl getroffen werden. Dazu wurden drei Kriterien angelegt: Erstens sollte ein spezifischer Bezug zum Chemieunterricht gegeben sein. Zweitens sollten die jeweiligen Probanden sich in der Sekundarstufe I befinden. Für englischsprachige Studien wurde das dem Alter entsprechende Äquivalent angesetzt. Drittens sollten die berichteten Reliabilitäten der Untersuchungsinstrumente nach den Kriterien der Fachdidaktik und Lehr-/ Lernforschung Chemie an der Humboldt-Universität für vergleichbare Vorhaben bei 0,8 oder höher liegen. Dieser Grenzwert wird für einen „gute[n] Test“ (Bortz & Döring, 2006, S. 199) beschrieben. Zu beachten ist, dass in den Studien keine übergeordnet vergleichbaren Maßzahlen berichtet wurden. Unter der Reliabilität wurden hier sowohl Cohens‘ Alpha als auch Inter-RaterReliabilitäten der Testinstrumente zusammengefasst. Wurden mindestens zwei dieser Kriterien erfüllt, wurde die Studie genauer betrachtet. Die kriteriengeleitete Auswahl ergab acht Artikel und wurde durch drei weitere ergänzt. Diese fielen zwar durch das Raster, trugen aber inhaltlich substanziell zur Beantwortung der Forschungsfragen bei: Eine Studie (Louca & Zacharia, 2008) zeigte, dass modellbasiertes Lernen eingeübt werden muss, wodurch sie sich von den anderen Arbeiten abhebt. Sie distanzieren sich implizit davon, dass naturwissenschaftliches Denken natürlicherweise hypothetisch-deduktiver Natur ist. Obwohl viele Forschungsrahmen einen Revisions- oder Reflexionsschritt annehmen, beschrieb nur eine der Studien die konkrete Struktur dieses Schritts (Papaevripidou, Constantinou, & Zacharia, 2007). Die dritte Arbeit ging sehr kritisch mit der konkreten Abfolge der Schritte des Naturwissenschaftlichen Denkens um und zeigte, dass reale Denkvorgänge nur wenig linear ablaufen (vgl. Löhner, van Joolingen, Savelsbergh, & van Hout-Wolters, 2005). Die insgesamt 11 Studien waren durchgehend Zeitschriftenartikel, der älteste stammte aus dem Jahr 2002. Abbildung 4 visualisiert den Auswahlprozess.

Abb. 4: Der Auswahlprozess der untersuchten Studien.

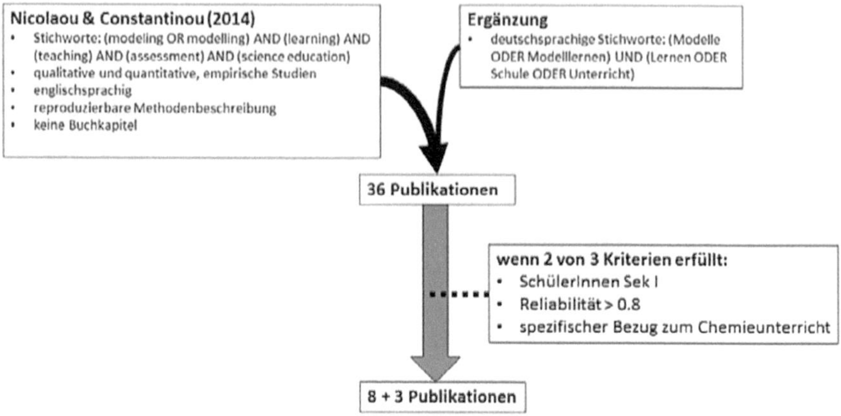

Anschließend wurden die Arbeiten nach folgendem Leitfragen analysiert:

- Welches übergeordnete Modellverständnis liegt zugrunde?
- Welches empirische Konstrukt wurde untersucht?
- Welche Teildimensionen sind operationalisiert worden?
- Sind Niveaustufen angegeben, wenn ja, welche?
- Gibt es einen Bezug zum wissenschaftlichen Problemlösen?

Ergebnisse

Die 11 Studien besitzen sehr heterogene Forschungsrahmen in Bezug auf das Nutzen von Modellen zur Erkenntnisgewinnung. Gemeinsam ist aber allen Studien, dass die Autoren das Fehlen einer übergeordneten Theorie für die Untersuchung von Kompetenzen in Verbindung mit Modellen bemängeln. Dieser Punkt fand sich auch in den 25 nicht näher untersuchten Artikeln. Auffällig ist die verhältnismäßig geringe Anzahl an berichteten Gütekriterien. (vgl. Abb. 5). Der Mangel an einer einheitlichen Theorie in diesem Feld erklärt auch die verschiedenen Methoden und die heterogenen Resultate. Keine Studie konnte eine theoriegeleitet oder empirisch bestätigt eine durchgehende Trennschärfe der Teildimensionen berichten. Die jeweiligen Konstrukte beinhalteten teils auch Niveaustufen. Diese definierten einen Leistungsunterschied bei der Bewältigung der jeweiligen Aufgaben. Beispielsweise war bei Bamberger und Davis (2013) die Teildimension der Erklärung beim Modellieren in drei Niveaustufen eingeteilt. In die erste Stufe wurden statische Abbildungsmodelle eingeordnet, die zweite Stufe zeigte dynamische Modelle mit Prozessrepräsentationen und Stufe drei enthielt mechanistische Modelle, die auch kausale Erklärungsmuster einbezog. In den Niveaustufen konnte zwischen den Studien kein Muster identifiziert werden. Tabelle 1 fasst die Antworten auf die Analysefragen 2–4 zusammen.

Tab. 1: Die Konstrukte der Studien mit ihren Teildimensionen und Niveausstufen.

Studie	Konstrukt	Teildimensionen	Niveaustufen
(Mendonça & Justi, 2014)	*model of modeling*	Produktion (mental), Ausdruck (extern), Testen, Evaluation	3
(Bamberger & Davis, 2013)	*modeling performance*	Erklärung, Vergleich, Abstraktion, Kennzeichnung	3
(Luxford & Bretz, 2013)	*Darstellungsebenen*	Makroskopisch, submikroskopisch, symbolisch	NA
(Dori & Kaberman, 2012)	*Transfer von Darstellungsebenen*	Transfer: Summen- zu Strukturformel, Strukturformel zu räumlicher Zeichnung, Summenformel zu räumlicher Zeichnung, räumliche Zeichnung zu Strukturformel, Symbole auf makroskopische und mikroskopische Ebene	5, Hierarchie der Teildimensionen
(Meisert, 2008)	*Modellkompetenz*	Modellwissen, Modellarbeit, Modellverständnis	NA
(Louca & Zacharia, 2008)	*Modellbasiertes Lernen*	Transformation (Phänomen in Modell), Evaluation	NA
(Papaevripidou et al., 2007)	*Modellbasiertes Lernen*	Formulierung, Informationsgewinn, Revision am Phänomen, Evaluation an verschiedenen Modellen, Zweck und Nutzen, Reflexion und Verfeinerung	NA
(Ergazaki, Zogza, & Komis, 2007)	*modeling actions*	Analyse, Synthese von Relationen, Test und Interpretation, Unterstützung	NA
(Löhner et al., 2005)	*modelingbased inquiry*	model sketching, model specification, model evaluation	3
(Taber, 2003)	*Lernpfade*	am Beispiel Metallbindung: existiert nicht, keine richtige Bindung, kovalent/ionisch, spezifisch	4, Hierarchie der Teildimensionen
(Treagust, Chittleborough, & Mamiala, 2002)	*Verständnis wissenschaftlicher Modelle*	multiple Repräsentationen, exakte Replikationen, Mittel zur Erklärung, Nutzen, Veränderbarkeit	NA

Eine Gemeinsamkeit der diversen Untersuchungsinstrumente war der Anspruch, Modelle über Transfer- oder Erklärungsleistungen immer auf das Lösen von naturwissenschaftlichen Problemen hin prüfen.

Abb. 5: Berichtete Gütekriterien in den Studien.

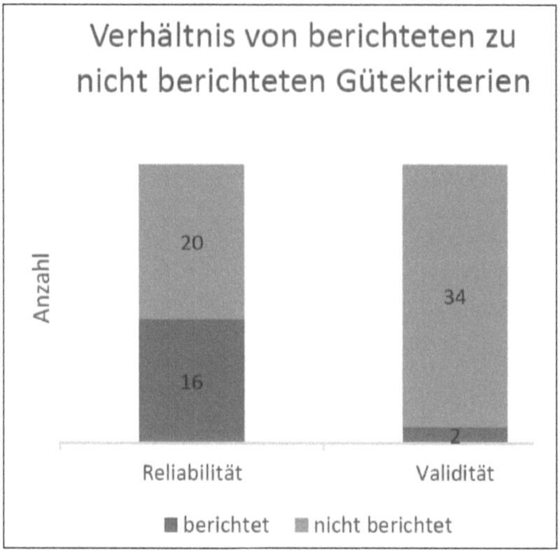

Zusammenfassende Antworten auf die Forschungsfragen

Welche theoretischen Zugänge auf Modelle wurden in den jeweiligen Studien gewählt?

Überwiegend werden Modelle in den untersuchten Studien als Repräsentationen bezeichnet. Für die konkrete Operationalisierung der Untersuchung wurden aber viele unterschiedliche Ansätze gewählt. Die Zweckbestimmungen der Modelle reichten von der Visualisierung über die Wissenskonstruktion bis zum expliziten Methoden der Problemlösung. Gleichzeitig wurde überwiegend der Anspruch an Modelle gestellt, für Transferleistungen in naturwissenschaftlichen Lernumgebungen nutzbar zu sein.

Welche Gemeinsamkeiten finden sich in den theoretischen Annahmen und empirischen Ergebnissen der Studien?

Die heterogenen, theoretischen Grundannahmen der jeweils untersuchten Konstrukte ließen nicht auf ein einheitliches Verständnis von Modellen oder Modellbildungsprozessen schließen, welches zu einer fehlenden Vergleichbarkeit auf methodologischer Ebene führte. Hingegen wurde das Nutzen von Modellen als wichtige naturwissenschaftliche Arbeitsweise in fast allen Studien betont. Das naturwissenschaftliche Denken über *Fragestellung/Hypothese, Planung/Durchführung,* und *Auswertung/Reflexion* war in allen Studien mindestens implizit vorhanden.

Abb. 6: Visualisierung des Verhältnisses der Fächerkontexte in den untersuchten Studien.

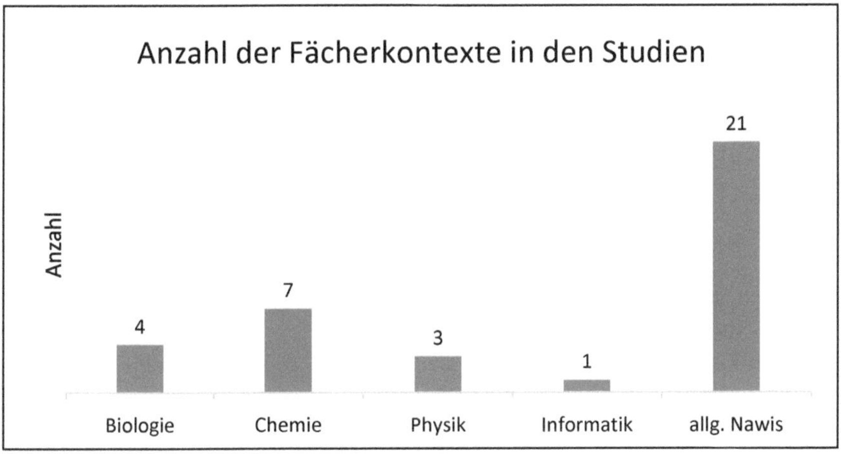

Welches theoriegeleitete Verständnis von Modellen und Modellbildung eignet sich zur Untersuchung von Studien in der empirischen Bildungsforschung im Kontext der Naturwissenschaften?

Für die Untersuchung der Studien eignete sich ein Verständnis von Modellen als Repräsentationen chemischer Sachverhalte. Dabei kann zwischen internen und externen Modellen unterschieden werden. Die externen Modelle, die auch Dritten zugänglich sind, können als Modellobjekte verstanden werden und der empirische Zugang kann über die Beschreibung von Modellobjekten über *Elemente, Relationen, Operationen* und *Regeln* erfolgen. Das Nutzen von Modellen kann über das naturwissenschaftliche Denken (*Fragestellung/Hypothese, Planung/Durchführung, Auswertung/Reflexion*) innerhalb des Kompetenzbereichs der Erkenntnisgewinnung erfolgen und als spezifische Prozedur des problemlösenden Denkens interpretiert werden. Im Zusammenhang mit der geringen Zahl fachspezifischer Studien (vgl. Abb. 6) zeigt der vorgestellte Ergebnisüberblick das Forschungsdesiderat, welches das geplante Projekt untersucht: Modelle als Mittel der

Erkenntnisgewinnung im Sinne des wissenschaftlichen Denkens operationalisieren und empirische Hinweise auf die Denkstruktur bei diesem Prozesses finden.

Literatur

Bamberger, Y. M., & Davis, E. A. (2013). Middle-School Science Students' Scientific Modelling Performances Across Content Areas and Within a Learning Progression. *International Journal of science education, 35*(2), 213–238.

Bortz, J., & Döring, N. (2006). *Forschungsmethoden und Evaluation: Für Human- und Sozialwissenschaftler mit 87 Tabellen* (4., überarb. Aufl.,). *Springer-Lehrbuch Bachelor, Master*. Heidelberg: Springer.

Bühner, M. (2011). *Einführung in die Test- und Fragebogenkonstruktion* (3., aktualisierte und erw. Aufl.). *PS Psychologie*. München: Pearson Studium.

Devitt, M. (2006). Scientific Realism. In M. Devitt, P. Greenough, & M. P. Lynch (Eds.), *Truth and Realism* (pp. 100–124). Oxford: University Press.

Dori, Y. J., & Kaberman, Z. (2012). Assessing high school chemistry students' modeling sub-skills in a computerized molecular modeling learning environment. *Instructional Science, 40*(1), 69–91.

Dörner, D. (1974). *Die kognitive Organisation beim Problemlösen;: Versuche zu einer kybernetischen Theorie der elementaren Informationsverarbeitungsprozesse beim Denken*. Bern: H. Huber.

Ergazaki, M., Zogza, V., & Komis, V. (2007). Analysing students' shared activity while modeling a biological process in a computer-supported educational environment. *Journal of Computer Assisted Learning, 23*(2), 158–168.

Gilbert, J. K., & Boulter, C. J. (2003). Learning Science Through Models and Modelling. In K. G. Tobin & B. J. Fraser (Eds.), *International handbook of science education* (pp. 53–66). Dordrecht, Boston: Kluwer Academic.

Grünkorn, J. (2014). *Modellkompetenz im Biologieunterricht. Empirische Analyse von Modellkompetenz bei Schülerinnen und Schülern der Sekundarstufe I mit Aufgaben im offenen Antwortformat* (Dissertation). Freie Universität Berlin, Berlin.

Jong, O. de, & Taber, K. S. (2007). Teaching and learning the many faces of chemistry. In S. K. Abell & N. G. Lederman (Eds.), *Handbook of research on science education* (pp. 631–652). Mahwah, N.J., New York, NY: Lawrence Erlbaum Associates; Routledge.

Kelly, A., & Lesh, R. A. (Eds.). (2000). *Research Design in Mathematics and Science Education*. Mahwah, N.J: Lawrence Erlbaum Associates.

Krell, M., & Krüger, D. (2015). Testing Models: A Key Aspect to Promote Teaching Activities Related to Models and Modelling in Biology Lessons? *Journal of Biological Education*, 1–14.

Krell, M., Reinisch, B., & Krüger, D. (2015). Analyzing Students' Understanding of Models and Modeling Referring to the Disciplines Biology, Chemistry, and Physics. *Research in Science Education*, *45*(3), 367–393.

Krell, M., Upmeier zu Belzen, A., & Krüger, D. (2014). Students' Levels of Understanding Models and Modelling in Biology: Global or Aspect-Dependent? *Research in Science Education*, *44*(1), 109–132.

Landesinstitut für Schule und Medien Berlin-Brandenburg (LISUM). (2016). Rahmenlehrplan Online: Teil C, Chemie. URL: http://bildungsserver.berlin-brandenburg.de/rlp-online/startseite/ .

Löhner, S., van Joolingen, W. R., Savelsbergh, E. R., & van Hout-Wolters, B. (2005). Students' reasoning during modeling in an inquiry learning environment. *Computers in Human Behavior*, *21*(3), 441–461.

Louca, L. T., & Zacharia, Z. C. (2008). The Use of Computer-based Programming Environments as Computer Modelling Tools in Early Science Education: The cases of textual and graphical program languages. *International Journal of science education*, *30*(3), 287–323.

Luxford, C. J., & Bretz, S. L. (2013). Moving beyond definitions: What student-generated models reveal about their understanding of covalent bonding and ionic bonding. *Chem. Educ. Res. Pract.*, *14*(2), 214–222.

Mahr, B. (2008). Ein Modell des Modellseins: Ein Beitrag zur Aufklärung des Modellbegriffs. In U. Dirks & E. Knobloch (Eds.), *Modelle* (pp. 187–218). Frankfurt am Main: Lang.

Mayer, J. (2007). Erkenntnisgewinnung als wissenschaftliches Problemlösen. In D. Krüger & H. Vogt (Eds.), *Springer-Lehrbuch. Theorien in der biologiedidaktischen Forschung. Ein Handbuch für Lehramtsstudenten und Doktoranden* (pp. 177–186). Berlin, Heidelberg: Springer.

Meinel, C. (2008). Kugeln und Stäbchen: Vom kulturellen Ursprung chemischer Molekülmodelle. In U. Dirks & E. Knobloch (Eds.), *Modelle* (pp. 221–234). Frankfurt am Main: Lang.

Meisert, A. (2008). Vom Modellwissen zum Modellverständnis: Elemente einer umfassenden Modellkompetenz und deren Fundierug durch lernerseitige Kriterien zur Klassifikation von Modellen. *Zeitschrift für Didaktik der Naturwissenschaften*, *14*, 243–261.

Mendonça, P. C. C., & Justi, R. (2014). An instrument for analyzing arguments produced in modeling-based chemistry lessons. *Journal of Research in Science Teaching*, *51*(2), 192–218.

Moosbrugger, H., & Kelava, A. (2012). *Testtheorie und Fragebogenkonstruktion*. Berlin, Heidelberg: Springer.

Nehring, A. (2014). *Wissenschaftliche Denk- und Arbeitsweisen im Fach Chemie: Eine kompetenzorientierte Modell- und Testentwicklung für den Bereich der Erkenntnisgewinnung. Studien zum Physik- und Chemielernen: Vol. 177*. Berlin: Logos Verlag.

Nehring, A., Nowak, K. H., Upmeier zu Belzen, A., & Tiemann, R. (2012). „VerE-STudie": Modellbasierte Erfassung von Kompetenzen im Bereich der Erkenntnisgewinnung der Fächer Chemie und Biologie. In S. Bernholt (Ed.), *Inquiry-based Learning. Forschendes Lernen* (pp. 65–67). Kiel: IPN.

Nehring, A., Nowak, K. H., Upmeier zu Belzen, A., & Tiemann, R. (2014). Ausgewählte Analysen der „VerE-Studie": Zur Trennbarkeit und zu Zusammenhängen von Fachwissen und Kompetenzen im Bereich Erkenntnisgewinnung. In S. Bernholt (Ed.), *Naturwissenschaftliche Bildung zwischen Science- und Fachunterricht. Gesellschaft für Didaktik der Chemie und Physik* (pp. 177–179). Kiel: IPN.

Nicolaou, C., & Constantinou, C. P. (2014). Assessment of the modeling competence: A systematic review and synthesis of empirical research. *Educational Research Review, 13*, 52–73.

Papaevripidou, M., Constantinou, C. P., & Zacharia, Z. C. (2007). Modeling complex marine ecosystems: An investigation of two teaching approaches with fifth graders. *Journal of Computer Assisted Learning, 23*(2), 145–157.

Reitzer, A. (1975). Allgemeine Modelltheorie: Eine neupragmatische Herausforderung. *Zeitschrift für Philosophische Forschung, 29*(2), 257–270.

Senatsverwaltung für Bildung, Jugend und Sport Berlin (Ed.). (2006). *Rahmenlehrplan für die Sekundarstufe I: Chemie*. Jahrgangsstufe 7–10. Berlin.

Stachowiak, H. (1973). *Allgemeine Modelltheorie*. Wien, New York: Springer.

Stachowiak, H. (Ed.). (1983). *Kritische Information: Vol. 101. Modelle: Konstruktion der Wirklichkeit*. München: Fink.

Stöckler, M. (2012). Demokrits Erben: Der Atomismus zwischen Philosophie und Physik. In M. Esfeld (Ed.), *Suhrkamp-Taschenbuch Wissenschaft: Vol. 2033. Philosophie der Physik* (pp. 137–157). Berlin: Suhrkamp.

Taber, K. S. (2003). Mediating mental models of metals: Acknowledging the priority of the learner's prior learning. *Science Education, 87*(5), 732–758.

Terzer, E. (2012). *Modellkompetenz im Kontext Biologieunterricht. Empirische Beschreibung von Modellkompetenz mithilfe von Multiple-Choice Items* (Dissertation). Humboldt-Universität zu Berlin, Berlin.

Terzer, E., Hartig, J., & Upmeier zu Belzen, A. (2013). Systematische Konstruktion eines Tests zu Modellkompetenz im Biologieunterricht unter Berücksichtigung von Gütekriterien. *Zeitschrift für Didaktik der Naturwissenschaften, 19*, 51–76.

Treagust, D. F., Chittleborough, G., & Mamiala, T. L. (2002). Students' understanding of the role of scientific models in learning science. *International Journal of science education, 24*(4), 357–368.

Upmeier zu Belzen, A., & Krüger, D. (2010). Modellkompetenz im Biologieunterricht. *Zeitschrift für Didaktik der Naturwissenschaften, 16*, 41–57.

Van Fraassen, B. C. (1980). *The scientific image. Clarendon paperbacks*. Oxford: Clarendon Press.

Wilson, M. (2005). *Constructing measures: An item response modeling approach.* Mahwah, N.J., London: Lawrence Erlbaum Associates; Taylor & Francis.

Mit Kompetenz und Freude das Singen lehren – singfördernde Lehrerfortbildung für grundschulunterrichtende LehrerInnen

Jana Buschmann
Universität Potsdam

Zusammenfassung

Nachstehender Beitrag führt in die Anlage der projektbegleitenden Evaluation von *Belcantare Brandenburg* ein und will Fachdidaktikern Anregungen geben, wie eine explorative Evaluation im Kontext von Lehrerfortbildung auch mit Unterstützung studentischer Qualifikationsarbeiten konzipiert werden kann. Des Weiteren wird der Forschungsausschnitt zur Zufriedenheit der Teilnehmenden mit der Fortbildungsreihe vorgestellt, da Fortbildungsveranstaltungen die gängige qualifizierende Methode innerhalb der Lehrerfortbildung sind und sich aus den fachspezifischen Ergebnissen hypothetisch interdisziplinäre Schlussfolgerungen für Grundschulfortbildungsveranstaltungen formulieren lassen.

Das Projekt *Belcantare Brandenburg* ist eine zweijährige singfördernde Fortbildung für grundschulunterrichtende LehrerInnen im ländlichen Raum Brandenburgs[1]. Die erkundende Evaluation beschäftigte sich mit Fragen wie: Ist die Fortbildung nützlich für die Lehrtätigkeit der Teilnehmenden? Hat sich das fachdidaktische Coaching als eine innovative Fortbildungsmethode bewährt? Sind städtische Fortbildungsmaßnahmen gleichermaßen zu planen wie ländliche?

Der Beitrag begründet zunächst auf Makroebene den Rückgang des Singens und das Bemühen von Institutionen, das Kulturgut zu erhalten, beschreibt das Projekt *Belcantare Brandenburg* und nimmt eine Einordnung der Evaluationsforschung vor. Darauf folgend werden die komplexen Ziele, Forschungsfragen und das daran ausgerichtete Forschungsdesign vorgestellt.

Der Beitrag schließt mit der Vorstellung des oben benannten Forschungsausschnittes auf Mikroebene, indem die Entwicklung des Messinstruments be-

1 Belcantare Brandenburg ist ein Kooperationsprojekt der Ostdeutschen Sparkassenstiftung mit regionalen Sparkassen, Landesmusikrat Brandenburg e. V., dem Lehrstuhl für Musikpädagogik und Musikdidaktik von Prof. Dr. Birgit Jank an der Universität Potsdam und mit freundlicher Unterstützung des Bundesverbandes Musikunterricht e. V. (BMU).

schrieben und die Durchführung und Auswertung der Untersuchungen wie die Ergebnisse mit abschließendem interdisziplinären Übertrag differenziert dargestellt werden.

Abstract

This paper serves as an introduction into the project accompanying evaluation of Belcantare Brandenburg. The project is about a two year further training of primary school teachers in the rural areas of Brandenburg. The evaluation attempts to answer questions like: Does the training have a postive impact on the teaching activity of the participants? Has the teaching methodology based coaching proven to be an innovative method for further training? Are there any key differences between rural and urban areas with regards to the organisation?
In the introduction the article outlines the value of singing in our society and describes the surrounding conditions and requirements for the evaluation from the point of view of the project leaders. Subsequently the article explains the goals, theoretical influences and the combination of the multi-perspective and methodically diverse structure of the research design. The paper closes with a presentation of an excerpt of the study and its results put as theses about the satisfaction of the participants who took part in the training events of the second season of Belcantare Brandenburg.

Zur gesellschaftlichen Situation des Singens

> *„Singen ist ein einzigartiges Lebenselement. Kraftvoll verleiht es innerer Freiheit und menschlicher Zugehörigkeit Ausdruck. Singen kann den Grundton für ein ganzes Leben anschlagen und Lieder zu Nahrungsmitteln in guten wie in schlechten Zeiten machen."*
> (v. Rauch & Janitschke, 2013, S. 11.)

Aus dieser Überzeugung heraus, dass Lieder ein wichtiges Kulturgut sind und das Singen eine wichtige Kulturpraxis sowohl für das Individuum wie auch für die Gesellschaft ist, fördern die Ostdeutsche Sparkassenstiftung gemeinsam mit verschiedenen regionalen Sparkassen und seit September 2015 ebenfalls das MBJS Brandenburg das Fortbildungsprojekt *Belcantare Brandenburg – Jedes Kind kann singen!*. Die zweijährige Fortbildung richtet sich an grundschulunterrichtende LehrerInnen der ländlichen Regionen Brandenburgs. Sie ist eine Intervention gegen den Rückgang des Singens im Land. Birgit Jank beschreibt eine der Ursachen für die Vernachlässigung des Singens in der Gesellschaft wie folgt:

> *„Immer weniger Eltern haben durch berufliche Belastungen die Zeit, mit ihren Kindern kontinuierlich zu singen, sich mit ihnen gemeinsam ein Liedrepertoire aufzubauen. […] Zu schnell kommt dann der Griff nach den so bequemen Liedkonserven"* (Jank, 2013, S. 60)

Weiterhin begründet Maria Spychiger die Abnahme der Singfähigkeit mit der Abhängigkeit des heutigen Erlernens eines Instruments oder der Singstimme im Kindes- und Jugendalter von dem Bildungshintergrund einer Familie und der zugenommenen Selbstverantwortung und -organisation von Familien für die Bildungsentwicklung. Das Wegfallen von gesellschaftlichen Anlässen zu denen gesungen wird und ausbleibende öffentliche Konsequenzlosigkeit für fehlende musikalische Bildung befördern die Situation (Spychiger, 2015, S. 6). Historisch betrachtet wurde bezüglich des Singens im Musikunterricht nach dem II. Weltkrieg in den beiden Teilen Deutschlands unterschiedlich verfahren: Während im Westen Deutschlands die Singepraxis durch die Adorno-Kritik mit anschließender Kunstwerkorientierung zurückging (vgl. Buschmann & Jank, 2013, S. 63; Spychiger, 2015, S. 6), hatte der Osten Deutschlands in der Nachwendezeit Schwierigkeiten das weggefallene sozialistische Liedgut zu ersetzen und die Singepraxis aufrechtzuerhalten. Hinzu kommt ein seit den 90er Jahren begonnener Rückgang der Liedarbeit an Grundschulen in ländlichen Regionen, der darin begründet liegt, dass ein Mangel an Fachkräften für das Fach Musik den Einsatz fachnaher aber nicht ausgebildeter Lehrkräfte erfordert. (Jank, 2013, S. 60).

Singfördernde Lehrerfortbildungen und Anknüpfungspunkte zur Forschungsanlage der Evaluationsstudie

Belcantare Brandenburg ist nicht das einzige Projekt, das die Notwendigkeit einer Intervention erkannte, vielmehr kann von einer Blütezeit der Singförderung durch das Qualifizieren von musikunterrichtenden GrundschullehrerInnen mittels großzügiger staatlicher und privater Zuwendungen gesprochen werden. Aus solchen Initiativen entstanden beispielsweise das in Nordrhein Westfalen ab 2007 durchgeführte Projekt „JeKi-Sti – Jedem Kind seine Stimme" (JeKi-Sti, Homepage, 21.06.2016), das sich mittels Tandemunterricht von LehrerIn und GesangspädagogIn die Sprech- und Singerziehung zum Ziel setzte. Im selbigen Bundesland, in der Region Ostwestfalen-Lippe, wurde von 2009–2011 das Projekt „Singen macht Sinn" durchgeführt, welches zum Tandemunterricht mit Vokalpädagogen an Schulen auch ein Lehrmodul zum Singen in der Schule an den Ausbildungsstätten für LehrerInnen anbot (Landesmusikrat Hamburg, Homepage, SMS, 21.06.2016). In Hessen setzte im Schuljahr 2008/09 „Primacanta – Jedem Kind seine Stimme" (Primacanta, Homepage, 21.06.2016) ein und richtete sein zweijähriges Angebot, bestehend aus Fortbildungsreihe mit begleitendem Einzelcoaching, an musikunterrichtende GrundschullehreInnen in Frankfurt am Main.

Belcantare Brandenburg entstand 2010 aus einem Transfer des Fortbildungsformates „Primacanta" in das Bundesland Brandenburg. Konzeptionell wie organisatorisch ging *Belcantare Brandenburg* jedoch eigene Wege aufgrund seiner differierenden musikpädagogischen Haltung in der schulischen Singpraxis und der Umsetzung des Projektes in der ländlichen Region Brandenburgs.

Anknüpfungspunkte für die Evaluationsstudie von *Belcantare Brandenburg* lieferten die Berichte der Begleitforschungen der Projekte „Jedem Kind seine Stimme“ (Barz & Kosubek, 2011) und „Singen macht Sinn“ (Forge & Gembris, 2012). Diese sind Evaluationsstudien, denen die explorativ orientierte wissenschaftliche Begleitung des Projektes „Primacanta“ von Maria Spychiger und Ulas Aktas (2015) mit einer größeren Freiheit in der Wahl der Forschungsfrage gegenübersteht; sie untersuchte, wie sich das musikalische Selbstkonzept der Schüler durch die Intervention verhält (Spychiger & Aktas, 2015, S. 12). Die Auseinandersetzung mit letztgenannter Studie führte im Wesentlichen dazu, das verhaltens- und motivationspsychologische und auf die Domäne der Musikanwendung übertragene Selbstkonzept (vgl. Spychiger, 2016, Kap. 3.3; Spychiger, 2010) zur Bestimmung des Kennwertes der eigenen Evaluationsforschung heranzuziehen. Die eigene Forschung ist aus der Perspektive der Teilnehmenden angelegt – ihre Wahrnehmungen bzgl. ihrer Entwicklung und Einschätzung des Projektes sind Beurteilungsmaßstab des Treatments. Naheliegend war dieser theoretische Bezug, da die Projektleitung sich ein zuvorderst motivationspsychologisches Ziel setzte: die Freude am Singen bei Lehrkräften und SchülerInnen zu wecken und aus dieser emotionalen Zuwendung heraus verschiedene Kompetenzen der Unterrichtsbeteiligten zu entwickeln.

Beschreibung des Lehrerfortbildungsprojektes *Belcantare Brandenburg*

Das Fortbildungsformat *Belcantare Brandenburgs* basiert auf der Kombination zweier Fortbildungselemente: der klassischen Fortbildungsveranstaltung und einem fachdidaktischen Coaching. Die TeilnehmerInnen nehmen innerhalb der zweijährigen Laufzeit an 12 Fortbildungstagen teil, an denen sie auf drei Gruppen aufgeteilt und ihrem Erfahrungsstand entsprechend gefördert werden. An einem Fortbildungstag durchlaufen die TeilnehmerInnen drei Workshops zu Themen der schulischen Liedarbeit. Die Workshop-Planung ist flexibel angelegt, das heißt, die Inhalte zu den rahmenlehrplanorientierten und lieddidaktischen Themenfeldern orientieren sich an den Interessen und Erfahrungsvoraussetzungen der TeilnehmerInnen ebenso wie an den inhaltlichen Schwerpunkten und Umsetzungsideen der DozentInnen. Die Projektleitung garantiert dabei, dass bei wechselnden DozentInnen die gewünschten Themen aufbauend weitergeführt werden. Neben dieser Flexibilität ist die Vielfalt eine weitere Charaktereigenschaft des Fortbildungskonzeptes. Sie schlägt sich nieder in der Vielfalt der behandelten Liedgenres, der vielseitigen didaktischen Erarbeitungen, Gestaltungen und Reflexion von Liedern und ihren jeweiligen Kontexten (Inhalte der einzelnen Fortbildungsveranstaltungen siehe Forschungsausschnitt, Ergebnisse, Ranking zu den einzelnen Fortbildungstagen). Diese flexible Handhabung des Unterrichtsgegenstandes ist nicht zuletzt eine Konsequenz aus den negativen Erfahrungen von ostdeutschen MusikpädagogInnen mit geschlossenen, die individuellen Bedürfnisse und Neigungen unberücksichtigt lassenden Konzeptionen, weswegen sich eine Ablösung von der bei *Primacanta* praktizierten stark strukturierten Didaktik des Aufbauenden Musikunterrichtes (http://www.dirk-bechtel.de, 21.06.2016) vollzog.

Das fachdidaktische Coaching ermöglicht den LehrerInnen, parallel zu den Fortbildungstagen mit Fachkräften aus verschiedenen Arbeitsfeldern der Singvermittlung nach eigenen Interessen- und Bedürfnislagen zusammenzuarbeiten wie auch die Inhalte der Fortbildungstage zu sichern und weiterzuführen. Auch für diese Fortbildungsmethode ist eine flexible Handhabung charakteristisch. Sie bezieht sich auf die freie Themenwahl der LehrerInnen, die Coach- und Terminauswahl und die Form der bis zu acht Coachingtreffen. Sie können bspw. für Gespräche, musizierpraktische Übungsstunden, beiderseitige Hospitationen oder gemeinsames Unterrichten genutzt werden, selbst Einzel- und Gruppencoachings sind möglich.

Einordnung der Evaluationsforschung

Die Autorin übernahm im Rahmen ihrer Promotion die Aufgabe *Belcantare Brandenburg* zu beforschen. Für die Pilot- und Folgestaffel, in den Jahren 2011–2015, erhielt der Lehrstuhl Musikpädagogik und Musikdidaktik an der Universität Potsdam von der Ostdeutschen Sparkassenstiftung unter Beteiligung der regionalen Sparkassen einen Etat zur Evaluation *Belcantare Brandenburgs.*

Die *Belcantare Brandenburg* begleitende Forschung trägt evaluativen Charakter aufgrund ihrer Zielstellung, die Wirkung der Fortbildungsmaßnahme *Belcantare Brandenburg* für die teilnehmenden LehrerInnen als Zielpopulation zu bewerten, denn zu deren Gewinn wurde das Projekt konzipiert. Seine erfolgreiche Wirkung ist Voraussetzung dafür, dass *„jedes Kind (wieder) in der Lage ist, eine Melodie anzustimmen, seine Stimme zu erheben und sich ungezwungen mit Musik und all den schönen Facetten von Musik zu beschäftigen“.* (Belcantare Brandenburg, Homepage, 04.10.2015). So definierte die Projektleitung als Kernziel, um obenstehende Wirkung bei den Schülern zu erreichen:

> *„Belcantare Brandenburg will Lehrende der Grundschule zu singbegeisterten Spezialisten ausbilden, […].“* (Belcantare Brandenburg, Homepage, 04.10.2015)

Für die Evaluation resultieren daraus die Grobziele (goals) systematisch zu erfassen, ob nach Abschluss des Projektes die teilnehmenden LehrerInnen das Singen in der Schule motiviert und kompetent vermitteln können. Doch wann gelten LehrerInnen als kompetent genug, um das Singen im Unterricht zu vermitteln, und welche Rolle spielt die Motivation? Kaiser stellte bereits diese Frage, jedoch in Bezug auf einen anderen Adressaten, aber vergleichbaren Kontext: Im Diskurs über Bildungsstandards des Faches Musik fragte er: „Wann ist ein Schüler kompetent?" und seine Antwort lautete aus motivationspsychologischer Sichtweise für LehrerInnen und SchülerInnen gleichermaßen zutreffend: *„Diese definieren für sich, worin und im Hinblick worauf für sie kompetentes musikalisches Handeln besteht."* (Kaiser, 2001, S. 9) Die Selbstzuschreibung der Kompetenz beinhaltet für die musikunterrichtenden LehrerInnen neben dem musikalischen Handeln als zusätzliche Dimension das didaktische Handeln. Die motivationspsychologische Herangehensweise, welche die Forschungsperspektive aus Sicht der LehrerInnen als Bewertungsmaßgabe der Evaluation heranzieht, ist dreifach tragend für die Forschungsanlage: Erstens nehmen die LehrerInnen freiwillig an der Fortbildung teil und ihre Teilnahme ist dann kontinuierlich, wenn die Vermittlungsinhalte einen Gewinn für ihre Lehrpraxis sind. Die Fortbildung ist also ein Angebot und die TeilnehmerInnen entscheiden selbst, was sich aus ihrer Situation heraus als kompetentes Handeln erweist und worin sie sich qualifizieren. Zweitens ist eine fachspezifische Übertragung des Bildungsstandarddiskurses auf die Lehrperson zu gegebenem Zeitpunkt bildungspolitisch nicht gegeben, wodurch eine externe, auf fachdidaktischen Bildungstheorien basierende Leistungsüberprüfung nicht möglich ist (vgl. Barz & Kosubek, 2011, S. 9). Schließlich erweist sich das von Maria Spychiger auf den musikalischen Umgang übertragende Selbstkonzept aufgrund seiner Selbstwirksamkeitserwartung mit Bedeutung für die Motivation einer Person als tragfähige theoretische Basis der Intervention (vgl. Spychiger, 2015, S. 10).

Die Auftragsforschung ist in die Evaluation durch Erkundung einzuordnen, da das spezifische Untersuchungsfeld, singfördernde Lehrerfortbildung im ländlichen Raum, nicht erforscht war und demzufolge erste Hypothesen zur Qualitätssicherung und -weiterentwicklung der Maßnahme zu generieren sind. Daraus resultierte die Evaluation formativ zu gestalten, indem sie der Projektleitung zeitnah neben Wirkungsverläufen zuvorderst handlungsrelevantes Wissen rückmeldete (vgl. Bortz & Döring, 2006, S. 109 f.).

Die Funktionen der Evaluation ließen sich aus den verschiedenen Interessen der an dem Projekt beteiligten Kooperationspartner aus Wirtschaft, Forschung und Kultur ableiten:

- wertsteigernde Erkenntnisse zur Weiterentwicklung des Projektes (Optimierungsfunktion),
- Grundlagenforschung zum fachdidaktischen Coaching um die musikpädagogische Forschung weiterzuentwickeln (Erkenntnisfunktion) und
- das Publizieren der Forschungsergebnisse um die Transparenz des Projektes gegenüber bildungsverantwortlichen Institutionen und Interessenten zu gewährleisten (Legitimationsfunktion) (vgl. Helmke, 2007, S. 152 und Bortz & Döring, 2006, S. 97).

Die Grundlagenforschung als Forschungsfeld in eine Evaluationsforschung zu integrieren ist nicht abwegig, da die zu evaluierenden Maßnahmen auf Ergebnissen der Grundlagenforschung basieren sollten. Eine erkundende Evaluation kann diese generieren und schließlich bedienen sich beide Forschungsdisziplinen gleichermaßen der systematisch empirischen Forschungsmethoden zur Eruierung von Ergebnissen.

Die erfolgten Rückmeldungen an die Projektgestalter während der formativen Evaluation gewähren bereits einen ersten Blick in das Evaluationskonzept.

1. Dokumentenanalyse des Projektkonzeptes zur Schärfung der Zielperspektive für Projekt und Forschung
2. Rückmeldung der Teilnehmerzufriedenheit zu den einzelnen Fortbildungsveranstaltungen (kontinuierlich erfolgend)
3. Repräsentativer Band mit Ergebnissen der Testläufe der Standardmessinstrumente[2]
4. Studentische Qualifikationsarbeiten (Bachelor- und Masterarbeiten) zu verschiedener Forschungsfeldern in der erkundenden Evaluation
5. Veröffentlichte Fachartikel zu Teilergebnissen der Evaluation[3]
6. Wissenschaftliche Edition mit ausgewählten Ergebnissen[4]

---

2 Buschmann, J. & Jank, B. (2013). Belcantare Brandenburg. Jedes Kind kann singen!. repräsentative Dokumentation. Potsdam.

3 Buschmann, J. (2/2015) Dorf im Digital? Digitale Fortbildung für Musiklehrer im ländlichen Raum. In *Musikforum*, S. 34 f.
Sütterlin, S. nach einem Interview mit Jank B. (1/2014). Das Potenzial des Singens erkennen. In PortalWissen. Das Forschungsmagazin der Universität Potsdam, S. 60 ff.

4 Vorliegender Beitrag ist eine Zusammenfassung der im Herbst 2016 erscheinenden Publikation: Buschmann, J. & Jank, B. (2016). Belcantare Brandenburg – Jedes Kind kann singen, wissenschaftliche Edition. In *Potsdamer Schriftenreihe für Musikpädagogik*, Bd. 3/2, ISBN 978-3-86956-254-4.

Die Themen der Evaluationsforschung wurden mit den Kooperationspartnern des Projektes *Belcantare Brandenburg* elaboriert und das Evaluationskonzept zur Bewertung der Intervention vorgestellt und gemeinsam beschlossen.

Die sich in Arbeit befindende Dissertation ist die summative Evaluationsstudie zur Intervention, die typischerweise nach Abschluss der Maßnahme oder des Projektbegleitzeitraumes vorgenommen wird (Bortz & Döring, 2006, S. 109). Gegenstand hierin ist die gesamtheitliche Bewertung und Wirksamkeit der Maßnahme.

Forschungsdimensionen und Design der Evaluationsforschung

Der explorativen Evaluation liegen unspezifische Hypothesen zugrunde. Zur Annäherung an die Repräsentativität der Ergebnisse zur Wirkung einer Maßnahme wie bei spezifischen Hypothesen, wird anstelle einer Kontrollgruppe die Mehrfachanwendung und die Intensitätsvariation der Maßnahme genutzt, damit das Ergebnis (abhängige Variable) tatsächlich durch die Maßnahme (unabhängige Variable) und nicht durch andere Einflussgrößen erwirkt wurde (Bortz & Döring, 2006, S. 116 f.). Weiterhin führte aus selbigem Grund die explorative Forschungsanlage zur Erhebung von Vergleichsdaten. Besonders in Bezug auf die Lehrermeinungen über die Einschätzungen der SchülerInnen zum Projekt und deren Entwicklung wurden Daten von Schülerseite erhoben. Desgleichen sind Coaches befragt worden, um das in der Lehrerfortbildung bislang unberücksichtigt gebliebene fachdidaktische Coaching umfassend evaluieren zu können. Neben seiner mehrperspektivischen Anlage steht die Evaluation weiterhin in der neueren Tradition der „Mixed Theorie" (Kelle, 2008, S. 39), da die Erkenntnispotenziale der qualitativen wie quantitativen Forschungsmethoden zur Validitätssteigerung und zur Vertiefung bzw. Ergänzung der Forschungsergebnisse einzusetzen waren (vgl. Kelle, 2008, S. 261).

Die Wirksamkeit der Lehrerfortbildung für die schulische Liedarbeit der Teilnehmenden wird bzgl. dreier Dimensionen erforscht:

1. der fachlichen, didaktischen und persönlichen Entwicklung der LehrerInnen,
2. der Fortbildungselemente (Fortbildungsveranstaltung, fachdidaktisches Coaching) und
3. der Anlage des Projektes für LehrerInnen im ländlichen Raum.

Während die erste Dimension den Erfolg des Projektes auf musikalischer, didaktischer und persönlicher Ebene der TeilnehmerInnen feststellt, liefern die Erhebungen zu den Dimensionen zwei und drei mögliche Qualitätskriterien oder Ursachen für das Ausbleiben von angestrebten Wirkungen.

Das Beforschen dreier Dimensionen unter Berücksichtigung eines zu Teilen mehrperspektivischen und multimethodologischen Forschungsdesigns wurde durch das Hinzuziehen dreier Studentinnen, Eva Katharina Aßinger, Juliane Böhme und Claudia Kähler im Rahmen ihrer Master-Qualifikationsarbeiten, ermöglicht.

Die explorative Anlage führte weiterhin dazu, offene Fragestellungen gegenüber unspezifischen Hypothesen zu präferieren, da sie den Evaluator aus einer Position der Rechtfertigung in eine darstellende Position versetzt und so leichter die ethischen und methodischen Standards der empirischen Grundlagenforschung vertreten lässt. Zur Verteilung der Forschungsaufgaben innerhalb des kooperativen Teams wurden fünf voneinander abgegrenzte Forschungsfragen entwickelt. Die in den Klammern stehenden Namen sind die Evaluatoren:

1. Worin und mit welcher Intensität haben sich die TeilnehmerInnen auf fachlicher, didaktischer und persönlicher Ebene weiterentwickelt? (Jana Buschmann)
2. Wie zufrieden sind die Teilnehmenden mit den Fortbildungsveranstaltungen bezogen auf Angebot und Umsetzung? (Jana Buschmann)
3. Wo liegen die Chancen und Grenzen eines musikdidaktischen Coachings? (Eva Katharina Aßinger, Juliane Böhme)
4. Sind ländliche und städtische Singprojekte gleichermaßen zu planen? (Jana Buschmann)
5. Wie bewerten die SchülerInnen die Veränderungen durch das Projekt *Belcantare Brandenburg?*[5] (Claudia Kähler)

Die fachwissenschaftlichen Kontexte der Forschungsaufgaben wurden mit den Studierenden diskutiert, die interessierenden Variablen operationalisiert, der Einsatz und die Auswertungsgänge der verschiedenen Erhebungsinstrumente wurden mittels eines Leitfadens für das Forscherteam vereinheitlicht. Mit der Begleitung und organisatorischen Betreuung der studentischen Arbeiten erfüllte sich der Wunsch der Promovendin, studentisches Forschen stärker in der Musiklehrerausbildung zu verankern, um die Synergien von Forschung im Berufsfeld einerseits und wissenschaftlich reflektierte Erfahrungen für die Lehrpraxis andererseits zu nutzen.

Mit einer Ausnahme wurden die Erhebungsinstrumente von den einzelnen ForscherInnen für das Projekt *Belcantare Brandenburg* entwickelt und nach der Dis-

5 Der Zwischen- und Schlussbericht von Spychiger & Aktas (2011 und 2015) zu *Primacantas* Begleitforschung ermöglichte die methodischen und fachlichen Erkenntnisse und explizit den „Primacanta-Fragebogen" (Erster Zwischenbericht über die wissenschaftliche Begleitung der 3. Staffel, September 2011, S. 28 f.) als Kontrollinstrument in die eigene Forschung einzubeziehen.

kussion im Team eingesetzt. Die quantitativen Messinstrumente zur Lehrentwicklung und Zufriedenheit mit der Fortbildungsveranstaltungsreihe wurden in Staffel 1 des Projektes getestet und in Staffel 2 präzisiert eingesetzt (siehe Forschungsausschnitt). Eigens der Schüler-Fragebogen zum Abgleich mit Lehrermeinungen zur projektabhängigen Entwicklung der SchülerInnen ist der Begleitforschung von Spychiger & Aktas (Spychiger & Aktas 2011, S. 28 f.) entnommen.

Die nachstehende Tabelle zeigt ein für das gesamte Forschungskonzept vorliegendes wie für den einzelnen Forschungsgegenstand zutreffendes multimethodologisches und mehrperspektivisches Design. Dargestellt ist, für welche der Forschungsfragen welche Erhebungsinstrumente bei wem und wann im zeitlichen Verlauf der ersten zwei Staffeln eingesetzt wurden. Aufgrund einer kleinen Teilnehmergruppenzahl bei der Lehrerfortbildung (Staffel 1: N = 29, Staffel 2: N=29) wurde für die Fragebögen zur Lehrerentwicklung und Zufriedenheit mit der Fortbildungsveranstaltung eine Vollerhebung durchgeführt. Die Auswahl der Interviewpartner erfolgte weitgehend nach dem theoretical sampling oder wie bei den Gruppendiskussionen und SchülerInnen-Fragebögen kamen Ad-hoc-Stichproben zum Tragen.

Bis auf das rein qualitativ angelegte Design zum musikdidaktischen Einzelcoaching tendieren die anderen Designs dazu, anfänglich qualitative Forschungsmethoden einzusetzen, beispielsweise das Paarinterview mit der Projektleitung, um die Ziele, die Struktur, die Fortbildungsinhalte zu erfragen. Ein anderes Beispiel zur anfänglichen Itemgenerierung ist die Dokumentenanalyse projektinterner und fachtheoretischer Quellen. Mit Forschungslänge und -erfahrung nimmt die Gewichtung der quantitativen Forschungsmethoden zu, mit dem Ansinnen die Repräsentanz der einzelnen Ausprägungen zu eruieren. Als besonders ertragreich erwiesen sich halbgeschlossene Fragebögen: die geschlossenen Fragen erfassten die quantitative Tragfähigkeit der sicheren Ausprägungen einer Variablen. Offene Fragen erweiterten die Ausprägungsspanne und lieferten Begründungen für vorgenommene Wertungen der Adressaten. Kontinuierliche Erhebungen sind der Fragebogen zur Lehrerentwicklung, der zu Beginn, zur Hälfte der Laufzeit und am Ende einer Staffel eingesetzt wurde wie der eingesetzte Fragebogen über die Zufriedenheit der Teilnehmenden im Anschluss an die Fortbildungsveranstaltungen.

Weiterhin werden tendenziell zwei verschiedene Adressatengruppen zum Ende der Untersuchungsreihe hin befragt, mit dem Ziel, die Standhaftigkeit von Erkenntnissen und die Breite der Erkenntnisstände zu prüfen.

Mehrere Untersuchungen beforschen verschiedene Leitfragen innerhalb einer Erhebung mit dem Ansinnen, die Befragten zeitlich zu entlasten.

Die Abkürzungen (L, S, P, C und LV) entsprechen den Adressaten der Untersuchungen.

Dimensionen	Forschungsgegenstand und Evaluatoren	Erhebungsinstrumente und Adressaten					
Lehrerentwicklung	Lehrerentwicklung *Jana Buschmann*	Dokumentenanalyse	Paarinterview (P) Fragebogen (L)	Einzelinterview (L) Fragebogen (L)	Fragebogen (L)	Gruppendiskussion (L + P) Fragebogen (L)	Fragebogen (L)
	Schülermeinungen *Claudia Kähler*	Primacanta-Fragebogen[6] (S)	Bildinterpretation (S)	Paarinterview und Einzelinterview (S) Adaptierter Primacanta-Fragebogen (S) Fragebogen (L)			
Fortbildungsformat	Fortbildungsveranstaltung *Jana Buschmann*	Dokumentenanalyse	Dokumentenanalyse Paarinterview (P) Fragebogen (L)	Einzelinterview (L) Fragebogen (L)	Fragebogen (L)	Gruppendiskussion (L + P) Fragebogen (L)	Fragebogen (L)
	Coaching *Eva Katharina Aßinger* *Juliane Böhme*		Dokumentenanalyse Gruppendiskussion (C)	Einzelinterview (L) Erfahrungsbericht (C)		Einzelinterview (C)	Einzelinterview (C) Gruppendiskussion (L) Einzelinterview (L)
Ländliche Lehrerfortbildung	Projektplanung und Projektorganisation *Jana Buschmann*	Dokumentenanalyse	Dokumentenanalyse Paarinterview (P) Fragebogen (L)	Einzelinterview (L)	Fragebogen (L) + (LV)		
		2011	**2012**	**2013**	**2013**	**2014**	**2015**
		Staffel 1(September 2011 – Juni 2013)			***Staffel 2 (September 2013 – Juni 2015)***		

Legende: P = Projektleitung L = LehrerIn C = CoachIn S = SchülerIn LV = Lehrer-Vergleichsgruppe

6 Spychiger & Aktas 2011, S. 28 f.

Die Wahl den nachstehenden Forschungsausschnitt vorzustellen, beeinflusste die Gegebenheit, dass ein Großteil von Lehrerfortbildungen in Form von Fortbildungsveranstaltungen abgehalten werden und in der Weitergabe der Ergebnisse ein Übertrag auf vergleichbare Fortbildungen gefördert werden will. Des Weiteren werden hierin die einzelnen Fortbildungsinhalte aufgeführt, woraus der Leser auf die Fortbildungsinhalte schließen kann und somit auch die Gestaltung des Fragebogens transparenter wird.

Forschungsausschnitt: Lehrerfragebogen zur Zufriedenheit mit der zweiten Fortbildungsveranstaltungsreihe *Belcantare Brandenburg*

Entwicklung des Messinstruments, Durchführung und Auswertung der Untersuchungen

Das Messinstrument zur Feststellung der Teilnehmerzufriedenheit mit der Veranstaltungsreihe ist ein Fragebogen mit 17 Items, erfragt werden sie in 14 geschlossenen und drei offenen Fragen. Das Messinstrument wurde von der Autorin im Laufe der ersten Staffel von *Belcantare Brandenburg* entwickelt, getestet und evaluiert: unerhebliche Items und irritierende Fragestellungen fielen heraus, drei offene Fragen zum Fortbildungstag kamen hinzu, um Begründungen für die quantitativen Daten zu erhalten und nicht berücksichtigte Ursachen für (Un)-Zufriedenheiten zu erschließen. Zur Entwicklung des Bogens wurde die Analyse der Projektkonzeption (Maier, 2013, S. 39–42), die von der Autorin eruierten Ergebnisse aus dem Paarinterview mit beiden Projektleitern (2012) und drei Einzelinterviews mit ProjektteilnehmerInnen (2012/2013) herangezogen. Der Einsatz des Fragebogens wurde zu Beginn der zweiten Staffel mit der Projektleitung und den beteiligten Kooperationspartnern inhaltlich abgestimmt und beschlossen.

Der Fragebogen eignet sich als Erhebungsinstrument zur Feststellung der Teilnehmerzufriedenheit, da die zu prüfenden Aspekte eruiert sind, eine Vergleichbarkeit zwischen den Fortbildungstagen und Workshops gegeben sein soll und ein Feedback seitens der LehrerInnen zu 11 Zeitpunkten der Fortbildung zu erfassen war, was zeiteffizient mit wenigen vergleichbaren Fragen und statistischer Auswertung zu gewährleisten ist.

Die geschlossenen Fragen wurden den Teilnehmenden in Aussageform gestellt und erfassen die Erfüllung der Angebotserwartung, die Relevanz der Workshops für den Unterricht, die Erprobung von Liedern, didaktische Aufbereitung und Reflexion der Inhalte und des Materials für den Unterricht, die leistungsdifferenzierte Vermittlung der Inhalte und die Motivation der Teilnehmenden, die Inhalte in den Unterricht zu übernehmen. Die ergänzenden offenen Fragen halten das Befinden und deren Ursache(n) während der einzelnen Workshops fest, erbitten Auskünfte über projekt- und schulbezogene Thematiken, welche die Teilnehmenden über den Fortbildungstag beschäftigen, und erfragen den persönlichen Gewinn aus der Teilnahme an dem Fortbildungstag.

Die Tagesstruktur eines Fortbildungstages (FB), also das Durchlaufen der Teilnehmenden von drei Workshops (WS) mit angepasstem Leistungsgrad, legte nahe, einen nach WS differenzierten Fragbogen zu entwickeln. Die Beantwortung des Fragebogens erfolgte am Ende des Fortbildungstages, so dass den Teilnehmenden eine konkurrierende Wertung der WS möglich war.

Der Fragebogen wurde in 11 von 12 möglichen FB der 2. Staffel von *Belcantare Brandenburg* eingesetzt, FB12 blieb aufgrund der Vorbereitungen für die Abschlusspräsentation unberücksichtigt.

Die Antwortkategorien wurden auf einer fünfstufigen Ordinalskala abgebildet. Zur Anwendung kamen die Zahlenwerte (1–5), sie wurden als Schulnoten interpretiert und die Durchschnittswerte zu den einzelnen Fragen, Workshops und Fortbildungstagen berechnet. Diese Skalenform wurde eingesetzt, um eine größere Streuung und eine den LehrerInnen vertraute Wertungsmethode zu ermöglichen.

Da in der Auswertung Aussagen über die vorliegenden Daten getroffen werden, handelt es sich um eine deskriptive Statistik mit der Konsequenz, dass die Aussagen nicht zur Gesamtteilnehmerzahl ins Verhältnis gesetzt sind (vgl. Kirchhoff & Kuhnt & usw. 2001, S. 34). Bezugswert sind die Summen der Fragebogenrückläufe von FB 01–11. Alle Ergebnisse der tabellarischen Übersicht sind im arithmetischen Mittel dargestellt. Die quantitative Darstellung der qualitativen Daten erfolgt in Prozentwerten. An Stellen geringer Beteiligung wurde auf die absoluten Zahlen zurückgegriffen, um die Wertigkeit gegenüber der Gesamtgruppe aufzuzeigen. Die quantitativen Daten wurden mittels Excel berechnet. Es liegt eine nach FB und WS differenzierte Auswertung vor.

Das angewendete inhaltsanalytische Verfahren zur Auswertung der qualitativen Daten (Mayring & Brunner, 2010, S. 323–333; Schmidt, 2010, S. 473–486) ordnet das Datenmaterial nach Aspekten. Die Aspekte sind aus dem Material induktiv gewonnen. Durch die Systematisierung der Aspekte entsteht ein für jede Frage hierarchisches System, bestehend aus Kategorie, Unterkategorie und Item. Aufgrund der Unterschiedlichkeit der Fragen liegt einer jeden sein eigenes Kategoriensystem zugrunde. Die Auswertungseinheit umfasst FB01-11, die Kodiereinheit für einen Aspekt ist das einzelne Wort.

Das Vorgehen in der Inhaltsanalyse ist in fünf Arbeitsschritte unterteilt, um dem Qualitätskriterium der intersubjektiven Nachvollziehbarkeit Rechnung zu tragen:

1. Transkription: in wort- und symbolgetreuer Digitalisierung der Daten.
2. Aspektbelegung: die Aussagen werden mit Aspekten belegt, die Zuordnung der Aspekte zu den jeweiligen Fortbildungsveranstaltungen bleibt erhalten.
3. Kategorisierung: Systematisierung der Aspekte einer Frage in Kategorie, Unterkategorie und Item. Jede Kodiereinheit wurde einmalig vergeben, Ausnahme bilden die Begründungen (Ursachen) für das Vorliegen verschiedener Gefühle aus Frage 1.
4. Quantitative Darstellung der qualitativen Daten: Sie repräsentiert die Präsenz bestimmter Items, ausgenommen davon sind aufgrund mehrfacher Vergabe die Begründungen zu bestimmten Gefühlslagen der TeilnehmerInnen, Frage 1.
5. Interpretation der Daten: Der Interpretationsfokus orientiert sich an dem quantitativen Auftreten der Items zu bestimmten (Unter-)Kategorien.

Aufgrund einer kleinen Teilnehmergruppenzahl war eine Stichprobenauswahl nicht erforderlich, eine Vollerhebung wurde veranlasst: An der zweiten Staffel *Belcantare Brandenburg* der Regionen Ostprignitz-Ruppin und Prignitz sind 29 TeilnehmerInnen beteiligt. Sie kommen von 17 Grundschulen, ein Teilnehmer arbeitet an einer Musikschule.

Die Fortbildungsbeteiligung in der 2. Staffel beträgt 72,07 %; von den anwesenden LehrerInnen haben durchschnittlich 90,43 % an der Befragung teilgenommen. Die Auswertung trifft Aussagen über die Beteiligten der Befragung, weswegen sie 100 % entsprechen.

Ausgewählte Ergebnisse

a. Geschlossene Fragen

Die gesamte Fortbildungsreihe schließt nach Bewertung durch die TeilnehmerInnen mit einer Gesamtnote von 1,39 ab, das entspricht der Note „sehr gut". Sie sind höchst zufrieden mit der Fortbildungsreihe. Die Durchschnittswerte der einzelnen Fortbildungstage liegen zwischen 1,18 und 1,59. Dies kommt einem „sehr gut" bis immer noch „gut und besser" gleich. Acht Fortbildungstage schließen mit „sehr gut", drei mit „gut".

Das Ranking zu den Durchschnittsergebnissen der einzelnen Fortbildungstage 1 bis 11 stellt sich wie folgt dar:

Platzierung	Fortbildungstag	Inhalte
01	FB09 22.11.2015 ∅ 1,18	Arbeiten an der Gesangstechnik, reflektiertes Lehrerhandeln, Repertoirearbeit, soziale Funktion des Singens, Konnotationen, Advents- und Weihnachtslieder, Vorbereitung Adventspräsentationen
02	FB11 23.03.2015 ∅ 1,25	Digitale Aufnahme- und Bearbeitungsmöglichkeiten von Liedern, Stimmbildung, Wiederholungen, Vorbereitung der Abschlussveranstaltung
03	FB06 22.03.2015 ∅ 1,29	Liederarbeitung nach Bausteinprinzip, instrumentale und tänzerische Liedgestaltung, Liederkundungen (Lieblingsstücke, Kanons, Volkslieder, Chor), Liedangewandte Stimmbildung
04	FB10 17.01.2015 ∅ 1,30	Interkulturelle Lieder, Singen in ungeraden Rhythmen, Dur-Moll-Tonalität, Bühnenpräsenz, Improvisieren und eigenes Komponieren, Auswahl der Abschlusslieder
05	FB05 18.01.2014 ∅ 1,30	Lieder vom Liedermacher, Gestaltung von Liedern, Stimmbildung (Körper, Atmung, Resonanz), Einstiege ins Lied, Thematisierung des Tonumfanges für SchülerInnen in Liedern, Begleitungen entwickeln, verschiedene Frühlingslieder
06	FB01 14.9.2013 ∅ 1,37	Stimmbildungsübungen, Start-Ups, Liederrepertoire, Liederarbeitung, Einführung in Atmung, Haltung, Rhythmus, Gesang und Bewegung
07	FB02 15.9.2013 ∅ 1,386	Stimmübungen und Liedbeispiele für das Singen mit Klassen Grundlagen zu Metrum, Rhythmus, Melodie, musikalische Zeichen
08	FB03 19.10.2013 ∅ 1,39	Einführung in die Solmisation, kindgerechtes Einsingen, Herangehensweisen in der Liederarbeitung, Repertoireerweiterung, musiktheoretische Grundlagen
09	FB04 23.11.2013 ∅ 1,52	Sing- und Rhythmusspiele, Musizieren in Gruppen anleiten, Hinführung zur Mehrstimmigkeit (Kanon), (Winter-)Kinderlieder für verschiedene Klassenstufen
10	FB08 13.09.14 ∅ 1,55	Singen als Ausdrucksmedium (theoretischer Diskurs), Dirigierbilder und Anleitung von Gruppen/Chören, Repertoireerarbeitung
11	FB07 17.05.2014 ∅ 1,59	Möglichkeiten der Texterschließung beim Liederlernen, Repertoirewiederholung, Funktion Methodenwechsel, Perspektiven zur Lieddidaktik, Liederkundungen, SchülerInnen gestalten und interpretieren Lieder, E-Learning

Zwei wesentliche Ergebnisse lassen sich aus der Gegenüberstellung der Fortbildungstage ableiten: Auf den Plätzen 1 und 2 des Ranking stehen Fortbildungstage, in denen zwei von drei Dozenten an beiden Fortbildungstagen arbeiteten. Jene Dozenten waren den TeilnehmerInnen am vertrautesten, da sie innerhalb der Reihe 6mal bzw. 5mal einen WS leiteten. Auch jene Dozentin, die viermal dozierte, erreichte nach der erstmaligen Wertung von 1,72 die Folgewertungen von 1,22 bis 1,26. Daraus lässt sich schlussfolgern, dass die erwähnten DozentInnen bei wiederholtem Dozieren zielgruppenorientierter arbeiteten. Insgesamt wurden 18 DozentInnen eingesetzt.

Des Weiteren ist festzustellen, dass bei zwei von drei Fortbildungstagen (FB07 und FB08) auf den hinteren Rängen vorrangig theoretische Inhalte Gegenstand waren. Die differenzierte Betrachtung des WS20 der 7. Fortbildungsveranstaltung ist beispielgebend für die Vorbehalte der LehrerInnen gegenüber theoretischer Wissensvermittlung: 19 von 21 TeilnehmerInnen nahmen an der geschlossenen Befragung teil. In der Gesamtwertung erhielt der WS 1,97, was einer noch guten Leistung entspricht. Bei allen FB-Fragen liegen erhöhte Werte vor. Der vergleichsweise hohe Gesamtwert zu den anderen WS liegt bei näherer Betrachtung einzelner Fortbildungsaspekte u. a. darin begründet, dass die Programmankündigung eine andere Erwartung bei den TeilnehmerInnen aufbaute (2,10) und der WS in der Auswertung als weniger wichtig im Rahmen der Fortbildungsreihe eingestuft wurde (2,2). Gründe können hierfür sein, dass einige TeilnehmerInnen lieddidaktische Wissensformate und Wiederholungen als nicht zwingend notwendig erkannten (2,18) und besonders die Materialien nicht ausschließlich für den unmittelbaren Einsatz in der Schule ausgearbeitet waren (2,24), weswegen auch die Umsetzungsmotivation in den Unterricht mit 2,17 geringer ausfällt. Im Gegensatz dazu schneidet die Workshop-Durchführung mit Werten zwischen 1,47–1,59 vergleichsweise gut ab: Die Inhalte waren also verständlich (1,56), dem Arbeitstempo konnte gefolgt werden (1,47) und der Aufbau war nachvollziehbar (1,59).

Das Ranking zu einzelnen Aspekten innerhalb der Fortbildungsreihe eruiert bei 12 von 14 durchgängig gestellten Fragen des Feedbackfragebogens ein „Sehr gut".

Die Aussage „dieser Workshop ist ein wichtiger Bestandteil innerhalb der Fortbildungsreihe" erzielte mit 1,27 die beste Durchschnittswertung. Hieraus lässt sich ableiten, dass die TeilnehmerInnen das, was sie in der Fortbildungsreihe erarbeiten, als wichtig für ihre schulische Liedarbeit einschätzen, die inhaltliche Konzeption trägt sich.

Die schwächste Wertung mit 1,56, einem beinahe „sehr gut", kommt der Frage zu, einen Weg gefunden zu haben, das Behandelte mit SchülerInnen zu erarbeiten.

Hier verbessern sich die Wertungen zum Ende der Staffel hin, denn die FBs 09, 10, 11 erlangen Werte mit 1,34–1,49.

Das Ranking zur Fortbildungsgüte durch Betrachtung einzelner Fortbildungsaspekte:

Platzierung	Frage
01 / Ø 1,27	Dieser Workshop ist ein wichtiger Bestandteil innerhalb der Fortbildungsreihe.
02 / Ø 1,29	Der Inhalt war verständlich.
03 / Ø 1,30	Der Workshop hatte einen nachvollziehbaren Aufbau.
04 / Ø 1,31	Ich habe heute das angeboten bekommen, was ich der Programmankündigung nach erwartet habe.
05 / Ø 1,34	Der Workshop hat mich positiv gefordert.
06 / Ø 1,36	Ich konnte dem Arbeitstempo folgen.
07 / Ø 1,38	Der Workshop war unterrichtsrelevant.
08 / Ø 1,39	Der Workshop hat mir etwas vermittelt, was ich unbedingt in meinem Arbeitstag umsetzen möchte.
09 / Ø 1,40	Die Wiederholung der ausgewählten Inhalte war notwendig.
10 / Ø 1,42	Ich konnte die musizierpraktischen Aufgaben umsetzen.
11 / Ø 1,44	Wir reflektierten, wie die Workshop-Inhalte den Schülern methodisch-didaktisch vermittelt werden können.
12 / Ø 1,49	Die Materialien sind gut für den Unterricht aufbereitet.
13 / Ø 1,51	Anhand der Materialien kann ich im Nachhinein das Behandelte nachvollziehen.
14 / Ø 1,56	Ich habe einen Weg gefunden, wie ich das Behandelte mit den Schülern erarbeiten kann.

Auf den vorderen Plätzen liegen Aspekte, welche die Struktur der WS kennzeichnen (Wichtigkeit der Thematik innerhalb der Fortbildung, Verständlichkeit, Aufbau, Erwartung aufgrund der Ankündigung). Im mittleren Feld der Wertungen sind größtenteils Aspekte des Vorgehens zu finden, wie z. B. angemessene Förderung der TeilnehmerInnen, Arbeitstempo, musizierpraktischer Schwierigkeitsgrad und Wiederholungsnotwendigkeit. Sie werden durch das Leistungsvermögen der LehrerInnen mitbestimmt. Bestwertungen bei diesen Aspekten zu erzielen ist schwieriger durch die Abhängigkeit von der Teilnehmergruppe. Die Fragen nach der Unterrichtsrelevanz (Platz 07) und Umsetzungsmotivation von FB-Inhalten (Platz 08), ebenfalls noch im mittleren Wertungsfeld, gehen wiederum darüber hinweg, denn sie nehmen bereits den persönlichen Nutzen der TeilnehmerInnen in den Fokus. Der Nutzen ist jedoch nicht nur von den persönlichen Vorlieben der TeilnehmerInnen bestimmt, sondern bspw. auch von dem schulinternen Curriculum, den schulischen Rahmenbedingungen und dem Leistungsvermögen der SchülerInnen. Deshalb repräsentieren die hier erzielten Durchschnittswerte ein sehr gutes Ergebnis.

Im hinteren Bereich des Ranking sind Aspekte zur didaktischen Reflexion der Inhalte für den Unterricht platziert. Wie für die LehrerInnen im Unterricht auch, so ist hier die Anforderung für die DozentInnen am höchsten, wenn von unterschiedlichen Leistungsständen und sehr unterschiedlich ausgeprägten musizierpraktischen und theoretischen Interessen der TeilnehmerInnen ausgehend Wege der Vermittlung für den Unterricht aufgezeigt, erarbeitet und verschriftlicht werden sollen. Die Thematisierung der methodisch-didaktischen Vermittlung steht auf Platz 11, einen Weg gefunden zu haben, mit den SchülerInnen die FB-Inhalte zu erarbeiten, auf Platz 14. Diese Platzierungen verdeutlichen, dass es ein individueller und aufwendiger Prozess ist, die LehrerInnen mittels Reflexion von dem Singerlebnis und der Livesituation in der Fortbildung zu distanzieren, um eine für den Unterricht vermittelbare Singerfahrung methodisch und fachdidaktisch untermauert herauszuarbeiten.

b. offene Fragen

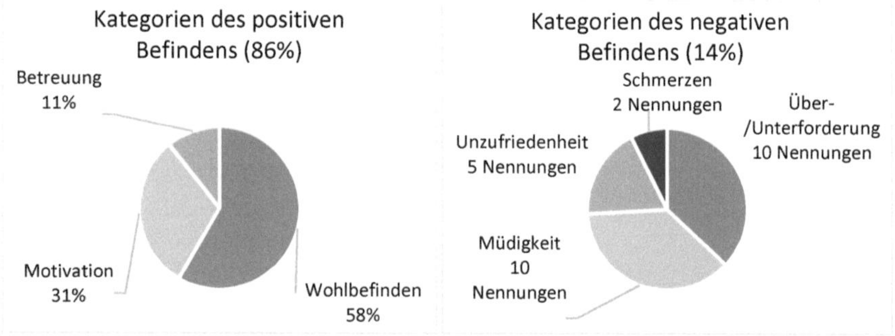

Die Frage 1 der offenen Fragen eruierte, dass aus der Gesamtsumme von 195 Teilnehmernennungen 168 (86 %) ein positives Befinden während der WS rückmelden. Die aus dem Datenmaterial gewonnenen positiven Gefühle lassen sich in drei Kategorien unterteilen: In allgemeines Wohlbefinden mit 58 % mit Äußerungen wie sich „sehr gut, prima, toll zu fühlen", in Motivation mit 31 % und Äußerungen wie „angeregt, motiviert, gefordert zu sein" und in Betreuung mit

11 % zu der Antworten wie „eine herzliche Begrüßung mit Blumenstrauß, eine gute Verpflegung und die angenehme Atmosphäre“ zählen. Ursachen für das positive Befinden liegen vornehmlich in der fachlichen Qualität, wobei die Vermittlung und dazu zugehörig die Fachkompetenz wie das Wesen der DozentIn entscheidender sind als die FB-Inhalte. Explizit werden Methodenvielfalt, Inhaltsvielfalt wie -auswahl, die Unterrichtsrelevanz wie die Umsetzbarkeit der Inhalte in den Unterricht und die praktische Erarbeitungsweise in den WS benannt. Bzgl. der Dozentenkompetenz werden das Begegnen auf Augenhöhe und die große Motivationsübertragung hervorgehoben. Weiterhin hat die erfahrene Gemeinschaft einen hohen Stellenwert. Die TeilnehmerInnen schätzen das vertraute Arbeiten und Austauschen in kleinen Gruppen mit sympathischen und musikliebenden Menschen und den achtsamen Ton untereinander. Ebenso kommt der Fortbildungsorganisation hohe Bedeutung zu. Hier thematisieren die LehrerInnen die herzliche Begrüßung, das Ambiente, die reibungslose Planung und Durchführung sowie die gute Verpflegung.

Das aufgetretene Unwohlsein mit 27 Nennungen (14 %) verzeichnet Gefühle, die einer Aufnahme der Fortbildungsinhalte während der WS gegenwirken können. Sie sind nicht prozentual festgehalten, denn auf die Summe von 195 Nennungen verteilt, auf 11 FB mit jeweils drei WS pro Fortbildungstag und einer durchschnittlichen Beteiligung von 21 Teilnehmenden ist die Repräsentanz für die Gesamtgruppe nicht gegeben. Die Teilnehmenden benennen zehnmalig Gefühle der Über-/Unterforderung und der Müdigkeit, viermalig der Unzufriedenheit und zweimalig körperliche Schmerzen. Ursachen von Überforderung und Unzufriedenheit liegen vor allem in der didaktischen Umsetzungen einzelner WS: theoretische Inhalte, die Erarbeitung zu vieler Lieder, eine ungeeignete Liedauswahl und zu geringe Unterrichtsrelevanz. In der Kategorie Über-/Unterforderung fällt besonders der persönliche Leistungsstand ins Gewicht: die musizierpraktische Herausforderung, sich nicht schnell genug Melodien aneignen zu können, Wissenslücken, Respekt vor dem Neuen zu haben und dem kontinuierlichen Üben, um schließlich Erfolg zu erzielen. LehrerInnen, die mit Hals- und Rückenschmerzen teilnahmen, waren im musizierpraktischen Arbeiten eingeschränkt.

Aus Frage 2, der offenen Fragen ging hervor, dass mit 51 Nennungen der projektbezogene Austausch am meisten Raum in den Gesprächen der LehrerInnen während der Fortbildung einnimmt. Darauf folgt mit 25 Nennungen der projektunabhängige Austausch. Er entspricht einer Kontexterweiterung, ist jedoch immer noch fach-, bzw. schulgebunden bis hin zur schulpolitischen Ebene der Kategorie 3, auf der Strukturelles und Qualitätsmanagement in 13 Nennungen die Gespräche bestimmte. Den projektbezogenen wie projektunabhängigen Austausch bestimmt größtenteils die fachlich-didaktische Frage (40fache Nennung), wie fortbildungsinterne und -externe Inhalte im Musikunterricht umgesetzt werden können. Bei differenzierter Betrachtung der Äußerung in den Unterkategorien fallen zwei Aspekte in den Blick: 1. dass eine Bewertung der Schüler im Fach Musik Unsicherheiten aufwirft, weil Ästhetik und emotionale Beteiligung den Stellenwert von Objektivität in Frage stellen. 2. dass Umsetzungsschwierigkeiten aufgrund von lernschwachen SchülerInnen wie InklusionsschülerInnen, Material- und Instrumentenmangel und begrenzter Fachkompetenz aufgrund fachfremden Unterrichtens bestehen. Auf schulpolitischer Ebene vermissen Teilnehmende Unterstützung: Sie äußern, dass der Krankenstand hoch ist, sie überlastet sind durch eine hohe Anzahl an Vertretungen und aufgrund von Unterrichtsausfall den SchülerInnen nicht gerecht werden können. Ein weiteres Spannungsfeld ist die Schulvisitation, welche die schulinterne Drucksituation durch externe Begutachtung noch verschärft.

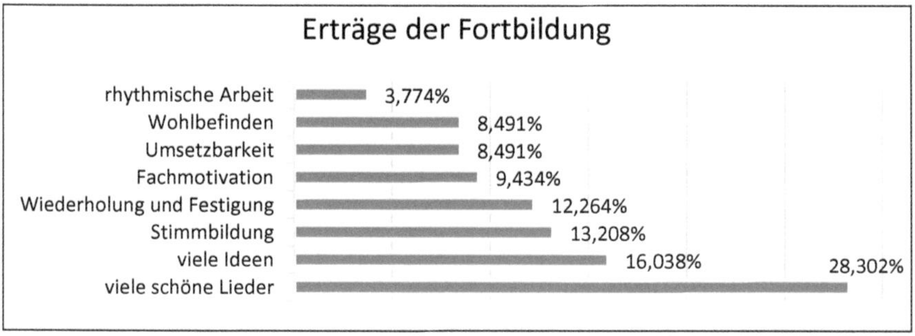

Die wesentlichen Erträge[7] für die Teilnehmenden aus den Fortbildungsveranstaltungen sind in vier Kategorien unterteilbar: 1. das Repertoire, welches sie sich erschlossen. 2. die fachlichen und didaktischen Impulse, welche die Teilnehmenden erhielten. 3. die Sicherung der Fortbildungsinhalte und 4. die positiven Emotionen mit denen sie aus den Fortbildungsveranstaltungen herausgehen.

Auf Platz 1 des Ranking aus der Kategorie Repertoire kommend liegen die „neuen, tollen, vielen, schönen Lieder“, die LehrerInnen bei den Fortbildungsveranstaltungen kennenlernten. Von der passenden Liedauswahl und der Vielzahl an angebotenen Liedern profitierten sie am meisten für sich. Verallgemeinernd be-

7 Das Ranking berücksichtigt Mehrfachnennungen ab der Summe 4, Die Summe der Nennungen unter der 4fach-Nennung beträgt 66. Unberücksichtigt blieb die Kategorie Zufriedenheit mit 47, in welcher die Teilnehmenden ohne Aufforderung ihre Wünsche, Lob und Kritik einbrachten.

nannten die Teilnehmenden aus der Kategorie fachliche und didaktische Impulse die vielen, neuen Ideen bzw. Anregungen, welche sie durch die Fortbildungsteilnahme erhielten. Hierunter fallen besonders Gestaltungsmöglichkeiten von Liedern und methodisches Vorgehen in der Liedarbeit. Ebenso zu dieser Kategorie zählend auf Platz 3 die Stimmbildung, für sich selbst und den SchülerIn mit dem Blick auf das Erwärmen der Stimme, die Sauberkeit des Singens und den Wohlklang der Stimme. Für sich selbst relevant erschlossen sie bspw., was zu tun ist, wenn die Stimme versagt, wie sie die Tonraumdifferenz der Erwachsen- und Kinderstimme beim gemeinsamen Singen ausgleichen können und welche Rolle beim Singen die „Bühnenpräsenz" spielt. Aus der Kategorie Sicherung kommend, liegt die Wiederholung der Musizierpraxis auf Platz 4. Notwendig erscheint sie den Teilnehmenden, um Sicherheit beim Singen und in der Vermittlung der Lieder zu erlangen bspw. bei der rhythmischen Gestaltung von Liedern, beim Kanonsingen und in Fragen des Dirigats. So wird auch auf Platz 8 die rhythmische Arbeit mit Liedern aus der Kategorie fachliche und didaktische Impulse explizit von den LehrerInnen als Bereicherung benannt. Aus gleicher Kategorie stammend schätzen die TeilnehmerInnen mit Platz 6 des Ranking die Umsetzbarkeit und Praxisorientierung der Fortbildungsinhalte in den Unterricht. Weitere Stärken der Veranstaltungsreihe liegen in der Motivation der LehrerInnen für das eigene Singen, das Unterrichten des Singens in der Schule und das gemeinsame Singen mit den SchülerInnen wie bei der Fortbildung. Das positive Wohlbefinden (Platz 7), das sich in guter Laune, Freude und Spaß haben während der Fortbildungsteilnahme äußert, fördert die Vorfreude auf die kommenden Fortbildungen.

c. *interdisziplinäre Thesen für eine gelingende Konzeption einer Lehrerfortbildungsreihe*

Abschließend sind aus den Ergebnissen interdisziplinäre Hypothesen für die gelingende Konzeption einer Lehrerfortbildungsreihe formuliert:

Dozenteneinsatz:

Im Aufbau einer Fortbildungsreihe mit offenem Konzept ist eine Mischung aus StammdozentInnen und wechselnden DozentInnen empfehlenswert. Eignen sich StammdozentInnen für aufbauende Lehrinhalte und um Vertrauen aufzubauen, so sind wechselnde DozentInnen bei synchronen Themen ratsam. Eine Dozentenmischung wird in jedem Falle empfohlen, um verschiedenen Fachansätzen, Lehrstilen und Lerntypen Rechnung zu tragen.

Bei der Dozentenwahl sind neben der Voraussetzung fachlicher Kompetenz das Begegnen auf Augenhöhe mit den Teilenehmenden und die Motivationsübertragung von DozentIn auf den TeilnehmerIn wesentliche Entscheidungskriterien.

Fortbildungsinhalte:

Für LehrerInnen hat die musizierpraktische Orientierung und Materialsammlung in den Fortbildungsveranstaltungen einen sehr hohen Stellenwert, theorieorientierte Angebote werden eher zögerlich angenommen. Eine Offenheit der TeilnehmerInnen gegenüber Theorien im Fach kann gefördert werden, indem sie für die Gruppe in relevante Unterrichtsinhalte und -situationen übersetzt werden und anhand eines exemplarischen Beispiels handlungsorientiert nachvollzogen werden.

Die vielfältigen Methoden zum Verstehen, Gestalten und Reflektieren eines Gegenstandes sollten handlungsorientiert vermittelt werden. Die Inhalte mit dazugehörigen Materialien müssen unterrichtsrelevant und von den Teilnehmenden unmittelbar in den Unterricht eingesetzt werden können. Ein Nacharbeiten der LehrerInnen behindert den Übertrag in die Praxis.

Die leistungsdifferenzierte Behandlung und Wiederholung von Inhalten scheint ein Garant für sicheres Lernen und angstfreie Anwendung der Inhalte in der Praxis.

Organisation der Lerngruppe und Lernumgebung

Das Arbeiten in kleinen Gruppen von 8–10 TeilnehmerInnen und ein achtsamer Ton im Miteinander schaffen ein positives Lernklima.

Zeitliche Freiräume für Gespräche wie bei einem Mittagessen ermöglichen einer Teilnehmergruppe zu einer Gemeinschaft zusammenzuwachsen, Netzwerke aufzubauen und das Projekt und Schulleben zu reflektieren.

Die Fortbildung herzlich zu gestalten durch eine freundliche Ansprache, Einrichtung des Raumes und eine gute Verpflegung wertschätzt die Teilnehmenden.

Literatur

Barz, H. & Kosubek, T. (2011). *Begleitforschung zu „Jedem Kind seine Stimme“*. Evaluationsbericht. Onlineartikel: http://www.jedem-kind-seine-stimme.de/cms/upload/pdf/Endbericht_JekiSti_16_02_2011.pdf (20.06.2016). http://www.belcantare-brandenburg.de (20.06.2016).

Bortz, J. & Döring, N. (2002 & 2006). *Forschungsmethoden und Evaluation für Human- und Sozialwissenschaftler*. Heidelberg.

Buschmann, J. & Jank, B. (2013). Belcantare Brandenburg. Jedes Kind kann singen!. Repräsentative Dokumentation. In Jank, B. (Hrsg.), *Potsdamer Schriftenreihe für Musikpädagogik*. Bd. 3/1. Potsdam.

Buschmann, J. (2/2015). Dorf im Digital? Digitale Fortbildung für Musiklehrer im ländlichen Raum, In *Musikforum*.

Buschmann, J. & Jank, B. [2016]. Belcantare Brandenburg – Jedes Kind kann singen. Wissenschaftliche Edition. In Jank, B. (Hrsg.), *Potsdamer Schriftenreihe für Musikpädagogik*. Bd. 3/2. Potsdam: ISBN 978–3-86956-254-4. http://www.dirk-bechtel.de/wiki/index.php?title=Aufbauender_Musikunterricht (20.06.2016).

Forge, St. & Gembris, H. (2012). *Singförderung in der Grundschule. Evaluation des Projektes „Singen macht Sinn"*. Berlin.

Friebertshäuser, B. & Langer, A. (2010). Interviewformen und Praxis. In Friebertshäuser, B. & Langer, A. & Prengel A. (Hrsg.), *Qualitative Forschungsmethoden in der Erziehungswissenschaft*. Handbuch. 3. Auflage. Weinheim und München.

Helmke, A. (2001). *Unterrichtsqualität erfassen, bewerten, verbessern*. Rheinland-Pfalz. http://www.jedem-kind-seine-stimme.de (21.06.2016).

Kaiser, H. J. (3/2001). Kompetent, aber wann?. In *Musik & Bildung*.

Kelle, U. (2008). *Die Integration qualitativer und quantitativer Methoden in der empirischen Sozialforschung*. Theoretische Grundlagen und methodologische Konzepte. Wiesbaden.

Kirchhoff, S., Kuhnt, S. & u. a. (2001). *Der Fragebogen*. Datenbasis, Konstruktion und Auswertung. Opladen.

Kühnel, St.-M. & Krebs, D. (2012). *Statistik für die Sozialwissenschaften*. Grundlagen, Methoden, Anwendungen. Reinbek bei Hamburg. http://www.landesmusikrat-hamburg.de/index.php/projekte/fachtagungen-und-foren/singen-mit-kindern/projekte-und-referenten/314-qsms-singen-macht-sinnq-lars-baumann.html (21.06.2016).

Maier, O. (2013). *Vergleichende Betrachtung von zwei Singprojekten im Grundschulbereich – Belcantare Brandenburg und Primacanta Frankfurt/Main*. Bachelorarbeit. Universität Potsdam.

Mayring, P. & Brunner, E. (2010). Qualitative Inhaltsanalyse. In Friebertshäuser, B., Langer, A. & Prengel, A. (Hrsg.), *Handbuch qualitative Forschungsmethoden in der Erziehungswissenschaft*. (S. 323–333). Weinheim und München. www.primacanta.de (20.06.2016).

Schmidt, Ch. (2010). Auswertungstechniken für Leitfadeninterviews. In Friebertshäuser, B., Langer, A. & Prengel, A. (Hrsg.), *Handbuch qualitative Forschungsmethoden in der Erziehungswissenschaft*. Weinheim und München.

Spychiger, M. (2010). *Das musikalische Selbstkonzept: Konzeption des Konstrukts als mehrdimensionale Domäne und Entwicklung eines Messverfahrens*. Schlussbericht an den Schweizerischen Nationalfonds zur Förderung der Wissenschaften. Hochschule für Musik und Darstellende Kunst Frankfurt am Main.

Spychiger, M. & Aktas, U. (2011).. *Primacanta – Jedem Kind seine Stimme: Eine Intervention in den 3. und 4. Grundschulklassen in der Stadt Frankfurt am Main*. Erster Zwischenbericht über die wissenschaftliche Begleitung der 3. Staffel. Hochschule für Musik und Darstellende Kunst Frankfurt am Main.

Spychiger, M. & Aktas, U. (2015). *Primacanta – Jedem Kind seine Stimme: Eine Intervention in den 3. und 4. Grundschulklassen in der Stadt Frankfurt am Main*. Schlussbericht über die wissenschaftliche Begleitung der 3. Staffel. Hochschule für Musik und Darstellende Kunst Frankfurt am Main.

Spychiger, M. [2016]. Das musikalische Selbstkonzept als vermittelnde Variable musikalischer Lern- und Entwicklungsprozesse, Erläuterungen und Implikationen für Unterricht und Forschung. In Buschmann, J. & Jank, B. [2016]. *Belcantare Brandenburg – Jedes Kind kann singen*. Bd. 3/2 der Potsdamer Schriftenreihe für Musikpädagogik. Potsdam: ISBN 978–3-86956-254-4.

Sütterlin, S. nach einem Interview mit Birgit J. (1/2014): Das Potenzial des Singens erkennen. In *PortalWissen: Das Forschungsmagazin der Universität Potsdam*.

Anhang – Fragebogen

Seite 1 des Lehrer-Fragebogens, Belcantare Brandenburg, Staffel 2

BELCANTARE BRANDENBURG
Jedes Kind kann singen!

Evaluierter Fragebogen nach Staffel 2

X. Fortbildungsveranstaltung, XXX (Datum)

Bitte bewerten Sie die folgenden Aussagen im Hinblick auf die einzelnen Workshops getrennt, wobei die Zahlen 1-5 der schulischen Notengebung ***entsprechen.***	Workshop 1					Workshop 2					Workshop 3				
	1	2	3	4	5	1	2	3	4	5	1	2	3	4	5
Ich habe heute das angeboten bekommen, was ich der Programmankündigung nach erwartet habe.	O	O	O	O	O	O	O	O	O	O	O	O	O	O	O
Dieser Workshop ist ein wichtiger Bestandteil innerhalb der Fortbildungsreihe.	O	O	O	O	O	O	O	O	O	O	O	O	O	O	O
Die Wiederholung der ausgewählten Inhalte war notwendig. (Bei keiner Wiederholung im entspr. WS bitte durchstreichen.)	O	O	O	O	O	O	O	O	O	O	O	O	O	O	O
Der Inhalt war verständlich.	O	O	O	O	O	O	O	O	O	O	O	O	O	O	O
Ich konnte die musizierpraktischen Aufgaben umsetzen.	O	O	O	O	O	O	O	O	O	O	O	O	O	O	O
Ich konnte dem Arbeitstempo folgen.	O	O	O	O	O	O	O	O	O	O	O	O	O	O	O
Der Workshop hatte einen nachvollziehbaren Aufbau.	O	O	O	O	O	O	O	O	O	O	O	O	O	O	O
Der Workshop war unterrichtsrelevant.	O	O	O	O	O	O	O	O	O	O	O	O	O	O	O
Wir reflektierten wie die Workshop-Inhalte den Schülern methodisch-didaktisch vermittelt werden können.	O	O	O	O	O	O	O	O	O	O	O	O	O	O	O
Ich habe einen Weg gefunden, wie ich das Behandelte mit den Schülern erarbeiten kann.	O	O	O	O	O	O	O	O	O	O	O	O	O	O	O
Ich möchte Inhalte des Workshops mit meinem Coach vertiefen.	O	O	O	O	O	O	O	O	O	O	O	O	O	O	O
Anhand der Materialien kann ich im Nachhinein das Behandelte nachvollziehen.	O	O	O	O	O	O	O	O	O	O	O	O	O	O	O
Der Workshop hat mir etwas vermittelt, was ich unbedingt in meinem Unterricht umsetzen möchte.	O	O	O	O	O	O	O	O	O	O	O	O	O	O	O

Seite 2 des Lehrer-Fragebogens, Belcantare Brandenburg, Staffel 2

Bitte beschreiben Sie in Stichpunkten Ihr Befinden während der Fortbildung und was dazu führte.

Wie ich mich während des Workshops fühlte:	*Was zu meinem Empfinden führte:*	*Wünsche für Folgeveranstaltungen*
WS 01:		
WS 02:		
WS 03:		
Projekt-Organisation:		

Was mich in Gesprächen mit anderen projekt- oder schulbezogen beschäftigte:

Was ich heute aus der Fortbildung mitnehme:

Herzlichen Dank für Ihre Mitarbeit!

www.ingramcontent.com/pod-product-compliance
Ingram Content Group UK Ltd.
Pitfield, Milton Keynes, MK11 3LW, UK
UKHW041825290926
8980IPUK00002B/79

9 783631 674727